粤港澳大湾区

绿色发展环境策略研究

吴国增　林　奎　主编

中国环境出版集团 · 北京

图书在版编目（CIP）数据

粤港澳大湾区绿色发展环境策略研究/吴国增，林奎主编.
—北京：中国环境出版集团，2021.4
ISBN 978-7-5111-4616-8

Ⅰ.①粤… Ⅱ.①吴…②林… Ⅲ.①城市群—区域经济发展—研究—广东、香港、澳门②城市群—区域生态环境—研究—广东、香港、澳门 Ⅳ.①F299.276.5②X321.265

中国版本图书馆 CIP 数据核字（2021）第 040587 号

审图号：GS（2020）4434 号

出 版 人 武德凯
责任编辑 李兰兰
责任校对 任 丽
封面设计 宋 瑞

更多信息，请关注
中国环境出版集团
第一分社

出版发行 中国环境出版集团
（100062 北京市东城区广渠门内大街 16 号）
网 址：http://www.cesp.com.cn
电子邮箱：bjgl@cesp.com.cn
联系电话：010-67112765（编辑管理部）
010-67112735（第一分社）
发行热线：010-67125803，010-67113405（传真）

印 刷 北京建宏印刷有限公司
经 销 各地新华书店
版 次 2021 年 4 月第 1 版
印 次 2021 年 4 月第 1 次印刷
开 本 880×1230 1/16
印 张 16
字 数 380 千字
定 价 120.00 元

《粤港澳大湾区绿色发展环境策略研究》

编 委 会

自序

粤港澳大湾区建设是习近平总书记亲自谋划、亲自部署、亲自推动的国家重大发展战略。2019 年 2 月 18 日，中共中央、国务院印发了《粤港澳大湾区发展规划纲要》(以下简称《纲要》)。《纲要》将“绿色发展，保护生态”作为六项基本原则之一，提出到 2035 年，资源节约集约利用水平显著提高，生态环境得到有效保护，宜居宜业宜游的国际一流湾区全面建成。

党的十八大以来，广东省深入贯彻习近平生态文明思想，加大生态文明建设和生态环境治理力度，生态环境质量明显改善。尤其是珠三角地区，空气质量在全国三大重点区域率先达标，$PM_{2.5}$ 屡创新低；2020 年，珠三角地区 6 个劣Ⅴ类国考断面全面消除；珠三角 9 市全部建成国家森林城市。翻看朋友圈，“广东蓝”刷屏成常态。漫步江河湖畔，“水清岸绿、鱼翔浅底”的美好景象正越来越多地走进人们的生活。既要绿水青山，也要金山银山。近年来，粤港澳大湾区全面贯彻落实新发展理念，经济社会发展和生态环境保护逐步走向共赢。环境质量持续改善的同时，产业结构调整升级，高技术制造业实力增强，发展质量不断提高。2019 年，珠三角 9 市先进制造业、高技术制造业增加值占规模以上工业增加值比重分别为 57.9%、35.0%，均较 2015 年提高 4.9 个百分点。

在肯定成绩的同时，必须清醒地看到，粤港澳大湾区发展空间面临瓶颈制约，资源能源约束趋紧，生态环境压力日益增大。总的来看，粤港澳大湾区生态环境质量改善在总体上仍属于中低水平上的提升，与国际一流湾区相比还有较大改善空间，与人民群众期待和美丽湾区建设目标要求还有不小的差距。例如，纽约、旧金山和东京三大世界级湾区细颗粒物（$PM_{2.5}$）浓度在 12～16 μg/m^3，而粤港澳大湾区的 $PM_{2.5}$ 浓度仍是这些地区的 2 倍左右。

2020 年 10 月 14 日，习近平总书记在深圳经济特区建立 40 周年庆祝大会上发表重要讲话时提到，广东、深圳经济发展水平较高，面临的资源要素约束更紧，受到来自国际的技术、人才等领域竞争压力更大，落实新发展理念、推动高质量发展是根本出路。立足生态环境基本形势和国际一流的美丽湾区建设目标要求，粤港澳大湾区要深入贯彻习近平生态文明思想，立足新发展阶段，贯彻新发展理念，构建新发展格局，以推动高质量发展为主题，以满足人民日益增长的优美生态环境需要为根本目的，坚持系统观念，继续深入推进生态文明建设和生态环境治理，持续深化粤港澳三地生态环境保护合作，推动生态环境质量持续改善。同时，坚决贯彻“绿水青山就是金山银山”理念，充分发挥生态环境保护的引导、优化和促进作用，加快形成绿色发展方式和生活方式，促进经济社会发展全面绿色转型，努力让人民群众的获得感成色更足、幸福感更可持续、安全感更有保障。

生态环境部华南环境科学研究所（以下简称“华南所”）作为唯一一家地处粤港澳大湾区的生态环境部直属单位，长期关注、跟踪研究粤港澳区域绿色发展和生态环境保护治理问题，建有“内地与港澳环境合作研究中心”，也是广东省首批重点智库中唯一一家生态环境领域科研机构。近年来，华南所围绕粤港澳大湾区发展和保护的新形势、新问题、新机遇，以“粤港澳大湾区绿色发展和生态环境保护”为主题，组织实施了一系列相关研究项目，发起并主办了“《粤港澳大湾区绿色发展环境策略研究报告》发布会暨生态环境保护高层专家研讨会”，编写出版了《粤港澳大湾区绿色发展环境策略研究》。

本书以 2015 年为研究基准年，系统、全面地分析了粤港澳大湾区生态环境保护现状和问题以及面临的形势挑战，提出了下一步粤港澳大湾区绿色发展与生态环境保护策略建议，希望可以为粤港澳三地的生态环境管理人员和研究人员开展“十四五”和中长期粤港澳大湾区生态文明建设与绿色发展等有关方面的管理实践和研究提供借鉴和参考。

前言

“湾区”一般是指围绕沿海口岸分布的众多海港和城镇所构成的港口群和城镇群，由此衍生的经济效应称为“湾区经济”。全球较为著名的湾区有3个：纽约湾区、旧金山湾区和东京湾区。目前，湾区已成为带动全球经济发展的重要增长极和引领技术变革的领头羊。世界银行的一项数据显示，全球60%的经济总量来自港口海湾地带及其直接腹地。

2017年3月5日，在第十二届全国人民代表大会第五次会议上，李克强总理在国务院政府工作报告中提出，要推动内地与港澳深化合作，研究制定粤港澳大湾区城市群发展规划，发挥港澳独特优势，提升在国家经济发展和对外开放中的地位与功能。这是首次在国家层面把“研究制定粤港澳大湾区城市群发展规划”写入国务院政府工作报告中，标志着粤港澳大湾区的发展上升为国家发展战略，粤港澳区域的发展与整合也正式迈入湾区经济的新阶段。

粤港澳大湾区的提出，是包括港澳在内的珠三角城市融合发展的升级版，从区域经济合作上升到全方位对外开放的国家战略。粤港澳大湾区将成为新时期我国改革开放的前沿和经济增长的重要引擎，成为我国建设世界级城市群和参与全球竞争的重要空间载体。

粤港澳大湾区是指由广州、佛山、肇庆、深圳、东莞、惠州、珠海、中山、江门9个市和香港、澳门2个特别行政区形成的城市群。粤港澳大湾区是继纽约湾区、旧金山湾区、东京湾区之后的世界第四大湾区，是我国建设世界级城市群和参与全球竞争的重要空间载体。2015年，粤港澳大湾区以占不足全国1%的土地面积，聚集了将近5%的全国总人口，创造了约占全国13%的经济总量；仅香港和深圳的金融及经济规模之和，就可等同于伦敦或纽约。

本书旨在通过了解全球湾区经济社会发展轨迹和生态环境发展轨迹，从比较研究的角度分析判断粤港澳大湾区所处的发展阶段和水平，分析全球湾区经济社会发展过程中在生态环境保护方面取得的成功经验和失败教训，为粤港澳大湾区在今后发展中的生态环境保护及改善提供建设性策略建议。

目录

第 1 章

总 论

1.1 背景

粤港澳大湾区是指由广州、佛山、肇庆、深圳、东莞、惠州、珠海、中山、江门 9 个市和香港、澳门 2 个特别行政区形成的城市群。粤港澳大湾区是继旧金山湾区、纽约湾区和东京湾区之后的世界第四大湾区，是我国建设世界级城市群和参与全球竞争的重要空间载体。

粤港澳大湾区的发展经历了不同的阶段。1994 年，时任香港科技大学校长吴家玮提出“对标旧金山湾区，打造深港湾区”。2009 年 10 月 28 日，粤港澳三地政府有关部门在澳门联合发布《大珠江三角洲城镇群协调发展规划研究》，提出构建珠江口湾区，粤港澳共建世界级城镇群；同年，国务院公布实施《珠江三角洲地区改革发展规划纲要（2008—2020 年）》，首次将粤港澳紧密合作相关内容纳入其中，标志着广东与港澳合作第一次上升为国家发展战略。2010 年《粤港合作框架协议》和《粤澳合作框架协议》签署，其作为粤港澳合作的综合性合作协议，从政府层面规划了粤港澳未来 10 年发展。

2015 年 3 月，《推动共建丝绸之路经济带和 21 世纪海上丝绸之路的愿景与行动》提出，充分发挥深圳前海、广州南沙、珠海横琴、福建平潭等开放合作区作用，深化与港澳台合作，打造粤港澳大湾区。2016 年 3 月，《中华人民共和国国民经济和社会发展第十三个五年规划纲要》正式发布，明确提出“支持港澳在泛珠三角区域合作中发挥重要作用，推动粤港澳大湾区和跨省区重大合作平台建设”；同月，国务院印发《关于深化泛珠三角区域合作的指导意见》，明确要求广州、深圳携手港澳，共同打造粤港澳大湾区，建设世界级城市群。2017 年 3 月 5 日，第十二届全国人民代表大会第五次会议在人民大会堂开幕，李克强总理在国务院政府工作报告中明确提出，“要推动内地与港澳深化合作，研究制定粤港澳大湾区城市群发展规划，发挥港澳独特优势，提升在国家经济发展和对外开放中的地位与功能”（张日新等，2017）。

1.2 区域社会经济发展概况

1.2.1 基本情况

粤港澳大湾区包括广东省 9 个地级以上市（广州、佛山、肇庆、深圳、东莞、惠州、珠海、中山、江门）和香港、澳门 2 个特别行政区，土地面积为 5.6 万 km^2，占国土面积的 0.6%。

2016 年，粤港澳大湾区 GDP 为 9.35 万亿元。其中，香港 GDP 为 2.21 万亿元，排名第一，较上一年增长 3.8%；广州 GDP 为 1.96 万亿元，排名第二，较上一年增长 8.35%；深圳 GDP 为 1.95 万亿元，排名第三，较上一年增长 9.0%。

2016 年，粤港澳大湾区常住人口高达 6 800 万人，占全国人口的 5.0%。近年来，大湾区常住人口呈现逐渐上升趋势，以广州和深圳人口增加最为明显，10 年内分别增加了 400 万人和 320 万人，东莞常住人口略有负增长。此外，其他城市自 2010 年后，常住人口增长非常缓慢。

1.2.2 发展现状特征

1.2.2.1 经济长期保持高速增长，逐步向创新经济阶段迈进

改革开放以来，粤港澳大湾区特别是珠三角地区依托港澳辐射带动的区位优势和率先推进改革开放的政策优势，积极参与全球生产分工，迅速成长为世界制造业基地，经济发展取得举世瞩目的成绩。2002 年，珠三角地区经济总量突破 1 万亿元，并在 2006 年突破 2 万亿元（图 1-1）。2008 年受国际金融危机冲击后，粤港澳经济发展进入调整和平稳增长阶段，增速有所放缓；其中，珠三角地区“十二五”期间年均增速在 10%左右，香港年均增速在 3%左右，澳门 GDP 增速下降明显，2014—2015 年出现负增长（图 1-2）。从产业结构看，珠三角地区第三产业比重不断提高，2015 年第三产业增加值占比达 54.6%左右，产业结构总体转向“三二一”形态（图 1-3）。

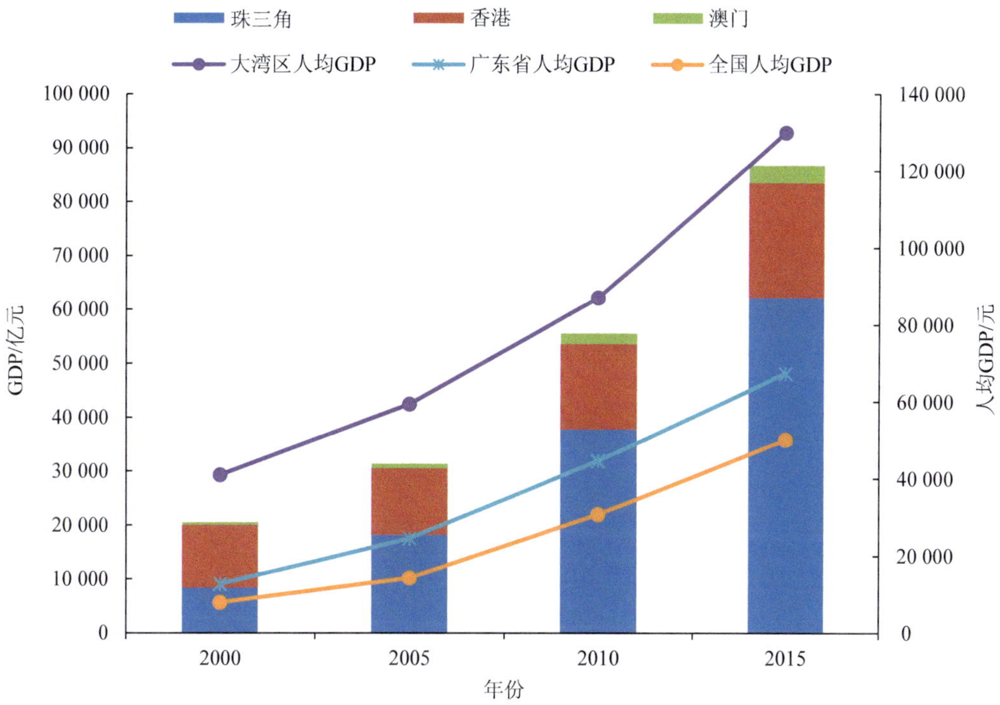

图 1-1 2000—2015 年粤港澳大湾区 GDP 变化趋势

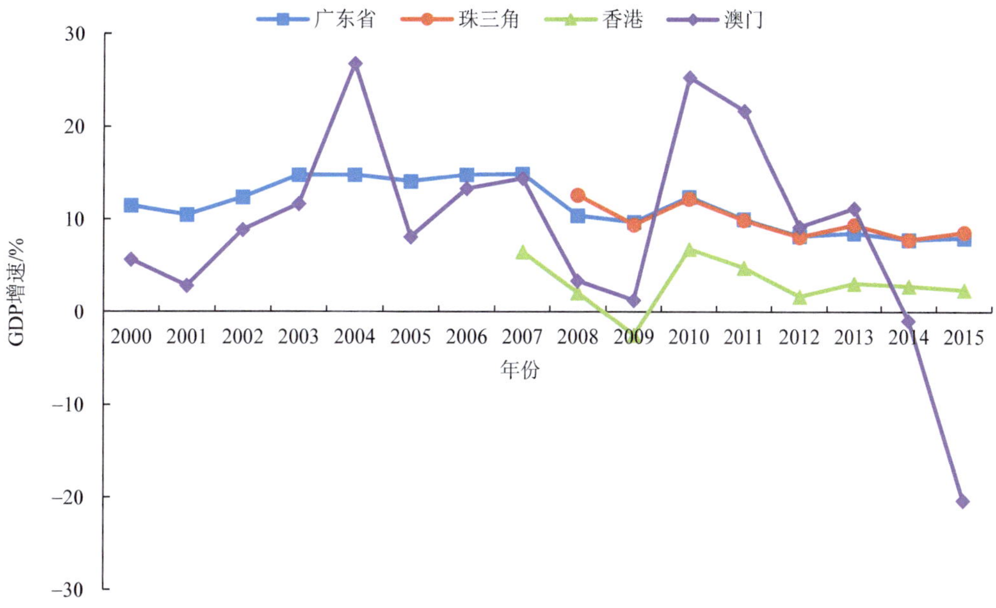

图 1-2 2000—2015 年粤港澳大湾区 GDP 增速

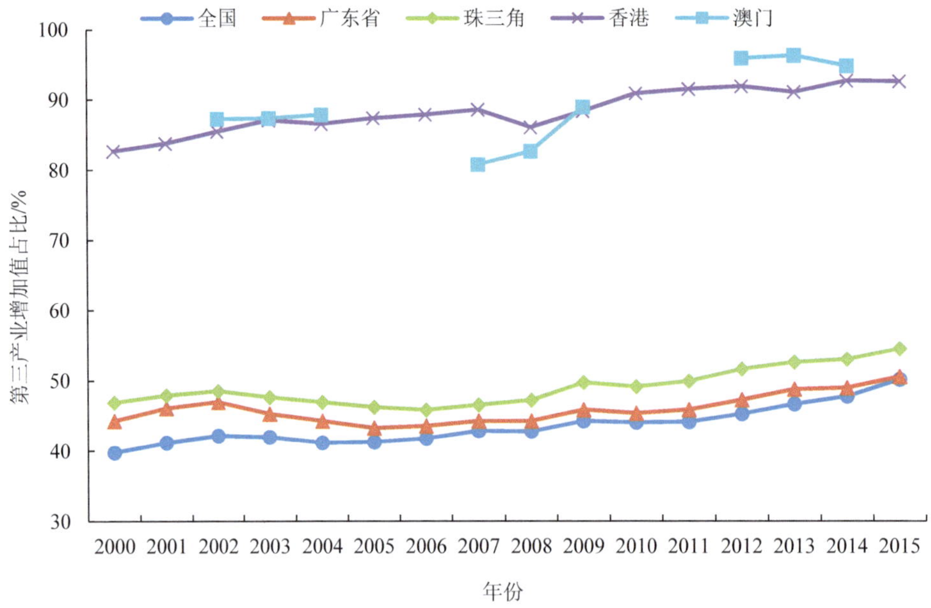

图 1-3 2000—2015 年粤港澳大湾区第三产业增加值占比变化

1.2.2.2 城镇化进程加速，形成巨型城市连绵地区

2015 年年末，珠三角地区常住人口城镇化率高达 84.59%，比全国平均水平（56.1%）高将近 30 个百分点（图 1-4）；香港、澳门城镇化率均已实现 100%。参照美国城市地理学家诺瑟姆城市化发展进程三个阶段的研究理论，粤港澳大湾区城市群总体步入成熟阶段。世界银行报告——《东亚变化中的城市图景：度量十年的空间增长》中将粤港澳大湾区城市群列为东亚地区规模最大的城市连绵体，超过了长三角地区和东京湾地区。

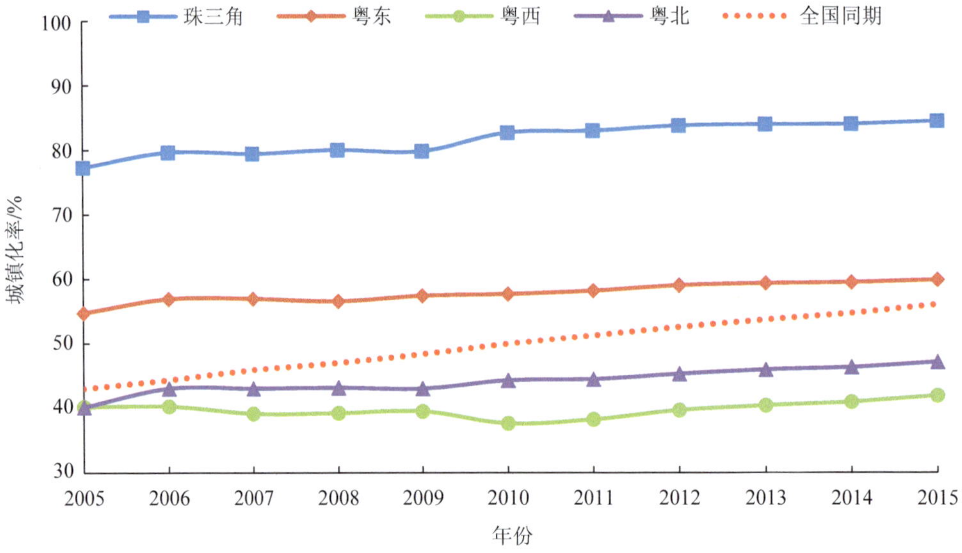

图 1-4 2005—2015 年珠三角地区常住人口城镇化率变化

1.2.2.3 人口增速相对放缓，人口呈现高密度集聚

人口增速逐渐放缓。2000—2015 年，粤港澳大湾区常住人口增长了 1 672 万人，达到 6 671.35 万人。从人口增长过程来看，2006—2010 年是粤港澳大湾区常住人口的高速增长期。“十二五”期间，粤港澳大湾区人口增速明显放缓，5 年间区域常住人口总量仅增长了 298.5 万人，年均增长率为 0.9%（图 1-5）。

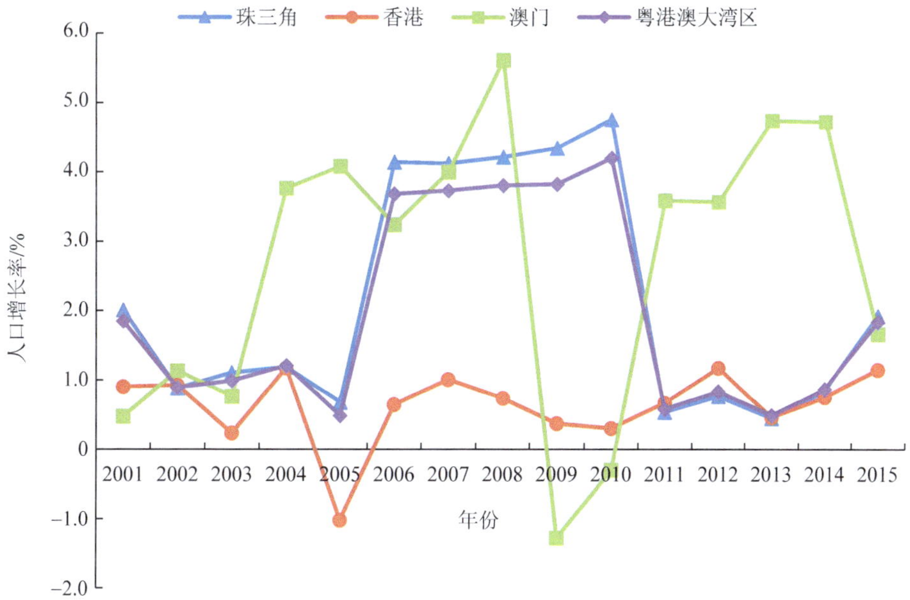

图 1-5　2001—2015 年粤港澳大湾区人口增长率变化

人口增长呈现出高密度集聚的特征。珠三角地区人口增长最快，人口增量占全省人口净增总量的 25.82%，其中广州、深圳两个超大城市的常住人口增加数量为全省最多，反映出人口向超大城市集聚的趋势仍然十分明显。粤港澳大湾区主要城市的人口密度不断增大，澳门已稳居全球人口密度最高的国家和地区榜首，从全球而言，香港人口密度也位居前列。

1.2.2.4 产业布局呈现“梯度推移+核心升级”趋势

珠三角地区产业发展和工业化经历了一条“轻型工业—重化工业—高加工度工业”的“追赶型”经济增长路径。产业布局呈现从核心集聚走向“梯度推移+核心升级”趋势，珠江东西岸带状产业带基本形成，“中心+外围”圈层化产业布局特征明显。从产业类型的空间分布来看，珠三角地区生产服务业高度集中在内圈层的核心城市；惠州、江门和肇庆等外圈层城市则主要承接了内圈层核心地区劳动密集型产业的扩散，内外圈层之间的廊道地区集中了较多资金密集型产业。

珠三角地区三次产业比重由 2003 年的 4∶48.3∶47.7 演变为 2015 年的 1.8∶43.6∶54.6，

轻重工业比重从 2000 年 52∶48 调整为 2015 年的 36∶64，先进制造业增加值占规模以上工业比重由 2012 年的 51.9%上升到 2015 年的 53.0%，高技术制造业增加值占规模以上工业比重由 2012 年的 28%上升到 2015 年的 30.1%，呈现出高新技术化、重型化、支柱集聚化、高效节能化以及服务化等特征（图 1-6）。

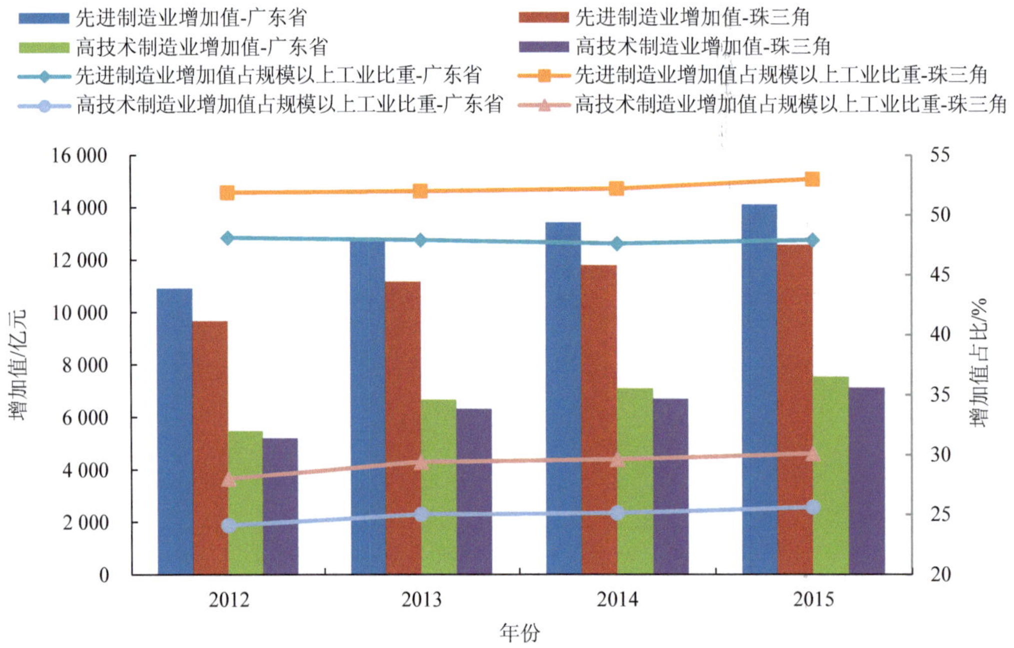

图 1-6 2012—2015 年广东省与珠三角地区先进制造业和高技术制造业增加值变化

1.2.2.5 城镇空间格局不断优化，城市群结构趋于网络化

从粤港澳大湾区城市群来看，11 个城市的经济规模和人口规模大致形成三大梯队，各城市的功能网络从过去的以香港、广州、深圳为核心，其他城市同属下一层级的扁平结构，逐步优化为以香港、澳门、广州、深圳为核心，佛山、东莞为第二梯队，其余城市为第三梯队的层级式结构。随着粤港澳大湾区城市群一体化程度的加深，区域之间的产业共建不断深入，正逐步形成“广佛肇+清远、云浮”、“深莞惠+河源、汕尾”和“珠中江+阳江”大都市区的发展新格局。

1.3 国际湾区概述及对比

1.3.1 国际湾区发展概述

1.3.1.1 旧金山湾区

（1）基本情况

旧金山湾区位于美国加利福尼亚州北部的海岸山脉与内华达山脉之间，通过金门海峡与太平洋相连。湾区分为旧金山、中半岛、北湾、南湾和东湾 5 个部分，涵盖了 8 个县（阿拉米达、康特拉科斯塔、马林、纳帕、旧金山、圣马特奥、圣克拉拉、索拉诺和索诺玛）、101 个建制城市。

旧金山湾区主要的城市包括旧金山、奥克兰以及圣荷西，是世界上最重要的高科技研发中心之一，拥有全美第二多的世界 500 强企业，是美国西海岸最重要的金融中心。

（2）社会经济发展概况

1848 年，随着美国西部的淘金热，西部城市化随之开启，旧金山的工业化也开始起步。为了满足移民的生活需求，旧金山市采用轻工业和重工业并举的发展模式，工厂的出现为旧金山在湾区内奠定了制造业中心的地位，同时在一定程度上加速了城市化进程。

19 世纪 80 年代到第二次世界大战期间，是旧金山湾区工业化快速发展的时期，人口增速渐趋平稳，中心城市集聚发展。20 世纪 20 年代，旧金山湾区的高速公路网修建完成，形成了湾区城市网络雏形，湾区在协同化发展上迈出了一大步。

1939 年，惠普公司的创立开启了硅谷创业的时代。20 世纪 70 年代以后，随着科技浪潮的不断出现，硅谷地理范围不断扩大，以吸引和发展高科技产业。硅谷的迅猛崛起是这一阶段旧金山湾区发展的最大推力，可以说，硅谷把旧金山湾区送上了世界三大湾区之一的宝座，也为旧金山湾区贴上了“科研湾区”的标签。

总体来看，旧金山湾区从萌芽期到发展成熟，虽历经 160 多年，但其核心发展阶段主要集中在第二次世界大战以后，尤其是硅谷崛起后。纵观其发展史，科技创新、金融支撑、产业互补、交通一体化是旧金山湾区最核心的驱动因素。目前，旧金山湾区已经成为依靠科研创新源动力，以旧金山、奥克兰、圣荷西三大城市为核心的世界级湾区。

1.3.1.2 纽约湾区

（1）基本情况

纽约湾区地处美国东北部、大西洋西岸，主要包括纽约-新泽西港（Port of New York and

New Jersey）和长岛海峡（Long Island Sound）。纽约-新泽西港是临近纽约市哈德逊河河口周边所有河流、海湾及潮汐河口的总称。长岛海峡位于纽约州、康涅狄格州海岸和长岛之间，有豪萨托尼克、康涅狄格和泰晤士河汇入。

纽约湾区以纽约市为中心，主要包括纽约州、新泽西州、康涅狄格州以及宾夕法尼亚州的 35 个郡，主要有纽约、泽西、纽瓦克等城市。

纽约湾区聚集了制造业、金融、国际贸易、房地产、教育、时尚、娱乐和生物技术等多个产业的世界核心，被视为美国经济的中心。作为世界经济和国际金融的神经中枢之一，纽约占据了纽约湾区的核心地位。

（2）社会经济发展概况

纽约湾区社会经济发展大体经历了三个阶段：制造业蓬勃发展阶段、后工业化阶段和知识经济主导阶段。

①制造业蓬勃发展阶段：依托纽约港带来的港口经济和海洋贸易，纽约本土制造业在 19 世纪初逐渐兴起，1860 年产值攀升至全美第一，成为国内制造业中心，形成了以劳动密集型和资本密集型为主的制糖业、轻工业和服装业为主要支柱的产业格局。

②后工业化阶段：第二次世界大战后直至 20 世纪六七十年代的经济危机期，在技术革新、产业升级的推动下，制造业开始从纽约市中心迁至郊区，各大公司总部也向外迁移，纽约湾区逐步进入后工业化发展阶段。

③知识经济主导阶段：20 世纪七八十年代，金融保险等服务业快速兴起，促使纽约湾区向知识经济主导阶段演进。

截至 2015 年，纽约湾区内的纽约州人口位居全美第 3；康涅狄格州位居全美第 29，是人口较稠密的州之一；新泽西州是美国人口密度最高的州。

1.3.1.3 东京湾区

（1）基本情况

东京湾区位于日本本州岛中部太平洋海岸，包括东京都、埼玉县、千叶县、神奈川县等一都三县。区域内有东京、横滨、川崎、千叶、船桥、埼玉等大城市，以及市原、木更津、君津等工业重镇，约占全国 GDP 的 1/3。东京湾区经济带以东京都为中心，以关东平原为腹地。

东京都同南面的横滨市和东面的千叶市共同构成了闻名于世的京滨、京叶两大工业带，是日本最大的重工业和化学工业基地。区域内集中了钢铁、有色金属、炼油、石化、机械、电子、汽车、造船、现代物流等产业，成为全球最大的工业产业地带，而且这里也是世界闻名的金融中心、研发中心、娱乐中心和消费中心。

（2）社会经济发展概况

东京湾区产业发展形态演变主要经历了港口经济、工业经济、服务经济、创新经济四个阶段，具体如下。

①港口经济：东京湾区的历史可以追溯到17世纪初。当时的江户（现东京）已是政治中心。19世纪60年代明治维新以后，东京湾现代产业发展开始加速，周边不断进行移土填海，沿岸出现了一个港口联合体，包括川崎港、东京港、千叶港和木更津港。

②工业经济：第二次世界大战后，在自由贸易体制和后来的全球化大背景下，日本建立了“制造业立国，出口工业立国”的发展模式，大力发展一般制造业和重化工业，一跃成为日本最大的工业中心。20世纪60—70年代经济高速发展时期，东京都开始实施“工业分散”战略，逐渐形成和发展为京滨、京叶两大产业聚集区。

③服务经济：“工业分散”后，东京都中心地区则开始发展高端制造业以及强化高端服务功能，重点布局高附加值、高成长性的服务性行业、奢侈品生产和出版印刷业，逐渐发展为以对外贸易、金融服务、精密机械、高新技术等高端产业为主，从而成为日本国内最大的金融、商业、管理、政治、文化中心。

④创新经济：20世纪80年代之后，京滨、京叶两大工业区开始高度重视科技创新，大力发展知识技术密集型产业。建立了专业的产学研协作平台。经过多年的发展，东京湾区已进入“创新驱动发展”阶段。湾区内经济带在产业空间分布上表现为集群化发展模式，内部职能分工体系鲜明。

17世纪末，作为港口物流中心，江户（现东京）人口已达100多万人。明治维新以后，大量重工业布局于东京周边，形成了产业集聚效应，随之人口也向东京都地区集聚。这种趋势在第二次世界大战以后表现得更加明显。

受战后人口出生率下降的影响，从20世纪60年代中期开始，日本企业出现了劳动力紧缺的压力，1973年石油危机又造成国际能源价格上涨，也使该地区高耗能重化工业增速明显下降，这些都导致吸纳人口的能力下降，出现了人口流入减少的趋势。

20世纪80年代早期，日本出现了大量企业与银行总部搬迁至东京的现象。这些聚集在东京的国外企业大多从事信息、金融等相关产业，促进了东京的产业进一步向以金融、信息等为代表的生产性服务业转变，外国人口数量的增加也使东京的人口进一步增长。

目前，东京湾区总人口达3 800万人，DID（Densely Inhabited District，即4 000人/km^2以上连片的人口密集地区）人口占比达89%，东京都高达98.2%，日本全国为67.3%，且呈现出大规模高密度的人口由紧邻海湾逐步向内陆延展的分布特征。

1.3.2 国际湾区发展对比

粤港澳大湾区与东京湾区、纽约湾区和旧金山湾区主要社会经济指标见表1-1。

表 1-1　与世界级湾区对比分析一览表（2015 年）

指标	东京湾区	旧金山湾区	纽约湾区	粤港澳大湾区			
				大湾区	珠三角 9 市	香港	澳门
一般性指标							
地位	世界三大湾区之一	世界三大湾区之一	国际湾区之首	中国最重要的经济区之一			
社会形态	资本主义	资本主义	资本主义	内部存在差异	社会主义	资本主义	资本主义
发展阶段	服务经济向创新经济的转轨中			内部存在差异	深圳：服务经济向创新经济转变。其余 8 市：工业经济向服务经济转型	创新型经济特征	服务经济
城镇化率/%	89	—	90 以上	内部存在差异	84.59	接近 100	接近 100
人口/万人	4 347	715	2 340	6 671	5 874	732	65
包含主要城市数量/个	8	9	5	11			
GDP 总量/万亿美元	1.8	0.8	1.4	1.36	0.99	0.32	0.05
占地面积/万 km^2	3.68	1.79	2.15	5.6	5.47	0.11	0.003
占全国人口总数比重/%	34.2	2.2	7.3	4.9	—	—	—
占国土面积比重/%	9.74	0.19	0.23	0.58	—	—	—
占全国经济总量比重/%	37.4	7.7	13.5	13.1	—	—	—
人口密度/（人/km^2）	1 181	399	1 088	1 191	1 074	6 655	21 667
人均 GDP/（万美元/人）	4.1	11.2	6.0	2.0	1.7	4.4	7.7
地均 GDP/（亿美元/km^2）	0.49	0.45	0.65	0.24	0.18	3.91	16.67
目前代表产业	先进制造业：装备制造、钢铁、化工、物流	电子、互联网、生物	金融服务业：金融、航运、计算机	—	制造业、金融、航运、电子和互联网	高端服务业：金融、航运、会展	博彩业、旅游业
“发家”产业	制造业创新	贸易、科技创新	港口贸易	—	港口对外贸易、制造业	转口贸易	出口加工业
拟发展方向	日本核心临港工业带	全球高新科技研发中心	世界金融核心中枢	全球创新发展高地			
第三产业比重/%	82.3	82.8	89.4	62.2	54.6	90	89.5
世界 100 强大学数量/个	2	3	2	4	0	4	0
世界 500 强企业总部数量/个	60	28	22	16	9	7	0

从人口数量和土地面积来看，粤港澳大湾区均超过其他三大湾区，但从人均 GDP 来看，2015 年旧金山湾区人均 GDP 最高，粤港澳大湾区约 2 万美元，仍有较大发展空间。从产业结构和服务功能来看，东京、纽约、旧金山三大湾区的 GDP 主要由第三产业构成，第三产业占比均在 80%以上，第一产业接近于零；粤港澳大湾区第三产业占比最低，为 62.2%，而且在服务业层次上差距更为明显。

在人居环境品质、生态环境质量和生态系统“韧性”等方面，粤港澳大湾区与三大世界级湾区的差距同样明显。珠三角地区以村镇工业化带动的城镇化模式，在空间上表现为各类用地功能混杂，人居环境魅力和品质相对不高，大量低效、低品质的建成空间亟待改造升级，岭南传统风貌受到快速城镇化的侵蚀和威胁；三大世界级湾区 $PM_{2.5}$ 浓度在 12～16 $\mu g/m^3$，而粤港澳大湾区则是这些地区的 3～4 倍。

总体而言，粤港澳大湾区在人口集聚、规模能级、基础设施建设等方面与三大世界级湾区差距不大，但在国际影响力、服务功能、创新能力、人居环境品质、生态环境质量和生态系统“韧性”等方面还存在明显差距。

参考文献

[1] 澳门特别行政区政府统计暨普查局. 2017. 澳门统计年鉴[M]. 澳门：澳门特别行政区政府统计暨普查局.

[2] 广东省统计局，国家统计局广东调查总队. 2017. 广东统计年鉴[M]. 北京：中国统计出版社.

[3] 国家发展改革委，外交部，商务部. 2015. 推动共建丝绸之路经济带和 21 世纪海上丝绸之路的愿景与行动[EB/OL]. http：//ydyl.people.com.cn/n1/2017/0425/c411837-29235511.html[2017-04-25].

[4] 国家统计局. 2017. 中国统计年鉴[M]. 北京：中国统计出版社.

[5] 国务院. 2016. 中华人民共和国国民经济和社会发展第十三个五年规划纲要[EB/OL]. http：//www.xinhuanet.com/ politics/2016lh/2016-03/17/c_1118366322.htm[2016-03-17].

[6] 国务院. 2016. 国务院关于深化泛珠三角区域合作的指导意见（国发〔2016〕18 号）[EB/OL]. http：//www.gov.cn/zhengce/content/2016-03/15/content_5053647.htm[2016-03-15].

[7] 刘艳霞. 2014. 国内外湾区经济发展研究与启示[J]. 城市观察，（3）：155-163.

[8] 香港特别行政区政府统计处. 2017. 香港统计年刊[M]. 香港：香港特别行政区政府统计处.

[9] 俞少奇. 2016. 国内外发展湾区经济的经验与启示[J]. 福建金融，（6）：42-45.

[10] 张日新，谷卓桐. 2017. 粤港澳大湾区的来龙去脉与下一步[J]. 改革，（5）：64-73.

[11] 珠三角地区战略环境评价课题组. 2017. 珠三角地区战略环境评价报告[R].

第 2 章

区域发展战略与资源环境压力

2.1 区域发展战略分析

2.1.1 区域发展与保护的战略地位

2.1.1.1 区域发展的全局性

一是绿色发展示范区定位。2017 年 7 月，国家发展和改革委员会、广东省人民政府、香港特别行政区政府、澳门特别行政区政府提出着眼于城市群可持续发展，强化环境保护和生态修复，推动形成绿色低碳的生产生活方式和城市建设运营模式，有效提升城市群品质，完善生态建设和环境保护合作机制，建设绿色低碳湾区。二是深化改革试验区定位。党的十八届三中全会就全面深化改革作出总体部署，粤港澳大湾区作为深化改革开放先行地，充分发挥国家“一带一路”的战略枢纽、经贸合作中心和重要引擎的功能和经济特区、中国（广东）自由贸易试验区的带动作用，着力抓好深化改革各项试点工作，在完善社会主义市场经济体制，推进经济建设、对外开放、社会管理、生态文明建设等方面积极开展先行先试，携手泛珠三角各方共同拓展参与“一带一路”建设的广度和深度，为泛珠三角区域和全国深化改革、扩大开放积累经验。三是泛珠三角联动引领区定位。推动珠三角地区在泛珠三角区域“9+2”各方合作中发挥更大的作用，推动内地九省（区）一体化发展，深化与港澳紧密合作，促进泛珠三角区域经济协调联动发展，共同打造全国改革开放先行区、全国经济发展重要引擎、内地与港澳深度合作核心区、“一带一路”建设重要枢纽、生态文明建设先行先试区，共同构建经济繁荣、社会和谐、生态良好的泛珠三角区域。四是创新发展先行区定位。继续推动粤港澳大湾区向创新经济阶段迈进。突出提高自主创新能力、培育创新型企业、形成区域创新格局和强化创新政策保障等四个方面，着力完善开放型区域创新体系，建设重大平台体系、自主研发体系、孵化育成体系、公共服务体系、信息网络体系，支撑引领珠三角产业转型升级。五是对外开放门户区定位。立足珠三角地区连接南亚、东南亚和沟通太平洋、印度洋的区位优势，粤港澳大湾区将充分发挥建设“21 世纪海上丝绸之路”战略枢纽功能，发挥港澳独特作用，共同推动“一带一路”建设，打造我国高水平参与国际合作的重要区域（珠三角地区战略环境评价课题组，2017）。

2.1.1.2　环境保护的战略性

一是维护人居环境安全是建设世界级湾区的基本要求。粤港澳大湾区人口总量大、密度高，是我国重要的人口集聚区之一、城镇化重要承载区域之一，人居环境安全保障功能很重要。同时，随着生态文明建设逐步推进和人民生活水平的不断提升，人民群众对环境质量的内在需求不断升级。近年来，生态环境质量明显改善，但由于“历史欠账”多，长期积累的污染问题短期内没有根本改变，累积性人居环境风险进一步凸显。农村“脏乱差”现象尚未得到根本解决。区域环境质量状况和人居环境品质与世界级湾区的战略目标尚有差距，人居环境品质亟待改善。二是保障饮用水安全是建设世界级湾区的基础保障。粤港澳大湾区位于珠江流域下游，流域水污染将威胁区域水环境安全，广西、湖南、福建等上游省（区）的快速发展加剧了水环境保护压力。香港、澳门地区受地理环境的影响，本地水资源缺乏，淡水供应不足，难以支撑本地区的社会经济发展，水资源供给主要依靠东江和西江。伴随着粤港澳大湾区建设国际一流湾区和世界级城市群，人口和经济集聚度进一步提高，经济社会发展对饮用水安全的保障支撑能力要求越来越高。饮用水安全保障已经成为人居环境安全保障和生活质量提升的基础保障。三是构建蓝色海湾生态安全体系是建设世界级湾区的重要支撑。粤港澳大湾区位于珠江流域下游，东江、西江、北江三江汇聚，海岸线较长，海洋生态保护地位突出，海湾生态系统安全是粤港澳大湾区可持续发展的重要支撑。但是，海湾生态安全面临突出压力，近岸海域生态健康受损，区域社会经济发展与生态系统支撑的矛盾突出。需要以维护海湾生态安全格局为前提，统筹近海、海岸带、内陆腹地开发建设格局，加快划定并严守生态保护红线，严格控制开发利用海岸线，以陆源防治为重点，加强珠江口等重点河口、海湾综合整治，逐步实施沿海城市和入海河流总氮控制，完善海陆统筹、区域联动的生态环境保护修复机制，构建经济社会发展和资源环境相协调的海陆统筹开发新格局，打造美丽蓝色海湾（珠三角地区战略环境评价课题组，2017）。

2.1.2　区域发展战略分析

粤港澳大湾区建设总体呈现核心带动、梯度推进的总体架构和战略布局（图 2-1 和图 2-2）。从区域发展格局来看，其中长期发展战略可概括为“共建湾区、辐射带动、助力海丝”。

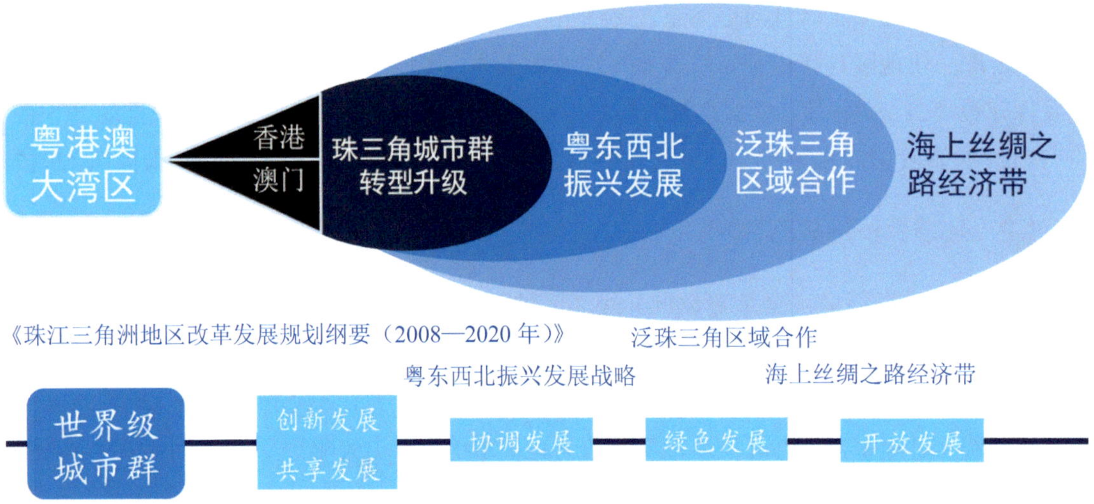

图 2-1 粤港澳大湾区发展战略空间

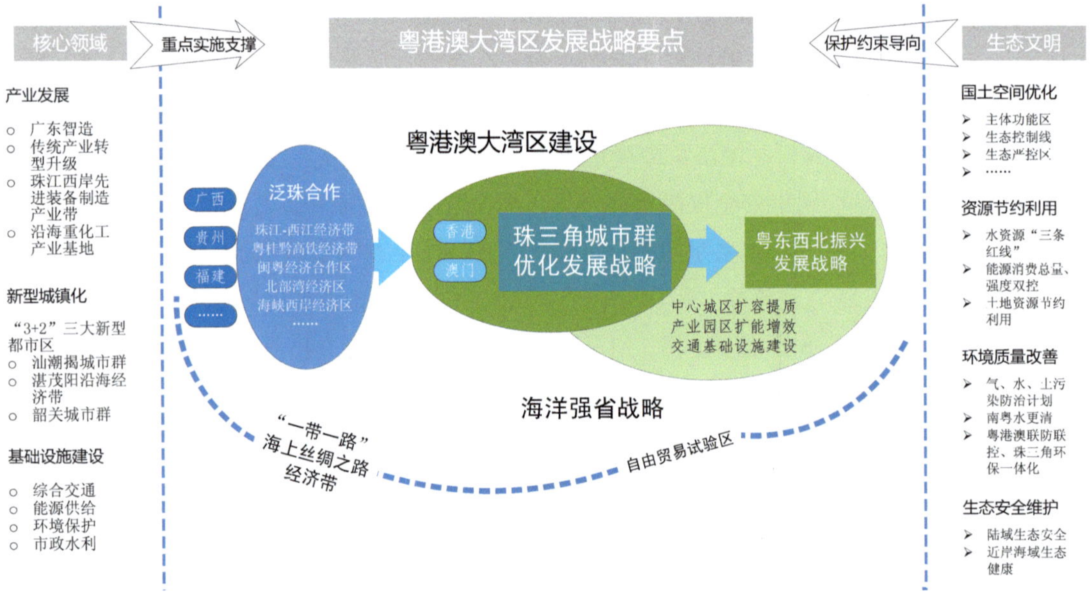

图 2-2 粤港澳大湾区建设战略要点

粤港澳三地深化合作，推动粤港澳大湾区建设成为国际一流湾区和世界级城市群，不断实现优化发展，提升整体竞争力是未来发展的战略主线。珠三角核心区的发展重心从深圳—广州为主轴的珠江东岸转向珠海—江门—佛山—肇庆的西岸地区，珠江西岸先进装备制造产业带战略的不断落实，将推动珠江西部城市快速发展。依托珠三角和粤东西北产业协作的不断加强，产业分工逐渐明确，生产要素将不断向湾区外围的产业发展平台转移，促进本地人口的城镇化进程，推动公共服务均等化水平的不断提升。

在粤港澳的紧密合作之外，泛珠三角区域合作有望进一步推进和深化。《珠江—西江经济带发展规划》的进一步实施，使得珠三角地区和西江中上游地区的经济合作有了较为全面的实施指导。在高速铁路等重大基础设施不断完善的前提下，粤桂黔高铁经济带对于带动西南地区快速发展也将发挥重大作用。

在对外开放的国际合作方面，随着我国“一带一路”倡议的深入实施，粤港澳大湾区作为我国重要的对外开放门户，进一步发挥香港国际金融中心和澳门自由港作用，发挥其作为内地企业“走出去”的重要窗口和综合服务平台作用，持续推进双边和多边合作机制，推进与东盟、南亚、非洲等海上丝绸之路沿线国家的务实经贸合作，建设成为“一带一路”的战略枢纽、经贸合作中心和重要引擎（珠三角地区战略环境评价课题组，2017）。

2.2　区域发展趋势判断

2.2.1　经济保持中高速增长，珠江西岸城市增速相对较快

随着我国经济整体步入新常态，粤港澳大湾区整体由工业化中后期向后工业化时期转变。预计未来一段时期，粤港澳大湾区经济将保持中高速增长，平均增速在 6.5%～7.0%，2020 年之后增速将下降到 6.5%以下（图 2-3）。粤港澳大湾区内部依然呈现不均衡发展趋势，但差距有望进一步缩小。珠江西岸城市（佛山、珠海、中山、江门、肇庆、澳门）受珠江—西江经济带、珠江西岸装备制造产业带等区域战略和装备制造、港珠澳大桥等重大项目拉动，经济增速有望高于珠江东岸城市（广州、深圳、东莞、惠州、香港），东岸与西岸城市地区生产总值占粤港澳大湾区总量的比重预计从 2015 年的 76.3∶23.7 调整为 2030 年的 72.7∶27.3（图 2-4）。

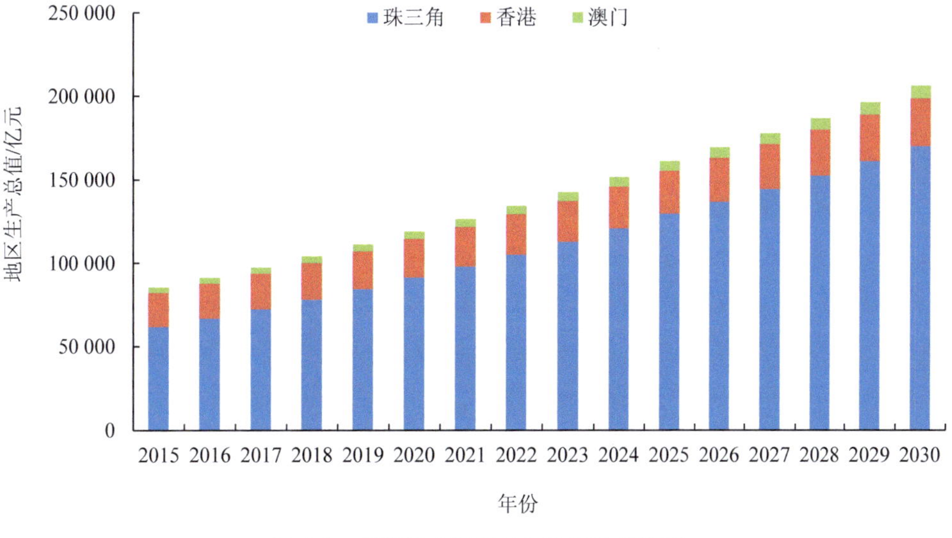

图 2-3　粤港澳大湾区地区生产总值预测

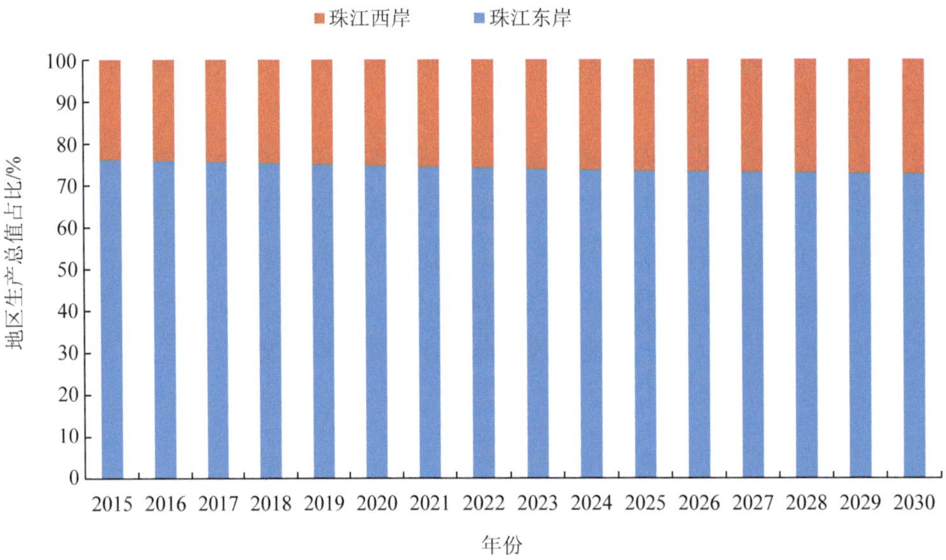

图 2-4 粤港澳大湾区不同分区的地区生产总值占比预测

2.2.2 产业结构进一步优化，服务业比重稳步提升

第三产业在 GDP 中的比重逐步升高。未来，粤港澳大湾区将充分发挥大湾区不同城市产业优势，推进产业协同发展，完善产业发展格局，加快向全球价值链高端迈进。培育战略性新兴产业集群，建设产业合作发展平台，构建高端引领、协同发展、特色突出、绿色低碳的开放型、创新型产业体系，第三产业在 GDP 中的比重将进一步提高，预测到 2030 年，粤港澳大湾区第三产业比重将超过 70%。

2.2.3 人口仍将持续集聚，城镇化进程整体趋缓

随着广东省区域发展战略的进一步实施和粤港澳大湾区城市群整体步入城镇化后期，人口向粤港澳大湾区集聚的趋势将有所放缓，但广州、深圳等超大城市吸纳人口的能力仍然突出，未来人口压力持续增大，预测到 2020 年、2030 年，粤港澳大湾区常住人口将分别达到 6 982 万人、7 637 万人。区域城镇化率将维持相对平稳的增长态势，外围的江门、惠州和肇庆在新一轮工业化拉动之下，城镇化进程进一步推进，城镇化率有所提升。预测到 2020 年、2030 年，珠三角城镇化率分别达到 86.1%、89.7%，香港、澳门保持 100%。

2.3 区域中长期资源环境压力分析

2.3.1 饮用水安全保障不断强化，上游地区加速发展胁迫供水安全

随着粤港澳大湾区生态文明建设深入推进，广东省持续推进饮用水源水质提升工程，进一步推进供排水格局优化，对江河源头及水质达到或优于III类的江河湖库实施严格保护，实施单一水源供水城市备用水源和应急水源建设，加大良好水体保护力度，粤港澳三地深化饮用水源水质保护合作，饮用水源安全保障将进一步强化。与此同时，随着粤东西北及上游省（区）工业化、城镇化的进一步推进，东江、西江等战略性饮用水源水质保护仍将长期面临胁迫。此外，西水东调工程虽使东江三角洲及沿海地区缺水问题有望缓解，但西江下游城市饮用水安全枯季易受咸潮上溯影响（许乃中等，2018；龙颖贤等，2018）。

2.3.2 环境质量将持续改善，区域性、复合型、累积性环境风险日趋复杂

一是复合型空气污染将是区域环境空气治理的长期矛盾。自 2013 年按照新环境空气质量标准实施监测以来，珠三角首要污染物以 $PM_{2.5}$ 和臭氧为主，贡献占比合计高达 70%以上，二次污染日益突出。以空气质量水平相对较为接近的韩国为例，其 $PM_{2.5}$ 浓度从 1995 年的 32 μg/m^3，下降到 2014 年的 28 μg/m^3，历时约 20 年（其间人均 GDP 增长约 2.5 倍），目前其 $PM_{2.5}$ 年均浓度尚未达到世界卫生组织（WHO）第二阶段标准。粤港澳大湾区 2015 年人均 GDP 约 2.0 万美元，相当于韩国 1999—2005 年的水平，$PM_{2.5}$ 浓度也与韩国当年水平接近。此外，在臭氧污染控制方面，洛杉矶在 20 世纪 50 年代臭氧污染问题非常严重，当地政府用了将近 20 年才使臭氧浓度超过一级警报值的天数从 1977 年的 121 天降至 1996 年的 7 天。从上述发达国家治理复合污染的历程可见，空气质量复合污染的改善难以在短期内实现阶段式跨越，未来粤港澳大湾区环境空气复合污染仍将是主要矛盾。随着港珠澳大桥主体桥梁贯通等重大项目推进实施，粤港澳大湾区的海港、空港、城际轨道建设不断提速，各种运输方式将进一步深化融合。预测区域港口船舶和机动车保有量及活动水平将大幅提高，移动源的大气污染影响日益突出，在既有技术水平和治理措施情景下，珠三角地区 2020 年移动源 NO_x 和 VOCs 排放量将分别达到 52.9 万 t 和 20.4 万 t，2030 年将增至 82.1 万 t 和 29.8 万 t，移动源将成为珠三角地区 NO_x 排放第一大源、VOCs 排放第二大源（珠三角地区战略环境评价课题组，2017）。

二是水环境压力总体趋缓，生活源污染贡献仍占主导。在既定的水污染防治措施下，珠三角 9 市 COD 和氨氮排放总量总体持续下降。2020 年，COD 和氨氮排放量预计为 56.0 万 t

和 7.6 万 t，与 2015 年相比分别减少了 24.2 万 t 和 3.1 万 t，降幅分别达 30%和 29%；到 2030 年，COD 和氨氮排放量进一步减少到 42.1 万 t 和 5.3 万 t。水污染物排放量总体减少。在既定的水污染防治措施下，2020 年、2030 年珠三角 9 市生活源排放的氨氮占区域氨氮排放总量的 65.8%、61.2%，生活源污染贡献占主导。其中，东莞生活源排放的氨氮占比最大，超过 80%；其次是深圳、中山和广州，生活源排放的氨氮占比在 70%以上。而外围的江门、惠州、肇庆工业化阶段相对滞后，工业源和农业源排放污染贡献仍然突出。经分析，造纸、纺织服装、食品等传统行业污染贡献总体下降，化工、医药、装备制造等污染排放贡献增长明显（珠三角地区战略环境评价课题组，2017）。

2.3.3 区域生态状况总体改善，重要生态功能区仍将面临威胁

粤港澳大湾区将持续推进新一轮绿化广东大行动和绿色生态水网建设，在北部构筑高质量的陆域连绵山体生态屏障，提升生态保护、水源涵养、生物多样性保护的承载能力；在南部沿海加强海岸线、海岛、海岸防护林的保护和建设，实施湿地保护与恢复，构建沿海生态屏障；加强水网与路网绿化的建设，形成珠江水系蓝网和道路绿网两大生态廊道；积极进行“复绿还林”，在城市内部或者城市之间的山体和绿色生态开敞空间建设多个森林绿核，逐步构建区域生态安全体系，推进区域生态状况逐步改善。

但是，粤港澳大湾区城市外围拓展趋势明显，城市连片聚集效应加强。利用未来城镇拓展空间与生态严控区、水源保护区等重要生态空间进行叠图可以发现，重要生态空间仍然面临城镇扩张而进一步被侵占的威胁，主要集中在广州北部、惠州大亚湾新区、江门大广海湾新区、新会银州湖和潭江流域、肇庆新区、怀集县城等区域。此外，通过叠图分析区域综合交通设施空间布局与重要生态空间的关系可以发现，随着粤港澳大湾区乃至粤东西北地区交通体系的进一步完善，高速路网、城际轨道等交通设施穿越重要生态空间的现象将长期存在，生态格局破碎化程度可能进一步加剧，综合交通设施穿越重要生态空间加剧了破碎化程度（许乃中等，2018）。

参考文献

[1] 龙颖贤，张玉环，卢加伟，等. 2018. 珠三角地区水环境质量变化趋势及成因[J]. 环境影响评价，40（5）：30-33，42.

[2] 石海佳，许乃中，张玉环，等. 2019. 战略环境评价区域发展驱动力与压力分析——以珠三角地区为例[J]. 环境影响评价，41（3）：15-21.

[3] 许乃中，张玉环，石海佳，等. 2018. 珠三角地区战略环境评价研究[J]. 环境影响评价，40（6）：25-29.

[4] 张玉环，余云军，龙颖贤，等. 2015. 珠三角城镇化发展重大资源环境约束探析[J]. 环境影响评价，37（5）：

14-17，23.

[5] 中共中央 国务院. 2019. 粤港澳大湾区发展规划纲要[EB/OL]. https：//news.sina.com.cn/c/2019-02-18/doc-ihqfskcp6348944.shtml[2019-02-18].

[6] 珠三角地区战略环境评价课题组. 2017. 珠三角地区战略环境评价报告[R].

第 3 章

粤港澳大湾区空气质量变化趋势及控制政策

3.1 能源结构

能源结构是决定地区环境空气质量的重要因素，不同的能源结构对应不同的污染物排放情况，本节从粤港澳大湾区能源结构入手，分析其能源结构的特征和变化趋势，同时与世界三大湾区的能源结构进行对比，有利于认清粤港澳大湾区空气污染的基本成因。

3.1.1 粤港澳大湾区

广东省历年能源消耗量变化趋势见图 3-1，能源结构变化趋势见图 3-2。综合来讲，近 10 年来能源消耗量从 1.53 亿 t 标煤逐渐上升到 2.57 亿 t 标煤①，但 2011 年后能源消费变化趋于平缓。特别值得指出的是，近年来原煤的消耗量占比呈现下降趋势，占比从约 50%下降至约 40%，而清洁能源如天然气和电力占比上升到 30%。可见，广东省能源结构逐渐向清洁能源转变。

香港能源消耗量呈现较为平缓的上升趋势（图 3-3）②。主要油品和煤品历年变化趋势变化不大，能源消耗的平缓上升归因于电力消耗的上升。

澳门主要能源消耗量历年变化趋势见图 3-4③。澳门是大湾区唯一没有原煤消耗的地区，主要能源是电力、燃油类和燃气类，电力消耗上升趋势比较明显。

---

① 数据来源：广东省统计局. 广东统计年鉴 2019 年[EB/OL]. http：//stats.gd.gov.cn/gdtjnj/content/post_2639622.html。

② 数据来源：香港特区政府统计处. 香港统计年刊 2019 年版[EB/OL]. https：//www.censtatd.gov.hk/gb/？param=b5uniS&url=http：//www.censtatd.gov.hk/hkstat/sub/sp460_tc.jsp？productCode=B1010003。

③ 数据来源：澳门统计暨普查局. 2018 年澳门特别行政区统计年鉴[EB/OL]. https：//www.dsec.gov.mo/Statistic.aspx？NodeGuid=d45bf8ce- 2b35-45d9-ab3a-ed645e8af4bb。

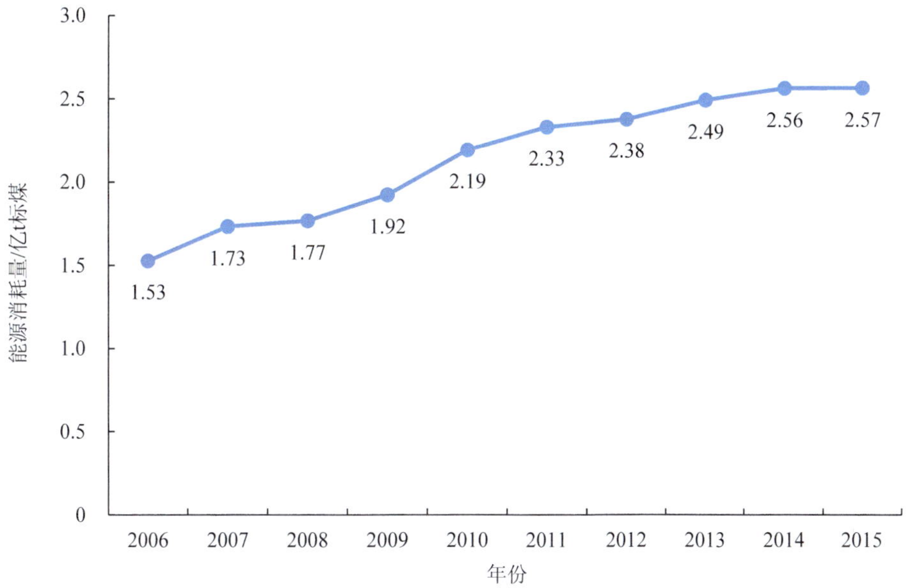

图 3-1　广东省历年能源消耗量变化趋势

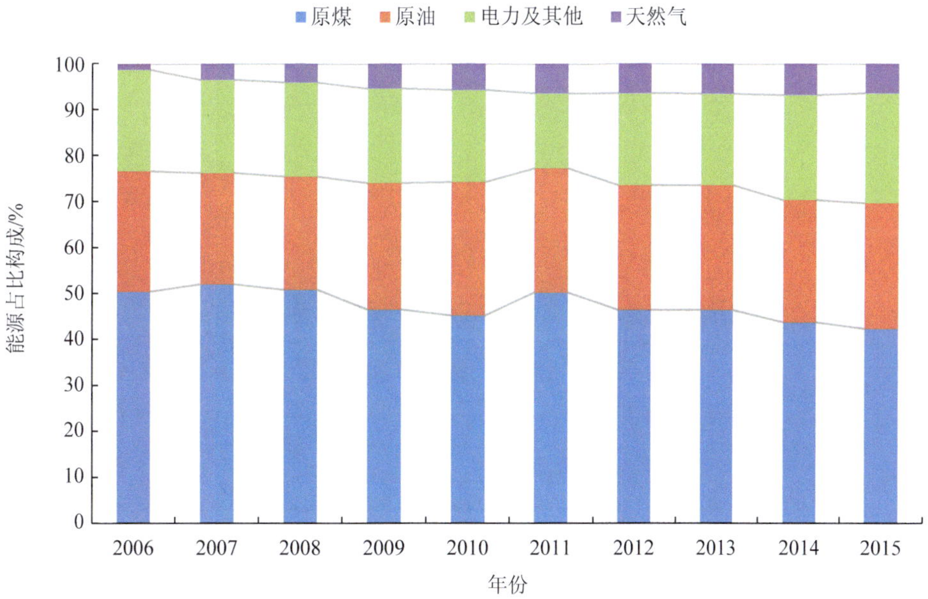

图 3-2　广东省历年能源构成占比变化趋势

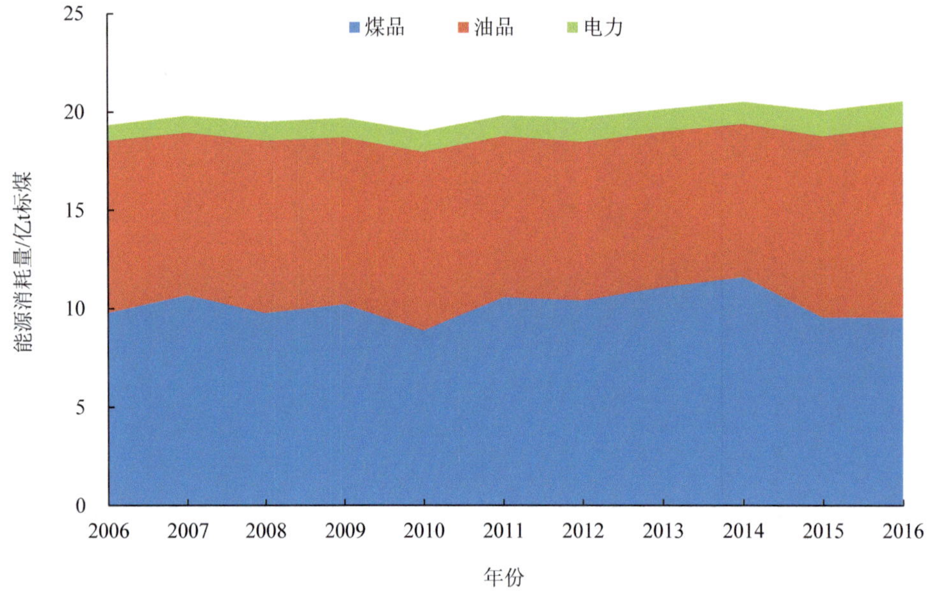

图 3-3　香港主要能源消耗量历年变化趋势

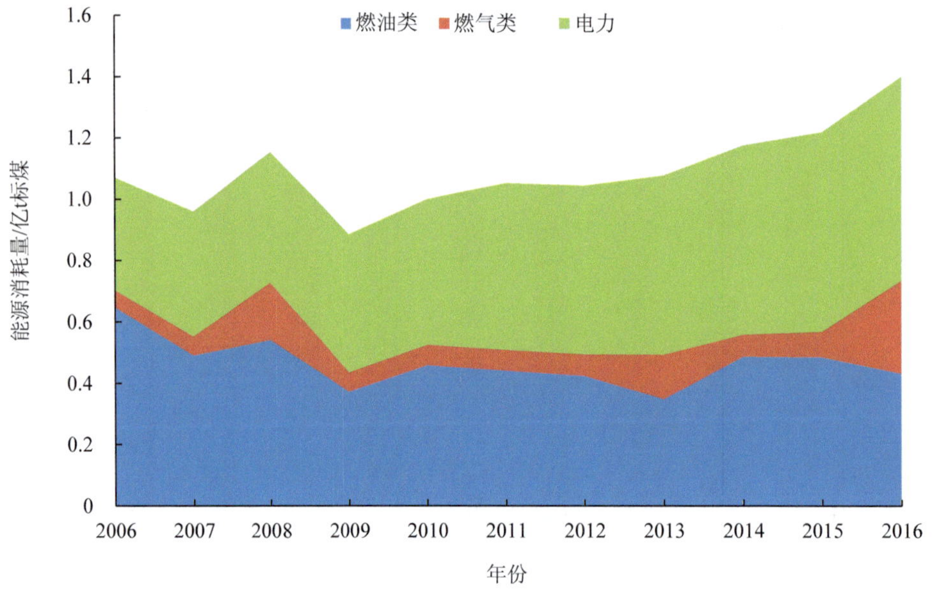

图 3-4　澳门主要能源消耗量历年变化趋势

总体而言，粤港澳大湾区能源消费量总体呈现上升趋势，但能源消费结构在向清洁化方向发展。

3.1.2　旧金山湾区

图 3-5 展示了美国旧金山湾区所依托的行政州（加利福尼亚州，以下简称加州）1970—2015 年能源消耗趋势①。从能源消耗总量来看，在 20 世纪 70 年代逐步升高，但由于中东石油危机影响，在 80 年代出现降低现象，在 1983 年后恢复上升并持续增加，直到 2006 年经过美国能源战略计划调整后出现缓慢降低的趋势。加州占美国能源消耗总量的 7.9%。由于能源利用率高，加州人均能耗排在全美第 49 位。总体而言，该地区在过去 40 年间的能源消耗水平略有波动，近年呈现下降趋势，且人均能耗低。

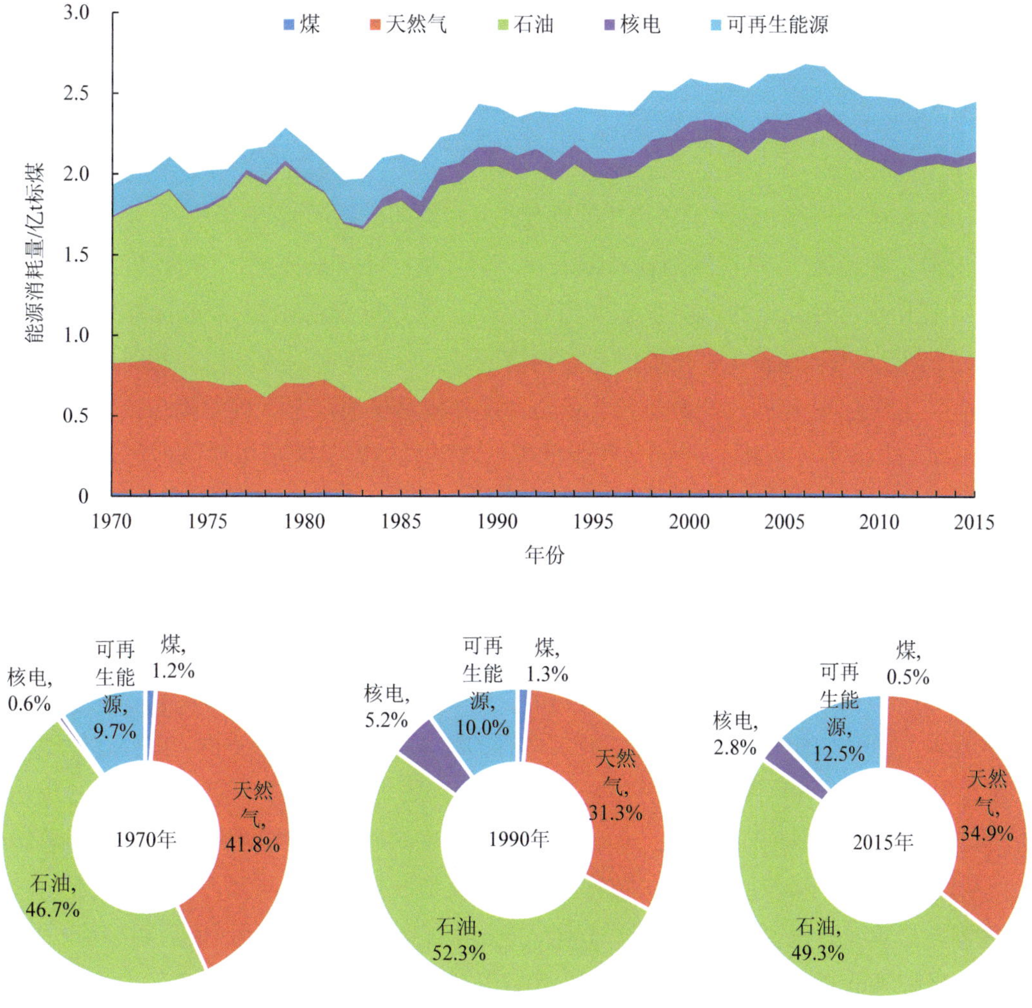

图 3-5　旧金山湾区所依托行政州（加利福尼亚州）主要能源消耗结构

---

① 数据来源：美国能源信息管理机构官网 U.S. Energy Information Administration. https：//www.eia.gov/。

从能源结构来看，石油是加州能源消耗最高的化石燃料，且在过去40年间占一次能源消耗的比重几乎没有太大的变化。例如，石油所占能源消耗比重在1970年为46.7%，与2015年所占比重（49.3%）非常接近。天然气也是加州最重要的能源之一，占30%～40%，并多年保持相对稳定的状态。由于加州不产煤，并且政策方面不支持火电发展，因此煤炭在加州能源消耗中占比非常低，仅占不足2%。非化石能源方面，加州在太阳能、地热和生物质能发电方面处于美国领先地位。2015年，光伏在加州发电方面所占比重达到7.5%；加州的地热发电产能在美国排行第一位；加州的生物质能和风能发电产能在美国排行前五。可以看出，加州不断鼓励可再生能源的使用，这使可再生能源在其能源结构中占据着非常重要的位置。总体而言，加州能源结构中石油和天然气是其主要能源，可再生能源占据着重要的位置，而核能和煤炭提供给该地区的能量相对有限。

3.1.3 纽约湾区

图3-6展示了美国纽约湾区所依托的行政州（纽约州、新泽西州和宾夕法尼亚州）1970—2015年能源消耗趋势[①]。从能源消耗总量来看，消耗量在1970—1983年呈现缓慢下降趋势，随后逐步上升至1970年的消耗水平并保持平稳。该地区能源消耗占美国能源消耗总量的10.2%。虽然能源消耗总量大，然而涵盖纽约湾区，人口密度高，人均能耗相对较低。总体而言，该地区在过去40年间的能源消耗总量高，变化相对平稳，但人均能耗却较低。

从能源结构来看，石油、天然气和煤炭等化石燃料是该地区最主要的能源物质。在化石燃料中，石油是该地区消耗最高的能源物质，在20世纪70年代占所有能源消耗一半以上，此后在能源结构中所占的比重开始逐渐下降，到2015年时已降至33.6%。煤炭曾在美国能源结构历史上占据重要地位，然而在第二次世界大战后占比逐渐降低。1970年，煤炭在纽约地区仍是主要能源，占23.3%。在此之后，煤炭在能源结构中所占的比重继续下降，在近年来甚至降至10%以下。另外，天然气在一次能源结构中的比重逐步增加，尤其是近年来随着美国的页岩气开采，它所占的比重甚至超过了石油所占的比重。非化石能源方面，主要有核能以及风电、水电和太阳能等可再生能源。美国是世界上最主要的研究核能的国家之一，同时也是世界上最早利用核能进行发电的国家之一。在纽约湾区所在州地区，核电由所占能源消耗总量比重不到1%，逐渐增加至超过16%，已超过煤炭的消耗量。在可再生能源方面，水电在可再生能源中占据着最重要的位置，在20世纪70年代已经拥有较大规模，并在此后保持稳定。相对于水电，光伏和风电起步较晚，但发展迅速，尤其是光伏在近年来发电量取得了大幅增长。虽然可再生能源在该地区所占比重并不高，但却保持着持续增长的趋势。总体而言，该地区天然气、核电以及可再生能源在一次能源消耗占比中持续升高，而石油和煤炭占比逐步降低。可以看出，该地区的能源结构正逐渐向更加清洁的方向调整。

① 数据来源：美国能源信息管理机构官网 U.S. Energy Information Administration. https：//www.eia.gov/。

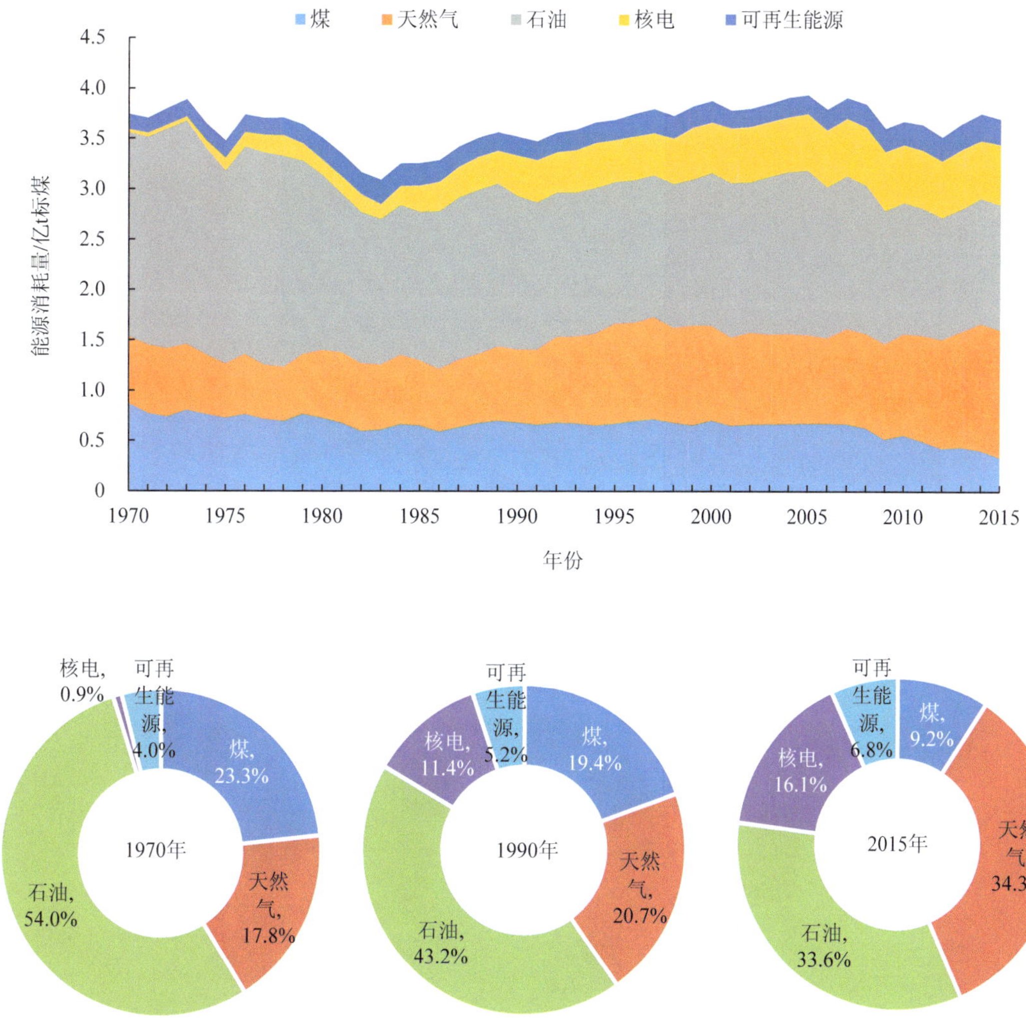

图 3-6 纽约湾区所依托美国行政州（纽约州、新泽西州和宾夕法尼亚州）主要能源消耗结构

3.1.4 东京湾区

鉴于能源结构与大气污染物的密切关系和大气污染物的易扩散性，需要考虑东京湾区所依托的日本国家能源结构变化和调整趋势。

图 3-7 展示了日本 1990—2015 年能源消耗趋势①。从能源消耗总量来看，消耗量在 1990—1997 年呈现缓慢升高趋势，然后在 1997—2008 年保持相对平稳，在 2008—2015 年呈现出降低趋势。相对于 2000 年，日本在 2015 年能源消耗总量削减了 11.3%。东京都能源消耗约占日本全国的 4.8%，也呈现出下降态势。东京都 2012 年能源消耗总量相对 2000 年消耗总量削减

① 数据来源：美国能源信息管理机构官网 U.S. Energy Information Administration. https：//www.eia.gov/。

了 16%，降速略快于日本全国水平。

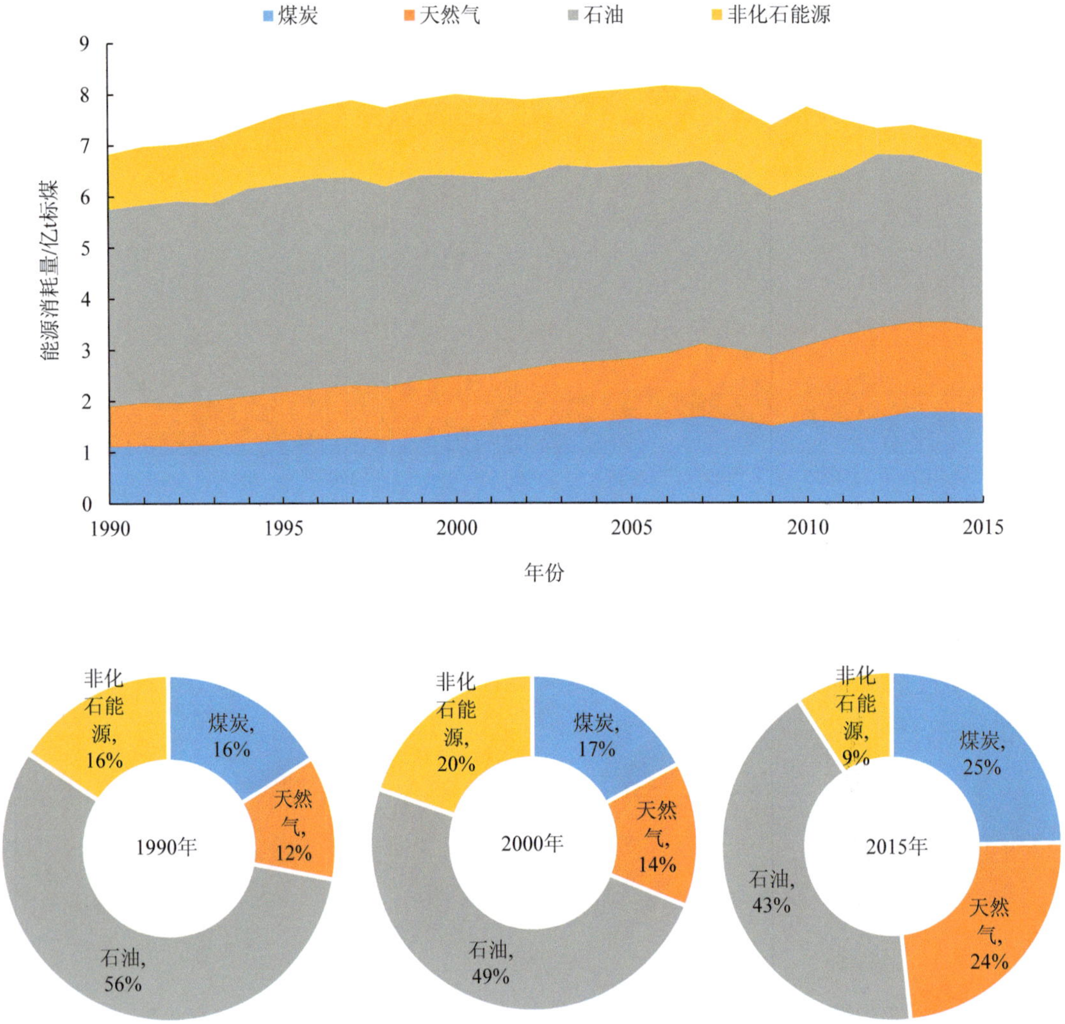

图 3-7　日本主要能源消耗结构

从能源消耗结构来看，石油、天然气和煤炭是日本最主要的能源。在化石燃料中，石油消耗最多。在 1990—2000 年，石油占所有能源消耗一半以上，此后在能源结构中所占的比重开始逐渐缓慢下降，到 2015 年已降至 43%。石油逐步由天然气和煤炭所代替，尤其是天然气，由 1990 年的 12%上升至 2015 年的 24%。非化石能源曾在日本能源历史上占有较高的比重，在 1990—2010 年占 16%～20%，但由于核泄漏事件，其在 2011 年后迅速降低。

3.2 大气污染物排放

3.2.1 粤港澳大湾区

珠三角地区排放清单资料显示（Bian Y et al.，2019），2006—2015 年，珠三角地区 SO_2 排放量从 79 万 t 持续下降至 29 万 t，其中电厂源和工业燃烧源是 SO_2 排放贡献最大的两个来源；NO_x 排放量总体从 93 万 t 缓慢下降至 81 万 t，其中电厂源和道路移动源是 NO_x 排放两大重要贡献源；PM_{10} 排放量从 72 万 t 上升到 2009 年的 77 万 t，然后持续下降至 2015 年的 53 万 t；$PM_{2.5}$ 排放量的变化趋势与 PM_{10} 的变化趋势一致，其中扬尘源和工艺过程源是颗粒物的主要来源；VOCs 排放量则呈现逐年上升的趋势，排放量从 2006 年的 65 万 t 上升到 2015 年的 88 万 t，其排放大部分来自工业溶剂，其增长主要与工业溶剂使用量的增加有关；CO 排放量首先呈现上升趋势，由 2006 年的 370 万 t 上升至 2013 年的 450 万 t，再逐步下降至 355 万 t，其中道路移动源是 CO 的首要贡献源（图 3-8）。

根据香港环保署①和澳门环保局②提供的排放清单，2015 年香港 SO_2、NO_x、PM_{10}、$PM_{2.5}$、VOCs 和 CO 排放量分别为 1.95 万 t、9.62 万 t、0.48 万 t、0.38 万 t、2.61 万 t 和 5.72 万 t；2015 年澳门 SO_2、NO_x、PM_{10}、$PM_{2.5}$、VOCs 和 CO 排放量分别为 0.5 万 t、1.5 万 t、0.8 万 t、0.76 万 t、1.1 万 t 和 2.0 万 t。可以看出，香港和澳门的大气污染物排放总量总体要远小于珠三角地区大气污染物的排放量。

综合来讲，珠三角地区 SO_2、NO_x、$PM_{2.5}$ 和 PM_{10} 等常规大气污染物排放量得到较为有效的控制，由于对 VOCs 认识存在局限，其排放量逐年上升，也导致粤港澳大湾区 O_3 污染问题得不到有效的解决，因此进一步开展 VOCs 减排工作刻不容缓。高强度的 NO_x 排放源主要分布于粤港澳东部地区，如广州、东莞、深圳和香港。VOCs 排放强度空间分布特征与 NO_x 排放强度的空间分布特征类似，也主要分布在粤港澳东部地区。事实上，粤港澳大湾区环境空气中 O_3 的高值区也主要分布在东部地区。

---

① 香港特别行政区环保署. 2017 年香港空气污染物排放清单报告 [EB/OL].https://www.epd.gov.hk/epd/sites/default/files/epd/data/2017_Emission_Inventory_Report_Chi.pdf。

② 澳门特别行政区环境保护局. 澳门环境状况报告 2016 [EB/OL]. https://www.dspa.gov.mo/Publications/StateReport/report_2016_sc.pdf。

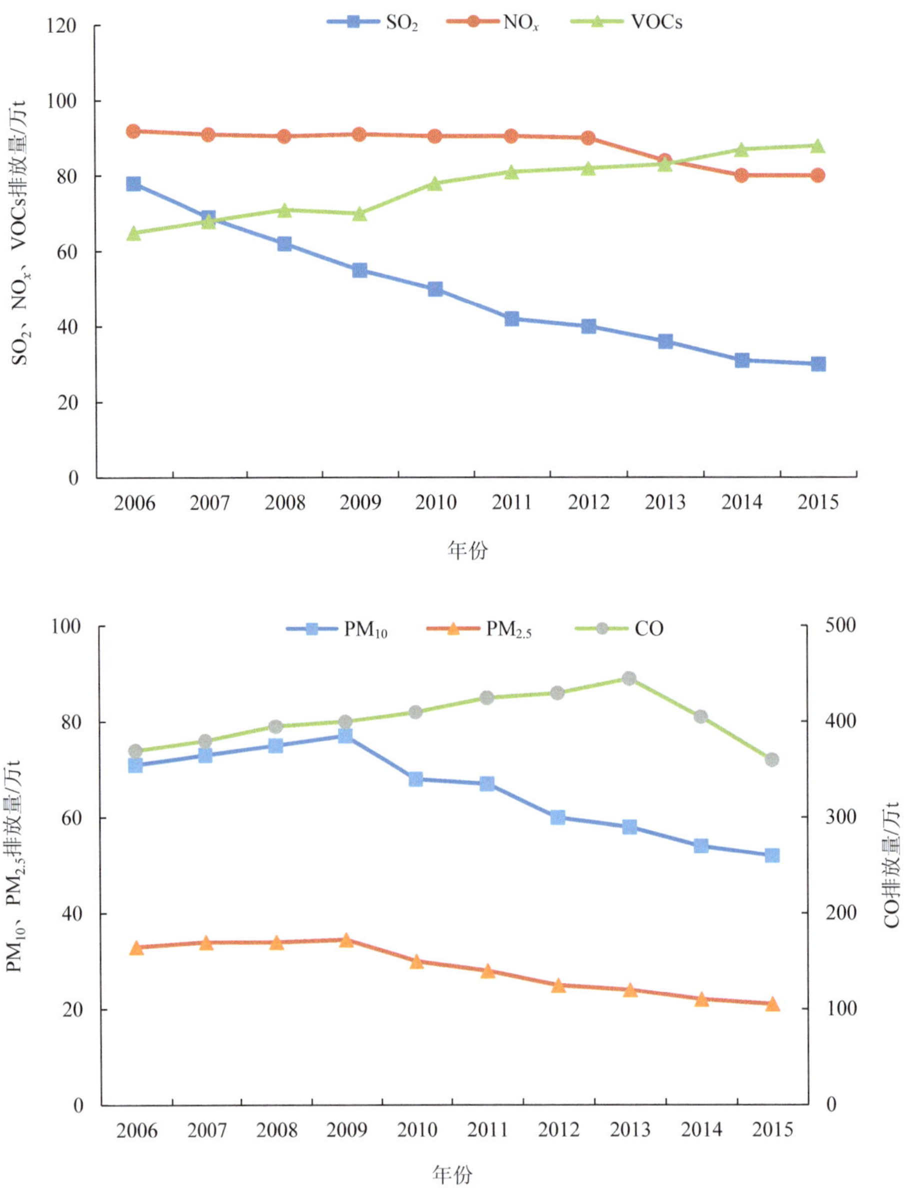

图 3-8 珠三角地区大气污染物排放量的变化趋势

3.2.2 旧金山湾区

根据美国国家排放清单（National Emission Inventory，NEI）[①]，图 3-9 展示了 2014 年旧金山湾区 CO、NO_x、SO_2、PM_{10}、$PM_{2.5}$和 VOCs 的污染源排放构成。2014 年，CO、NO_x、SO_2、PM_{10}、$PM_{2.5}$和 VOCs 的排放量分别为 42.2 万 t、9.5 万 t、4.2 万 t、1.8 万 t、0.9 万 t 和 19.9 万 t。

① 美国国家环保局. 2014 national emissions inventory NEI data [EB/OL].https：//www.epa.gov/air-emissions-inventories/2014-national-emissions- inventory-nei-data.

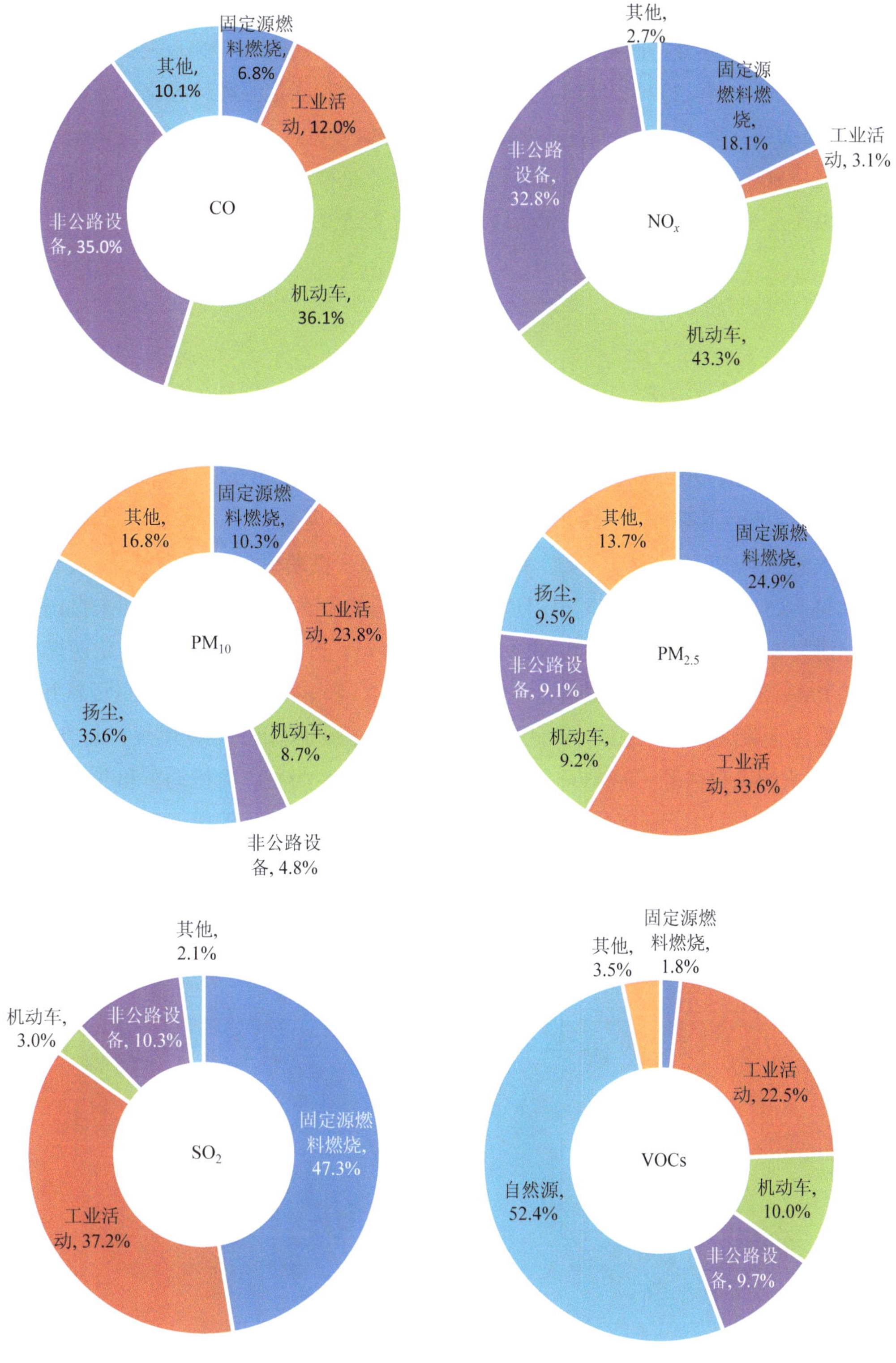

图 3-9　2014 年旧金山湾区大气污染物的污染源构成

从排放清单的来源贡献来看，CO 和 NO_x 主要来源于机动车和非公路设备等交通源，分别占 71.1%和 76.1%。此外，固定源燃料燃烧也是 NO_x 的重要来源。PM_{10} 主要来自扬尘和工业活动，分别占 35.6%和 23.8%。$PM_{2.5}$ 主要来自工业活动和固定源燃料燃烧，分别占 33.6%和 24.9%。相对而言，交通源对 $PM_{2.5}$ 和 PM_{10} 的直接排放量贡献并不高。除固定源燃料燃烧外，工业活动也是 SO_2 的主要排放源。旧金山湾区由于地处亚热带地区，自然源是旧金山湾区 VOCs 的主要来源（占 52.4%），其次为工业活动来源（占 22.5%）。

3.2.3 纽约湾区

根据美国国家排放清单①，图 3-10 展示了 2014 年纽约湾区 CO、NO_x、SO_2、PM_{10}、$PM_{2.5}$ 和 VOCs 等前体物的污染源排放构成。2014 年，CO、NO_x、SO_2、PM_{10}、$PM_{2.5}$ 和 VOCs 的排放量分别为 169 万 t、29.9 万 t、17.7 万 t、8.6 万 t、2.8 万 t 和 40.9 万 t。纽约湾区各种污染物排放量均高于加州污染物排放量，但显著低于粤港澳大湾区。

从排放清单的来源贡献来看，CO 和 NO_x 主要来源于机动车和非公路设备等交通源，分别占 87.0%和 70.5%。此外，固定源燃料燃烧也是 NO_x 的重要来源。PM_{10} 主要来自扬尘和工业活动，分别占 39.8%和 26.7%。$PM_{2.5}$ 主要来自工业活动，占 48.0%；其次，固定源燃料燃烧和扬尘也是 $PM_{2.5}$ 的重要来源。相对而言，交通源对 $PM_{2.5}$ 和 PM_{10} 的直接排放量贡献并不高。由于 SO_2 主要由含硫燃料燃烧生成，因此 SO_2 的主要排放源为固定源燃料燃烧，占 78.5%。该地区 VOCs 的来源以自然源（34.4%）和工业活动（28.9%）为主，而机动车和非公路设备也是其重要来源。可以看出，旧金山湾区与纽约湾区在 SO_2 和 VOCs 的排放源构成方面存在明显差异，而 CO、NO_x、PM_{10} 及 $PM_{2.5}$ 的排放源构成较为相似。

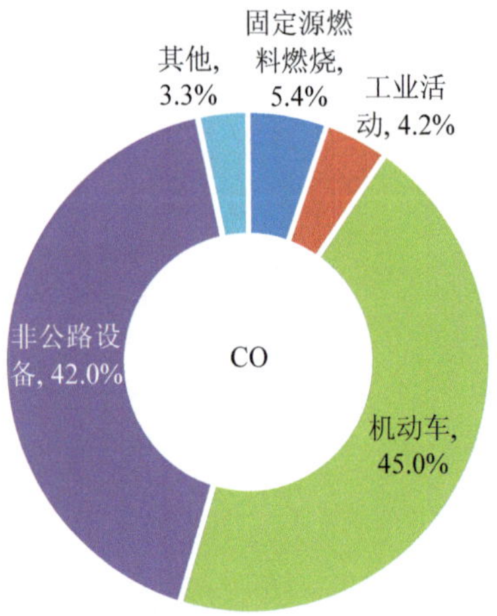

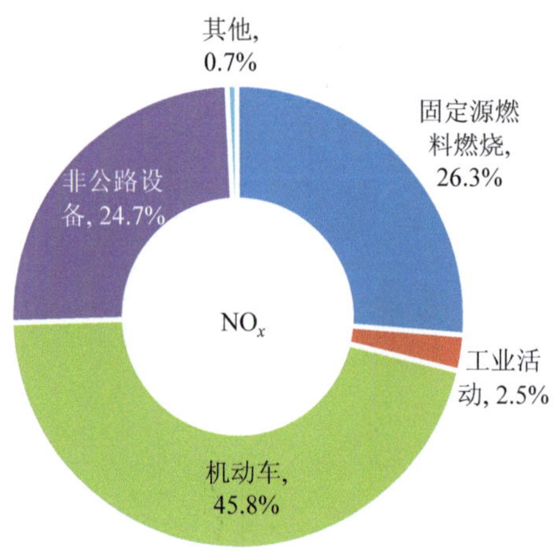

① 美国国家环保局. 2014 national emissions inventory NEI data [EB/OL]. https：//www.epa.gov/air-emissions-inventories/2014-national-emissions-inventory-nei-data。

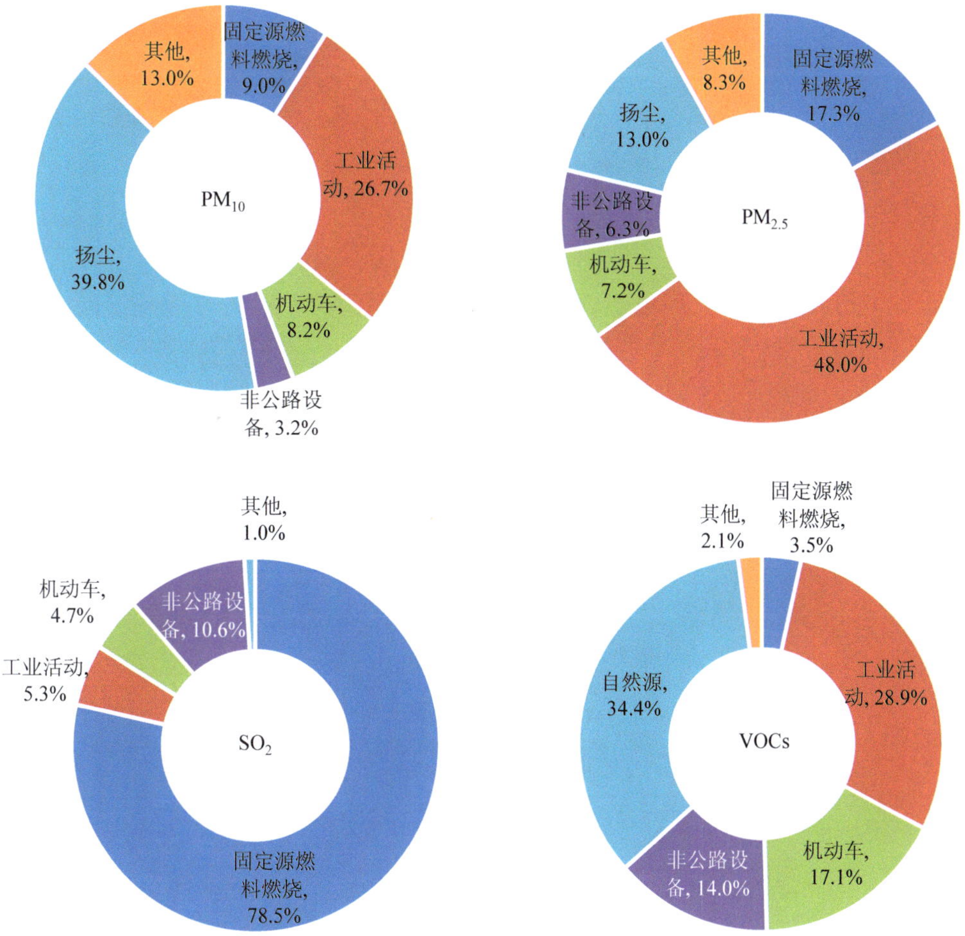

图 3-10　2014 年纽约湾区大气污染物的污染源构成

3.2.4　东京湾区

东京都作为东京湾区核心城市，其大气污染物排放量在东京湾区占主要地位。图 3-11 展示了 2000 年和 2010 年东京都 NO_x、PM 和 VOCs 的污染源构成。2000 年，东京都 NO_x、PM 和 VOCs 的排放量分别为 7.37 万 t、0.62 万 t 和 14.33 万 t。2010 年，东京都 NO_x、PM 和 VOCs 的排放量分别为 4.37 万 t、0.22 万 t 和 6.97 万 t，相对于 2000 年分别下降了 40.7%、64.5% 和 51.4%[①]。

① 数据来源：东京都环保局. 东京都环境白皮书 2016 年. https：//www.kankyo.metro.tokyo.lg.jp/basic/plan/ white_paper/2016.html。

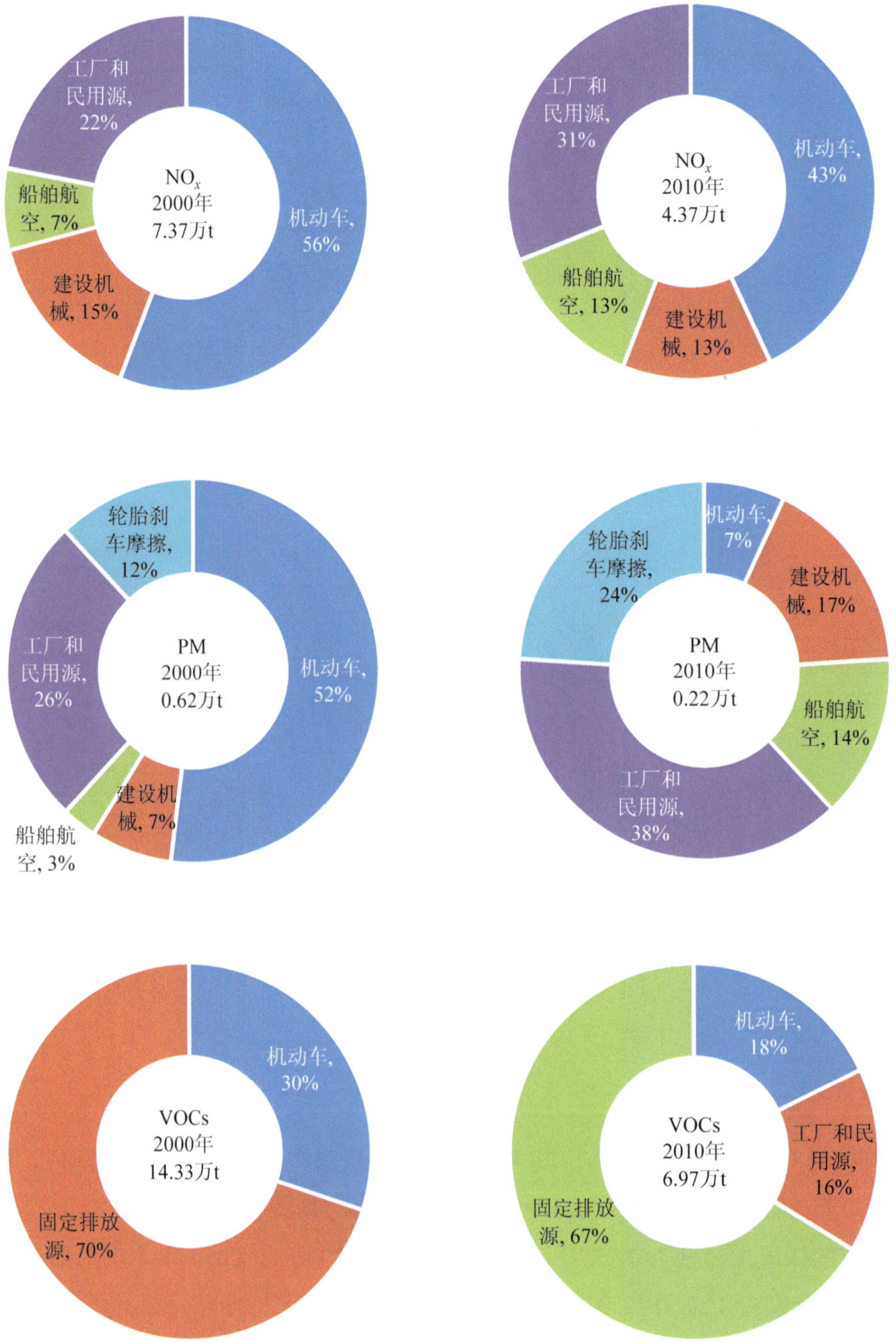

图 3-11　2000 年和 2010 年东京都主要大气污染物排放源构成

从排放清单的来源贡献来看，2000 年 NO_x 主要来源于机动车（占 56%），其中柴油车贡献了 44%，而其他汽油和液化石油气（LPG）车贡献了 12%。2010 年，柴油车和其他车辆对 NO_x 排放贡献分别下降到 38%和 5%。此外，船舶、航空以及建设机械等非交通移动源也是

NO_x 的重要来源。随着移动源排放贡献降低，工厂和民用源对 NO_x 的贡献占比逐渐上升。对于 PM 排放源而言，机动车排放贡献降低非常明显，由 2000 年的 52%降低到 2010 年的 7%。随着机动车排放贡献的降低，建设机械、船舶航空、轮胎刹车摩擦、工厂和民用源等来源贡献有所提升。VOCs 主要来源于涂装、印刷和加油站等固定排放源，贡献占比在 70%左右。机动车对 VOCs 的贡献则由 2010 年的 30%下降到 18%。总体来说，东京都 NO_x、PM 及 VOCs 的排放量下降十分明显，且机动车减排效果尤为突出。

3.3　空气质量变化趋势

3.3.1　粤港澳大湾区空气质量变化趋势

为了评价粤港澳大湾区大气环境质量现状，本书收集了 2006—2016 年珠三角 9 市 60 余个站点 SO_2、NO_2、PM_{10}、$PM_{2.5}$ 和 O_3 资料。其中 $PM_{2.5}$ 和 O_3 的长期观测资料全部来自珠三角区域空气监测网（16 个站点）。香港 SO_2、NO_2、PM_{10}、$PM_{2.5}$ 和 O_3 资料来源于珠三角区域空气监测网和香港环保署（3 个站点）①。澳门 SO_2、NO_2、PM_{10}、$PM_{2.5}$ 和 O_3 资料来源于澳门地球物理暨气象局（含 2～4 个站点）。

近 10 年来，粤港澳大湾区的 SO_2 下降约 75%，NO_2 下降约 20%，PM_{10} 下降约 40%（图 3-12）。尽管直到 2012 年才开始对珠三角地区的 9 个城市和澳门开展 $PM_{2.5}$ 观测，但 2012—2016 年，粤港澳大湾区 $PM_{2.5}$ 下降约 20%。香港从 2007 年开始观测 $PM_{2.5}$，近 10 年间香港 $PM_{2.5}$ 年均值从 39 $\mu g/m^3$ 逐渐下降到 2016 年的 26 $\mu g/m^3$，下降幅度高达 33%。尽管粤港澳大湾区能源消耗上升了，但是一次污染物（如 SO_2 和 NO_x）排放量显著降低，不仅使 SO_2 和 NO_x 浓度降低，同时也使得颗粒物浓度水平降低。可见，大气污染防治技术的进步抵消了能源消耗增加所带来的污染物排放增量。无论如何，只要不断削减大气污染物排放量，粤港澳大湾区环境空气质量必然会持续改善。

值得注意的是，粤港澳大湾区 O_3 年均浓度上升了 6%。特别是 2014 年之前，O_3 年均浓度上升了约 20%，2014 年后呈现下降趋势。相对于其他污染物控制途径而言，O_3 的浓度取决于 NO_x、VOCs 和气象因素的共同作用。虽然粤港澳大湾区整体 O_3 浓度呈现上升趋势，但各个城市间 O_3 年均浓度水平和变化趋势表现并不完全相同。除香港外，其他地区大多数都呈现上升、微弱上升或在高浓度水平振荡上升的趋势。基于香港的 O_3 控制经验，通过对 NO_x 和 VOCs 进行协同控制，可使对 O_3 的控制取得较好的效果。

① 广东省生态环境厅. 粤港澳珠江三角洲区域空气监测网络 2018 年空气质素报告[EB/OL]. http：//gdee.gd.gov.cn/kqjc/。

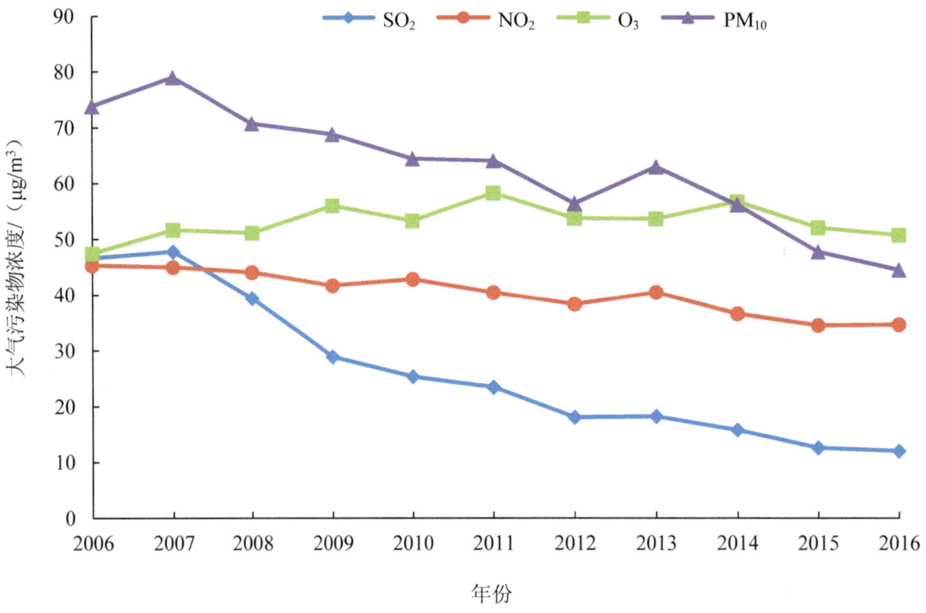

图 3-12 粤港澳大湾区主要大气污染物浓度逐年变化趋势

3.3.2 旧金山湾区空气质量变化趋势

3.3.2.1 SO_2

美国在 1971 年《清洁空气法》中首次制定 SO_2 环境空气质量标准，其中一级标准规定了年平均浓度（78.5 μg/m^3）和 24 h 平均浓度限值（366.1 μg/m^3）。2010 年美国对 SO_2 标准进行了修改，废除了一级标准年平均浓度和 24 h 平均浓度限值，并在一级标准中增加了 1 h 平均浓度限值（196.1 μg/m^3）。图 3-13 为 1990—2015 年美国以及旧金山湾区 SO_2 浓度的变化趋势①。由图可知，旧金山湾区 SO_2 日最高小时浓度（全年 99%分位点）在 1990 年仅为 104.6 μg/m^3，在美国范围内已处于较低浓度水平，到 2015 年已降至 31 μg/m^3，年下降率为 2.9 μg/m^3。就年均值而言，旧金山湾区 SO_2 浓度在过去 25 年间维持在 2.6～7.8 μg/m^3 的低水平浓度间波动。旧金山湾区低 SO_2 浓度水平的特征很有可能与其低煤炭消耗的能源结构有关。

① 数据来源：美国国家环保局. Air quality statistics report [EB/OL]. https：//www.epa.gov/outdoor-air-quality-data/air-quality-statistics-report。

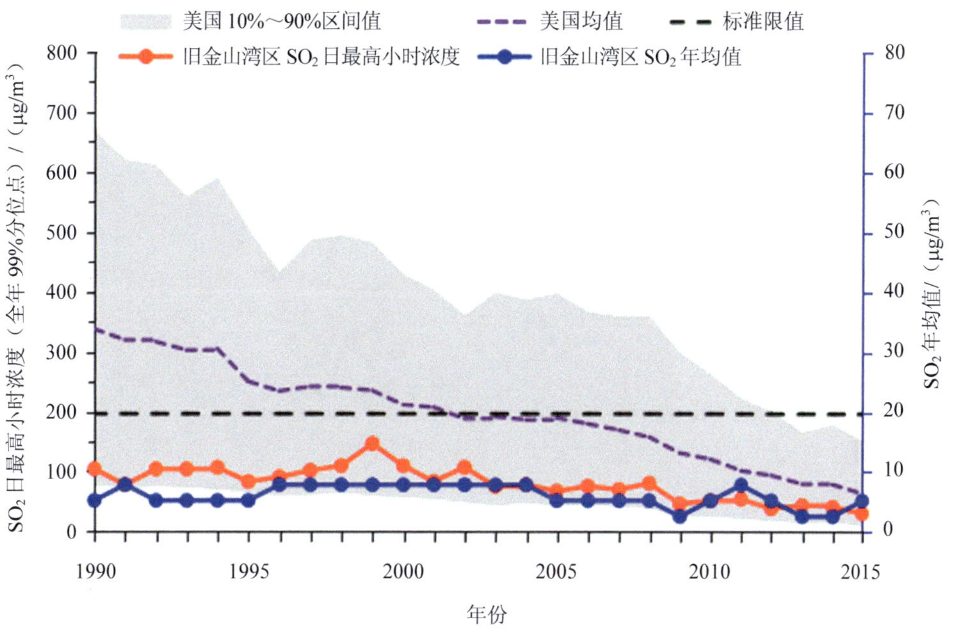

图 3-13　1990—2015 年美国及旧金山湾区 SO_2 浓度变化趋势

3.3.2.2　NO_2

美国在 1971 年《清洁空气法》中规定了 NO_2 的年平均浓度限值（99.6 μg/m^3），并在 2010 年发布了 1 h 平均浓度限值（188 μg/m^3）。图 3-14 为 1990—2015 年美国以及旧金山湾区 NO_2 浓度的变化趋势。就 NO_2 在全年 98%分位点的小时浓度而言，其在旧金山湾区于 1990—2009 年呈现下降趋势，然而在 2010 年出现高值后再度下降。虽然 NO_2 小时浓度略高于美国整体水平，但均已达标。就年均值而言，旧金山湾区 NO_2 浓度由 43.2 μg/m^3（1990 年）缓慢下降到 32 μg/m^3（2004 年），并于此后稳定在该低浓度水平。可见，旧金山湾区在氮氧化物污染方面得到了非常好的控制。

3.3.2.3　PM_{10}

美国在 1987 年更改环境空气质量标准，将原有的总悬浮颗粒物（TSP）标准更改为可吸入颗粒物（PM_{10}）标准，规定了年均浓度限值为 150 μg/m^3，24 h 平均浓度限值为 50 μg/m^3。但美国在 2006 年将年均浓度标准删除，仅保留 24 h 平均浓度限值。图 3-15 为 1990—2015 年美国以及旧金山湾区的 PM_{10} 浓度变化趋势。就 PM_{10} 年第二大 24 h 平均浓度而言，其在旧金山湾区呈现出波动下降的趋势，在 2008 年之前处于美国的平均水平，之后处于美国低浓度水平区间，在过去 25 年中年降低速率为 2.3 μg/m^3，与纽约湾区一致。就年平均浓度而言，PM_{10} 浓度呈现平稳下降的趋势，年降低速率为 0.6 μg/m^3。旧金山湾区 PM_{10} 浓度均达到了 24 h 均值和年均值标准。

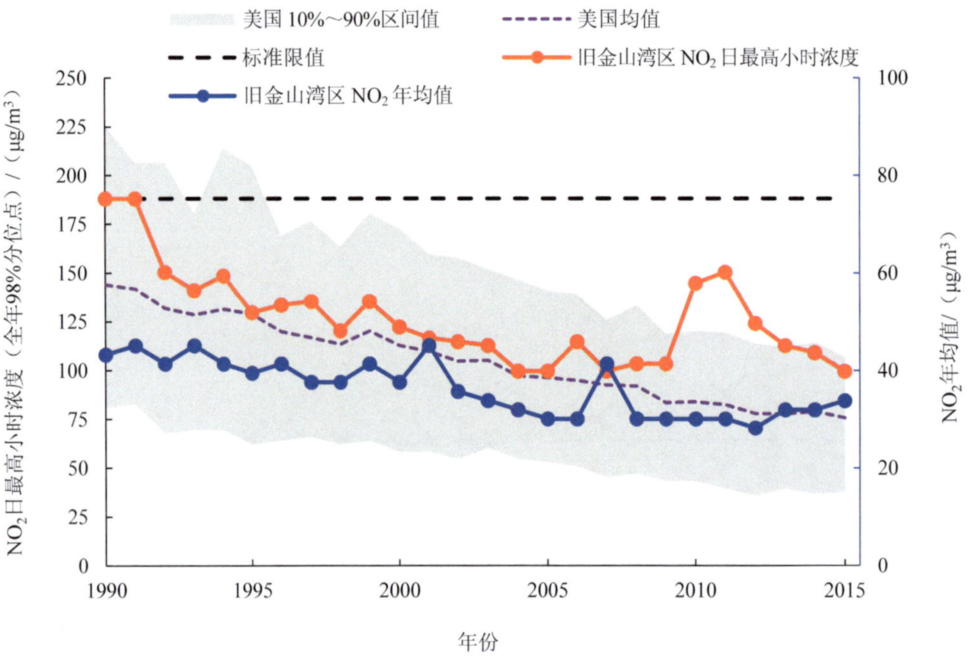

图 3-14　1990—2015 年美国及旧金山湾区 NO_2 浓度变化趋势

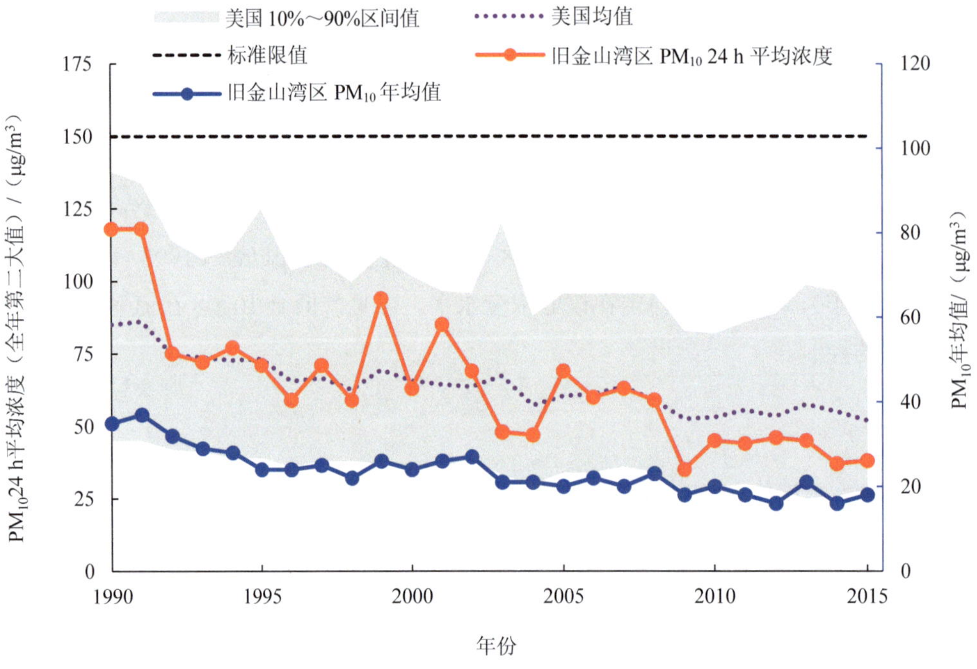

图 3-15　1990—2015 年美国旧金山湾区 PM_{10} 浓度变化趋势

3.3.2.4　$PM_{2.5}$

美国在 1997 年提出了 $PM_{2.5}$ 的环境空气质量标准，规定了一级标准年平均值（15 μg/m^3）和 24 h 平均浓度限值（65 μg/m^3），并在 2006 年加严了 $PM_{2.5}$ 的 24 h 平均浓度限值（35 μg/m^3），在 2015 年收紧了 $PM_{2.5}$ 的年平均浓度值（12 μg/m^3）。图 3-16 为 2000—2015 年美国以及旧金山湾区的 $PM_{2.5}$ 年均浓度的变化趋势。旧金山湾区的 $PM_{2.5}$ 年均浓度表现出较大的波动变化趋势。虽然多数情况能达到美国最新的标准，然而仍存在年平均浓度超标的现象。

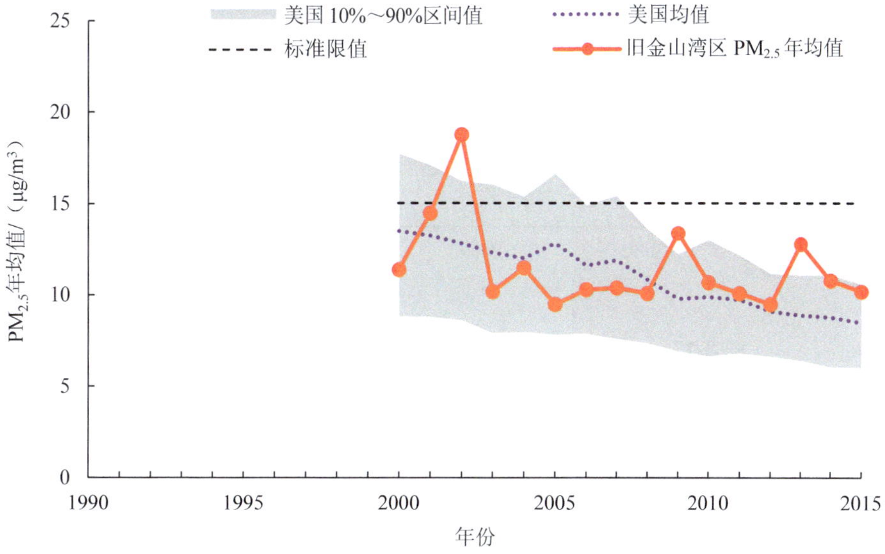

图 3-16　2000—2015 年美国及旧金山湾区 $PM_{2.5}$ 浓度变化趋势

3.3.2.5　O_3

美国在 1979 年提出了 O_3 的环境空气质量标准，规定了一级标准小时均值浓度限值为 235.2 μg/m^3，在 1997 年增加了最大 8 h 浓度限值（156.8 μg/m^3），并在 2008 年和 2015 年逐步加严了最大 8 h 浓度限值（分别为 147 μg/m^3 和 137.2 μg/m^3），同时废除了小时均值浓度限值。图 3-17 为 1990—2015 年美国以及旧金山湾区 O_3 最大 8 h 浓度限值中全年第四大值的变化趋势。O_3 最大 8 h 浓度（全年第四大值）在旧金山湾区呈现缓慢下降的趋势，在过去 25 年间以每年 1.1 μg/m^3 的速度下降。旧金山湾区 O_3 浓度水平在美国处于平均水平区间，但仍无法全面达到美国现行的 O_3 标准。

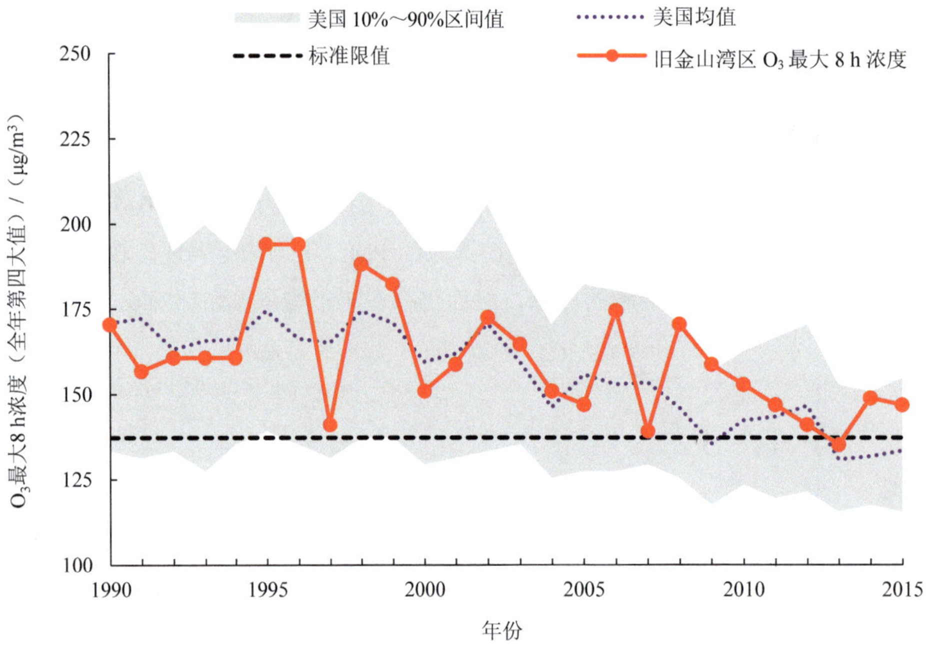

图 3-17　1990—2015 年美国及旧金山湾区 O_3 浓度变化趋势

3.3.3　纽约湾区空气质量变化趋势

3.3.3.1　SO_2

图 3-18 为 1990—2015 年美国以及纽约湾区的 SO_2 浓度变化趋势。由图可知，美国 SO_2 日最高小时均值由 1990 年的 337.3 μg/m^3 稳步下降到 2015 年的 65.4 μg/m^3，已低于标准限值。纽约湾区 SO_2 日最高小时浓度与美国总体 SO_2 变化趋势表现一致，由 1991 年的 549.2 μg/m^3 下降到 2015 年的 39.2 μg/m^3。就 SO_2 年均值而言，纽约湾区呈现出波动下降的趋势，由 1990 年的最高值 73.2 μg/m^3 迅速下降到 1998 年的 31.4 μg/m^3，随后上升到 2000 年的次峰值 54.9 μg/m^3，此后波动稳定下降至低浓度水平（5.2 μg/m^3）。

3.3.3.2　NO_2

就 NO_2 小时平均浓度而言，美国日最高小时浓度值呈现下降趋势。1990—2015 年，NO_2 日最高小时浓度由 142.9 μg/m^3 下降至 75.2 μg/m^3，达到相应的标准限值规定（图 3-19）。需要指出的是，NO_2 的年均下降率要低于 SO_2 的年均下降率。纽约湾区的 NO_2 小时浓度在美国处于高浓度水平，但也表现出明显的下降趋势。就年均浓度而言，NO_2 呈现缓慢降低的趋势，过去 25 年间仅由 86.5 μg/m^3 降低至 41.4 μg/m^3。特别需要指出的是，在纽约提出《规划纽约方案（2007 年）》后，NO_2 年均浓度在 2009 年出现了显著的降低趋势。

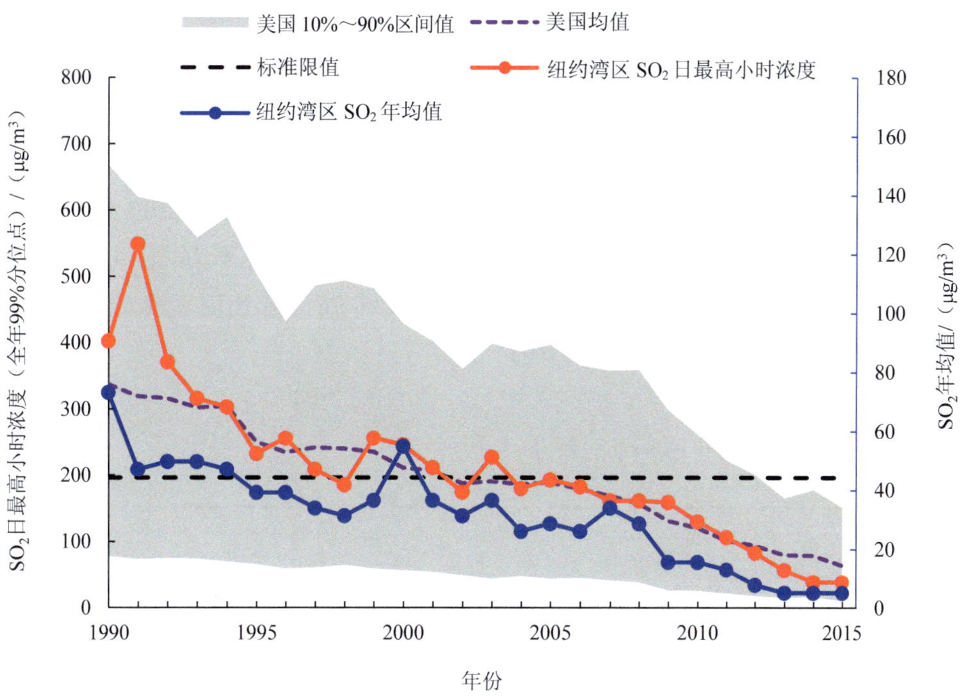

图 3-18　1990—2015 年美国及纽约湾区 SO_2 浓度变化趋势

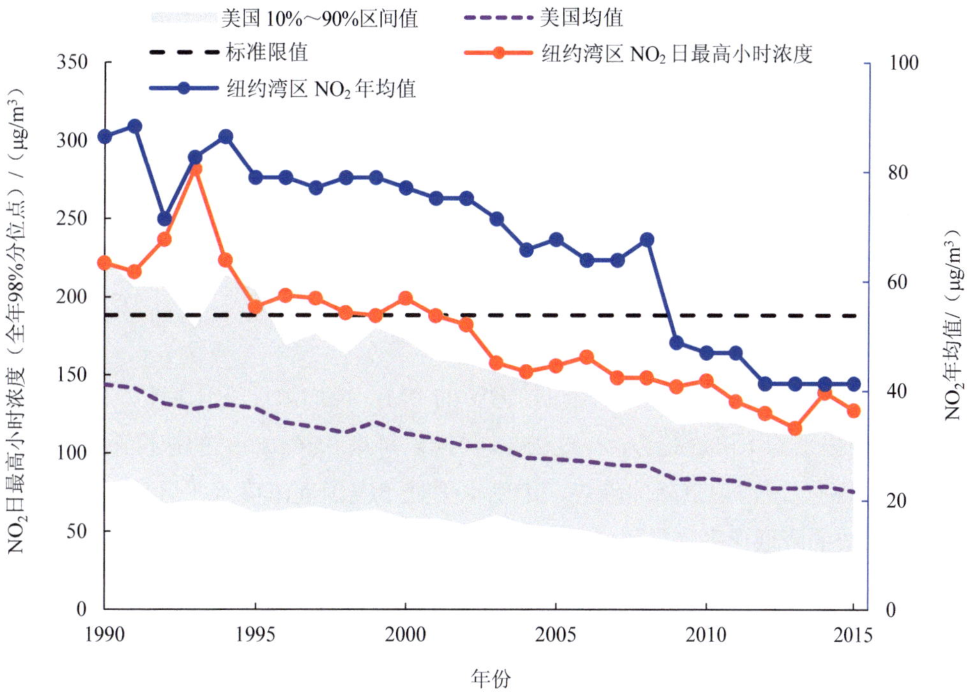

图 3-19　1990—2015 年美国及纽约湾区 NO_2 浓度变化趋势

3.3.3.3 PM_{10}

图 3-20 为 1990—2015 年美国以及纽约湾区的 PM_{10} 浓度变化趋势。就年第二大 24 h 平均浓度而言，PM_{10} 在美国整体呈现平稳下降的趋势，在过去 25 年间以每年 1.1 μg/m^3 的速度下降。PM_{10} 年第二大 24 h 平均浓度在纽约湾区呈现波动下降的趋势，在 2013 年前均处于美国高浓度水平区间，而之后才处于美国低浓度水平区间，其年降低速率为 2.3 μg/m^3。就年平均浓度而言，PM_{10} 浓度呈现梯度下降的趋势，在 1999 年和 2013 年出现了较大的降幅。纽约湾区 PM_{10} 浓度均达到了 24 h 均值和年均值的标准。

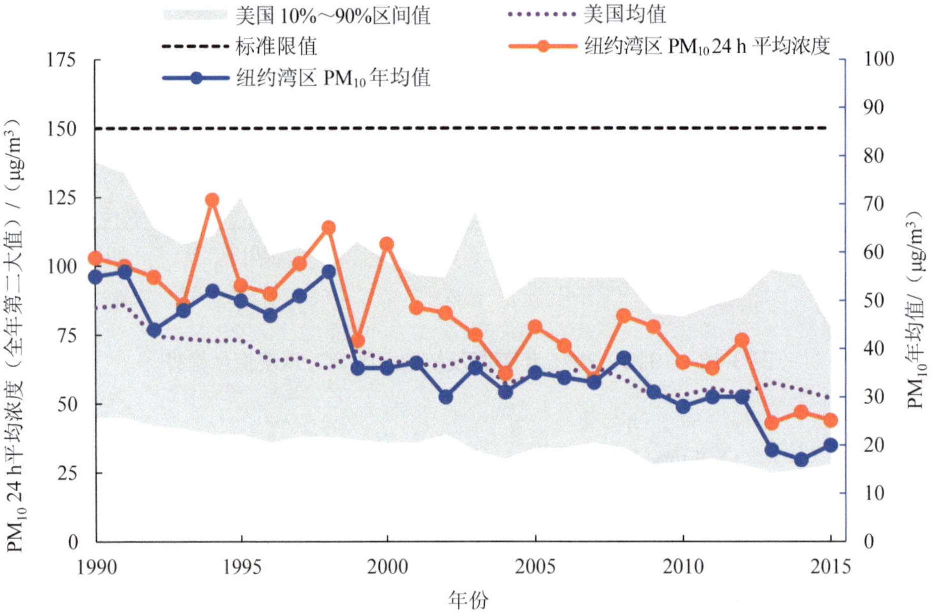

图 3-20 1990—2015 年美国及纽约湾区 PM_{10} 浓度变化趋势

3.3.3.4 $PM_{2.5}$

图 3-21 为 2000—2015 年美国以及纽约湾区的 $PM_{2.5}$ 年均浓度变化趋势。$PM_{2.5}$ 年均浓度在美国整体呈现出平稳下降的趋势，在过去 15 年间以每年 0.36 μg/m^3 的速度下降。$PM_{2.5}$ 年均浓度在纽约湾区则呈现波动下降的趋势，浓度水平处于美国高浓度水平区间，年降低速率为 0.57 μg/m^3。较快的降低速率使得纽约湾区 $PM_{2.5}$ 在 2013 年后可稳定达到年均浓度标准。

3.3.3.5 O_3

图 3-22 为 1990—2015 年美国以及纽约湾区 O_3 最大 8 h 浓度值中全年第四大值的变化趋势。O_3 最大 8 h 浓度（全年第四大值）在美国整体呈现缓慢下降的趋势，在过去 25 年间以每年 1.57 μg/m^3 的速度下降；其在纽约湾区则呈现波动下降的趋势，浓度水平处于美国高浓度水平区间，年降低速率为 3.33 μg/m^3。虽然具有较快的降低速率，但是纽约湾区 O_3 浓度高，仍

无法达到美国现行的 O_3 标准。

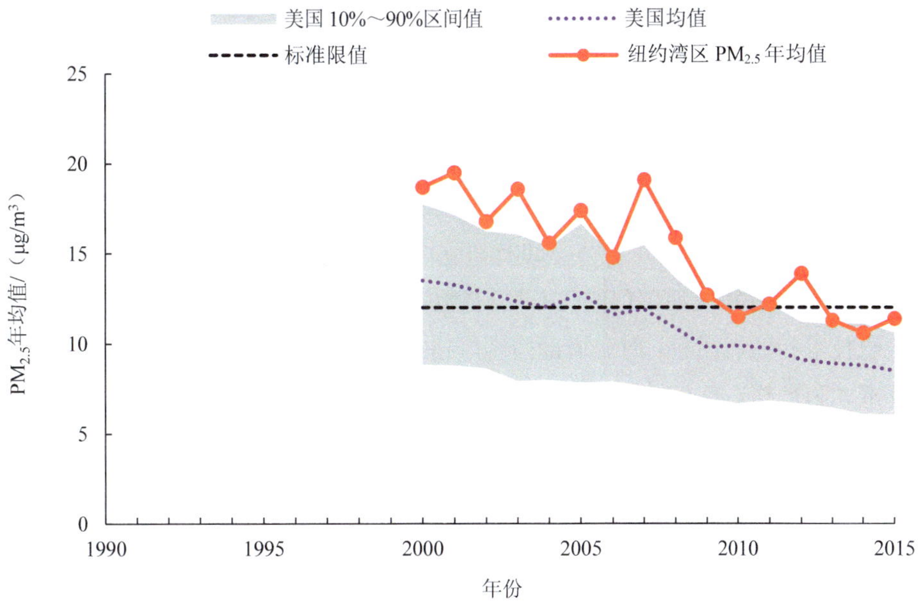

图 3-21　2000—2015 年美国及纽约湾区 $PM_{2.5}$ 浓度变化趋势

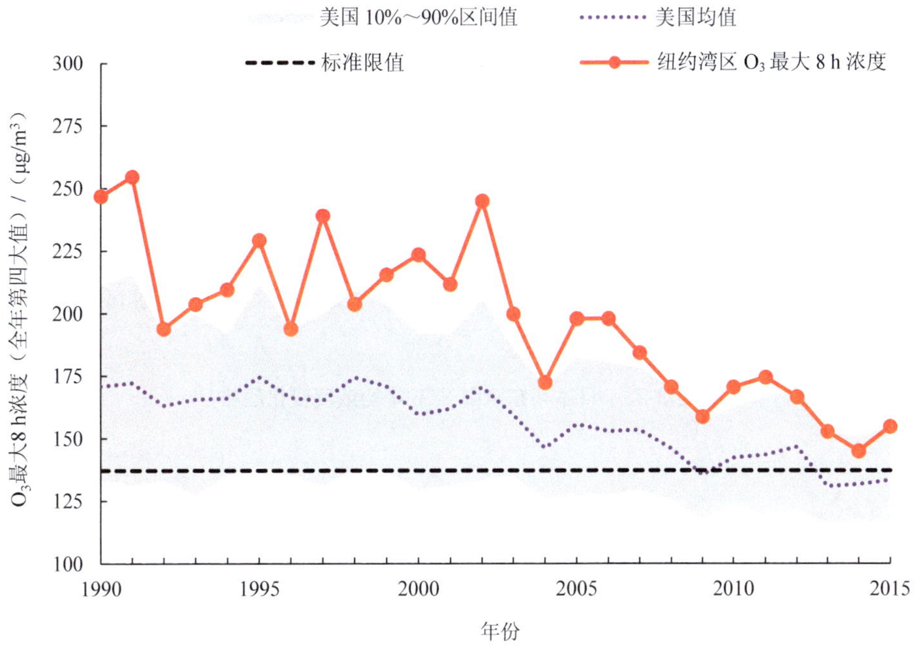

图 3-22　1990—2015 年美国及纽约湾区 O_3 浓度变化趋势

3.3.4 东京湾区空气质量变化趋势

3.3.4.1 SO_2

如图 3-23 所示，日本和东京都 SO_2 年均浓度整体呈现下降趋势，都经历了快速下降期（1975—1985 年）、缓慢下降期（1985—2005 年）和平稳期（2005—2015 年）三个阶段①。日本 SO_2 主要来源于工业和交通部门的化石燃料燃烧，从 20 世纪 70 年代开始在工业部门采用了广泛的脱硫技术和低硫燃料，而交通部门则严格控制柴油车用油的含硫量，其中东京都对柴油车用油标准尤为严格。自 90 年代起，东京都逐步提高柴油车用油标准，硫含量 1992 年要求低于 5.23 $\mu g/m^3$，1997 年低于 1.31 $\mu g/m^3$，2005 年低于 0.13 $\mu g/m^3$，在 2007 年甚至要求低于 0.03 $\mu g/m^3$。该措施使得 90 年代后东京都 SO_2 年均浓度下降速率要快于日本整体。

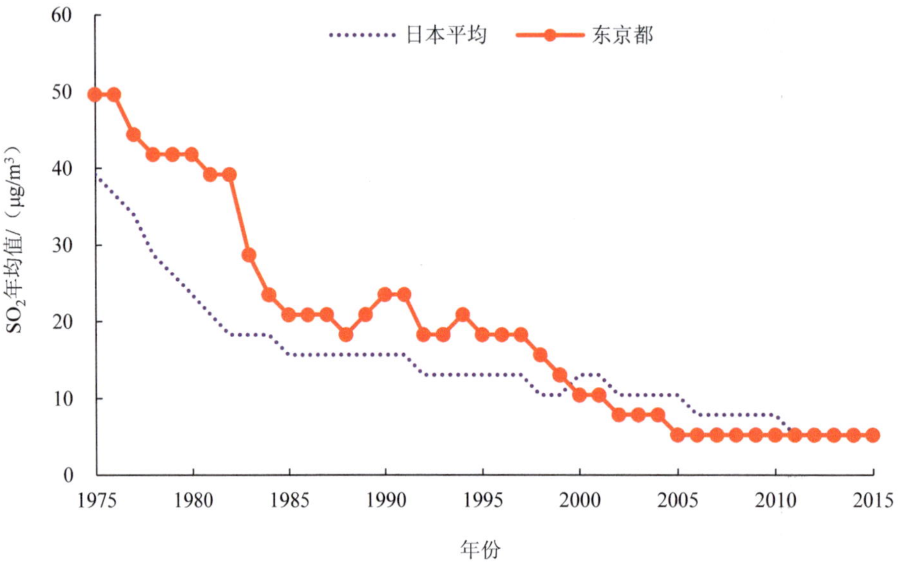

图 3-23 日本与东京都 SO_2 年均浓度变化趋势

3.3.4.2 NO_2

如图 3-24 所示，日本和东京都 NO_2 年均浓度整体呈现下降趋势，经历了缓慢下降期（1975—1985 年）、稳定期（1985—2001 年）和快速下降期（2001—2015 年）。但需要指出的是，东京都 NO_2 的年均浓度一直都远高于日本整体 NO_2 年均浓度。由于 NO_2 主要来自大气环境中 NO 的转化，而 NO 主要来自高温燃烧，以致 NO_2 的排放控制要难于 SO_2 的排放控制，因此 20 世纪八九十年代，NO_2 一直得不到有效的控制。但随着 2001 年《汽车 NO_x/PM 低排放法》

① 东京都环保局. 东京都环境白皮书 2016 年. https：//www.kankyo.metro.tokyo.lg.jp/basic/plan/white_paper/2016.html。

的实施，严格控制机动车 NO_x 和 PM 排放，日本和东京都 NO_2 年均浓度迅速下降。

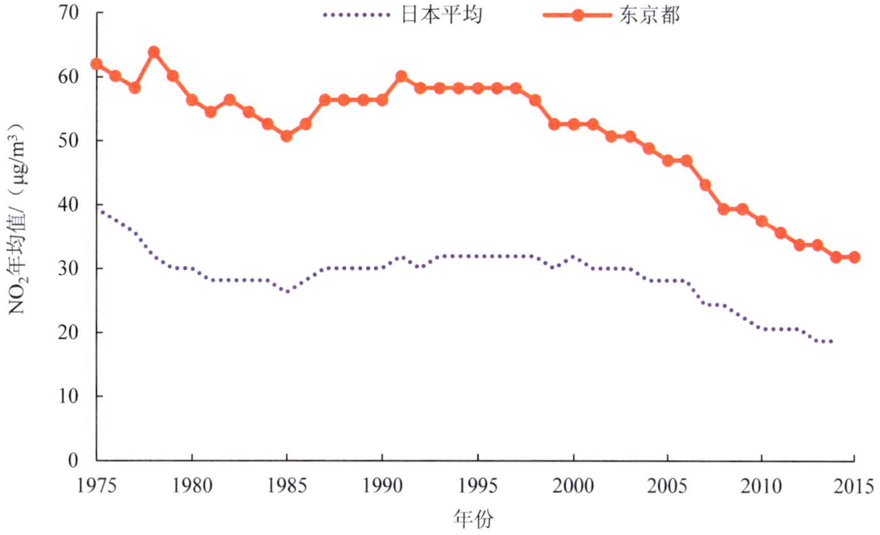

图 3-24 日本与东京都 NO_2 年均浓度变化趋势

3.3.4.3 PM_{10}

如图 3-25 所示，日本和东京都 PM_{10} 年均浓度整体呈现下降趋势，经历了早期下降期（1975—1983 年）、平稳期（1983—1998 年）和后期下降期（1998—2015 年）。其中，东京都 PM_{10} 下降速率要高于日本整体，东京都 PM_{10} 年均浓度在 2010 年前要高于日本整体水平，在 2010 年后接近日本整体水平。东京都在 1998 年后关闭了垃圾焚烧厂，同时在 2001 年实施《汽车 NO_x/PM 低排放法》，保证了 PM_{10} 浓度在 2001 年以后保持稳定下降的趋势。

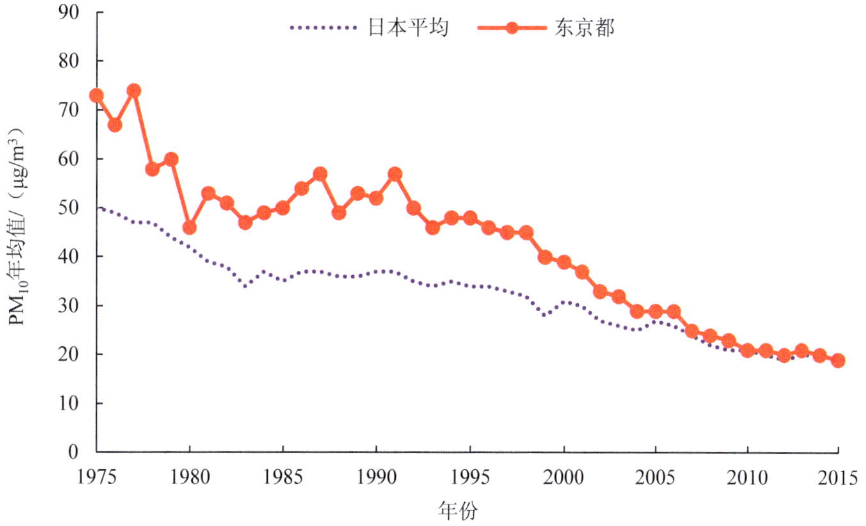

图 3-25 日本与东京都 PM_{10} 年均浓度变化趋势

3.3.4.4 $PM_{2.5}$

日本于 2009 年出台了环境空气 $PM_{2.5}$ 浓度标准，要求 24 h 浓度低于 35 μg/m^3，年均浓度低于 15 μg/m^3。如图 3-26 所示，东京都 $PM_{2.5}$ 年均浓度自 2000 年的 31.5 μg/m^3 下降至 2010 年的 14.7 μg/m^3，并在 2010—2015 年保持相对稳定。日本整体 $PM_{2.5}$ 年均浓度由 2010 年的 17.7 μg/m^3 缓慢下降至 2014 年的 15.0 μg/m^3，也表现出相对稳定变化的特征。

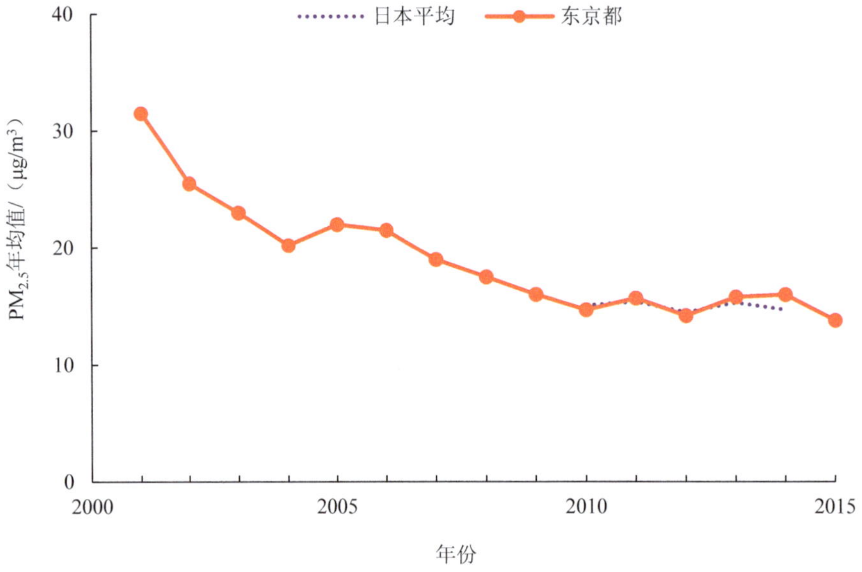

图 3-26 日本与东京都 $PM_{2.5}$ 年均浓度变化趋势

3.3.4.5 光化学氧化剂（OX）

O_3 是 OX 的主要组成部分。日本于 1973 年设置了环境空气 OX 浓度标准，要求小时浓度低于 118 μg/m^3。如图 3-27 所示，日本和东京都 OX 浓度在 1975—1978 年出现急剧降低，之后逐步缓慢上升，东京都 OX 年均浓度要低于日本整体。东京都 OX 最高小时浓度在 2001 年实施《汽车 NO_x/PM 低排放法》后有明显的下降趋势，且在 2006 年开始对 VOCs 进行了总量控制，保证了 OX 最高小时浓度的下降趋势。虽然东京都光化学污染事件仍时有发生，然而高发月份已经从 20 世纪 70 年代的 5—10 月缩短到近期的 6—8 月。此外，OX 浓度的变化还受气象条件（如气温、太阳辐射和风速等）的影响。有研究表明，气温越高，OX 浓度越高。

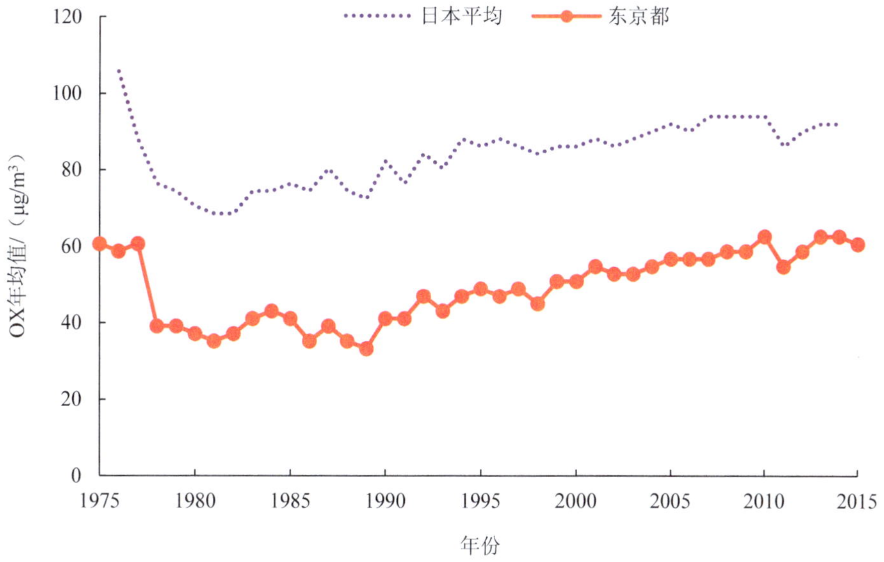

图 3-27　日本与东京都 OX 年均浓度变化趋势

3.4　大气污染防控政策发展历程

3.4.1　粤港澳大湾区大气污染防控政策发展历程

3.4.1.1　以区域规划引领环境合作

区域规划是政府进行区域调控和管理的重要工具，具有前瞻性、战略性、地域性和约束力。为了解决区域环境问题，粤港澳大湾区城市群将环境治理纳入粤港澳区域合作与发展的相关综合规划或专项规划中，通过规划引领区域环境合作行动。2009 年国务院实施《珠江三角洲地区改革发展规划纲要（2008—2020 年）》，同年粤港澳共同研究大珠江三角洲城镇群协调发展规划。2012 年，粤港澳共同编制实施《共建优质生活圈专项规划》，这些规划以合作解决区域公共问题为出发点，设计了粤港澳区域合作的蓝图，奠定了区域环境合作的政策基础。这些区域规划对区域环境治理做了明确规定和安排，为粤港澳环境合作提供了政策指引和行动建议。

3.4.1.2　以行政协议推动环境合作

政府间协议是若干个地方政府基于共同面临的公共事务问题和经济发展难题，依据一定的协议、章程或合同，将资源在地区之间共享、交换或重新分配组合，以获得最大的经济效益和社会效益。这种政府合作协议是实现合作和解决争端的最为重要的区域协调机制之一，是在平等协商、互惠共利和合意一致基础上达成的书面协议。

2002 年，粤港签署和发布《关于改善珠江三角洲空气质素的联合声明》，提出争取到 2010 年在二氧化硫、氮氧化物、可吸入颗粒物和挥发性有机物的排放总量方面达到合作目标要求。为实现目标，粤港采取一系列有力措施加强污染防治和减排。2010 年，广东省政府与香港特区政府签订《粤港合作框架协议》，2011 年与澳门特区政府签订《粤澳合作框架协议》，这些框架协议的内容都涉及大气环境和水环境保护等领域的合作。《粤港合作框架协议》第六章第一条强调，共同防治空气污染。《粤澳合作框架协议》第五章提出共建区域空气质量监测网络，完善区域污染信息通报和联防联治机制。2014 年，粤港澳签署《粤港澳区域大气污染联防联治合作协议书》，共同推进区域大气污染联防联治合作，共建珠三角空气质量监测平台，优化粤港澳珠江三角洲区域空气监测网络，联合发布区域空气质量信息，开展环保科研合作和环保技术交流；实时发布区域空气质量信息；开展粤港澳区域性 $PM_{2.5}$ 联合研究。2017 年，国家发展改革委、广东省政府、香港特区政府、澳门特区政府四方签订了《深化粤港澳合作 推进大湾区建设框架协议》，提出坚持生态优先、绿色发展的原则，着眼于城市群可持续发展，强化环境保护和生态修复，推动形成绿色低碳的生产生活方式，努力将粤港澳大湾区建设成为宜居、宜业、宜游的优质生活圈。

3.4.1.3 以环保工程落实环境合作

早在 1999 年，粤港就联合开展了粤港珠江三角洲空气质量研究，着手研究 $PM_{2.5}$、臭氧污染、灰霾的成因与治理。2002 年，粤港共同发布改善区域大气环境质量的联合声明。2003—2005 年，粤港联合建成了珠江三角洲区域空气监控网络（13 个站在广东，3 个站在香港）。随着《粤港澳区域大气污染联防联治合作协议书》的签订，将澳门空气质量监测子站也纳入了该网络，监测站点由 16 个增加至 23 个，并将网络更名为“粤港澳珠江三角洲区域空气监测网络”。该监测网络率先在珠三角开展了 PM_{10}、$PM_{2.5}$、O_3、SO_2、NO_x、CO 的常规业务监测，率先每日按照新环境空气质量标准发布区域空气质量信息，为粤港政府的环境决策提供科学依据和技术支持，并编制了《珠江三角洲地区空气污染物排放清单编制手册》，规范了污染物排放量统计方法。2014 年，粤港澳实施“改善珠三角空气质素的 $PM_{2.5}$ 研究”项目，该项目主要研究珠三角地区 $PM_{2.5}$ 污染物的时空分布，分析监测数据，识别及量化 $PM_{2.5}$ 的污染源，以促进三地联手制定有针对性的相关政策。此外，还有“清洁生产伙伴计划”项目。2008 年 4 月，为鼓励和协助珠三角地区的港资企业采用清洁生产技术，减少企业污染物排放，粤港启动清洁生产伙伴计划。该项目由广东省经济和信息化委员会与香港环境保护署联合开展。该项目包括 3 项工作：一是实地评估项目，主要资助企业聘用顾问为工厂发掘可行的节约能源、减少污染的方案；二是示范项目，主要资助企业安装设备或改善生产流程；三是核证改善项目，主要资助企业获得独立第三方核证服务，为工厂核证清洁生产改善项目的成效。目前已批准了近 400 个资助项目。

3.4.2　国际三大湾区大气污染控制政策发展历程

表 3-1 至表 3-3 列出了国际三大湾区的大气污染控制政策发展历程。从控制导向上看，国外以法律法规为基础，要求以环境空气质量改善目标为导向，同时根据需求不断调整环境空气质量指标限值，逐步改善空气质量。从控制因子上看，从常规大气污染物（如 SO_2、NO_x、O_3 等）控制逐步过渡到常规大气污染物与大气有毒有害污染物和温室气体的协同控制。从控制范围上看，工业部门由重点行业控制转向全行业控制，交通方面由移动源控制为主转向移动源与非道路机械排放源同步管控。此外，国外通过更主动透明的环境信息公开，吸引公众深度参与。

表 3-1　旧金山湾区大气污染控制政策发展历程

时间	国家层面	加州层面	旧金山湾区层面
1950—1959 年	1955 年颁布《联邦大气污染控制法》：首部关于空气污染的联防法案，资助空气污染范围和污染源方面的研究	1959 年建立汽车污染控制委员会（MVPCB），是 1967 年组建的加州空气资源委员会（CARB）的前身	1955 年制定《湾区空气污染防治法》，1957 年设立湾区空气质量管理区（BAAQMD）
1960—1969 年	1967 年，美国国会通过《空气质量法》，批准执法程序，以解决污染物州际传输的空气污染问题；批准扩大研究活动	（1）1966 年，制定并颁布第一部《机动车排放标准》，比联邦政府出台的标准早两年。 （2）1969 年，CARB 颁布了第一部州空气质量标准，包括总悬浮颗粒物、光化学氧化剂、二氧化硫、二氧化氮和一氧化碳共五项指标（此时美国的环境空气质量标准尚未出台）	（1）1962 年，湾区空气质量管理区的空气监测网络成立，共有 5 个站点，用于测量空气中污染物的浓度。 （2）1968 年，规范农业残余物焚烧，农业残余物焚烧由“燃烧/不燃烧天”来控制
1970—1979 年	（1）1970 年，美国国会通过《清洁空气法》：①批准制定国家环境空气质量标准；②制定各州实施计划要求，以达到国家环境空气质量标准；③批准制定新污染源控制标准，控制新（改）建的固定污染源；④批准制定有毒有害物质的国家排放标准；⑤加强执法力度；⑥控制机动车尾气排放。 （2）1970 年，美国国家环境保护局（EPA）成立。 （3）1971 年，EPA 为颗粒物、臭氧、一氧化碳、二氧化氮和二氧化硫制定了国家环境空气质量标准（NAAQS）。 （4）1977 年，颁布《清洁空气法修正案》：①批准关于“防止空气质量显著恶化”的条款；②批准关于已经超标地区的条款	（1）1971 年，CARB 采用全国首例汽车氮氧化物排放标准。 （2）1973 年，加州立法机关授权 BAAQMD 对违反任何规定或规则的行为处以民事和刑事处罚。 （3）1974 年，加州的第一个汽油蒸汽回收计划通过。 （4）1975 年，CARB 采用了新型汽车和摩托车排放标准。 （5）1976 年，CARB 限制了加州汽油的铅含量（比联邦政府早）	（1）1970 年，禁止湾区内居民在后院焚烧垃圾。 （2）1971 年，BAAQMD 采用铅排放标准，并且收紧了机动车颗粒物和二氧化硫的排放标准。 （3）1975 年，开发出全国第一个综合区域空气质量臭氧模型并应用

时间	国家层面	加州层面	旧金山湾区层面
1980—1989 年	1985 年，美国各地正式禁止含铅汽油	（1）1982 年，加州颁布了汽车检查和维护（烟雾检查）计划。 （2）1983 年，加州通过有毒空气污染物控制计划。 （3）1984 年，第一个烟雾检查计划在加州生效，要求每两年检查一次机动车辆的污染排放。 （4）1988 年，颁布了《加州清洁空气法》。该法案规定了实现加州空气质量标准的具体要求，这些要求比联邦标准更为严格。这些要求包括对运输控制措施和替代燃料车辆的要求。它还修订了违反大气污染管制的民事和刑事处罚，每天最高罚款可高达 25 000 美元	（1）1982 年，通过对 BAAQMD 空气质量管理计划的重大更新，确定未来五年的湾区空气污染治理战略。 （2）1985 年，在湾区内 5 个地点开始建立大气有害物质监测网络。 （3）1989 年，BAAQMD 率先在美国限制大型商业面包店和海洋船舶装卸的有机物排放
1990—1999 年	（1）1990 年，通过《清洁空气法修正案》：①制定酸沉降控制方案；②关于控制 189 种有毒有害物质的项目，包括之前已列入《有害空气污染物的国家排放标准》管制的污染物；③制定排污许可证制度；④增加和修改关于国家环境空气质量标准的达标条款；⑤增加和修改执法权限。 （2）1993 年，限制柴油燃料硫含量。 （3）1995 年，开展新配方汽油项目，降低汽油中会形成有毒有害物质和臭氧的成分。 （4）1995 年，启动酸雨治理方案：开展两期排放量交易项目（二氧化硫和二氧化氮），控制燃烧石化燃料的发电厂（主要为燃煤发电厂）污染物的排放。第一期始于 1995 年。 （5）1997 年，严格规定了新柴油车和氮氧化物、氢化物、一氧化氮、可吸入颗粒物和烟尘的排放标准。 （6）1998 年，对用于非道路建设、农业和工业设备以及某些应用于海洋的柴油引擎，EPA 制定了新排放标准。 （7）1999 年，EPA 要求降低大型海洋柴油新引擎氮氧化物和颗粒物排放	（1）1990 年，CARB 提出了清洁燃油汽油及低排放和零排放车辆的标准。 （2）1992 年，加州制定含氧燃料计划，旨在降低一氧化碳水平。 （3）1993 年，CARB 制定了清洁柴油的新标准。 （4）1996 年，EPA 批准加州实施“国家臭氧实施计划”。 （5）1996 年，加州引进二期清洁燃烧汽油（CBG），可减少臭氧前体物和有毒有害物质排放。 （6）1998 年，CARB 修改了割草机、杂草修剪机等小型发动机电动工具的越野发动机规定；要求大多数小型货车、皮卡车和运动型多用途车辆采用 LEVII 排放标准；采用船用发动机规定。 （7）1999 年，CARB 出台了消费品规定，削减易形成雾霾的污染物和挥发性有机物排放，并施行了相关新规定以降低便携式汽油桶产生的烟雾排放	（1）1991 年，湾区“1991 年清洁空气计划”是加州采取的首项国家授权的臭氧清除计划。 （2）1996 年，开始车辆回购计划，用高污染车辆换取货币激励，给海湾地区居民主动“退休”较旧的、污染较重的汽车的机会。 （3）1998 年，开始“Carl Moyer”计划，通过升级重型柴油发动机来减少排放。 （4）1998 年，BAAQMD 批准《烟草烟雾条例》并规定在家中安装木材燃烧器具，以减少颗粒物（PM）的排放。 （5）1999 年，湾区内多个监测站开始监测 $PM_{2.5}$

时间	国家层面	加州层面	旧金山湾区层面
2000 年以后	(1) 2000 年，启动酸雨治理第二期内容，对高排放的大型工厂设定年排放量，并对燃烧煤炭、石油和天然气的小型工厂也设定排放量限制，涉及的工厂总数超过 2 000 个。 (2) 2001 年，国家低排放机动车在全国范围内销售。 (3) 2003 年，启动氮氧化物交易方案（NBP）和 EPA 的氮氧化物州际执行计划：以市场为基础设定交易方案，旨在降低发电厂和其他大型污染源产生的氮氧化物排放量。 (4) 2006 年，EPA 签发了包括“将车辆柴油燃料硫含量降低 97%”等多项内容的规定，并开始实施。此规定确定了 21 种汽车尾气污染物，并设定了新的汽车尾气排放标准。 (5) 2006 年，颁布了 $PM_{2.5}$ 新标准。 (6) 2008 年，颁布了新的铅和臭氧标准。 (7) 2010 年，《能源独立和安全法》对《清洁空气法》进行修订，增加了每年的可再生燃料的总用量要求，在 2022 年达到 360 亿加仑[①]。 (8) 2011 年，在《清洁空气法》下建立大型发电厂和炼油厂温室气体排放标准。 (9) 2012 年，修订工业锅炉清洁法规	(1) 2000 年，CARB 批准了一项减少柴油机设备有害颗粒物排放的综合计划。 (2) 2000 年，CARB 修改了国家农业燃烧指南，以减少农业燃烧烟雾对公共卫生的影响。 (3) 2001 年，实施零排放车辆任务。 (4) 2003 年，加州实施新的颗粒物排放标准。 (5) 2003 年，CARB 采用新的柴油标准。要求柴油燃料中硫含量减少 95%以上；通过了禁止所有户外住宅废物燃烧的规定。 (6) 2004 年，CARB 采用低硫柴油燃料，用于内陆机车和港口；采用了全国第一个“温室气体”规定，要求汽车制造商在 2009 年开始销售减少温室气体排放的车辆；CARB 采用重型柴油机空转控制。该规定要求重型柴油卡车和州际巴士经营者在 5 分钟不必要的空转之后关闭发动机。 (7) 2006 年，《加州全球变暖解决方案法》确立了首个在世界范围内进行监管和市场机制综合计划，以实现真正、可量化、具有成本效益的温室气体减排措施。 (8) 2011 年，加州提出清洁港口和清洁船舶燃料、国家清洁汽车计划	(1) 2001 年，BAAQMD 推出低排放校车计划，政府拨款对学区给予帮助，以更换和改造带有旧柴油发动机的校车。 (2) 2001 年，CARB 批准 BAAQMD 2001 年“臭氧达标计划”。 (3) 2001 年，BAAQMD 和 CARB 与 EPA 合作，建立二噁英环境空气监测网络。 (4) 2003 年，BAAQMD 采取了一项针对精炼厂的燃烧监测条例，要求炼油厂监控炼油厂燃烧时燃烧气体的体积和组成，根据这些数据计算出燃烧气体的排放量，并向 BAAQMD 报告这些信息。这是美国最严格的燃烧监测规则。 (5) 2005 年，BAAQMD 开始规范炼油厂的排放。 (6) 2008 年，通过《木材燃烧设备条例》

注：①1 加仑=3.785 L。

表 3-2 纽约湾区大气污染控制政策发展历程

时间	纽约州和纽约市地方层面
1950—1959 年	1952 年，纽约市空气污染控制局成立并成为一个独立的部门
1960—1969 年	1966 年，纽约市颁布第一个《空气污染控制法令》（Local Law14），要求逐步取消烟煤使用，升级市政及私人垃圾焚烧炉。该法确立的框架沿用至今，形成了目前仍在使用的《纽约市空气污染控制法规》（APCC）
1970—1979 年	（1）1970 年，正式成立纽约州环境保护局（Department of Environmental Conservation，DEC），DEC 是美国第一个专门负责监督环境问题的州级机构，比 EPA 早 6 个月成立。 （2）1972 年，选民通过《环境质量保证法》（*Environmental Quality Bond Act*），该法案继续为征地、固体废物援助、污水处理、空气污染控制和资源回收提供资金。 （3）1975 年，纽约州汽车制造商开始在新型汽车中安装催化转化器，以达到 EPA 排放标准，旨在保护公众健康免受有害空气污染。 （4）1976 年，纽约州对含有氯氟烃的气溶胶罐进行控制
1980—1989 年	（1）1980 年，纽约州通过了全国首例立法，从空气污染源头解决“酸雨”问题。 （2）1980 年，DEC 启动了一项名为《酸性沉积控制法》（*State Acid Deposition Control Act*）的酸雨控制政策。 （3）1987 年，建立纽约州大气沉积监测网络来评估 DEC 的酸雨控制政策和其他旨在减少酸雨影响的战略有效性。 （4）1989 年，DEC 要求在维修站加油期间回收汽油蒸汽。 （5）1989 年，低挥发性汽油在全州销售
1990—1999 年	（1）1992 年，纽约州采用加州的汽车尾气排放标准。此外，联邦《清洁空气法修正案》要求 DEC 使整个纽约州的空气质量达到 EPA 标准，并控制城市烟雾、酸雨、有毒污染物和烟囱排放。 （2）1997 年，纽约市推出旨在倡导绿色出行的“自行车主人计划”和“曼哈顿低行走率研究项目”。 （3）1999 年，Pataki 州长指示 DEC 规定公共事业公司将硫和氧化氮的排放减少 50%
2000 年以后	（1）2004 年，DEC 要求选定的电力发电机到 2007 年将二氧化硫水平降低到联邦标准的 50%以下，并延长对氮氧化物的控制，旨在达成酸沉积减少计划的目标。 （2）2005 年，纽约和其他 6 个东北部州加入了区域性温室气体倡议（RGGI），建立了美国首个基于市场的限额交易体系，以减少化石燃料发电厂的温室气体排放。 （3）2007 年，纽约市长发布了《纽约城市规划》（PlaNYC），设定目标：到 2030 年把纽约建设成为全美国空气质量最好的城市。从此，纽约市开始了更严格的空气环境管制，包括燃料油的规定、市政车队采用更多混合动力汽车和电动汽车、减少校车排放、通过增加步行和自行车等出行方式扩大清洁交通覆盖面，通过分区的改变促进交通需求减少等，取得显著成效。此外，由于天然气价格下降，市场驱动热电部门转向采购更多的天然气。 （4）2008 年，纽约市健康和心理卫生局（NYCCAS）负责组织实施纽约市社区空气质量调查，排查对居民健康影响较大的污染物，从而制定更细致的控制方略。 （5）2009 年，禁止焚烧垃圾和碎片残骸的禁令已扩展到整个州，以改善空气质量和减少野火的发生。

时间	纽约州和纽约市地方层面
2000 年以后	（6）2010 年，纽约州对新建大型发电设施或扩建现有设施要求分析其可能的环境影响并限制高危社区附近发电厂的二氧化碳排放。 （7）2011 年，PlaNYC 空气质量规划：①识别空气质量较差区域；②减少交通污染物排放；③减少建筑物供暖污染物排放。 （8）修订环境法律法规，改善室内空气质量；修订空气质量法规《纽约市空气污染控制准则》。 （9）2011 年，纽约市发布清洁能源计划，提供 1 亿美元的融资鼓励建筑物业主以比法律要求的进度更快的速度转换为更清洁的供暖系统，还通过各种渠道筹集资金，帮助中低收入的业主实现清洁能源的转换。目标是到 2013 年减少 50%的烟尘污染。 （10）2012 年，纽约州执行对 2 号燃料油的硫含量限制；纽约市执行对 4 号燃料油的硫含量限制，至 2030 年将逐步淘汰 4 号和 6 号燃料油。 （11）2013 年，纽约市启动全美最大的公共自行车计划，投放 6 000 辆公共自行车，为游客提供自行车漫游纽约的服务。 （12）2014 年，纽约市环境保护局大规模改造老旧锅炉，措施包括提高锅炉燃烧效率并进行严格的年检，以确保所有锅炉达到新的标准等。 （13）2016 年，DEC 呼吁 EPA 提高汽车排放和燃油标准

表 3-3　日本与东京都大气污染控制政策发展历程

时间	国家层面	东京都层面
1960—1969 年	（1）1962 年，制定了《烟尘排放规制法》； （2）1962 年，日本颁布有关控制废气排放的法律条文； （3）1966 年，实施限制煤气一氧化碳排放的法规； （4）先后出台了《公害对策基本法》《大气污染防治法》《恶臭防治法》《自然环境保护法》，基本形成了环境法规体系，打下了良好的法律基础； （5）1969 年，设定二氧化硫的环境基准	（1）1962 年，引进自动检测二氧化硫和颗粒物的仪器； （2）1962 年，东京连续发生烟雾问题，《煤烟规制法》公布
1970—1979 年	（1）1970 年，设定与一氧化碳相关的大气环境基准； （2）1972 年，颁布《大气污染防治法》的部分修正，加入无过失损害赔偿责任制度； （3）1973 年，设定二氧化氮、悬浮颗粒物和光化学氧化物的环境基准； （4）1974 年，《大气污染防治法》的修正中加入规定硫化物总量制度； （5）1978 年，修改二氧化氮的环境基准	（1）1972 年，制定东京地区防止污染计划（1972—1981 年）； （2）1974 年，设立调查七大城市汽车排放气体限制问题的调查组； （3）1977 年，根据《大气污染防治法》，设定与恶臭相关的限制基准，也就是“三点比较式臭袋法”

时间	国家层面	东京都层面
1980—1989年	（1）1981年，《大气污染防治法施行令》部分修改，加入氮氧化物系总量规制制度； （2）1983年，颁布并实行加强对煤气炉的NO_x排放限制基准； （3）1988年，制定“为减少氮氧化物的大城市汽车交通应对计划”；同时加强限制柴油汽车的NO_x排放（减低约30%）； （4）1989年，修正《大气污染防治法》，限制石棉粉尘	（1）1982年，制定“东京都氮氧化物总量削减计划”（1976—1985年）； （2）1989年，制定《减低安置型内燃装置的氮氧化物排放的指导纲领》和《在东京都用于业务的小型锅炉等低NO_x排放的燃烧机器的认定纲要》； （3）1989年，制定东京都地下交通系统规划
1990—1999年	（1）1991年，颁布《关于通过对特定物质控制等保护臭氧层的修正法》（采纳加拿大《蒙特利尔议定书》的修正，加强管制）； （2）1992年，颁布降低机动车辆氮氧化物总排放的特别措施（国家法规）：淘汰氮氧化物排放量过大的旧汽车（通过汽车类型进行控制），以鼓励使用更新的符合更严格标准的机动车； （3）1993年，根据《汽车NO_x法》施行车型管制； （4）1993年，制定《环境基本法》； （5）1996年，对《大气污染防治法》作出部分修正，增加有害大气污染物质对策等； （6）1997年，制定“削减二口恶英类5年计划”； （7）1998年，推进应对全球变暖的法律	（1）1990年，制定东京汽车交通量对策，开始实施应对冬季汽车交通量的措施；制定《减少锅炉氮氧化物排放纲要》； （2）1993年，制定“削减东京都汽车排放氮氧化物总量计划”； （3）1994年，开始实施“东京都指定低公害车制度”； （4）1995年，制定“东京防止全球变暖对策推进计划”； （5）1996年，开始实行“七个都县市低污染车指定制度”和制定“东京减少浮游粒子物质计划”； （6）1997年，首次制定东京都环境基本计划； （7）1997年，制定“应对东京都内二口恶英类的解决方针”； （8）1999年，展开针对柴油车NO排放的控制
2000年以后	（1）2000年，引入低含硫量柴油的规定：引入含硫量为50 g/m^{3}的低含硫量柴油，限期为2004年年底； （2）2001年，颁布《汽车NO_x/PM低排放法》； （3）2006年，颁布《VOCs控制条例》； （4）2007年，对《汽车NO_x/PM低排放法》进行修订； （5）2009年，颁布$PM_{2.5}$环境标准； （6）2010年，履行温室气体排放总量减少义务，并开始实行碳排放市场交易制度	（1）2001年，日本推出一项未来50年日本东京圈和京阪神圈的改造计划，缓解东京拥挤状况； （2）2001年，通过柴油车的限制条例；制定东京都柴油车排放标准； （3）2003年，禁止尾气超标排放，达到特定可吸入颗粒物排放标准的货车、巴士和其他柴油车辆可在东京行驶； （4）2003年，制定《低耗油汽车章程》，促进混合动力汽车的大量普及； （5）2007年，推出《关于保证都民健康与安全环境条例》，提出了推行低公害车、减少使用燃料和控制交通拥挤等法规政策，也对不同类型机动车设定了尾气达标的燃料标准； （6）2007年，制定“东京都气候变化对策方针”和“绿色的东京10年项目”基本方针； （7）2014年，制定“东京都长期展望”

3.4.3 国际湾区空气质量管理启示

3.4.3.1 制定中长期治理规划，引领空气污染治理

纵观国外湾区大气污染防治历程，实现空气质量达标是一个漫长而艰巨的过程。美国大气污染问题自 20 世纪 50 年代加州光化学烟雾事件起开始得到重视，并在 1970 年 EPA 成立后出台了《清洁空气法》，构建了大气环境质量标准和排放总量相结合的大气污染防治策略体系。随着臭氧和 $PM_{2.5}$ 污染的问题凸显，先后修改法案颁布了相应的标准，并颁布实施《清洁空气州际条例》《国家酸雨计划》《清洁空气能见度条例》《NO_x 州实施计划》等法规和条例，旨在通过削减 SO_2 和 NO_x 等前体物的方法使近地面臭氧和 $PM_{2.5}$ 达到标准。然而，经过半个世纪的努力，虽然空气质量明显改善，然而旧金山湾区和纽约湾区依然存在臭氧超标的问题。日本自 20 世纪 50 年代四日市哮喘事件起开始关注大气污染，于 1967 年颁布了《公害对策基本法》和《大气污染防治法》，旨在通过控制固定源和移动源的排放来保护大气环境。经过了 40 多年的努力，东京湾区的环境空气污染物的浓度逐步降低，但直到近年才将 $PM_{2.5}$ 浓度降低至 WHO《空气质量准则》第三阶段的水平，且光化学氧化剂浓度超标事件仍时有发生。可以看出，严重的大气污染公害事件催生了政府和公众对大气污染治理的重视，而实现良好环境空气质量需要花费很长的时间。

鉴于空气污染治理是一项长期而艰巨的任务，纽约、旧金山和东京都制定了长期的战略规划和详细的治理路线图对其加以指引。例如，旧金山湾区制定了《清洁空气计划》，纽约制定了《纽约城市规划》（PlaNYC），东京制定了《环境基本计划》。这些战略规划将空气污染治理工作与社会经济发展方式相结合，具有前瞻性、灵活性和可操作性的特点。譬如，旧金山湾区在 2010 年制定的《清洁空气计划》中提出多种污染物协同控制的计划，旨在实现空气达标、保障公众健康和保护气候，要求旧金山湾区常规污染物和有毒有害物质满足加州和 EPA 空气质量标准的要求，明确降低颗粒物和温室气体的目标。为达成该目标，将空气污染治理的总体目标逐步分解，落实到具体、明确的措施上，在实际工作中具有很强的可操作性。此外，旧金山湾区空气管理局在 2017 年制定的《清洁空气计划》中回顾了 2010 年制定的《清洁空气计划》各个规划指标的落实情况，如果进度落后于计划中提出的要求，则列出了原因和拟采取的补救措施。这种灵活的审核、评估和修订机制使得《清洁空气计划》既能在长期目标上起指导作用，又能根据实际情况灵活地加以调整，从而达到最佳的治理效果。

3.4.3.2 能源消耗结构清洁化，产业结构和布局优化

能源发展与环境保护之间有着密切的联系。纵观美国和日本污染控制措施，大气污染物排放量的下降与能源结构的转变以及煤炭消费量的下降密不可分。以 $PM_{2.5}$ 为代表的空气污染物，主要来源是煤炭、石油等化石燃料燃烧排放的一次和二次污染物。为了改善环境质量，发

达国家和地区都努力改变能源消耗结构。例如，纽约湾区在能源结构方面不断朝着更加清洁化的方向发展，不仅提高了天然气、核电和可再生能源等清洁能源的利用比重，而且减少了煤炭在能源结构中的比重，使得常规污染物浓度得到了显著改善。在国外湾区都市圈的发展进程中，钢铁、电厂、石化和水泥等高能耗、高污染行业是都市发展的支柱产业。随着社会经济发展和民众环保意识的加强，纽约、旧金山、东京等大型城市开始将重工业向外转移，同时大力发展金融、医疗、教育、娱乐和高新技术产业。产业结构升级，不仅减少了能源需求和污染物排放，而且保证了经济的持续增长和就业，较好地解决了经济发展和环境污染之间的矛盾。

3.4.3.3 强有力的区域联防联控政策与制度

美国《清洁空气法》之所以能够起到良好的效果，其中最重要的经验之一就是其确立了大气污染治理的区域机制。由于污染物长距离传输的特征，这种区域治理的管理模式冲破了城市间的束缚，有利于开展多地区联合治理工作，推动区域环境空气质量的改善。为治理旧金山湾区空气污染问题，1957 年成立了湾区空气质量管理区（BAAQMD），通过该管理区将城市空气污染治理提高到城市群治理的层面上。根据职责，BAAQMD 有权进行立法、执法、监督和处罚，并通过强制性手段和监控、技术改进、宣传教育等相结合的方法协调开展工作。BAAQMD 通过制定推行空气质量管理计划，借助排污许可、检查、监督、信息公开与公众参与等方式实现减排目标，保障旧金山湾区的空气质量达标。另外，为了解决臭氧传输和超标问题，美国东北部包括纽约湾区的 22 个州联合建立了臭氧传输协会（OTC），对相关州设定排放目标，但不规定控制途径，推进大气臭氧污染控制政策方面的合作，共同减少区域氮氧化物和挥发性有机物排放。正是通过建立污染协同防控架构和制定计划等举措，对空气污染区域内的具体污染源进行定点监测，并分享数据、联动治理，才取得了臭氧污染天数持续下降的显著效果。

3.4.3.4 高度重视交通运输部门的污染排放

随着产业和能源结构调整，机动车排放成为湾区污染排放增长最快的污染源。在国外湾区，机动车是 CO、NO_x 和 VOCs 等空气污染物的主要来源。美国拥有世界上最全面的机动车控制计划，包括严格的新车排放标准，首先将车辆和燃料作为一个系统加以考虑，要求将汽油和柴油中的硫含量降至最低，并要求燃料管理标准先于车辆管理标准实施，以实现减排幅度的最大化。除针对私家车外，美国也对公共汽车、摩托车、船、火车、飞机和非公路车辆制定了相应的尾气排放标准，大大降低了这些交通工具的污染物排放。日本对新机动车的排放标准是世界上最严格的，自 1981 年第一次颁布相关法规，日本的机动车排放标准一直在不断加严。2005—2010 年，对于轻型机动车，日本现行排放标准中的 NO_x 和 VOCs 已经可以和美国的第二阶段标准相提并论，而且严于欧Ⅳ标准。日本还重点对燃油尤其是柴油采取了脱硫措施。这些措施实施后，与 1978 年相比，2012 年日本道路边 SO_2 浓度下降了 90%。除对机动车和燃料的排放控制外，国外湾区还积极推动公共交通基础设施建设，大力发展城市交通系统，优化交通管理，减少居民出行对机动车的依赖，从而降低燃油消耗和减少汽车尾气排放的大气污染物。

3.4.3.5　行政命令和经济手段并行

国外湾区所具备的完善的法律法规体系为空气污染防治工作奠定了坚实的制度基础。与此同时，它们还注重引入市场机制约束排污行为。美国最常用的是引入排污权交易制度，在污染物排放总量控制指标确定的条件下，利用市场机制，建立合法的污染物排放权利即排污权，并允许这种权利像商品一样买入和卖出，以此对污染物的排放进行控制，从而达到减少排放量、保护环境的目的。市场机制的引入，不但有效控制了污染物排放总量，而且有效避免了经济发展与环境保护之间的矛盾，减轻了环保部门所面临的压力。

除采用严格的车辆排放标准和提高燃油品质外，经济手段也是促进交通部门污染治理的重要手段。以纽约湾区为例，地铁和公交系统非常发达便捷，城区内的停车费用奇高且车位稀缺。这使得纽约市民大多数选择公共交通出行，从而交通拥堵状况比美国其他大城市好很多。在旧金山湾区则对购买耗油量低、节能环保的汽车给予补贴，鼓励发展电动汽车和混合动力汽车等，通过运用价格、财税等经济杠杆，鼓励市民购置节能环保车辆，以降低对大气环境的污染。

3.4.3.6　监测网络发达，注重科学研究和信息公开

从国外湾区在空气污染控制工作中取得的经验来看，建立合理和完善的大气监测网络及科学评估体系是大气污染控制取得成功的关键，是识别真正问题和有效解决问题的基础。这套科学体系首先通过识别空气污染问题，分析大气污染来源和污染机制，确定排放削减目标，再制定和实施控制方案，最后进一步调整和修订可达目标，以达到持续改善环境空气质量的目的。

国外湾区具有完整包括大气污染源清单和污染物浓度（包括有毒有害物质）的详细监测资料，而且将信息公开作为空气质量管理中的一项重要监督机制。虽然粤港澳大湾区建立了粤港澳珠三角区域空气监测网，然而污染源清单和详细的有毒有害物质资料却难以获得。数据共享机制的缺失，不利于提出有科技支撑的污染控制措施。

3.4.3.7　广泛开展环保宣传教育，鼓励公众参与监督

大气环境问题的复杂性和广泛性决定了不能仅仅依赖政府和环保部门，还需要公众的广泛参与。国外大都市政府普遍与民间环保组织和社会团体展开合作，采取加大公共广告投放、建立警示标示系统、开设绿色环保网站等手段，提高公众对大气污染危害的认识，帮助其了解控制大气污染的基础知识，促使其从日常生活做起，为空气污染的治理贡献个人的力量。广大民众的参与，一方面可以监督有关环境法律的执行，使环境执法机构真正起到实际作用；另一方面，可以发现环境法的不足和不到位情况，广大民众及时反映情况，司法机构可以做出相应的反应，这样有利于环境法律法规的修订和完善。

3.5 粤港澳大湾区空气质量改善路线

3.5.1 空气质量改善所面临的挑战

3.5.1.1 大气污染物排放量居高不下

粤港澳大湾区 SO_2、NO_x 和烟粉尘等大气污染物的排放虽有所放缓，然而排放总量仍居高不下。据污染源排放清单统计，SO_2、NO_x 和烟粉尘等大气污染物主要来自电力、工业和交通部门。虽然近年来电力行业污染排放和贡献占比持续下降，然而工业部门排放的 NO_x 和烟粉尘却不降反升，且粤港澳大湾区机动车保有量不断上升，使得减排难度增大。

3.5.1.2 VOCs 和 NH_3 底数不清

目前，粤港澳大湾区仅 SO_2 和 NO_x 被纳入总量控制目标，VOCs 和 NH_3 目前仍处于不受控阶段。VOCs 作为 $PM_{2.5}$ 和 O_3 的关键前体物，是灰霾和光化学烟雾污染的重要来源。然而，目前粤港澳大湾区 VOCs 排放基数仍有较大的不确定性，使得 VOCs 缺乏有效的控制措施和监管。NH_3 也同样是大气细颗粒物的主要前体物，由于长期以来忽视其对细颗粒物的影响，使得对 NH_3 采取的控制措施仍处于初级阶段水平。

3.5.1.3 臭氧污染仍得不到遏制

粤港澳大湾区 O_3 浓度不降反升，自 2006 年以来呈现多年振荡上升趋势。在过去 10 年，粤港澳大湾区 O_3 年均浓度上升了 6%，特别是 2014 年之前，O_3 年均浓度上升了约 20%。2016 年粤港澳地区主要空气污染物指标为臭氧日最大 8 h 均值（O_3-8h），其中珠三角地区 O_3-8h 作为首要污染物的比重为 43.1%，远高于 NO_2、$PM_{2.5}$ 和 PM_{10} 作为首要污染物的比重。

3.5.1.4 监测和科研能力有待提升

目前，粤港澳大湾区主要监测国家规定的常规大气污染物浓度，对 $PM_{2.5}$ 和 VOCs 的化学组成、来源解析和健康效应等方面的监测和科学研究严重欠缺，对面临的复合型大气污染的形成机理、迁移转化过程和规律、协同作用机制等问题的认识仍有不足，无法全面支撑 $PM_{2.5}$ 和 O_3 的污染防治工作。

3.5.1.5 空气质量距离 WHO 指导标准仍存在差距

粤港澳大湾区的经济技术发展水平决定了大气污染物的限值目前仅能与 WHO 第一阶段

目标值接轨，与纽约湾区、旧金山湾区和东京湾区所实施的标准仍有较大差距。要使空气质量接近 WHO 提出的指导标准，粤港澳大湾区还有很长的路要走。

3.5.2　大气污染排放控制战略

3.5.2.1　控制导向路线

“九五”至“十一五”期间，我国实施的污染防治基本上是以污染物排放总量控制为目标的减排。“十二五”时期，将污染减排、质量改善和风险防范作为三大着力点，并把总量控制作为污染减排政策的核心抓手。在“十二五”期间，我国修订发布了《环境空气质量标准》，增加 $PM_{2.5}$ 和臭氧 8 h 浓度指标，收紧 PM_{10} 等污染物标准限值，实现与国际标准接轨。以《环境空气质量标准》发布为标志，我国环境管理开始由以控制环境污染为目标导向，向以改善环境质量为目标导向转变。《“十三五”生态环境保护规划》指出，排放总量与质量改善双重约束仍然是主要任务和核心政策，短期内不会弱化。“十三五”之后，资源能源和污染物排放总量控制的刚性要求将有所减弱，基于人体健康和生态系统平衡的环境质量改善将是环境保护的首要重点和核心任务。

3.5.2.2　控制因子路线

珠三角地区“十一五”期间把减排重点放在了 SO_2，“十二五”期间把减排重点范围扩大到了 NO_x，并取得了积极的成效。煤烟型污染还没得到根治，光化学烟雾型污染现象日益突出，复合型大气污染是粤港澳大湾区所面临的最主要的大气污染问题。NO_x、$PM_{2.5}$、VOCs、O_3 和温室气体将是粤港澳大湾区大气污染防治中主要的重点控制指标。虽然粤港澳大湾区能源结构正在逐步调整，但以煤炭为主的能源结构在很长一段时间内仍无法得到根本改变，因此，煤炭燃烧仍然是 SO_2、NO_x 和颗粒物污染的主要来源。随着粤港澳大湾区机动车保有量的持续增加，在未来 10～20 年交通将成为该地区 NO_x、CO、VOCs 和细颗粒物的首要污染源。由于 SO_2 和 NO_x 经过大气化学反应能够形成硫酸盐和硝酸盐颗粒，在未来仍然要继续保持高压态势进行控制。由于粤港澳大湾区 VOCs 排放底数不清，在该地区形成 O_3 的机制不明，导致“十二五”期间 O_3 浓度呈振荡上升趋势。此外，VOCs 还是形成 $PM_{2.5}$ 的重要前体物。因此，为实现远期的大气污染控制目标，未来应该更注重 VOCs、O_3 和 $PM_{2.5}$ 的研究和控制。另外，我国加入了《巴黎协定》，积极应对气候变化，承诺 2030 年左右达到峰值，并明确单位国内生产总值 CO_2 排放比 2005 下降 60%～65%。粤港澳大湾区应勇于承担相应责任，加强气候应对能力，落实减少碳排放目标措施，与其他多种污染物协同控制。

3.5.2.3　控制领域路线

在工业控制领域，“十一五”期间 SO_2 减排方案主要依赖电力行业，非电力行业减排措施不足。随着总量控制指标的增加，“十二五”期间由电力减排向工业一般行业削减转变，加强了冶金、石化、水泥、钢铁和建材等重点行业的污染物排放总量控制。“十三五”以后需要进一步强化行业性总量控制，污染因子控制重点由常规污染物拓展到有毒有害污染物和非常规污染物，控制行业由重点行业、一般行业向全行业进行拓展。

在交通控制领域，“十一五”期间鼓励发展电车和燃气车等绿色公共交通，新车排放标准采用国Ⅲ标准并推广销售符合国Ⅲ标准的车用燃油。“十二五”期间加快城际快速轨道交通系统，新车采用国Ⅳ标准和推广配套油品升级，同时开展非道路移动源污染防治调查，推进非道路移动机械和船舶的排放控制。“十三五”以后粤港澳大湾区需充分借鉴国外大湾区的先进经验，推广绿色公共交通系统，充分发挥城市轨道交通在城际出行中的重要作用，进一步提升新车排放标准和燃油品质，大力推广新能源车，构建车—油—路一体化排放控制体系，大力推进粤港澳大湾区“绿色港口”建设，加强非道路移动源的排放控制和管理。

在农业控制领域，“十一五”和“十二五”期间推进了区域内秸秆露天焚烧整治和秸秆综合利用，然而对农业 NH_3 面源排放底数仍不明，排放措施仍有缺失。“十三五”以后粤港澳大湾区需联合周边省市开展针对种植业、养殖业的 NH_3 排放清单调查，将排放纳入总量控制领域，加快摸索和出台农业氨氮排放的有效控制措施。

3.5.2.4 管控机制路线

在管控机制方面，“十一五”和“十二五”时期主要以政府行政手段为主，科技进步和市场化手段为辅。随着减排行业和领域的扩展，单一的行政化手段越来越难以满足总量控制管理的需求。“十三五”以后需要改变过分依赖政府行政手段控制的局面，调整为整合利用政府行政、市场机制和科技进步，并增强社会公众参与程度。需要更多地考虑标准和市场化手段，通过实施更加积极的市场化激励政策，吸引企业参与环境治理和减排，让企业在追求经济利润与承担减排任务间找到平衡。需要充分发挥社会监督和公众参与的作用，采用更主动、透明的环境信息公开，吸引公众参与，使公众参与环境治理由被动参与转变为主动参与，由程序化参与转变为深度化参与。

3.5.3 空气质量改善目标路线

3.5.3.1 短期实现 $PM_{2.5}$ 基本达标

根据粤港澳大湾区经济发展的宏观形势判断，直至2020年，粤港澳大湾区处于工业化中后期这一历史阶段，主要大气污染物排放强度高的电力、钢铁、水泥和石化等工业的产量将保持稳中有降，且在技术进步、结构调整与消费方式改变等因素的综合作用下，大气环境压力可能相应有所减轻。另外，考虑2016年粤港澳大湾区绝大多数城市已经达到《环境空气质量标准》二级标准，根据《广东省大气污染防治“十三五”规划》和香港特别行政区“清新空气蓝图”计划实施的控制措施和控制力度，2020 年粤港澳大湾区 $PM_{2.5}$ 将全面稳定达到国家空气质量二级标准。

3.5.3.2　中期改善臭氧污染

在采用严格的控制措施条件下，粤港澳大湾区 VOCs 和 NO_x 这些臭氧污染形成的前体物在 2030 年将得到有效控制，臭氧污染现象将得到抑制，尤其是秋季臭氧污染将得以改善。然而，由于粤港澳大湾区气温较高、水汽条件充足且自然源活动强烈，所以臭氧污染仍不能完全消除，且若控制不严，甚至可能出现反弹的现象。

3.5.3.3　长期 $PM_{2.5}$ 接近 WHO 指导标准

随着大气污染防治的推进，污染物排放削减和大气环境管理的边际成本逐渐升高，$PM_{2.5}$ 浓度的下降速度将必然趋向缓慢。如果要求 $PM_{2.5}$ 年平均浓度的降幅保持在每个五年计划的 10%的水平（略低于《大气污染防治行动计划》对珠三角地区 $PM_{2.5}$ 下降 15%的要求），即以粤港澳大湾区 2015 年 $PM_{2.5}$ 年平均浓度 32 $\mu g/m^3$ 为基准，2015—2030 年 $PM_{2.5}$ 每年下降 0.5～0.6 $\mu g/m^3$ 的水平，2030—2050 年 $PM_{2.5}$ 每年下降 0.5～0.6 $\mu g/m^3$ 的水平，则基本可以实现到 2030 年达到 WHO 第二阶段过渡目标和到 2050 年达到 WHO 第三阶段过渡目标的要求。

3.5.4　空气质量改善政策路线

3.5.4.1　强化目标规划管理，构建湾区联防联控机制

粤港澳大湾区应作为整体统一规划，尽快制定大气污染防治中长期规划。广东省政府、香港特别行政区政府和澳门特别行政区政府签订大气污染防治目标责任书，明确对各自行政区域内的大气环境质量负总责，并要求其制定本地区大气污染防治实施方案，将规划目标和各项任务分解落实到各区（县、市）和重点企业，制订相关配套措施，确保任务到位、项目到位、资金到位、责任到位，保证目标的落实。构建以空气质量改善为核心的目标责任考核制度，将规划目标和主要任务纳入各地、各有关部门政绩考核和环保责任考核内容。每 3 年组织第三方评估机构对各地级市规划实施情况进行评估，发布主要污染物减排和环境质量等考核指标，并可实事求是地对规划目标任务进行科学调整。对于因执行措施不到位导致未完成环保目标的，监察机关要依法依纪追究有关单位和人员的责任。通过明确责任分配和精细化控制，使粤港澳大湾区达到空气质量持续改善的效果。

粤港澳大湾区可协调成立空气质量管理小组，由各地级市和特别行政区有关部门参加，协调解决湾区内突出的 $PM_{2.5}$ 和 O_3 污染问题，定期组织实施会商、联合执法、信息共享和预警应急等大气污染防治措施，加强城市间大气污染联防联控及重污染应急预警联动，加强环保部门与相关部门的信息共享和联动合作，尽快构建统一规划、统一监测、统一监管、统一评估、

统一协调的湾区大气污染联防联控工作机制。

3.5.4.2 优化能源结构和重塑低碳产业结构

鉴于煤炭仍是粤港澳大湾区的首要能源消耗来源，近中期需全面推进煤炭清洁利用，严禁劣质煤的流通和使用，严格限制煤炭中硫含量。长期逐步推行以天然气或电替代煤炭，积极有序地发展水电，开发利用太阳能、生物质能、地热能和风能，安全高效地发展核电，不断提高可再生能源在终端能源消费中的比重。

持续推动产业清洁生产和提升能源利用率。在电力、水泥、钢铁、陶瓷和有色冶金等重点行业进一步降低单位产值能耗。新建高能耗项目，单位产值能耗要求达到国际水平。大力推动污染物超低排放和污染协同控制技术的研发，并在上述重点行业进行示范应用和推广，努力构建高能效、低能耗和低碳排放的产业结构。

3.5.4.3 全面强化交通部门污染控制

大力发展绿色公共交通系统。充分借鉴国外优化城市功能和布局规划的经验，推广智能交通管理，缓解城市交通堵塞。大力发展节能减排的公共交通系统，推广使用新能源公共汽车；充分发挥城际高铁在粤港澳大湾区城市间出行的重要作用，使城际高铁交通与市内公交系统无缝衔接。

构建车—油—路一体化的排放标准体系。在粤港澳大湾区提前实施机动车国Ⅵ排放标准，推动油品配套升级，加快淘汰黄标车和老旧车辆，加强机动车环保管理，构建实际道路立体监测体系，严厉打击生产销售环保不达标车辆的违法行为，并采用直接上牌和财政补贴等措施鼓励购买新能源汽车。根据粤港澳大湾区各城市发展规划，可适当推出车辆总量控制、划定低排放区、征收拥堵费、提高中心区停车收费和尾号限行等交通经济调控措施。重视非道路移动源污染防治和绿色港口建设。开展非道路移动源排放调查，掌握铁路、船舶、飞机、农业机械和工业机械等非道路移动源的污染状况，建立管理台账。加强粤港澳大湾区“绿色港口”建设，严格执行船舶污染物排放标准，加快淘汰老旧落后船舶，严格控制船用燃料的硫含量，加快港口岸电的使用，并积极开展港口作业污染治理。

3.5.4.4 建立 VOCs 和 NH_3 污染防治体系

完善 VOCs 污染防治体系。VOCs 是形成臭氧和 $PM_{2.5}$ 污染的重要前体物，在粤港澳大湾区复合型大气污染形成中起着重要作用。全面推进 VOCs 的污染排放，是减少光化学烟雾和灰霾现象，改变区域大气环境质量的重要举措之一。然而，由于 VOCs 种类繁多和来源复杂，对 VOCs 的认识不足和监管难度大，长期以来 VOCs 处于不受控状态，污染防治体系较为薄弱。在“十三五”期间，需制定 VOCs 优先名录，强化数据调查，重点针对石油、化工、建筑和家具等行业，从排放标准、生产过程规范和产品标准等环节，提升工业 VOCs 的综合治理能力，并加强机动车 VOCs 排放标准。此外，应逐步建立 VOCs 健康风险评估体系和 VOCs

环境监测机制，以完善粤港澳大湾区大气 VOCs 污染防治体系。“十三五”之后由重点行业和交通部门逐步向全行业和无组织源进行 VOCs 污染排放控制，使中长期 VOCs 排放量稳步下降。

加快启动 NH_3 排放控制。农业源 NH_3 对 $PM_{2.5}$ 污染的影响长期以来被忽视，以减少农业源 NH_3 排放的控制措施在粤港澳大湾区乃至我国基本处于初级控制阶段。如果 NH_3 排放控制滞后，通过 SO_2 和 NO_x 总量减排来降低 $PM_{2.5}$ 浓度的效益则不能充分体现。因此，粤港澳大湾区应加强与周边省市合作，重点针对种植业、养殖业等农业源开展 NH_3 排放摸底调查，建立和不断完善 NH_3 源排放清单，选择重点区域开展 NH_3 排放控制试点项目，摸索主要的控制技术和政策，并尽快在粤港澳大湾区和周边省市进行推广。

3.5.4.5　适时制定湾区环境空气质量标准

根据大气污染物对公众健康和生态环境的影响，并充分考虑社会经济发展状况，我国环境空气质量标准共经历了 3 次修订。虽然 2012 年的标准修订中增加了 $PM_{2.5}$ 和臭氧 8 h 浓度指标，收紧了 PM_{10} 等污染物标准限值，但是与国外湾区和 WHO 指导标准相比仍相对宽松。随着粤港澳大湾区社会经济发展和大气污染防治的推进，湾区多数城市已经达到了国家的 $PM_{2.5}$ 浓度限制要求。应充分借鉴旧金山湾区的大气污染防治经验，适时推出粤港澳大湾区环境空气质量标准，逐步接近 WHO 指导标准，用更加严格的空气质量标准推动粤港澳大湾区大气污染物浓度的进一步下降。

3.5.4.6　重视科学研究，加强能力建设

坚实的科学理论和工程技术是识别问题和解决问题的关键，是良好的大气污染控制策略的基础。目前，对复合型大气污染的形成机理、污染来源、迁移转化过程和规律、协同作用机制等科学问题的认识仍有很多欠缺和空白，对各种污染防治对策的有效性及后续影响也认识不足。应依托生态环境部直属单位、省级环境科学研究院、中国科学院和高等院校等相关大气污染防治科研部门，聚集人才，建立专业化和规模化稳定的科研队伍，联合科技攻关，开展全方位研究。

粤港澳大湾区环境空气质量监测网络已经建立，且基本能够反映当前污染形势和范围。然而，随着大气污染防治工作的深入和公众环保意识的加强，现有的监测网络将无法支撑精细化的环境管理任务。应适当加强 VOCs 和 $PM_{2.5}$ 组分的监测能力，提升有毒有害物质检测的能力水平，完善污染源在线监控网络，进一步加强大气污染预警预报能力水平，为大气污染源精细化管理提供基础和支撑。

3.5.4.7　加强环保教育宣传，完善公众参与和监督制度

提升公众的环保意识是关键的一环。应重视环保教育宣传，创新环保宣传教育方式，持续加大大气污染防治的宣传力度，组织开展多种形式的大气污染防治宣传教育活动，普及大气污染基础知识，增强社会公众“同呼吸、共奋斗”的认知度，动员民众践行低碳、绿色生活方

式和消费模式。另外，完善公众参与机制，转变政府独揽治污的观念，加强环境信息公开，保障公众环境知情权，发挥公众监督作用。

3.6 小结

①能源结构是影响空气质量的重要因素。通过对比粤港澳大湾区与国外三大湾区的能源结构和消费情况发现，近年来粤港澳大湾区能源消费量仍在不断攀升，且以煤炭为主的能源结构在短期内无法得到根本改变。对比国外三大湾区所处地区能源消费结构发现，能源结构以石油和天然气等为主，煤炭消费量比重很低，且非化石燃料能源消费占据重要地位，能源消费总量基本保持稳定或呈下降趋势。

②粤港澳大湾区现阶段各种大气污染物的排放量要显著高于国外三大湾区。国外三大湾区经过多年的减排，污染物排放水平已远低于峰值水平。虽然粤港澳大湾区多种大气污染物排放均进入了下降通道，但 VOCs 的排放仍然保持增加的势头。国外三大湾区目前排放量最大的污染物为 NO_x 和 VOCs，主要来自移动源的废气排放，而粤港澳大湾区废气排放来源较为复杂，火电厂和工业的排放仍占据着重要地位，但随着近年来城镇化的持续推进，移动源的排放呈快速增长，可以预见的是，移动源将成为未来粤港澳大湾区的主要排放源。

③从粤港澳大湾区与其他三大湾区空气质量的对比发现，目前粤港澳大湾区的大气污染问题具有以下四个特点：一是颗粒物浓度远高于同期其他三大湾区的水平。二是经过多年的持续减排，粤港澳大湾区的 SO_2 浓度虽已有极大程度的降低，但仍比国外三大湾区的 SO_2 污染水平高出 1～2 倍。三是粤港澳大湾区的 NO_2 浓度现状与旧金山湾区、东京湾区差别不大，低于纽约湾区的水平，说明移动源污染问题都比较严重。随着粤港澳大湾区的经济发展，未来机动车污染问题将更加凸显，由此带来的 NO_2 污染问题可能会长期存在。四是近年来粤港澳大湾区的臭氧污染问题日益显著。研究和实践表明，臭氧的污染形成和防治非常复杂，不仅与排放有关，还与气象、大气化学等条件有关，美国和日本等从 20 世纪开始投入了大量的人力和物力致力于臭氧污染的改善，但是见效非常缓慢，时至今日，臭氧污染问题仍没有得到彻底解决。

④改善粤港澳大湾区空气质量仍面临着区域复合型污染未攻克、区域联防联控尚未健全、能源和产业结构仍需优化等问题。根据国外空气质量改善的经验和措施，同时结合粤港澳大湾区的实际情况，提出以下几点建议以改善空气质量：一是强化目标规划管理，健全湾区联防联控机制；二是优化能源结构和重塑低碳产业结构；三是全面强化交通部门污染控制；四是建立 VOCs 和 NH_3 污染防治体系；五是适时制定湾区环境空气质量标准；六是重视科学研究，加强能力建设；七是加强环保教育宣传，完善公众参与和监督制度。

参考文献

[1] 澳门特别行政区环境保护局. 2017. 澳门环境状况报告 2016 [EB/OL]. https：//www.dspa.gov.mo/Publications/StateReport/report_2016_sc.pdf [2017-08-10].

[2] 澳门统计暨普查局. 2019. 2018 年统计年鉴[EB/OL]. https：//www.dsec.gov.mo/Statistic.aspx？NodeGuid=d45bf8ce-2b35-45d9-ab3a-ed645e8af4bb[2019-08-20].

[3] 东京都环保局. 2018. 东京都环境白皮书 2016 年[EB/OL]. https://www.kankyo.metro.tokyo.lg.jp/basic/plan/white_paper/2016.html[2018-02-01].

[4] 广东省生态环境厅. 2019. 粤港澳珠江三角洲区域空气监测网络 2018 年空气质素报告[EB/OL]. http://gdee. gd. gov. cn/kqjc/[2019-06-27].

[5] 广东省统计局. 2019. 广东统计年鉴 2019 年[EB/OL]. http：//stats.gd.gov.cn/gdtjnj/content/post_2639622.html[2019-09-29].

[6] 美国国家环保局. 2019. Air quality statistics report [EB/OL]. https：//www.epa.gov/outdoor-air-quality-data/air-quality-statistics-report[2019-10-01].

[7] 美国国家环保局. 2015. 2014 national emissions inventory NEI data [EB/OL]. https：//www.epa.gov/air-emissions-inventories/2014-national-emissions-inventory-nei-data[2019-12-10].

[8] 香港特别行政区政府统计处. 2019. 香港统计年刊 2019 年版[EB/OL]. https：//www.censtatd.gov.hk/gb/？param=b5uniS&url=http：//www.censtatd.gov.hk/hkstat/sub/sp460_tc.jsp？productCode=B1010003[2019-10-25].

[9] 香港特别行政区环保署. 2019. 2017 年香港空气污染物排放清单报告[EB/OL]. https：//www.epd.gov.hk/epd/sites/default/files/epd/data/2017_Emission_Inventory_Report_Chi.pdf [2019-06-20].

[10] Bian Y，Ou J，Huang Z，et al. 2019. Evolution of Anthropogenic Air Pollutant Emissions in Guangdong Province，China，from 2006 to 2015[J]. Atmospheric Chemistry and Physics：1-38.

第 4 章

粤港澳大湾区水资源与环境风险评估及策略

4.1 水资源与环境现状及演变趋势

4.1.1 水资源开发利用现状及演变趋势

4.1.1.1 水资源禀赋

（1）水资源总量较丰，但时空分布不均

粤港澳大湾区水资源总量丰沛，多年平均水资源总量约 563.8 亿 m^3（除澳门外），但水资源时空分配不均，75%～85%的径流量集中在 4—9 月，枯水期所占比重较少，空间分布表现出山区多、平原少的特征。2015 年粤港澳大湾区水资源总量为 610.85 亿 m^3（表 4-1），约占全国水资源总量（27 962.6 亿 m^3）的 2.18%。澳门境内没有河流，且土地资源有限，无法兴建大型水库，淡水资源极为缺乏，98%的淡水资源依靠珠海市供应。

表 4-1 粤港澳大湾区 2015 年水资源量统计

城市	多年平均地表水资源量/亿 m^3 ①	2015 年水资源量/亿 m^3 ②	2015 年人均水资源量/m^3
广州	74.6	88.85	658.09
深圳	20.9	18.49	162.50
珠海	17.5	14.60	893.46
佛山	27.9	37.30	501.98
东莞	22.5	23.86	289.07
中山	16.9	16.15	503.18

城市	多年平均地表水资源量/亿 m^3 ①	2015 年水资源量/亿 m^3 ②	2015 年人均水资源量/m^3
江门	119.7	119.17	2 636.80
惠州	123.6	125.68	2 642.83
肇庆	140.2	163.80	4 034.88
香港	2.4③	2.95③	40.38
澳门	—	—	—
合计	563.8	610.85	924.85

资料来源：①《广东省水资源综合规划》（粤府函〔2011〕265 号）；②《2015 年广东省水资源公报》；③《全面水资源管理》。

（2）人均水资源相对匮乏

2015 年粤港澳大湾区各地市的人均水资源量为 924.85 m^3，珠江三角洲流域人均水资源量仅为 693 m^3，远低于广东省（1 782 m^3/人）、全国（2 039.2 m^3/人）和世界（5 829 m^3/人）的平均水平，东江供水区域（深圳、东莞、香港）人均水资源量已接近极度缺水的区域标准（图 4-1）。

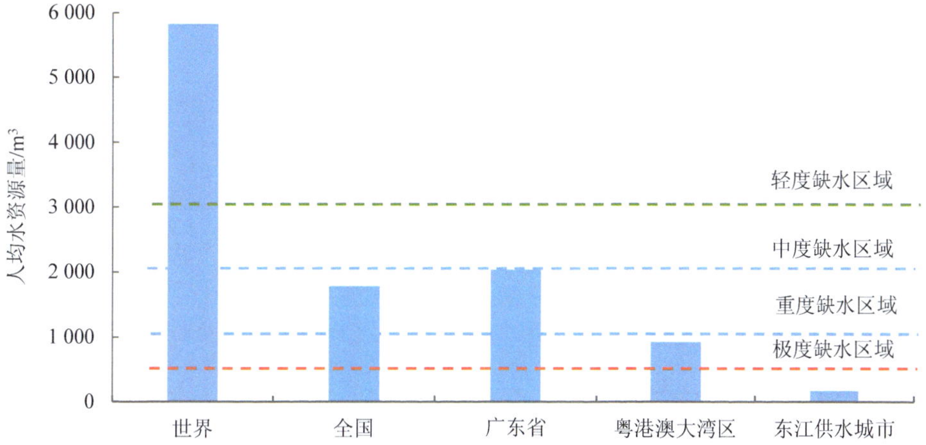

图 4-1　人均水资源状况分析

粤港澳大湾区水资源分布与区域经济发展格局不协调，造成西江、北江流域水资源丰富但开发利用程度低（其中 2015 年西江流域水资源开发利用率仅为 1.1%），而东江流域水资源开发利用程度接近 30%。香港本地水资源紧缺，人均年水资源占有量仅为 40.38 m^3，深圳、东莞等城市人均水资源量不足 300 m^3，广州、佛山、中山、珠海的人均水资源量也都处于 1 000 m^3 以下，水资源开发利用主要依赖西江、北江入境水量，但本地水资源调蓄能力十分有限，枯水期主要依靠上游调蓄，供水难以得到有效保障。

4.1.1.2　水资源开发利用现状及演变趋势

（1）用水量总体下降，但用水结构仍有很大优化空间

粤港澳大湾区用水总量由 2005 年的 259.7 亿 m^3 下降到 2015 年的 227.9 亿 m^3。2015 年，

广州用水量最多（66.14 亿 m^3），占 29.0%；澳门用水量最少（0.85 亿 m^3），占 0.4%。由于粤港澳三地的用水类型统计口径不统一，故分别对珠三角 9 市和港澳地区的用水结果进行分析。珠三角 9 市农业用水量比重由 2005 年的 34.6%降至 2015 年的 32.2%，下降约 6.9%。香港以住宅用水为主，其用水比重由 2005 年的 52.9%上升至 2015 年的 54.1%，工业用水持续下降，近 10 年来下降 3.6%。澳门以生活和商业用水为主，两者的占比相当。

对照《广东省水资源管理控制指标（2011—2015）》中的用水红线，除深圳外，珠三角其他 8 市的现状用水量均在计划用水控制范围内，但广州、肇庆、中山、江门、东莞、惠州已逼近用水红线（表 4-2）。从内部用水结构看，大部分城市工业、农业用水占比均在一半以上，未来通过产业转型降低水资源消耗仍有较大空间。

表 4-2　2015 年珠三角地区各城市用水情况

城市	用水量/亿 m^3					合计/亿 m^3	控制目标/亿 m^3	占珠三角地区比重/%
	农业	工业	生活	城镇公共	生态			
广州	10.63	38.39	10.32	5.92	0.88	66.14	71.5	29.1
深圳	0.82	5.07	7.14	5.73	7.14	19.9	19	8.8
珠海	0.87	1.44	1.49	1.20	1.49	5.05	6.7	2.2
佛山	8.02	14.35	6.53	2.10	1.25	22.54	39.6	9.9
东莞	0.92	7.8	6.60	3.07	0.35	18.73	21	8.2
中山	5.84	7.10	1.78	1.06	0.06	15.84	18.8	7.0
江门	19.79	3.97	2.83	1.15	0.08	27.83	30.2	12.3
惠州	12.21	4.93	2.59	1.03	0.07	20.82	22	9.2
肇庆	14.04	3.46	2.35	0.57	0.08	20.50	21	9.0
珠三角	73.14	86.51	41.63	21.83	3.95	227.06	249.8	100

（2）用水效率与世界级城镇群建设的高目标相去甚远

2015 年粤港澳大湾区人均综合用水量 343.3 m^3（表 4-3），万元 GDP 用水量 27 m^3，与发达国家的用水效率相当（图 4-2）。香港、澳门的用水效率高，但珠三角 9 市的万元 GDP 用水量高达 54.7 m^3，节水情况与世界级城镇群建设的高目标要求仍有差距，尚未形成一体化的节约用水政策，广州、佛山、中山等城市还存在部分用水指标过高的情况，节水潜力较大。当前珠三角各地市除部分电厂采用海水冷却外，非常规水开发利用几乎为零，对于雨水、中水及海水的利用仍非常有限，对大气水的利用更是近乎空白，区域水资源开发利用单一。

表 4-3　粤港澳大湾区 2015 年用水效率

城市	人均综合用水量/m³	万元 GDP 用水量/m³	万元工业增加值用水量/m³ ②	居民人均生活用水量/（人/d）	
				城镇	农村
广州	498	37	73	216	171
深圳	180	11	8	172	—
珠海	311	25	16	260	183
佛山	463	42	29	234	114
东莞	439	66	30	158	131
中山	226	30	28	220	210
江门	496	53	45	496	137
惠州	616	124	39	198	124
肇庆	506	104	34	189	134
香港①	133.2	5.05	—	196.2	—
澳门①	132.1	2.95	—	114.6	—
粤港澳大湾区	343.3	27.0	33	216.4	147.7

注：①根据《2016 年中国统计年鉴》2015 年美元汇率为 622.84 人民币元/100 美元。②万元工业增加值用水量为含火电统计值。

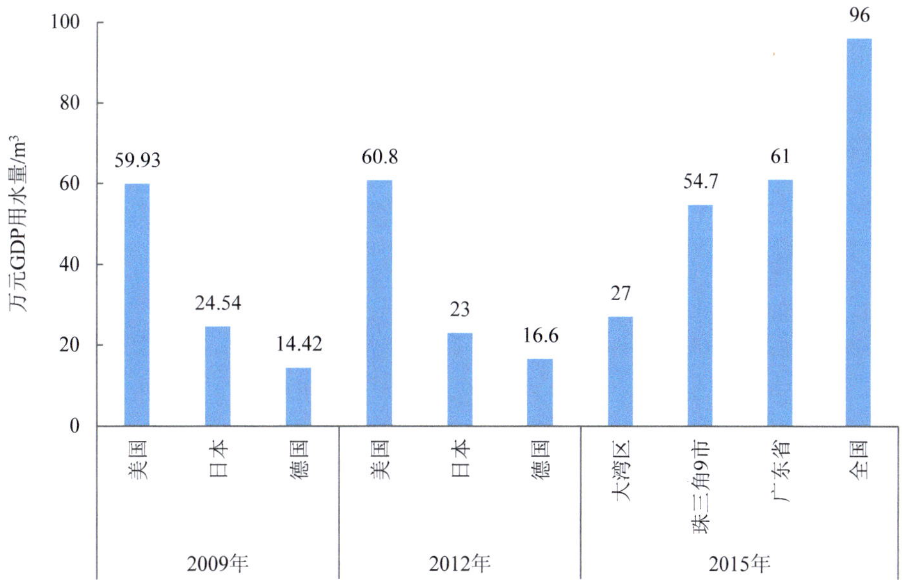

图 4-2　2015 年粤港澳大湾区水资源利用效率

（3）已建供水工程设计能力满足区域需求，但供排水格局仍需统筹

珠三角各地市水利工程建设取得较大成效。蓄水工程已建水库 12 018 宗，总库容 87.6 亿 m³，年设计供水能力 69.3 亿 m³；引水工程已建工程 9 535 宗，引水规模 851 m³/s，年设计供水能力

108.98 亿 m^3；提水工程已建工程 8 615 宗，总提水规模 2 902 m^3/s，年设计供水能力 171.1 亿 m^3；调水工程现有大型跨流域调水工程 2 宗，总调水量 30.93 亿 m^3（其中东深供水工程年取水量 23.73 亿 m^3，深圳东部供水工程年取水量 7.2 亿 m^3，跨流域调水工程已经有效解决了香港、深圳等资源型缺水城市和地区的用水需求）；自来水工程共有水厂 381 家，总设计供水能力 3 250.42 万 m^3/d（其中水厂分布较多的是肇庆、深圳、广州等市，水厂数量分别为 98 家、85 家、67 家，设计供水规模分别为 245.32 万 m^3/d、614 万 m^3/d、718.4 万 m^3/d）。

地下供水设施主要是水井工程，共计有生产井 190 684 眼，现状供水能力 5.26 亿 m^3（其中浅层地下水生产井 184 508 眼，现状年实际供水量 4.31 亿 m^3；深层承压水生产井 6 176 眼，现状年供水能力 0.96 亿 m^3）。

粤港澳大湾区各市现状水源地主要分布在东江干流、西江干流水道、北江干流水道、顺德水道、磨刀门水道、东海水道、鸡鸣水道、小榄水道、鸡啼门水道、东江北干流、东江南支流、西枝江及境内的主要调蓄水库。但是，崖门水道、东莞水道等部分城市江段和河涌污染严重，给排水格局仍缺乏统筹。

4.1.2 水环境现状及演变趋势

4.1.2.1 饮用水水源水质状况及安全风险因素分析

（1）饮用水水源水质现状及演变趋势

根据《广东省环境质量报告书》（广东省环境保护局，2006；广东省环境保护厅，2011，2016），2000 年珠三角 9 市城市饮用水水源水质各项监测指标年均值均达标的仅有肇庆市，仅占珠三角城市总数的 11.1%，水质超标项目最多的是广州市，其次是深圳市。该阶段饮用水水源主要受到沿岸城市污水和面源污染，细菌指标是影响饮用水水源水质达标的主要污染物，广州、深圳、佛山、江门、惠州和东莞 6 市细菌超标率均达 100%。自 2011 年起，珠三角 9 市饮用水水源水质保持 100%达标，水质优良。近年来，肇庆、中山等市水源地水质均保持在Ⅰ～Ⅱ类；东莞市水源水质长期保持在Ⅲ类，珠海、惠州、江门等市水源中Ⅰ～Ⅱ类水质比重逐年提高，趋势向好。

香港的饮用水主要来自东江，广东省每年对香港的供水量占全港用水总需求的 70%～80%。东江供水专用输水管道的建设使东江原水以泵送的方式，通过从石马河污染源头分隔开的封闭输水管道，到达香港的木湖，再通过 3 个主要管道系统输送到香港各储水及滤水设施。2003 年 6 月前，香港专用输水管道并未启用，东江对香港的供水均通过不封闭管道进行，供水到达香港木湖时，DO、BOD_5、TP、硝酸盐和锰含量等指标均不能达到《地表水环境质量标准》（GB 3838—2002）规定的Ⅱ类标准；而 2003 年专用输水管道启用后，东江水源地输送到香港木湖抽水站的饮用水水质达标率保持在 100%，水质优良，符合《地表水环境质量标准》（GB 3838—2002）规定的Ⅱ类标准。

澳门 90%的饮用水来自珠海市西江磨刀门水道，小部分来自澳门收集的雨水。大部分西江原水经由洪湾泵站储存至竹仙洞水库，再由两条直径 1 m 及一条直径 1.6 m 的输水管流入澳门青州及大水塘水厂；剩余原水则会储存于蛇地坑水库、银坑水库和南屏水库。由于经常受到咸潮影响，澳门另设有西水东调系统，在每年冬春季节的咸潮期间，自西江磨刀门水道上游咸度较低处取水，经过竹银水库，最终泵到竹仙洞水库，起到调节原水咸度、保障澳门供水安全的作用。2015 年竹仙洞水库饮用水水质达到Ⅱ类标准，水质优良，水质达标率为 100%（广东省环境保护厅，2016）。

（2）饮用水安全风险因素分析

①水质安全风险识别

上游及跨界来水污染影响水源水质。粤港澳大湾区地处珠江下游，过境水量大，东江、西江、北江是粤港澳大湾区的战略性水源地，江西、广西、湖南、福建等上游省（区）及粤东西北地区快速发展对粤港澳大湾区饮用水安全带来冲击和影响。在产业升级转型过程中，珠江三角洲部分陶瓷、纺织、制药、电子拆解等高污染产业向西江、北江、东江等流域上游转移，加大了流域上游的水质保护难度和供水安全风险。西江作为珠江的干流，是粤港澳大湾区第一大流域，总水量甚为丰富，不仅是流域内几百万人民的母亲河，还担负着下游珠江三角洲江门、中山、珠海、广州、澳门等城市的供水任务，未来随着珠江三角洲水资源配置工程的上马，西江水还将引至广州南沙新区、东莞和深圳等地区。虽然目前西江广东段水质良好，但由于过境客水流量大，受上游来水影响，潜在的污染隐患依然存在。随着经济的发展和人口的增长，特别是上游广西壮族自治区经济结构从以农业为主逐渐向以工业为主转变，大批资源开发型和粗放型产业的发展，西江水污染将会日益突出。此外，北江作为珠江水系干流之一，流经湘、赣、粤三省，干流流经广东省韶关市、清远市。其中，韶关、清远分布着众多冶炼、水泥等环保风险较高的工业，沿岸居民的生产生活污水难以得到有效处理，部分江段还存在着网箱养殖等现象，这些上游的输入性污染直接影响北江水质，水污染防治形势严峻，给现有的水资源保护体系带来了严峻挑战。2005 年和 2010 年北江曾发生镉污染和铊污染事故。

饮用水安全面临湖库富营养化和平原河网水污染的长期影响。珠江三角洲水污染突出，近 40%的水污染负荷高度集中在广州、深圳、东莞、佛山、中山等市，网河区经城市段和部分水量较小的支流如龙岗河、坪山河、深圳河等江段水质为劣Ⅴ类。珠江三角洲水污染负荷高度集中，水污染问题突出，受流域水污染胁迫，一些城市不得不从外地调水。例如，广州已从西江佛山段取水。

优质饮用水水源不足，高标准稳定达标仍有难度。由于粤港澳大湾区地处流域下游，上游污染和本地污染叠加，珠三角河网区河流水污染依然突出、部分湖泊富营养化，导致部分地区缺乏优质水源。2015 年珠三角 9 市开展监测的 52 个城市集中式饮用水水源地中，地表水饮用水源水质达标率为 100%，饮用水水质总体优良（广东省环境保护厅，2016）。2015 年监测结果显示，52 个开展监测的饮用水水源中，优于Ⅱ类水质的优质饮用水水源仅占地表水饮用水水源的 53.8%。劣于Ⅱ类的指标以常规指标为主，如总磷、溶解氧、BOD_5、总氮等，主要受生活污水和面源影响。部分湖库型水源地普遍受富营养化威胁，营养状态指数呈现上升趋势，富营养化的潜在风险大。

持久性有机污染物日益显现。近年来，新兴污染问题已日益引起关注。广州、深圳、珠海等重点城市水源水中都不同程度的存在有机污染物，且水源水中的有机物种类和数量较多（广东省环境保护局，2006）。其中，广州 8 个饮用水水源共定性检出了 62 种有机污染物，检出率超过 50%的物质有 24 种，主要是有机氯农药和有机磷农药。深圳市主要饮用水水源含有有机氯农药和半挥发性有机物，其中有机氯农药检出α-六六六、β-六六六、七氯、硫丹硫酸酯、甲氧滴滴涕等 5 种，检出率为 29.4%。珠海市饮用水水源有机物和有机农药监测项目汇总，挥发性有机物共检出 4 种，半挥发性有机物共检出 22 种，有机磷农药 2 种，有机氯农药 16 种。此外，已有研究表明（应光国，2012），东江流域枯水期水体中多环芳烃（PAHs）总量与珠江广州段（987.13～2 878.5 ng/L）相近，丰水期水体中 PAHs 总量与长江武汉段（321.8～6 234.9 ng/L）相近，均远高于国外的密西西比河、塞纳河、多瑙河以及我国的滦河、西江，却远低于我国高度开发和工业化的九龙河（6 960～26 920 ng/L），整体属于中等偏高污染水平，这主要是由于东江流域下游和珠江三角洲河口区域工业发达，电子电镀、印染漂染、造纸等工业企业密度大，人口高度集中，金属、多环芳烃、阻燃剂、表面活性剂、药物与个人护理品等污染物可能大量存在所致。

咸潮上溯严重影响部分城市的供水水源安全。珠江入海口易受海水入侵，旱季咸潮严重威胁部分城市供水安全。2012—2013 年枯季咸潮（250 mg/L 含氯量）上溯最远位置主要影响珠三角西岸的江门、中山、珠海、广州南沙，以及东莞水乡地区。珠江三角洲分别在 1993 年、1999 年、2004 年和 2005 年发生严重咸潮，其有向内陆入侵且上溯距离越来越远的趋势，咸潮上溯使部分水厂被迫间歇性停产，给珠江河口地区生态环境和饮用水安全带来了极大不利影响。21 世纪开始，珠三角河口区咸潮上溯日趋严重，主要表现为咸潮出现时间越来越早，影响范围越来越广，持续时间越来越长，对各河道取水水厂造成的影响也越来越严重。例如，2005 年咸潮首次直接影响东莞的城区供水，东莞六大水厂有 4 个受咸潮影响连续 16 天为避咸首次停产。澳门的饮用水大部分来自西江，过去也曾出现因咸潮而导致自来水水质咸度过高的状况。

航道运输突发性风险威胁饮用水安全。粤港澳大湾区主要河流兼具城市供水、纳污、航运、排涝等诸多功能，城市供水取水口与排污口犬牙交错（图 4-3），干流航运危险品泄漏污染水源事件时有发生，饮用水安全风险仍将长期存在。西江干流作为珠江水系的主要干流，贯穿粤桂两省（区），东连粤港澳，西接滇黔两省，是我国内河水运规划“两横一纵两网”主骨架中的“一横”，也是我国现代综合交通运输体系的重要组成部分，其港口发展和船舶流量增速很快，内河船舶和码头污染物防治压力也较为突出。据统计，西江干流广东段现有云浮港、肇庆港、佛山港、江门港和珠海（内河）港等 5 个内河港口，泊位 294 个，其中肇庆港、佛山港为全国内河主要港口。2015 年西江干流广东段 5 市进出港内河船舶 1 199 197 艘次，其中危险品船 18 522 艘次（占比不到 2%）；进出港海船 50 798 艘次，其中油船、液化气船、散装化学品船共 9 650 艘次（占比 19%）。部分河港布局在供水通道上，甚至毗邻饮用水水源地。

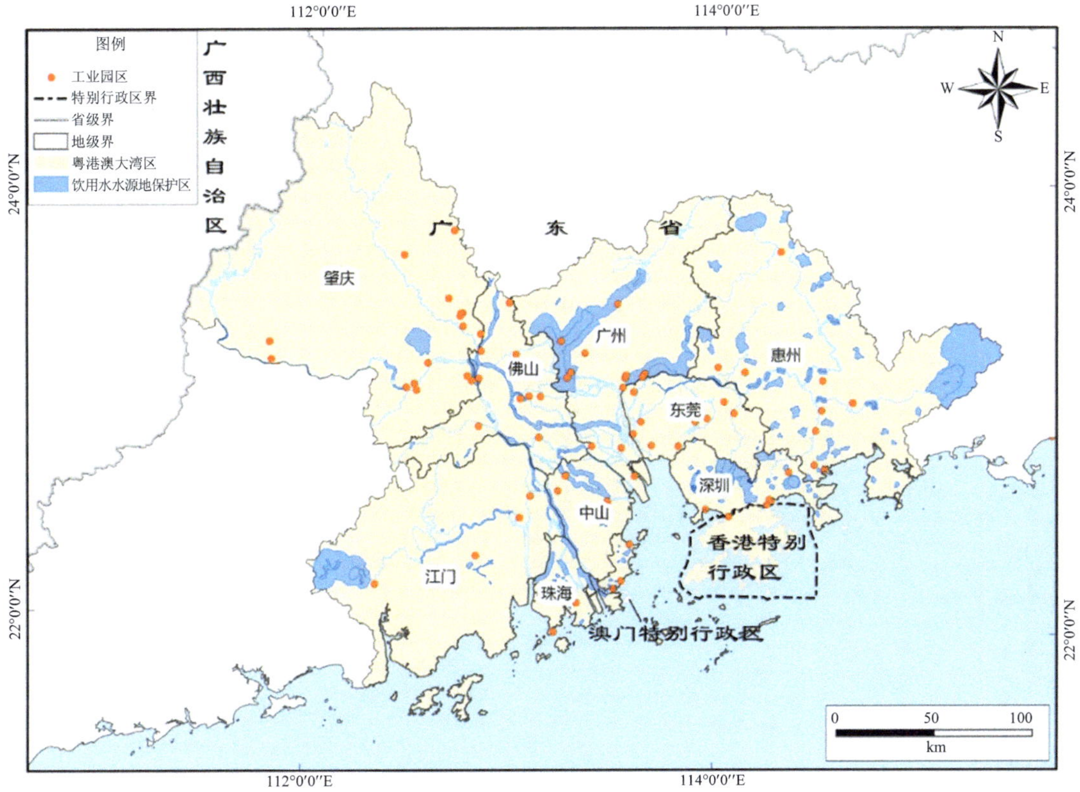

图 4-3 粤港澳大湾区产业园区与饮用水水源保护区位置关系

②水量安全风险识别

澳门境内没有河流，且土地资源有限，无法兴建大型水库，淡水资源极为缺乏，98%的淡水资源依靠珠海市供应。香港没有天然湖泊、大河或地下水，且降雨不稳定，大部分地势起伏不平，令收集及储存雨水成为一大挑战。由于水资源紧缺，1963 年粤港双方达成共识，兴建东深供水计划，于东江沿岸展开供应及分配工程。从 1965 年工程完工起，香港输入东江水占全港耗水量的比重持续提高，由 1965 年的 20%提高到 1985 年的 50%，到 2005 年更高达 80%。

除港澳外，由于改革开放以来经济社会快速发展，人口高度集聚，深圳、东莞等局部城市的水资源也相对紧缺，局部地区存在缺水风险，目前以深圳、东莞为输水对象的珠江三角洲水资源配置工程也在论证之中。以深圳为例，人均占有水资源量由 1979 年约 6 000 m^3 迅速下降至 2015 年的 162.54 m^3，不足全国平均水平的 1/10，加上降雨时空分布不均、河流源短流急，境内无客水经过，又缺少修建大型水库的地形条件，本地水资源开发利用面临困难。近年来，境外引水已成为现状主要供水水源，境外引水量从 2005 年 11.36 亿 m^3 上升到 2015 年的 16.44 亿 m^3，境外引水比重从 2005 年的 67.74%上升到 2015 年的 82.61%，境外引水的依赖程度不断增加，一旦引水受限，就会严重影响深圳市的供水。

③管理安全风险识别

供水水源较分散，应急备用水源不足。珠三角 9 市饮用水水源地众多，县级以上集中式饮用水水源地达 228 个，占广东省总数的 60.3%。部分城市供水水源分散，取水口众多、部分水厂规模小，水源水质保护难度大。以佛山为例，截至 2013 年年底，佛山市乡镇以上水厂共 40 个，饮用水水源保护区 23 个。与此同时，部分城市水源结构单一，供水安全保障体系仍不完善，供水体系以常规供水工程为主，应急备用水源建设滞后，应对突发性水污染事故、特枯水年、咸潮等的能力不足。2015 年，惠州、东莞等城市尚未建设备用水源（表 4-4），仅建设了区域联网供水系统（广东省环境保护厅，2016）。

表 4-4 2015 年珠三角 9 市城市集中式饮用水水源地类型及备用水源建设情况

城市	水源地数量/个				备用水源（有/无）	联网供水（有/无）
	河流型	湖库型	地下水型	合计		
广州市	9	1	0	10	有	有
深圳市	0	12	0	12	有	有
珠海市	4	5	0	9	有	有
佛山市	8	0	0	8	有	有
惠州市	3	2	0	5	无	有
东莞市	2	0	0	2	无	有
中山市	2	0	0	2	有	有
江门市	2	0	0	2	有	无
肇庆市	2	1	0	3	有	有
合计	32	21	0	53	—	—

交通项目穿越水源保护区现象普遍，但水源风险管理仍不足。2015 年参与评估的 52 个水源中，广州、佛山、江门、肇庆等 4 个地级市共 6 个饮用水水源一级保护区内存在交通项目穿越，9 市 35 个饮用水水源二级保护区内存在交通项目穿越（广东省环境保护厅，2016）。广州市部分水源尚未对应设置交通警示牌。由于历史等原因，饮用水水源保护区内仍存在大量违章建筑，威胁饮用水安全。

4.1.2.2 江河水质现状及演变趋势

（1）江河水质治理已见成效，大江大河水质总体向好

2001—2015 年，珠江三角洲江河水质的水环境治理已经初见成效，整体水质有所好转。2000 年，共监测 32 个省控江段，水质达标的有 23 个，占 71.9%，龙岗河、江门河和深圳河 3 个江段属劣Ⅴ类；2015 年，共监测 35 个省控江段，58 个省控断面，水质达标的有 32 个江段，

占 91.4%，劣Ⅴ类水质断面共计 3 个，分别是深圳的坪山河、龙岗河和深圳河（图 4-4）。2000 年以来，珠江三角洲的江河水质总体显著好转，其中水质优良（Ⅰ～Ⅲ类）占比显著上升，2015 年较 2000 年上升 14.9 个百分点，重度污染（劣Ⅴ类）占比明显下降，2015 年较 2005 年峰值下降 16.4 个百分点（表 4-5）。

表 4-5 珠江三角洲地表水环境质量变化

	2000 年	2005 年	2010 年	2015 年
Ⅲ类及以上江段比重/%	59.4	56.3	64.7	74.3
劣Ⅴ类江段比重/%	9.4	25.0	14.7	8.6

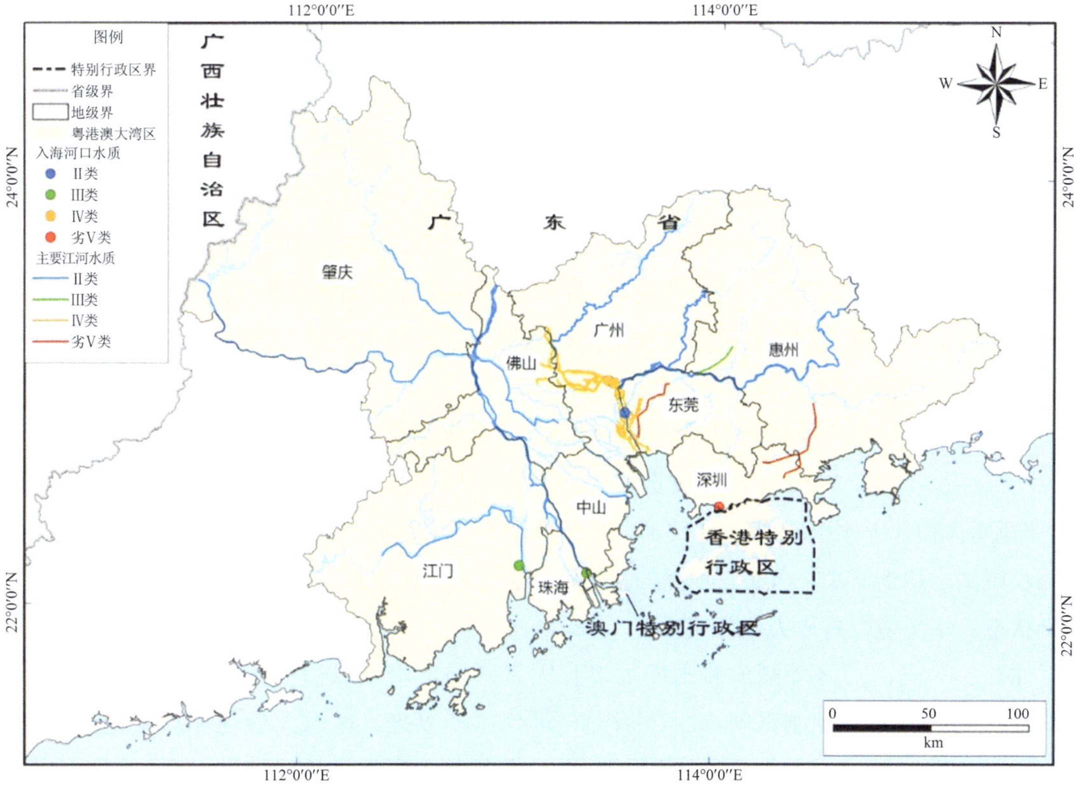

图 4-4 2015 年粤港澳大湾区江河水质类别空间分布

从珠江水系水质变化趋势来看，“十五”期间，珠江水系变化不明显，“十一五”至今珠江水系水质有所好转，优良水质占比稳步上升，重度污染水质占比持续下降（图 4-5）。

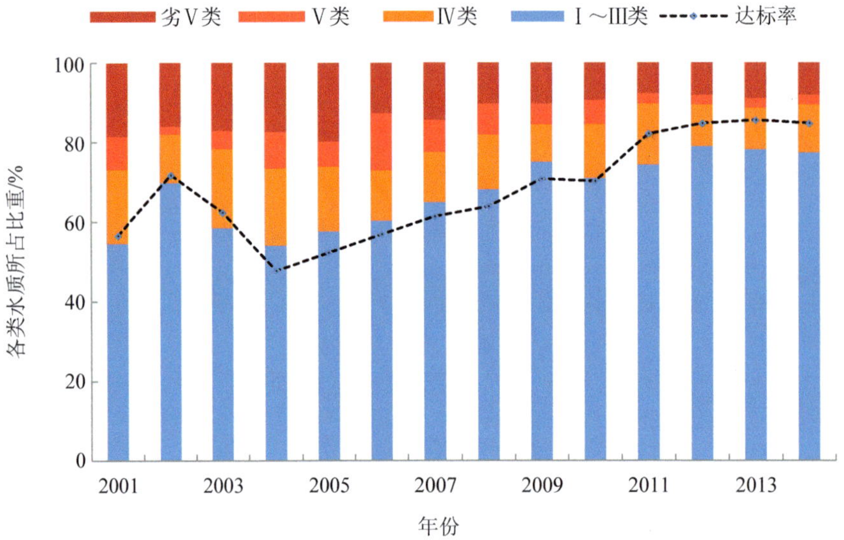

图 4-5 珠江水系水质演变趋势

根据《2015 年香港河溪水质》（香港特别行政区政府环境保护署，2016），由于各项污染管制法规和污水收集整体计划的实施，香港 30 条河溪 82 个站位的水质总体良好，水质达标率为 89%，1986 年以来水质达标率稳定上升。香港采用 DO、BOD_5和氨氮水平 3 项参数来评估河溪有机污染水平和水体的一般健康状况，水质指数也显示香港河溪状况近年来持续良好，表明河溪的污染负荷量长期保持逐渐下降的趋势从而使水质持续改善。2015 年 82%的监测站位水质被评为“极佳”或“良好”等级。

（2）局部流域水污染防治形势依然严峻，重污染水体尚未消除

“十二五”以来，2002 年前水质劣于V类的多条流经城市河段水质显著改善，珠江广州河段、珠海前山河、中山岐江河、江门河、惠州西湖和肇庆星湖水质优于Ⅳ类，佛山水道、东莞运河水质基本达到V类。珠江三角洲的深圳河、茅洲河、淡水河、石马河等河流水质依然呈重污染状态，水环境改善压力最为突出。

珠江三角洲河网区受潮汐和水闸等多种因素影响，水系纵横交错，水文情势复杂，区内的支流均建有人工控制水闸。20 世纪 80 年代后期以来，区域工业化和城镇化进程持续加快，经济发展迅猛，人口快速增加，生活污水和工业废水排放量持续上升，但污水处理等环境基础设施建设明显滞后，远远不能满足污染治理的需要，区域水环境持续恶化。近年来，特别是 2002 年起开展珠江综合整治和 2010 年广州亚运会前开展水环境质量保障以来，区域水环境总体有所改善，但近两年部分河段水质污染有一定反弹，大部分城市（镇）内河涌和部分跨市（区）交界水体仍受到严重污染，基本不能满足环境功能要求，水环境形势十分严峻。

以广佛跨界河为例，该河流交界断面水质（表 4-6）稳中有升，氨氮仍是主要超标因素。根据广佛跨界流域各断面 2010—2014 年主要水质指标监测结果，主要超标因子是氨氮，4 个

断面均超标；其次是 COD 和总磷，分别是黄岐断面、西南涌汇入白坭河前断面出现超标。从典型水期来看，枯、平、丰水期没有表现出明显的差异，即同一断面在各个水期的超标频率和超标程度相差不大。从年份变化趋势来看，西浦桥断面平稳中有下降趋势；黄岐断面经过一段时间显著下降后趋势变缓；西南涌两个断面水质有升有降，没有明显趋势。

表 4-6 广佛跨界流域主要交界断面

序号	所属流域	断面名称	责任市	水质标准
1	佛山水道	西浦桥	广州、佛山	Ⅳ类
2	水口水道	黄岐	广州、佛山	Ⅲ类
3	西南涌	西南涌汇入西航道	广州、佛山	Ⅲ类
4	西南涌	西南涌汇入白坭河前	广州、佛山	Ⅲ类

总的来说，粤港澳大湾区当前水环境问题依然突出，氮磷污染凸显，受水资源、水污染双重胁迫，饮用水安全堪忧，水生态系统仍在恶化，近岸海域的污染长期存在。复合性、累积性污染长期存在，影响人居环境安全，环境污染治理任重道远，还需要全社会共同付出艰苦和长期不懈的努力。

（3）内河涌水质堪忧，水体黑臭问题突出

珠江三角洲除主干河流外约有河涌 12 259 条，主要分布在广州、深圳、佛山、中山及东莞 5 市的入海口地区。从流域水质状况来看，西江、北江水质优良比重最高，其次是东江地区，珠江三角洲入海口地区较低，局部河流呈劣Ⅴ类。造成上述问题的原因，一方面是三角洲地区位于流域下游，另一方面与入海口地区发达的河涌水系被污染也有很大关系。

珠江三角洲河涌数量多而短小，建成区河涌大多经过初级整治，形成直立挡墙护岸，部分河段暗涵化。少部分河涌为原生状态土质坡岸。河水水质普遍较差，大多数河道内底泥淤积严重，形成黑臭水体。根据《全国地级及以上城市黑臭水体名单》，全国 295 个地级及以上城市共排查出黑臭水体 1 861 条，珠江三角洲 154 条，占全国的 8.3%。其中，深圳、广州等城市的黑臭水体数量最多。

根据《广东省〈水污染防治行动计划〉实施情况自查报告》，截至 2016 年年底，珠三角 9 市有 56 条黑臭水体完成整治工程，142 条黑臭水体已开工整治，12 条黑臭水体开展项目前期，珠三角 9 市平均消除比重达到 35.1%。广州市 35 个黑臭水体已全部开工整治，其中有 14 个完成整治工程，达到不黑不臭，消除比重为 40%；深圳市 45 个黑臭水体中有 43 个已开工整治，其中 18 个完成整治工程，达到不黑不臭，消除比重为 40%。

4.2 水资源与环境重大问题与制约因素

4.2.1 水资源重大问题与制约因素

4.2.1.1 水资源开发格局不均衡，局部地区用水日趋紧张

粤港澳大湾区各流域分区水资源开发利用格局不均衡，其中东江水资源开发利用率已接近 30%，但水质好、水量充沛的西江流域开发利用程度相对较低。澳门境内没有河流，且土地资源有限，无法兴建大型水库，淡水资源极为缺乏，98%的淡水资源依靠珠海市供应。香港没有天然湖泊、大河或地下水，且降雨不稳定，大部分地势起伏不平，令收集及储存雨水成为一大挑战，水资源紧缺，境外供水依赖程度很高。此外，广州、深圳、中山、江门等城市用水总量已接近用水红线的上限。受资源型、水质型缺水的双重影响，目前广州已从西江佛山段取水，涉及深圳、东莞等地用水的“珠江水资源配置”工程也在论证之中。“十三五”期间，广东省将进一步限制区域用水总量，区域用水将成为限制粤港澳大湾区发展的重要制约因素之一。

4.2.1.2 “微容量、重负荷”问题依然突出，水环境质量全面改善压力大

粤港澳三地早在“十五”期间大力推进流域水环境综合整治，在社会经济快速发展的同时，水环境质量持续改善。但近年来水环境改善的程度有所趋缓，局部区域水环境污染依然严重。2015 年，珠三角仍有 8.6%水质断面达不到水环境功能区划要求，5.2%的省控断面受重度污染。珠江三角洲 40%的水污染负荷高度集中在广州、深圳、东莞、佛山 4 市，能够利用的环境容量有限，尽管近年来污染减排成效显著，但区域水污染问题依然突出，龙岗河、坪山河、深圳河等重污染河流水质改善任重道远。

4.2.1.3 饮用水水质、水量、管理风险并存，饮用水安全风险加剧

经历了 30 多年的高速粗放发展，广东省进入了环境污染事故高发期。近年来，相继发生了北江镉污染、铊污染及武江锑污染等数十起水污染事故，对水环境水质安全构成了严重威胁。重金属、持久性有机污染物等长期积累的问题开始暴露，水污染呈现出“复合型、累积型和压缩型”的复杂特征，防控难度越来越大，水源水质安全不容忽视。

东江、北江、西江主要战略性水源地沿岸和水源保护区附近仍然分布着不少造纸、印染、化工、冶炼、电镀等重污染企业。随着城市化的连片发展，下游城市取水口与上游城市排污口犬牙交错的现象更加普遍，格局性污染问题不容忽视。随着“双转移”战略的深入实施，粤东

西北地区将进入工业化、城市化发展的“快车道”，加上上游省份发展迅猛，源头水质保护与生态屏障建设面临严峻挑战；上游地区农村生产生活方式发生改变，农村生产、生活和畜禽养殖污染问题日益突出，水污染呈现流域蔓延的高危态势，对粤港澳大湾区地区饮用水安全带来冲击和影响。

此外，饮用水水源保护区监管监控能力不足，风险防范和应急能力有待加强，饮用水水源地环境管理力度有待提升，饮用水安全保障的区域协作机制尚未形成，应急备用水源建设严重滞后，存在巨大的潜在饮用水水源安全风险。由于历史等原因，饮用水水源保护区内仍存在大量违章建筑，排污口尚未完全关闭，生活污水仍未完全收集处理，交通项目穿越、港口码头密布带来的航运风险等问题，导致饮用水水源保护压力一直居高不下。加上保护区范围外可能影响饮用水安全的重点污染源，水源保护难度大，饮用水安全形势严峻。粤港澳大湾区环境预警与应急能力严重不足。

4.2.2　水环境质量关键影响因素辨析

粤港澳大湾区的水资源水环境问题主要是由于湾区污染总量大、强度高、结构差、布局乱、治理不到位导致的。

4.2.2.1　水污染负荷大，水污染物排放强度高

2015 年，珠三角 9 市 COD 和氨氮排放量分别为 80.25 万 t 和 10.75 万 t，以全国 0.58%的国土面积承纳了全国 3.61%的 COD 排放量和 4.68%的氨氮排放量。

（1）重污染流域污染负荷高，氨氮严重超载

深圳河、石马河、淡水河、茅洲河等流域重污染产业集中，入河污染负荷远超河流自净能力，“微容量、重负荷”问题十分突出，流域水质长期劣于Ⅴ类。茅洲河流域人口密度高达 0.87 万/km^2，是全国平均水平的 60.7 倍、广东省平均水平的 14.4 倍和珠三角 9 市平均水平的 8 倍。

（2）单位面积排放强度呈上升趋势，且高于全国平均水平

2015 年，珠三角 9 市单位面积 COD、氨氮排放量分别为全国平均的 6.3 倍和 8.2 倍，各城市单位面积排放强度均高于全国平均水平。其中，深圳的排放强度最高，单位面积 COD 排放量和单位面积氨氮排放量分别为 41.66 t/km^2 和 6.67 t/km^2，是广东省平均水平的 4.7 倍和 6.0 倍，是全国平均水平的 18.0 倍和 27.8 倍（表 4-7）。因人口集聚致使生活源水污染物排放量增大，2005 年以来，由于人口大量向粤港澳大湾区集聚，珠三角 9 市单位面积水污染物排放强度逐年上升。

表 4-7 粤港澳大湾区 2015 年单位面积污染物排放强度情况 单位：t/km^2

地市	单位面积 COD 排放量	单位面积氨氮排放量
广州	23.85	3.05
深圳	41.66	6.67
珠海	17.68	2.47
佛山	35.77	4.46
东莞	39.06	6.56
中山	26.06	3.34
江门	10.10	1.10
惠州	5.56	0.86
肇庆	5.25	0.57
珠三角 9 市	14.65	1.96
广东省	8.95	1.11
京津冀地区	7.55	0.62
长三角地区	8.84	1.27
全国	2.32	0.24

4.2.2.2 结构性问题依然突出，结构减排面临“瓶颈”

（1）城镇集聚发展，生活源影响日益加重

近年来，随着人口向粤港澳大湾区持续集聚，城镇化水平快速提升，区域生活污染的贡献日益突出，乡镇及农村生活污染治理亟待加强，生活源已成为水污染的首要污染源。根据广东省环境统计资料，2015 年珠三角 9 市 COD、氨氮排放以生活源贡献为主，生活源 COD 和氨氮排放量占排放总量的 53.6%和 74.8%，高于全国生活源污染负荷占比。珠三角 9 市经济仍处于工业化和城镇化“双快速”发展阶段，人口及第三产业比重仍将不断提高，未来生活源的减排压力较大。除江门、肇庆外，其余城市均以生活源为 COD 的首要污染源；除肇庆外，其余城市均以生活源为氨氮的首要污染源。

（2）工业结构性污染态势尚未扭转，高耗水、高污染型行业仍居重要地位

“十五”以来，珠三角 9 市工业治理不断强化，工业水污染贡献地位有所降低，但高消耗、高排放、低产出的产业结构尚未完全扭转，水污染物排放主要集中在造纸、纺织等 2 个重点产业，这两个行业 2015 年 COD 和氨氮的排放量分别达 8.4 万 t 和 0.43 万 t，各占珠三角 9 市工业排放总量的 65.1%和 55.9%，但工业产值仅占珠三角 9 市的 7.0%。其中，造纸业的污染物排放主要集中在东莞和江门，这两个市 2015 年造纸产生 COD 和氨氮排放总量分别占珠三角 9 市的 78.3%和 73.6%。纺织业的污染物排放主要集中在广州、东莞、中山、江门、肇庆等地，5 个城市 2015 年纺织业的 COD 和氨氮排放总量分别占珠三角 9 市

的 74.1%和 68.5%。

粤港澳大湾区重点流域的污染状况与流域的工业结构密切相关。从重点产业废水、COD 和氨氮等水污染物排放量与 2015 年流域水质现状分布的叠图来看，重污染产业密集的区域，水污染排放量大，水环境质量相对较差。受上游及本地区水污染排放影响，珠江三角洲水环境污染最为严重，大多数河流呈轻度污染状态，深圳入海河口水质甚至呈重度污染。

4.2.2.3　国土粗放无序开发，空间布局矛盾显著

（1）城镇开发建设加剧水生态空间破碎化

持续的城镇开发建设活动使水域面积减少，湿地斑块转换速度加快。通过土地利用动态变化分析，1990—2000 年珠江三角洲水域保有率为 92.55%；2000—2010 年土地类型变化频繁，水域保有率下降至 72.71%。通过遥感影像分析，珠江三角洲湿地生态系统持续转换为森林、农田、城镇、灌丛、草地和裸地等生态系统。其中，1980—2014 年湿地生态系统转换为城镇生态系统的速度最快达 17.51 km^2/a，且 2000—2014 年的转换速率明显快于 1980—2000 年。

水生态空间破碎化严重，布局性和结构性污染叠加，威胁流域水环境安全。粤港澳大湾区城镇用地持续扩张，历史上毁林开荒、填湖造地现象十分普遍，湿地不断转化为城镇建设用地，河道行洪面积不断缩小，城市水生态空间破碎化严重，水文、自然等因素导致流域水承载能力总体下降。珠江三角洲河网水系呈缩减趋势，自然的网状形态结构发育特征弱化，河网结构简单化，城市化区域河网缩减趋势尤为显著。

（2）供排水格局混乱，威胁饮用水安全

粤港澳大湾区产业沿江沿河集聚布局，供排水格局混乱，导致河流水环境污染累积效应显著放大，威胁饮用水安全。广东省政府虽然划定了供排水通道，但供排水格局尚未完全分离，部分供水通道周边仍分布着历史遗留的排污口和众多产业集聚区，对区域饮用水安全构成威胁。如前所述，粤港澳大湾区部分战略性饮用水水源地（如东江、西江和北江）兼具城市供水、纳污、航运、排涝等诸多功能，城市供水取水口与排污口犬牙交错，部分河港布局在供水通道上甚至毗邻饮用水水源地，干流航运危险品泄漏污染水源事件时有发生，饮用水安全风险仍将长期存在。

4.2.2.4　污染治理不到位，污染减排待深化

截至 2015 年年底，珠三角 9 市共有城镇生活污水处理厂 353 家，占广东省总数的 65.4%，设计污水处理能力为 1 927.5 万 t/d，占广东省总处理能力的 83.2%。除肇庆外，其余 8 市的城镇生活污水处理率均高于 90%（表 4-8），率先达到《广东省水污染防治行动计划实施方案》的目标要求。

表 4-8 2015 年珠三角 9 市污水处理情况统计

地市	污水厂数量/个	设计处理能力/（t/d）	实际处理量/（万 t/a）	污水处理负荷率/%	城镇生活污水处理率/%
广州	32	4 534 000	140 446.6	84.9	93.22
深圳	47	5 430 000	157 214.0	79.3	96.63
珠海	13	603 250	21 531.1	97.8	95.7
佛山	73	2 264 492	69 346.2	83.9	94.42
东莞	43	2 605 475	93 832.9	98.7	96.45
中山	41	1 108 040	32 509.2	80.4	96
江门	35	865 000	28 530.6	90.4	91.62
惠州	44	1 295 080	32 966.4	69.7	97.64
肇庆	25	569 300	14 689.6	70.7	85.1
小计	353	19 274 637	591 066.7	84.0	—

珠三角 9 市普遍存在污水配套管网建设滞后的现象，难以有效发挥污水处理设施的减排效果。中央第四环境保护督察组向广东省反馈督察情况的资料显示，广州市“十二五”期间计划建设 1 884 km 污水管网，实际建成 590 km，只完成目标任务的 31%。截至 2016 年年底，深圳市污水管网缺口达 4 600 多 km，全市污水收集率不足 50%。中山市 2012 年以来投资约 21 亿元建成 949 km 管网，但由于工程质量不高，全市污水收集率没有提高。东莞市城市污水管网“十二五”规划要求建设 1 080 km，仅完成 240 km，37 座污水处理厂中 35 座管网建设未配套到位，长期从 185 条河涌抽水处理。与此同时，污水配套管网基础设施建设普遍滞后，雨污分流不完善，导致污水处理厂进水量不足或者进水浓度偏低，影响设备正常运转，难以有效发挥污水处理设施的减排效果。

4.3 粤港澳大湾区发展的水环境影响和风险评估

4.3.1 水环境质量将整体趋好，水环境持续改善

随着珠三角地区产业转移和转型升级，“水十条”实施使环境污染治理投入增加，珠江三角洲河网区水污染负荷将得到进一步削减，水环境压力日益减缓。管控情景下，预测 2020 年和 2030 年珠江三角洲河网区 COD 入河排放量将削减 40.0%和 59.6%，氨氮入河排放量将削减 52.1%和 70.9%。2020 年和 2030 年珠江三角洲河网区氨氮排放量可控制在环境承载范围内，未来珠江三角洲河网区水环境质量将显著提升。

4.3.2　不利因素持续增加，累积性和突发性水污染风险加剧

4.3.2.1　上游源头地区开发建设加剧了粤港澳大湾区饮用水水源安全风险

随着“双转移”战略的深入实施，粤东西北地区和珠江上游省份发展迅猛，东江、西江、北江、韩江等战略性饮用水水源地水质保护将面临严峻挑战。粤港澳大湾区地处珠江流域下游，上游地区高强度土地集中开发利用将增加水污染压力。据调查，粤东西北地区规划建设的新区面积达 10 957 km^2，是粤东西北现有市区面积的 18.9%、建成区面积的 7.6 倍，大规模的土地开发必然加大水环境保护压力；再者，粤东西北地区开发建设后，农村生产生活方式发生改变，农村生产、生活和畜禽养殖污染问题日益突出，水污染呈现流域蔓延的高危态势，对区域饮用水安全带来冲击和影响。与此同时，江西、湖南、广西、福建等上游省份正步入快速发展阶段，对粤港澳大湾区水环境安全带来潜在威胁，守住资源环境底线的压力加大。西江流域干流中上游产业集聚和港口的发展，必然增加西江流域的水污染负荷和港口突发性溢油污染风险，威胁下游珠三角城市群的饮用水安全。

4.3.2.2　珠三角的水资源配置加剧了西江下游城市枯季咸潮上溯风险

广州实施西江引水工程后，珠江三角洲水资源配置工程也在论证中，该工程通过管线从西江取水引至广州的番禺和南沙，以及东莞和深圳等地区，设计取水规模 80 m^3/s，年均取水量 17.87 亿 m^3。珠江三角洲水资源配置工程虽然改变了广州市南沙区从北江下游沙湾水道取水及深圳市、东莞市从东江取水的单一供水格局，但跨流域调水工程对调入区的水质保障难度大，供水安全性需建立有效的区域协调机制方可有效保障。

此外，西江流域输水后将造成佛山下游河道水量减少、流速减缓，枯水季节下泄流量减少将造成西江、北江各主要河道的咸界线有一定上移，上移距离约在 350 m，其中以磨刀门水道的咸界线上移距离最大，珠海和澳门供水的主力泵站联石湾水闸、平岗泵站和竹洲头泵站的日均咸度超标时间均有所增加，影响西江下游城市（如珠海、中山、澳门）供水安全。

4.3.2.3　城市快速发展区水源地新兴污染风险值得关注

粤港澳大湾区工业企业密度大，人口高度集中，金属、多环芳烃、阻燃剂、表面活性剂、药物与个人护理品等污染大量存在，新兴污染物来源多。目前，集中式生活饮用水水源地不同程度检出有机污染物。未来粤港澳大湾区战略的实施将促使人口进一步集聚，新兴污染物来源增加，饮用水水源地新型污染风险加剧，应引起关注。

4.3.3 区域发展与水生态空间冲突加剧

粤港澳大湾区发展带动区域交通基础设施发展加快，高速公路网络基本形成，水生态空间切割与穿越问题愈发严重；区内主要海港均布局在划定的港口航运区，但部分河港布局在供水通道上，甚至毗邻饮用水水源地，威胁饮用水安全（图 4-6）。

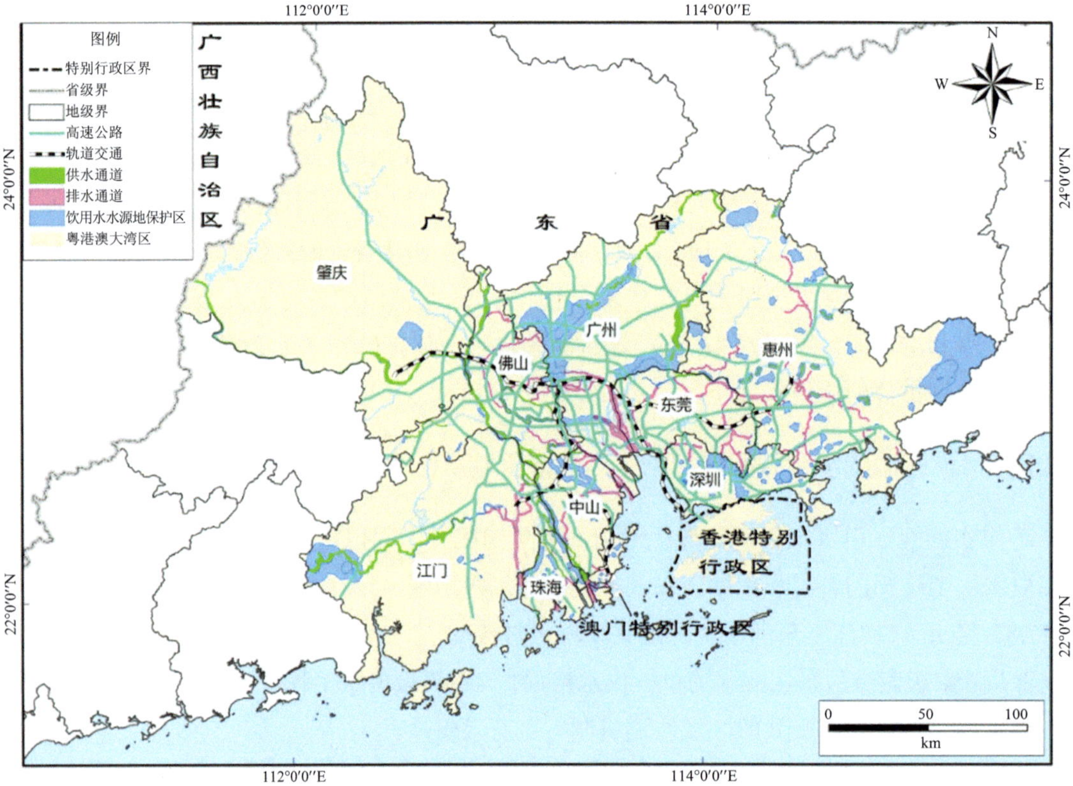

图 4-6　粤港澳大湾区交通网络与饮用水水源保护区关系

4.4 粤港澳大湾区饮用水安全保护总体策略

4.4.1 上下游联动，保障饮用水安全

4.4.1.1 强化饮用水水源地空间管控

继续优化取水、排水格局，逐步建立西北江三角洲“靠西取水、靠东退水”，东江片区通

过各类水闸及控制枢纽调节的格局，逐步分离取水、排水河系，严格监控影响供水通道水质的支流和污染源。严格落实供排水通道保护要求，依法关停涉重金属、持久性有机污染物的排污口，汇入供水通道的支流水质要达到地表水环境质量标准Ⅲ类要求，合理设置取水口位置，实现高、低用水功能之间的相对分离与协调。建设和保护供水通道，逐步在供水通道两岸最高水位线外延 100～1 000 m 划定管控区，统筹管控区内的规划建设用地空间边界，严格工业建设用地总量和开发边界管控（龙颖贤等，2019）。以广州西江引水工程、东深供水工程、东部供水工程等引水河段及周边湿地为重点，建设引水工程水生态廊道。按照“红线保护、黄线管控、蓝线优化”三线管控思路，严格管控湖库型饮用水水源地集水区土地资源，构筑生态安全格局，形成水安全屏障。将饮用水水源保护区、重要湿地、流域内自然保护区、源头水源涵养和水土保持区、库区消落带等划入红色保护区，区内严禁任何违法违规的开发活动，禁止土地利用方式变更，推进饮用水水源一级保护区内的土地依法征收工作，依法依规进行退耕还林。

4.4.1.2　优化整合供水水源布局

以供排水通道规划为基础，全面统筹规划粤港澳大湾区水源布局，以广州西江引水水源等服务人口 100 万人以上的大型集中式饮用水水源为重点，将零散分布于流域内的水源地进行优化整合，逐步实现水源地间的联网互通，保证供水的持续和安全。以“东、西、北”三江为核心水源，重点拓展西江水源，提高北江水源开发利用率，稳定东江水源。西北江三角洲重点优化供水水源布局，珠海、澳门逐步形成“江水为主、库水为辅、江库联动、江水补库、库水调咸”的供水格局。东江流域片区以东江水源为主，重点开展流域梯级统一调度研究，实行江库联网，建设水资源分配方案水量水质实时监控系统，实现水资源统一管理，确保对港供水安全和正常来水年份流域用水安全。科学规划饮用水水源地，合理布局，分散多个流域、多个地方，发展多种类型水源。逐步推进广佛水源一体化、深莞惠水源一体化和珠中江水源一体化建设，适时推进佛山西部与肇庆东部水源一体化建设。

4.4.1.3　完善应急备用水源建设

坚持常规水源和备用水源相结合，建立健全的水污染事件应急机制、供水突发事件应急预案，加强应急水源、备用水源和第二水源的建设，完善城市应急供水系统。按照“原水互备，清水联通”的原则，湾区应科学规划水源建设，着眼于健全的供水系统，加强供水系统的稳定性，高瞻远瞩，防患于未然。2018 年年底前，单一水源供水的惠州、东莞应完成备用水源或应急水源建设；2020 年年底前，具备条件的建制镇集中式水厂完成应急备用水源建设工程；2025 年前，湾区已建设应急备用水源与城市集中饮用水需求量能够相匹配（原取水量的 30% 或以上），并有工程措施且满足在用水源地规范化建设、保护和监测要求；到 2030 年，编制完成水源地污染事故专项应急预案，进行应急演练，应急措施扎实、应急物资充足，无监管引发的恶性饮用水事故。

4.4.1.4 加强饮用水水源地水质保护

全面完成集中式饮用水水源地保护区规范化建设，拆除饮用水水源保护区内与水源保护无关的设施。全面评估与上下游岸线利用水环境功能设置与饮用水水源存在冲突的风险隐患，并制订统筹调控方案。把清除排污口、危化品码头泊位与城市供水取水口交叉布局冲突放在优先位置。东江流域严格限制流域内水污染项目建设，加强流经惠州等城区河段和西枝江等支流水环境综合治理。西江强化粤桂珠江—西江经济带项目联合审批，探索建立跨省流域生态环保共建共享新模式，积极推动建立健全广东、广西联合治污防控体系。北江加强上游沿江城市及新区发展带来的水污染风险防范，严格矿产资源开发环境监管。建立流域上下游协同的产业准入门槛，禁止高耗能、高污染的化工、印染、电镀等工业项目在供水通道管控区范围内落户。完善饮用水水源地水质监测，加强入境水质监测监控，开展东江、西江、北江、贺江等跨界河流入境断面主要污染物的通量监测与核算。探索实施以保障饮用水水源地水质安全为目标的持久性有机污染物全面监管。对标国际，研究制定并实施统一的地区性和流域性污染控制标准和饮用水水源水质标准。

4.4.1.5 推广非常规水资源利用

逐步建立城市再生水利用系统。重点在需要以调水解决缺水问题的城市建设或扩大再生水利用工程。对再生水用户给予补贴，鼓励市政单位等使用再生水作为景观绿化用水、市政冲洗用水。按照“资源利用与防洪减灾、污染治理相结合”原则，推进完善雨水蓄积利用。在已获得城市雨水蓄积利用经验的深圳市，继续建设雨水利用设施，加大雨水利用量。以低影响开发的理念，在符合条件的居民小区、办公楼、商业建筑及道路积极推动多样化、高标准雨水综合利用系统建设，降低开发建设区域内的雨水外排流量和洪峰流量，增加可用水资源量，减轻居住小区地面径流导致的面源污染，实现资源与环境的协调发展。

4.4.1.6 健全流域生态补偿机制

加快推进森林、湿地、河流等重点领域生态保护补偿。逐步实现禁止开发区域、重点生态功能区等重要区域生态保护补偿全覆盖，将水源涵养区作为开展生态保护补偿的重点区域。继续推进东江跨省生态补偿试点，推动西江、北江开展生态补偿试点工作，确保区域内重要水源地得到有效保护，促进饮用水水源保护区和其他地区的协调发展。在行政区交界断面水质目标双向考核制度的基础上，建立实施粤港澳大湾区邻界水域双向补偿机制，形成污染赔偿、受益补偿的制度。鼓励东江、西江、北江等流域下游与上游通过资金补偿、对口协作、产业转移、环保基础设施援建、人才培训和共建园区等方式建立横向补偿关系。创新资金补偿方式，推广珠海市将饮用水水源保护扶持激励专项资金全部用于保护区内社会保险专项补贴的做法。

4.4.1.7　建立水安全保障的区域协调机制

打破行政区界限，对粤港澳大湾区水源地进行统一规划、统一监测和统一保护。从上下游、左右岸对清洁水源的要求，从全区域污染控制和生态环境改善出发，提出全区域水环境功能区水质目标达标管理、从源头和全过程的排污总量控制管理、水环境生态及水景观管理的办法和措施。建立珠江三角洲和香港、澳门等城市间的饮用水安全问题协作机制，联合开展饮用水水源保护，成立粤港澳三地政府多方参与的供水协调小组，建立政府间会商机制，共同协商供水工程筹资和建设与运行管理、水源地保护、特枯年及突发事件应急供水预案编制与实施等问题，以形成粤港澳供水保障的长效机制。加强珠江—西江经济带生态环境保护，开展西江流域污染联防联治，推动西江流域环境监管和行政执法机构试点工作。以饮用水安全为目标，构建涉及区域、城市、工业园区和企业多尺度的预警指标体系，按照统一信息平台、统一监管力度、统一应急等级、协同应急救援的思路，共建跨行政区环境风险应急体系，突出区域性、流域性突发环境风险预警联防联控。将水源涵养区、集中式饮用水水源保护区、供水通道、跨界断面等列入重要环境风险受体。工业园区、涉及大宗环境风险物质使用的企业、贮存和运输危化品的港口码头、集中式污水处理厂、危险废物处理处置企业等，均应列入重点环境风险源清单。

4.4.2　陆海统筹，持续改善水环境质量

4.4.2.1　系统治理重污染流域

系统推进重污染流域综合治理，突出上下游、支流连片区域水污染联防联治。重点推进淡水河、石马河、茅洲河、深圳河、广佛跨界河流等重污染流域综合整治，落实“河长”责任，明确治理任务，综合采用严格环境准入、推动转型升级、狠抓工程治污、强化执法力度及生态保护与修复等措施，实行挂图作战，实施“一河一策”精准治污。以广佛跨界河流、茅洲河、淡水河、石马河等流域为重点，建立完善跨界水环境质量考核激励制度。

4.4.2.2　加强黑臭水体治理

以解决城市建成区污水直排环境问题为重要着力点，综合采取控源截污、节水减污、生态恢复、垃圾清理、底泥疏浚、流量保障等措施，系统推进城区黑臭水体环境综合整治。将黑臭水体治理与海绵城市、防洪排涝、生态水网建设相结合，打造水清、岸绿、景美的宜居水环境。

（1）控源截污，正本清源

一是将原直排口的污水截流并纳入城市污水收集和处理系统，确保旱季污水不入水体；二是加快推进雨污分流管网建设，新建片区、城市更新区要严格执行分流制，老城区应结合实

际加快分流制改造力度，优先实施水源保护区、城中村、重点旧城区的雨污分流改造，其他区域逐渐推进；三是在暂不具备改造条件的雨污合流制管网系统中设置溢流控制装置，减少雨季进入水体的合流污水；四是依托“海绵城市”理念，结合生态植草沟、透水铺装、下凹式绿地、植被缓冲带等措施增加初期雨水调蓄处理设施，减少初期雨水对水体的污染。

（2）内源治理，畅通河渠

清淤疏浚，彻底清理黑臭水体中的底泥污染物，快速降低内源污染负荷；清理垃圾、生物残体及漂浮物，减少污染物向水体的释放；健全管理体制，形成水面保洁、底泥监测与治理的长效机制。专项治理挤占、覆盖河道的违法行为，有序推进暗涵化河道“复明”；禁止和严厉打击偷排、非法养殖等行为，强化水环境管理。

4.4.2.3 持续推进污水管网建设

加快推进污水处理设施与配套管网建设，为达到国家“水十条”要求，实现污水全收集、全处理，针对偏远、分散区和近期污水漏排问题，建议在污水处理能力不足的地区规划临时分散污水处理设施，因地制宜地建设一体化模块化污水净化装置、人工湿地等分散处理设施；在污染较集中的城乡接合部、截污管敷设条件不成熟、河流支涌分散等区域，因地制宜地采用各类分散式小型污水处理设施，对周边污水进行收集处理，达标后就近排放，增强水体流动性，补充水体水源。

加快排水管网建设完善。针对珠三角 9 市污水管网建设严重滞后、历史欠账多的突出问题，按照“分片建设，建设一片，见效一片”的思路和“偿还历史欠账与杜绝新增错接乱排同步推进”的要求，盘活存量，建好增量。进一步提高管网规划建设系统性，提升污水管网建设与管理水平。按“用户与支管相连、支管与干管相通、干管与污水处理厂相配套”的要求，重点完善旧城区污水管网改造及优化调度，城市新区推进污水管网建设，建成“用户—支管—干管—污水处理厂”的路径完整、接驳顺畅、运转高效的污水收集系统。优先实施水源保护区、新建片区、城市更新区、城中村、重点旧城区的管网建设。

4.4.2.4 优化污水排放方式

珠江三角洲污染流域大多天然径流量少，污水即使处理达标排放也无法满足地表水环境质量标准的要求，因此粤港澳大湾区须优化污水排放方式，构筑陆海统筹的排水体系。充分利用海洋环境容量，适时开展污水排海工程建设。建议近期推动大亚湾第二条排海管线建设，石化区污水向湾外自然保护区以外的海域排放；远期考虑天然净水来源有限、污染负荷过重流域的废水排放，研究论证深圳等市政排海工程建设。

4.4.2.5 建立跨界流域的区域协调机制

推进跨界河水污染联防联治。为持续改善粤港澳大湾区水环境质量，建立省际合作（粤—桂、粤—湘）的流域生态保护和建设协调机构，加强珠江流域生态保护、污染防治跨省联防联控协作，设立合作资金用于流域上游环境基础设施建设和污染治理工作。共同优化流域产业结构和布局，加强水功能区跨省监督管理。

建立健全粤港澳三地环保协调工作机制和流域突发环境事件应急协调处理机制，制订实施流域联防联控管理办法，推进水环境信息通报、联合监测、预警及应急处置管理决策等跨区域交流与合作，完善区域突发环境事件应急预案。协商建立珠江口海域海洋污染防治合作机制，共同推进跨区域重大生态环保工程建设，维护区域水环境安全。探索按流域设置环境监管和行政执法机构，率先在西江流域开展试点工作。

4.4.3　生态引领，维护海陆生态安全

4.4.3.1　建立水生态保护空间体系

根据全国主体功能区划、全国生态功能区划及以上分析，将重点生态功能区、生态环境敏感区和脆弱区等区域纳入区域水生态保护空间管控范围，划定严格的管控边界，作为区域开发建设的刚性约束，是确保粤港澳大湾区生态安全的底线，是必须严格保护的最基本的生态空间，应做到性质不转换、面积不减少、质量不降低。粤港澳大湾区水生态保护空间划定应从维护区域生态完整性、保护区域生态功能、保障区域生态安全为基本出发点，将重要生态区、法定保护地、重要生态系统划入生态保护红线范围。

4.4.3.2　推进绿色生态水网建设

加强湿地资源保护。全面保护湿地资源，强化生物多样性保护，划定湿地生态红线，实施刚性红线管控制度，严格控制开发占用自然湿地，落实湿地用途管制和占补平衡。

推广东莞等地生态水网建设经验，加强水网贯通。积极结合创建国家森林城市、森林进城围城、生态景观林带、乡村绿化美化等重点生态工程，大力推进湿地生态建设，水路并进、相互支撑，努力实现水网地区生态化、景观化。修复拓展河涌两岸、环湖（库）滨水景观林带，推广种植乡土景观树种，构建水网绿色生态廊道。在珠三角河流、河涌、湖泊、库塘、河口、沼泽、滩涂等区域，实施湿地保护恢复工程，加快恢复湿地生态系统功能，到 2020 年基本建成生态健康、绿水相依、通江达海、人水和谐的珠三角绿色生态水网，恢复河流水网生态系统健康。

4.4.3.3　大力推进海绵城市建设

建议在新型城镇化建设过程中，推广和应用低影响开发建设模式，加大城市径流雨水源头减排的刚性约束，优先利用自然排水系统，建设生态排水设施，充分发挥城市绿地、道路、水系等对雨水的吸纳、蓄渗和缓释作用，使城市开发建设后的水文特征接近开发前，有效缓解城市内涝、削减城市径流污染负荷、节约水资源、保护和改善城市生态环境，为建设具有自然积存、自然渗透、自然净化功能的海绵城市提供重要保障。

4.4.3.4 推进流域生态自然恢复

（1）构筑流域生态安全屏障

构建以重点生态功能区为主体，山区生态林为支撑，沿江绿化防护林为廊道，自然保护区、森林公园、湿地公园等禁止开发区域为重要组成的生态防护屏障，划定并严守生态保护红线。重点建设珠江防护林工程，从云南、贵州、广西等珠江—西江上游地区着手，以水源涵养林、水土保持林、江河护岸林、水库防护林、农田防护林为主体，大力提升珠江流域防护林生态防护功能。加强西江、北江、东江的岸线整体规划，划定一定控制范围建设沿江绿色生态走廊，严格控制与生态保护建设无关的各类建筑及产业布局，加强涉河建设项目和活动管理、河道采砂管理，有效整治岸线开发秩序。

（2）建设生态廊道修复岸道

①滨河地区根据河道水系等级及防洪安全等要求，珠三角主干河道水岸控制宽度原则按建成区岸上两侧各不少于 30 m 控制，规划区各不少于 60 m 控制，非建设区各不少于 100 m 控制；支流水岸控制宽度原则按建成区岸上两侧各不少于 10 m 控制，规划区各不少于 20 m 控制，非建设区各不少于 30 m 控制。滨河地区建设要严格控制足够的绿化缓冲区或隔离带，将滨水岸线绿化控制指标作为地块开发的硬性规定，将河道水岸控制宽度纳入城市蓝线规划中进行充分考虑和管理控制，确保相关空间管制要求在城市规划建设中落到实处。

②海岸地区原则上沿海区域自海岸线起向陆地延伸至少 200 m 范围内、特殊岸段 100 m 范围内划定为海岸生态隔离带，除港口总体规划区、国家和省重点建设项目及防灾减灾项目建设需要外，未经批准不得新建、扩建、改建建筑物和构筑物。海岸带范围内的建筑物的规划建设应当控制退线距离，严格保护海岸带景观。

4.5 小结

①粤港澳大湾区水资源总量丰沛，但时空分配不均，港澳地区淡水资源极为缺乏，主要依靠内地供水。湾区水资源分布与区域经济发展格局不协调，深圳、东莞、香港、澳门等城市人均水资源量相对紧缺，是区域发展的主要制约因素之一。港澳地区用水效率和非常规水利用率较高，珠三角 9 市节水潜力尚待挖潜。

②湾区饮用水水质稳定保持优良，但饮用水水源受水质、水量和管理等三方面风险因素影响。受上游和跨界来水污染，以及本地湖库富营养化和平原河网水污染等因素影响，加上持久性有机污染物污染日益显现、西北江河口区咸潮上溯、航道运输突发性风险胁迫，粤港澳大湾区水质性缺水问题日益凸显。与此同时，湾区江河水质治理已见成效，大江大河水质总体趋好，但局部流域水污染防治形势依然严峻，重污染水体尚未消除，内河涌水质堪忧，水体黑臭问题突出。上述水资源环境状况与世界级城镇群建设的高目标仍有差距，是制约粤港澳大湾区

发展的主要水资源环境“短板”。

③粤港澳大湾区水污染负荷大，水污染物排放强度高，随着人口和产业集聚，单位面积排放强度持续上升且高于全国平均水平。湾区结构性问题依然突出，结构减排面临“瓶颈”，城镇集聚发展使生活源成为水污染的首要污染源。湾区国土粗放式无序性开发，空间布局性矛盾显著，尤其是早期的城镇开发建设加剧了水生态空间破碎化，沿海开发占用自然岸线，供排水格局混乱，威胁饮用水安全。湾区水污染治理不到位，污染减排待深化。

④随着珠三角产业转移和转型升级，“水十条”实施使环境污染治理投入增加，珠江三角洲河网区水污染负荷将得到进一步削减，水环境压力日益减缓，预计粤港澳大湾区水环境质量将整体趋好，水环境持续改善。同时，饮用水安全保障的不利因素持续增加，累积性和突发性水污染风险加剧。随着“双转移”战略的深入实施，粤东西北地区和珠江上游省份发展迅猛，东江、西江、北江、韩江等战略性饮用水水源地水质保护将面临严峻挑战。珠江三角洲水资源配置工程加剧了西江下游城市枯季受咸潮上溯影响的风险和深圳、东莞等地的饮用水保障难度。未来城市快速发展区水源地新兴污染风险值得关注。

⑤湾区水环境战略性保护总体方案。粤港澳大湾区应以保障人居环境安全为主旨，以提质、对标、强能力为支撑，以优化区域水生态空间格局为引领，坚持“绿色发展、环境优先”“问题导向、质量核心”“水陆统筹、河海兼顾”“对标国际，创新引领”四大原则，以水环境安全保障为主线，紧扣三个重点开展湾区水环境保护。一是率先补齐环境“短板”，二是保障饮用水安全，三是维护海陆生态安全。

参考文献

[1]　广东省环境保护局. 2006. 广东省环境质量报告书（2001—2005 年度）[R].

[2]　广东省环境保护厅. 2011. 广东省环境质量报告书（2006—2010 年度）[R].

[3]　广东省环境保护厅. 2016. 广东省环境质量报告书（2011—2015 年度）[R].

[4]　广东省环境保护厅. 2016. 2015 年度广东省集中式饮用水水源环境状况评估报告[R].

[5]　龙颖贤，等. 2019. 广东省饮用水水源安全保障问题及对策研究[J]. 环境影响评价，47（2）：36-39.

[6]　香港特别行政区政府环境保护署. 2016. 2015 年香港河溪水质[R].

[7]　应光国，等. 2012. 流域化学品生态风险评价——以东江流域为例[M]. 北京：科学出版社.

第 5 章

粤港澳大湾区生态环境空间演变评估及管控策略

5.1　生态系统结构及变化

生态系统结构是指生态系统各种成分在空间上和时间上相对有序稳定的状态，包括形态和营养关系两方面的内容。目前研究较多的是生态系统的形态，即构成。生态系统构成是指不同类型区域森林、灌丛、草地、湿地、农田、城镇和裸地等生态系统的面积和比例（苏相琴等，2015）。

本章将分别从粤港澳大湾区整体和主要城市两个层面分别分析生态系统的结构及其变化趋势。

5.1.1　粤港澳大湾区生态系统结构

粤港澳大湾区的生态系统是在人类活动和自然条件影响之下的复合生态系统，人为的开发利用活动和局部地区的自然地理生物条件形成了大湾区特有的景观格局。

1980—2015 年粤港澳大湾区生态系统类型分类见图 5-1 至图 5-6。

粤港澳大湾区生态系统类型以森林为主，1980—2015 年的 35 年间，生态系统的变化是剧烈的，尤其是珠三角 9 市，城镇生态系统呈现快速增长趋势，面积扩大了几倍，这与近几十年珠三角城市群的高速发展和快速城市化进程密不可分。伴随城市生态系统的快速扩张而来的是森林、农田、湿地等自然和半自然生态系统的萎缩（表 5-1 和图 5-7）。

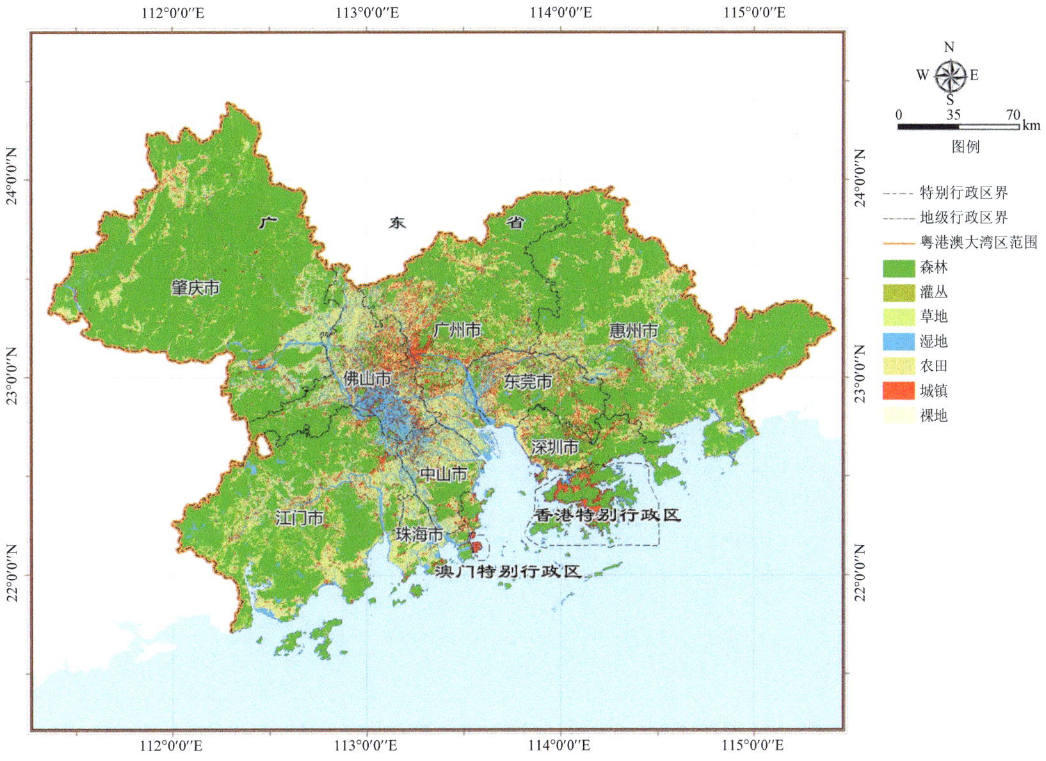

图 5-1　粤港澳大湾区生态系统分类（1980 年）

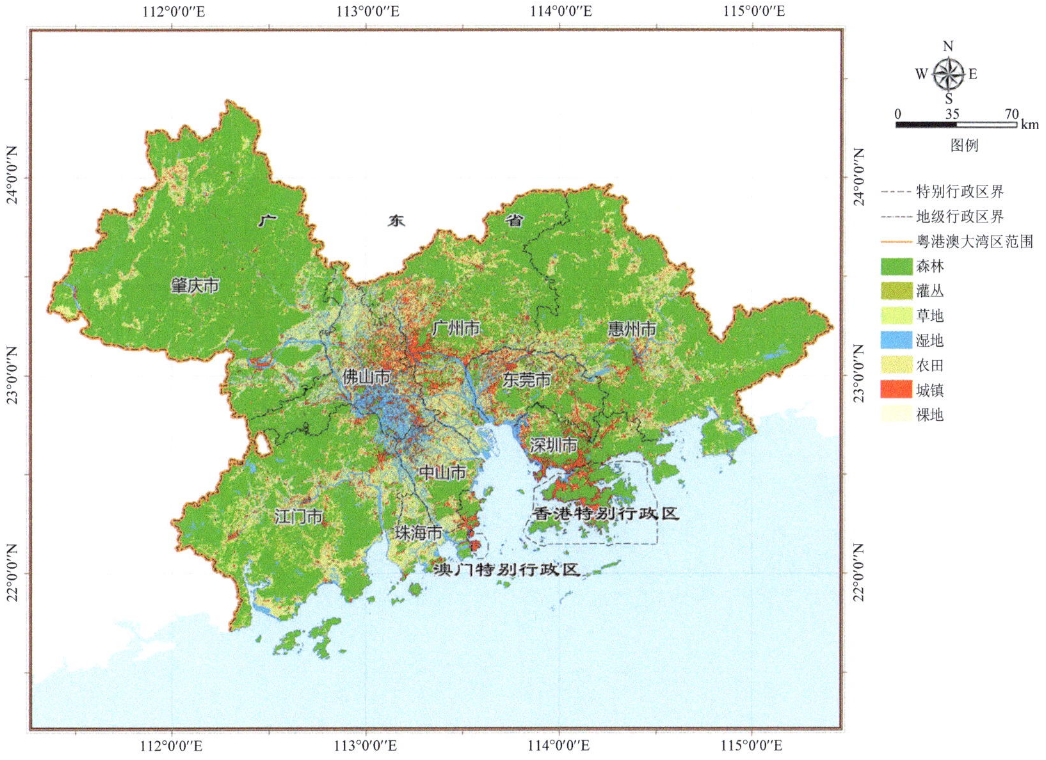

图 5-2　粤港澳大湾区生态系统分类（1990 年）

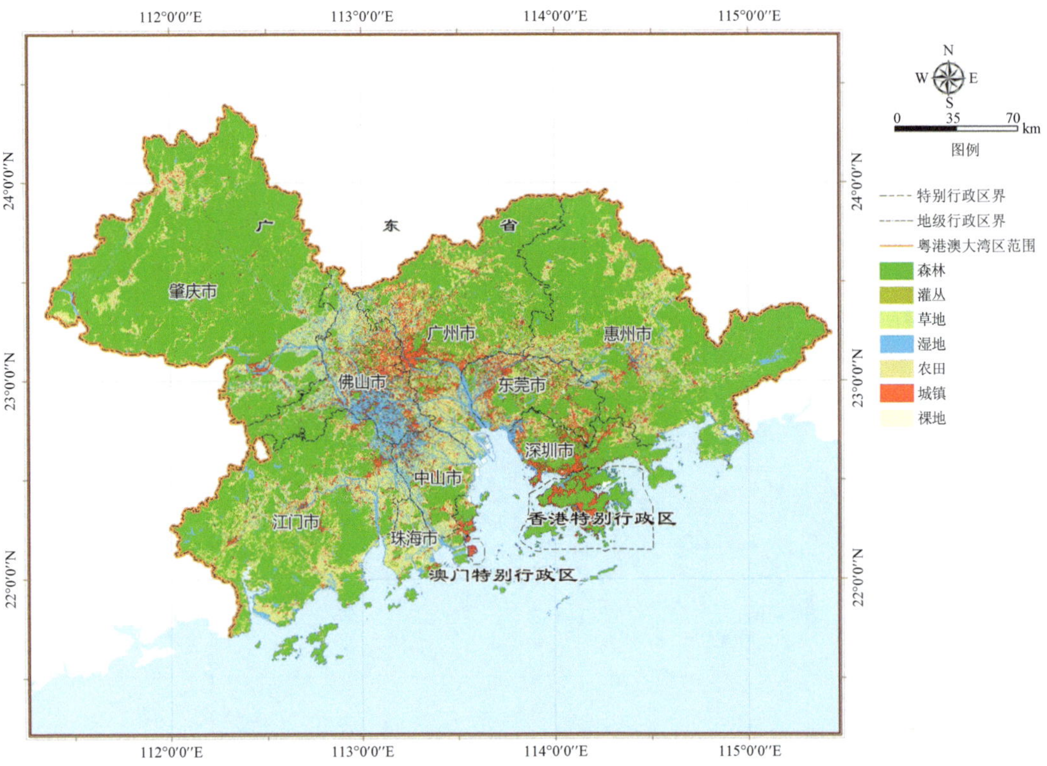

图 5-3 粤港澳大湾区生态系统分类（2000 年）

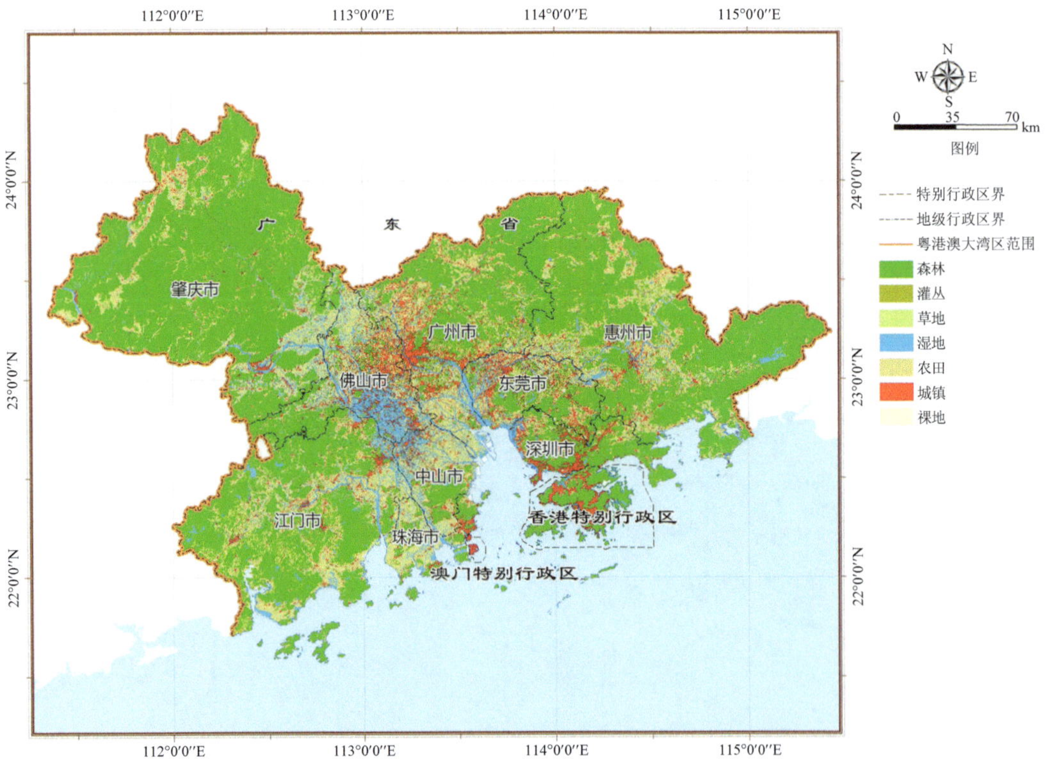

图 5-4 粤港澳大湾区生态系统分类（2005 年）

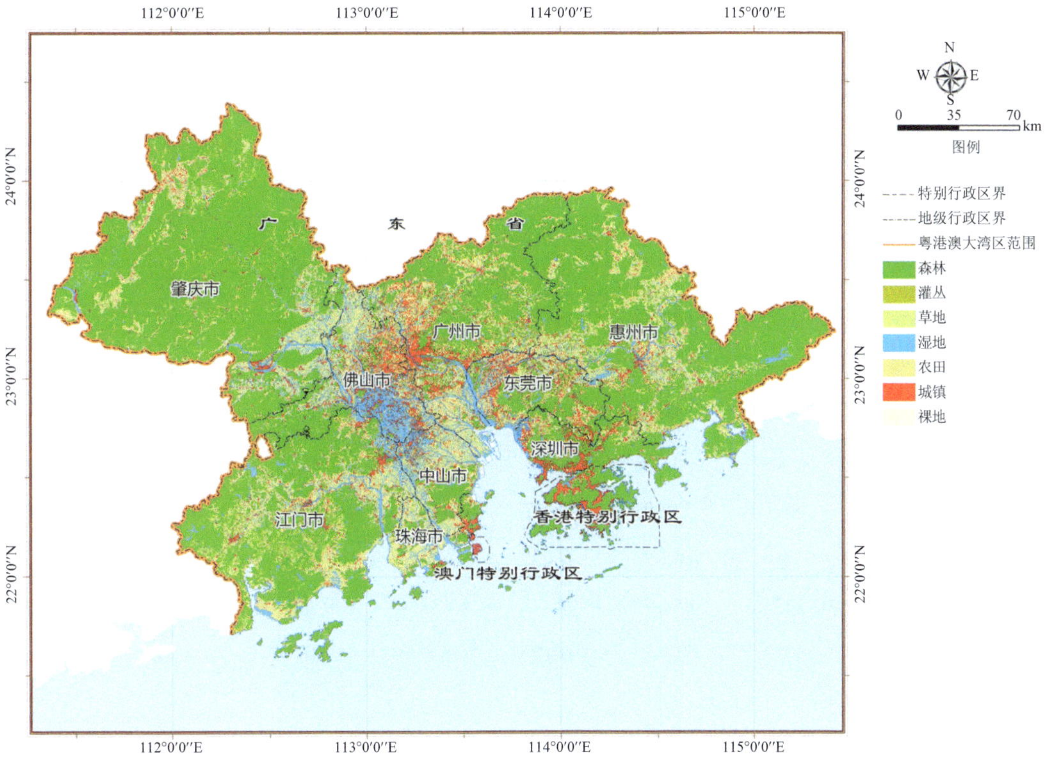

图 5-5　粤港澳大湾区生态系统分类（2010 年）

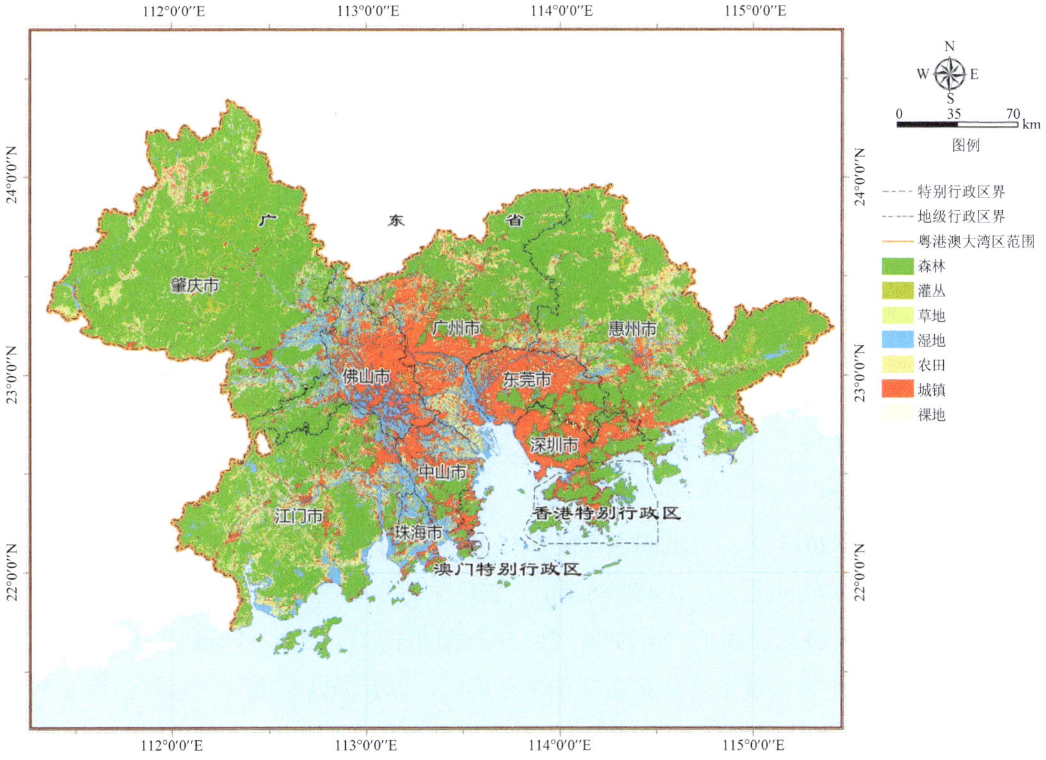

图 5-6　粤港澳大湾区生态系统分类（2015 年）

表 5-1 粤港澳大湾区生态系统类型面积与占比

年份		森林	灌丛	草地	湿地	农田	城镇	裸地
1980	面积/km^2	33 848.13	237.47	0.00	3 726.77	13 704.83	3 252.40	79.41
	占比/%	61.71	0.43	0.00	6.79	24.99	5.93	0.14
1990	面积/km^2	33 822.87	244.34	0.00	4 206.00	12 945.64	3 737.17	81.91
	占比/%	61.45	0.44	0.00	7.64	23.52	6.79	0.15
2000	面积/km^2	32 194.53	560.88	29.39	5 132.60	10 436.72	6 422.18	202.63
	占比/%	58.56	1.02	0.05	9.34	18.98	11.68	0.37
2005	面积/km^2	32 146.72	538.34	30.46	4 988.11	9 749.46	7 291.46	241.53
	占比/%	58.46	0.98	0.06	9.07	17.73	13.26	0.44
2010	面积/km^2	31 845.4	534.93	17.95	4 940.70	9 288.3	8 265.82	96.82
	占比/%	57.91	0.97	0.03	8.98	16.89	15.03	0.18
2015	面积/km^2	30 395.25	854.92	94.97	4 888.30	9 298.03	9 133.43	325.67
	占比/%	55.27	1.55	0.17	8.89	16.91	16.61	0.59

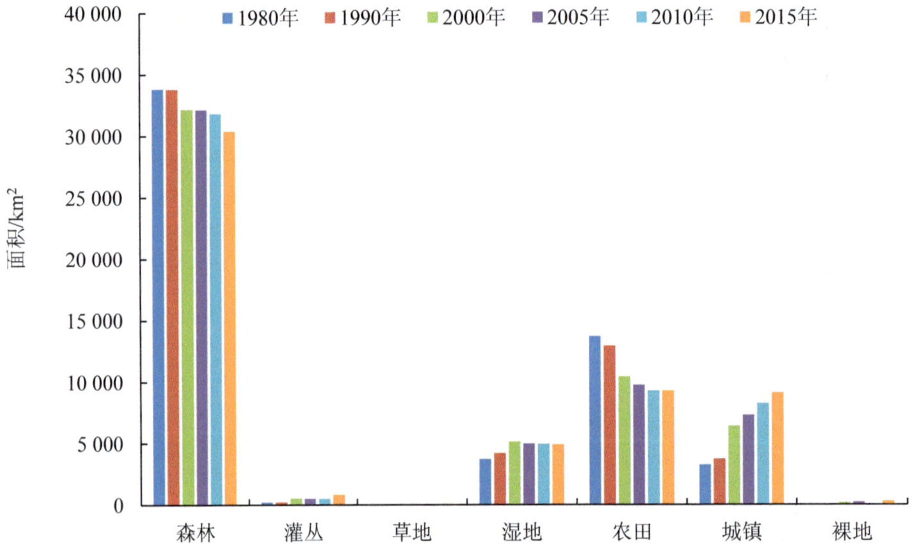

图 5-7 粤港澳大湾区生态系统类型分布

由表 5-1 可知，2015 年，粤港澳大湾区森林生态系统面积约为 30 395.25 km^2，占区域总面积的 55.27%，35 年间减少了 3 452.88 km^2。农田生态系统在迅速减少，1980 年面积约为 13 704.83 km^2，占区域总面积的 24.99%，2015 年面积约为 9 298.03 km^2，35 年间减少了 4 406.80 km^2。农田生态系统主要分布在冲积平原地区，以及西江、北江、东江沿岸地势较为平坦区域。湿地生态系统面积较大，1980—2000 年湿地面积大幅增长，1980 年和 2000 年的面积分别为 3 726.77 km^2 和 5 132.60 km^2，20 年间增加 37.72%，2000 年后逐渐减少，2015 年湿地生态系统面积为 4 888.30 km^2。除三角洲地区河流水系发达外，佛山南海与顺德、江门新会、中山、珠海斗门等地区集中分布有大量的鱼塘。灌丛、草地与裸地生态系统分布较少，2015 年分别占区域总面积的 1.55%、0.17%和 0.59%。

城镇建设用地面积的变化从一定程度上反映了一个城市的扩展速度和发展程度，具体体现为城市居民居住用地的增加和城市道路面积的扩展（易予晴等，2014）。城镇生态系统主要分布在各市的主城区，其增长较快，由 1980 年的 5.93%增至 2015 年的 16.61%，面积增长 5 881.03 km^2。其中，1990—2000 年增速最快，十年间增长 2 685.01 km^2。

根据 2017 年 5 月 MODIS 卫星获得的归一化植被指数（NDVI）产品结果见图 5-8，各城市具体的 NDVI 数值见表 5-2。

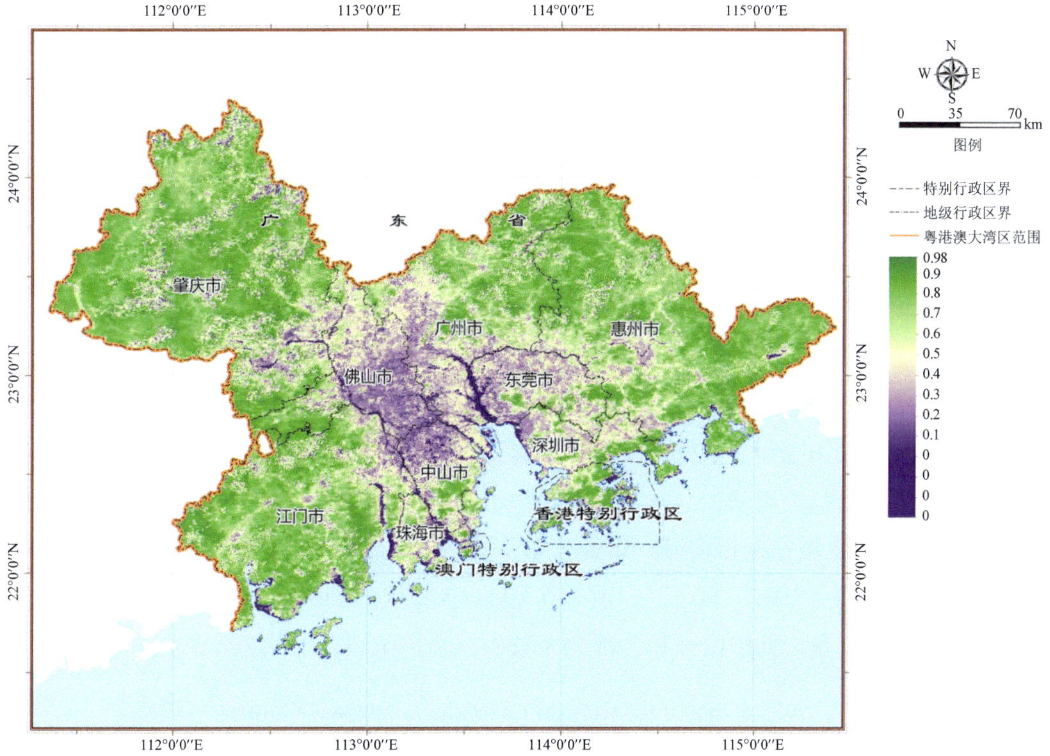

图 5-8　粤港澳大湾区归一化植被指数（NDVI）分布

表 5-2　粤港澳大湾区各城市归一化植被指数（NDVI）

城市	NDVI 值	城市	NDVI 值
广州市	0.59	江门市	0.70
深圳市	0.55	珠海市	0.54
佛山市	0.43	肇庆市	0.70
东莞市	0.45	香港特别行政区	0.67
惠州市	0.72	澳门特别行政区	0.37
中山市	0.42		

由表 5-2 可知，粤港澳大湾区城市群的 NDVI 平均值为 0.64，整体趋势是环珠江口城市 NDVI 值相对较小，说明植被覆盖率较低，惠州、肇庆和江门的 NDVI 值均不小于 0.70，植被覆盖率高，主要原因是该区域内罗浮山、鼎湖山和古兜山构成了重要绿色屏障，植被保留较为完整，对生物多样性保护起到至关重要的作用。

5.1.2 各城市生态系统结构

为了更细致地反映粤港澳大湾区生态系统结构的差异和变化，本节针对主要城市生态系统结构分别进行分析，并进行纵向和横向比较。

5.1.2.1 广州市

广州市的生态系统类型主要以森林和农田为主（图 5-9）。从生态系统构成分布可以看出，森林面积比重最大，1980 年、1990 年、2000 年、2010 年和 2015 年分别占全市面积的 53.00%、52.71%、49.32%、48.95%和 45.11%，始终维持在 45%以上，其中南部森林分布较少，主要集中分布在东部、西部、北部和中部地区，35 年间森林面积减少将近陆地面积的 8%。广州的农田生态系统在北部分布较少，其余地区分布相对较多。1980 年、1990 年、2000 年、2010 年和 2015 年农田面积分别占全市面积的 30.20%、28.78%、23.89%、20.63%和 20.21%，可以明显看出农田生态系统呈逐年快速递减的趋势，35 年间减少的面积占全市面积的 10%以上，2015 年与 1980 年相比，农田减少了 32.67%左右，尤其是在 1990—2000 年，农田减少了 349.36 km^2。在森林和农田生态系统快速减少的同时城镇面积迅速增加，从 1980 年的 9.77%增加到 2015 年的 24.53%。增加的区域在全市均有一定的分布，其中西部、南部和西南部分布相对集中。五个时期的湿地面积占全市面积的比重分别为 6.47%、7.22%、8.62%、8.74%和 8.54%，湿地在各地区均有一定的分布，其中南部和西部分布较多，总体呈现稳定状态。

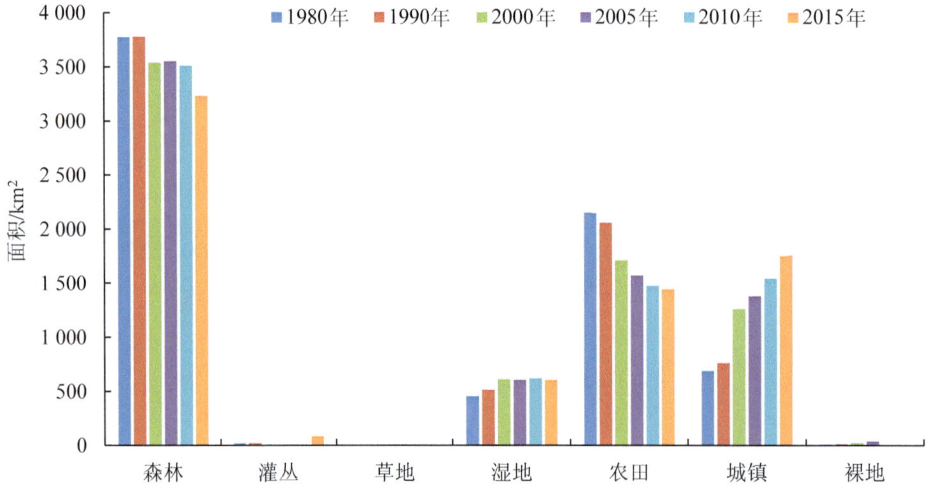

图 5-9 广州市生态系统类型分布

由图 5-9 可以看出，1980—2015 年，广州的森林生态系统面积出现了两个急剧下降的时期，一个是 1990—2000 年，另一个为 2010—2015 年。农田生态系统面积一直呈现较为快速的下降，在 1990—2000 年尤其明显，而城镇生态系统一直处于快速扩张状态，尤其是在 1990 年以后增长幅度更大。由此看出，城镇生态系统面积变化趋势与森林生态系统及农田生态系统面积减少的趋势基本是吻合的。1990—2000 年和 2010—2015 年，广州市城镇化出现两个高峰，建设用地增加迅速，随之而来的是森林生态系统和农田生态系统面积快速减少。

5.1.2.2　深圳市

深圳市生态系统类型以森林和城镇为主（图 5-10）。森林系统在 1980 年、1990 年、2000 年、2010 年和 2015 年分别占全市面积的 59.31%、59.63%、48.82%、45.89%和 40.01%，森林多分布于东部地区。1980—2015 年，森林的面积比重下降明显，尤其是 2000 年前。2000 年后在深圳市实施的生态控制线的保护下，森林面积减少趋势有所减缓。35 年间农田面积从 456.72 km^2 减至 68.35 km^2，比重从 24.53%降至 3.63%。而与此同时，城镇生态系统面积增长迅速，1980 年为 205.61 km^2，到 2015 年增加为 952.15 km^2，对应的比重增加了 39.47%，尤其是在 1990—2000 年，城镇建设用地面积增加了 388.89 km^2。其他生态系统变化不大。

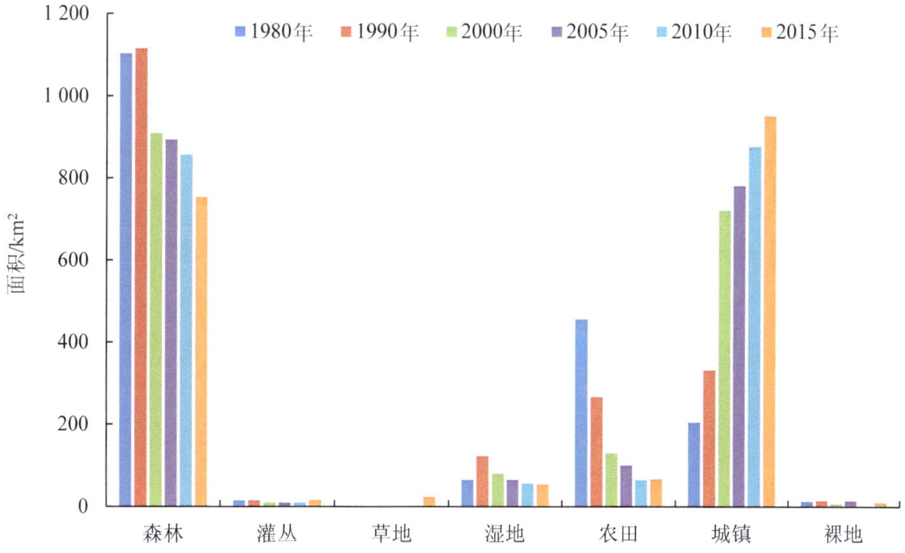

图 5-10　深圳市生态系统类型分布

深圳各类生态系统的变化趋势与其社会经济发展趋势和相关政策是高度相关的。如在 1980—2000 年，深圳处于大开发、大建设的关键时期，城市快速扩张，森林和农田等生态系统被不断挤占，进而变为城市建设用地，2000 年后，深圳的城镇化水平已经达到 70%左右，发展进程放缓，尤其是深圳市政府为了协调发展与保护的关系，维护城市生态安全，避免摊大饼式的无序发展，实施了生态控制线管理，使得自然和半自然生态系统，尤其是森林生态系统得到保护，减少的速度逐年放缓。

5.1.2.3 佛山市

佛山市生态系统类型分布较为均衡，森林、湿地、农田和城镇建设用地都占有较大比重（图 5-11）。其中森林生态系统面积逐渐减少，1980 年、1990 年、2000 年、2010 年和 2015 年分别占全市面积的 26.12%、26.20%、22.40%、21.26%和 18.46%，35 年间下降了 7.65%，减少的区域主要分布在西南部的高明区。湿地生态系统约占全市面积的 1/4，城市内河网密集，南海和顺德有大量鱼塘分布，35 年间面积变化不大，2000 年后开始呈下降趋势。农田生态系统面积逐年减少，1980 年为 1 397.22 km^2，2015 年减少至 639.05 km^2，主要分布在城市的北部、西部和西南部。城镇生态系统面积占比最大，且增长迅速，1980 年、1990 年、2000 年、2010 年和 2015 年分别占全市面积的 14.84%、16.64%、28.78%、36.66%和 39.76%，35 年间面积增加超过 900 km^2。

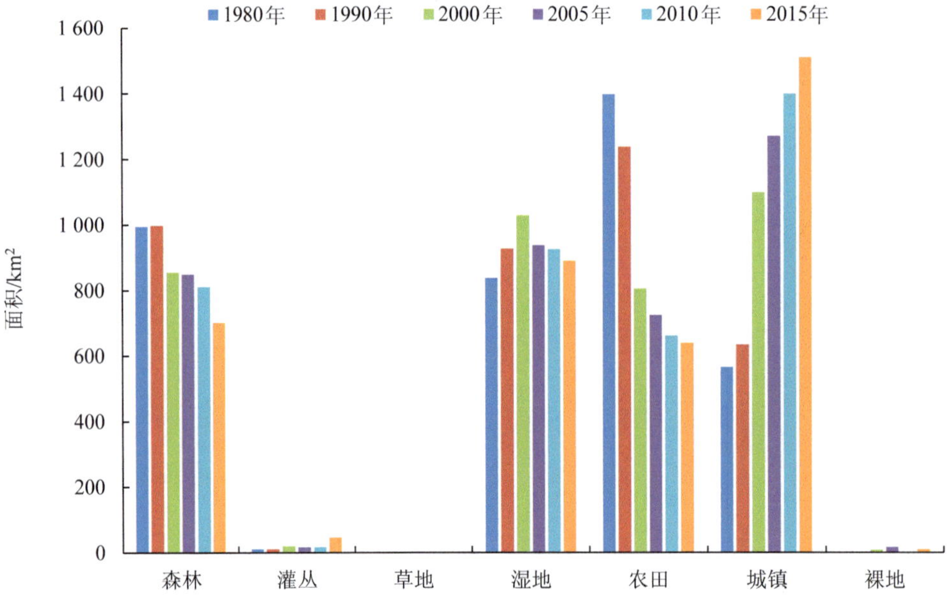

图 5-11 佛山市生态系统类型分布

与深圳类似，佛山各类生态系统的变化趋势与其社会经济发展趋势是高度相关的，从不同时段来看，1990—2010 年是佛山大发展的时期，这 20 年间也是森林、农田等生态系统面积减少最快和城镇生态系统面积增加最迅猛的阶段。2010 年后城市化发展达到一定水平，森林、农田等生态系统面积减少和城镇生态系统面积增加的趋势放缓。

5.1.2.4 东莞市

东莞市生态系统类型以森林和城镇为主（图 5-12）。森林生态系统主要分布在西部的银瓶山森林公园和南部的大岭山森林公园、黄牛埔森林公园，呈现逐年减少趋势。1980 年、1990 年、2000 年、2010 年和 2015 年森林生态系统面积分别为 943.23 km^2、948.27 km^2、729.75 km^2、

671.84 km^{2}和 536.58 km^2，35 年间减少了 406.65 km^2，2015 年与 1980 年相比，森林生态系统面积降低了近 45%。农田生态系统分布零散且逐年下降，从 1980 年的 34.40%减少至 2015 年的 9.47%，面积减少了 610.28 km^2。1980 年、1990 年、2000 年、2010 年和 2015 年城镇建设用地面积分别为 353.51 km^2、437.91 km^2、1 013.61 km^2、1 240.40 km^{2}和 1 348.39 km^2，35 年间增加 994.88 km^2，2015 年占全市面积的一半以上。湿地生态系统变化不大，五个时期的湿地面积占全市面积的比重分别为 11.30%、12.97%、12.21%、11.25%和 11.15%，主要集中分布在西部珠江口。

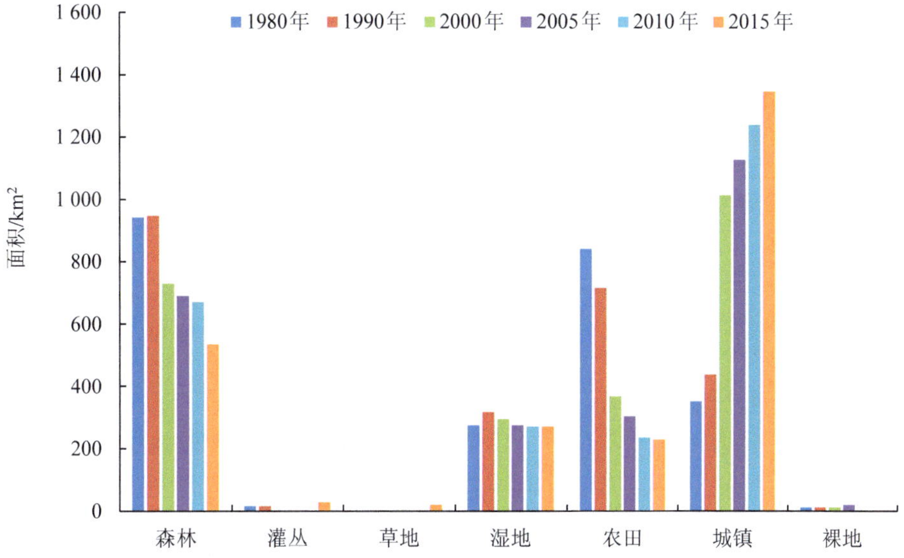

图 5-12　东莞市生态系统类型分布

与广州、佛山等相比，1980—2015 年东莞的生态系统变化更为剧烈，尤其是森林和农田系统面积的剧烈减少和城镇生态系统面积的快速增加更加突出，特别是 1990—2010 年。主要是东莞快速城市化进程和社会经济的急剧增长，使得对建设用地的需求大幅增加，进而带来了自然和半自然生态系统的急剧萎缩和城镇等人工生态系统的迅猛增长。

5.1.2.5　惠州市

惠州市森林覆盖率达 70%左右（图 5-13），35 年间森林生态系统面积保持稳定，仅减少 480.61 km^2。农田生态系统逐年减少，1980 年、1990 年、2000 年、2010 年和 2015 年面积分别为 2 356.94 km^2、2 325.43 km^2、2 137.94 km^2、1 989.06 km^{2}和 1 945.32 km^2，35 年间减少了 411.62 km^2，主要分布在东江干流和西枝江两侧的冲积平原。城镇建设用地增长相对缓慢，五个时期分别占全市总面积的 3.13%、3.33%、5.57%、7.48%和 8.35%，35 年净增长 5.22%。湿地生态系统维持较好，未出现明显变化，灌丛、草地和裸地分布极少。

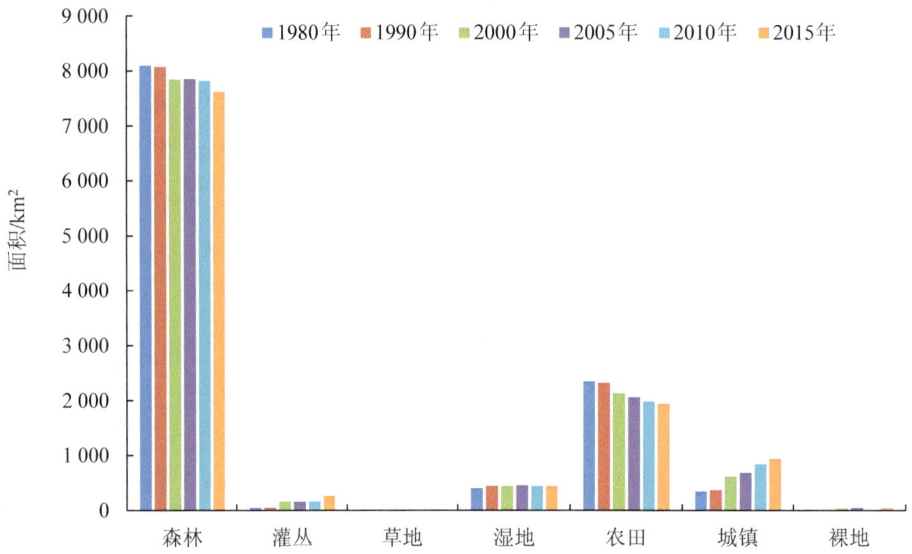

图 5-13 惠州市生态系统类型分布

与前面 4 个城市相比，惠州市生态系统的变化要平稳得多。尤其难得的是拥有 70%以上的森林覆盖率，且在 35 年间森林生态系统面积保持稳定。农田生态系统面积虽然有所减少，但幅度不大。相应地，城镇生态系统面积稳步增加。这种相对“温和”的变化趋势一方面与惠州生态优先、惠民之州等的发展定位分不开，另一方面也有赖于近年来生态文明城市建设成果的贡献。

5.1.2.6 中山市

中山市生态系统类型分布较为均衡，森林、湿地、农田和城镇建设用地都占有较大比重（图 5-14）。中山的森林系统主要分布在中部偏南以五桂山为主脉，与周围诸山形成的低山丘陵台地。1980—2015 年森林生态系统面积有所减少，1980 年、1990 年、2000 年、2010 年和 2015 年分别占全市面积的 25.60%、25.56%、21.90%、19.98%和 18.92%，35 年间面积减少了 109.15 km^2。湿地生态系统分布零散，区域内河网密布，同时存在大量鱼塘，在 2005 年后保持稳定状态，占全市面积的 20%左右。农田生态系统面积锐减，占比从 1980 年的 47.13%减少至 2015 年的 21.54%，净减少面积占全市面积的 25.59%。城镇生态系统面积增长迅速，五个时期的面积分别为 167.32 km^2、189.76 km^2、414.42 km^2、613.50 km^2 和 635.72 km^2，35 年间增加约 468.40 km^2。

由以上分析可知，1980—2015 年中山市的森林生态系统变化较为和缓，湿地生态系统面积呈现增加趋势，但农田生态系统面积变化幅度较大，城镇生态系统面积增加较快。这些变化与当地的发展方向和城市化进程密不可分。中山河网密布，存在大量鱼塘。近年来，随着农村经济的转型升级，许多原来低产或撂荒的农用地被改造为鱼塘，使得湿地面积增加。同时，1990—2010 年也是中山城镇化进程进入快车道的时期，城镇建设用地面积急剧增加，挤占了大量的农用地。城镇建设用地和鱼塘面积的增加是农田面积减少的主要原因。

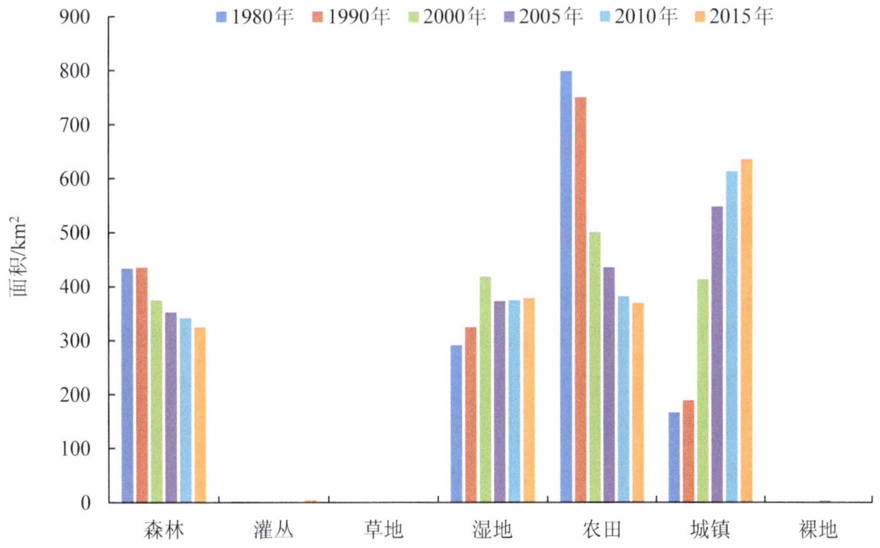

图 5-14　中山市生态系统类型分布

5.1.2.7　江门市

江门市生态系统类型主要是森林（图 5-15），1980 年、1990 年、2000 年、2010 年和 2015 年分别占全市面积的 58.85%、58.69%、57.59%、57.32%和 54.66%，保持稳定状态，主要分布在东部的古兜山、西部的天露山和北部的皂幕山。农田生态系统变化较为明显，五个时期的面积分别为 2 716.16 km^2、2 629.58 km^2、2 301.05 km^2、2 110.64 km^2 和 2 208.53 km^2，35 年间减少 507.63 km^2，主要分布在潭江两侧的冲积平原。城镇建设用地变化同样显著，从 1980 年的 358.57 km^2 增长至 2015 年的 820.14 km^2，净增长 461.57 km^2。湿地生态系统维持较好，未出现明显变化，灌丛、草地和裸地分布极少。

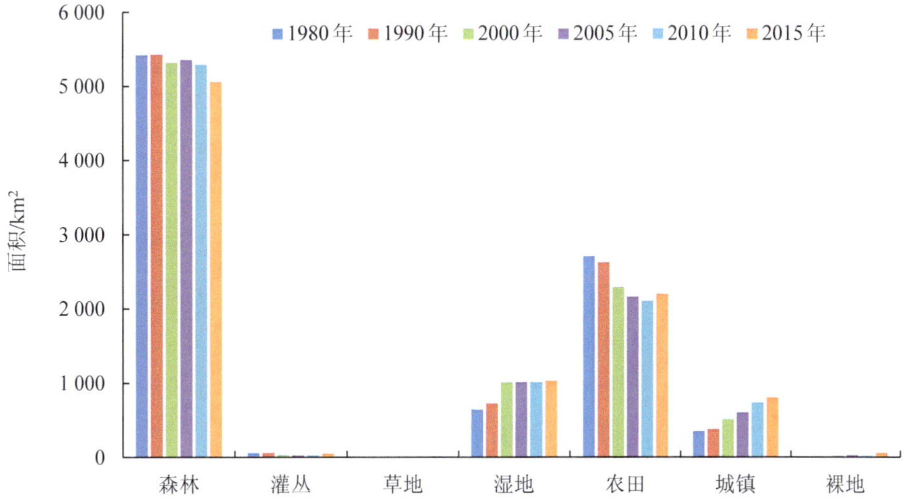

图 5-15　江门市生态系统类型分布

与惠州类似，1980—2015 年江门市生态系统变化较为和缓，森林生态系统面积比重占有绝对优势，呈现较缓慢的逐年下降趋势。农田生态系统面积在 1990—2000 年下降较快，2000 年缓慢下降，而到 2015 年又有所增加。城镇生态系统面积呈现平稳增加趋势。这种变化趋势与江门近几十年社会经济发展和城镇化发展的趋势是一致的。

5.1.2.8 珠海市

珠海市生态系统类型分布较为均衡，森林、湿地、农田和城镇建设用地都占有较大比重（图 5-16）。其中森林生态系统面积相对较多，主要分布在黄杨山、凤凰山以及沿海的低山丘陵。1980 年、1990 年、2000 年、2010 年和 2015 年分别占全市面积的 40.34%、37.93%、35.04%、32.71%和 29.99%。湿地生态系统分布广泛，占比 25%以上，区域内有西江的出海水道磨刀门水道、鸡啼门水道、虎跳门水道以及前山水道。农田生态系统面积逐年减少，从 1980 年的 40.97%减少至 2015 年的 16.67%，下降了 24.30 个百分点。城镇生态系统面积迅速增长，1980 年、1990 年、2000 年、2010 年和 2015 年面积分别为 99.61 km^2、124.46 km^2、199.53 km^2、330.50 km^2 和 364.99 km^2，35 年间增加了 265.38 km^2。

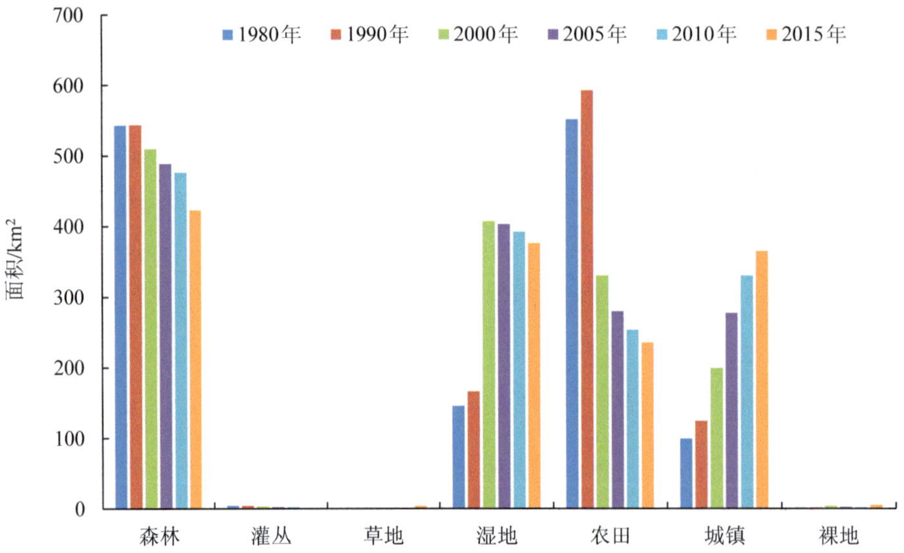

图 5-16 珠海市生态系统类型分布

由图 5-16 可以看出，珠海的各类生态系统面积变化幅度都较大。森林生态系统在 2000 年后面积减少幅度加大，农田面积在 1990 年达到峰值，之后呈现快速下降趋势，到 2015 年已减少一半以上。而湿地和城镇建设用地面积在 1990—2005 年呈现快速增长趋势。城镇建设用地面积增加是城镇化进展加快和社会经济发展双层驱动的结果。湿地面积的大幅增加原因不明，根据农用地面积急剧下降趋势，并结合珠海河网密布和养殖业发达等，初步推测是由于农村经济的转型升级，许多原来低产或撂荒的农用地被改造为鱼塘，使得湿地面积增加。

5.1.2.9　肇庆市

肇庆市生态系统类型以森林为主（图 5-17），森林覆盖率高达 75%左右，为粤港澳大湾区中最高，1980 年、1990 年、2000 年、2010 年和 2015 年分别占全市面积的 78.09%、78.10%、75.55%、75.49%和 73.64%，保持稳定状态。湿地生态系统面积变化不大，主要分布在西江、北江支流绥江以及西南部的鱼塘。农田生态系统面积呈下降趋势，从 1980 年的 2 392.71 km^2 减少至 2015 年的 2 133.57 km^2，减少了 259.14 km^2。城镇建设用地面积变化相对较大，1980 年、1990 年、2000 年、2010 年和 2015 年分别为 271.31 km^2、290.25 km^2、342.16 km^2、438.41 km^2 和 533.83 km^2，35 年间增加了 262.52 km^2。

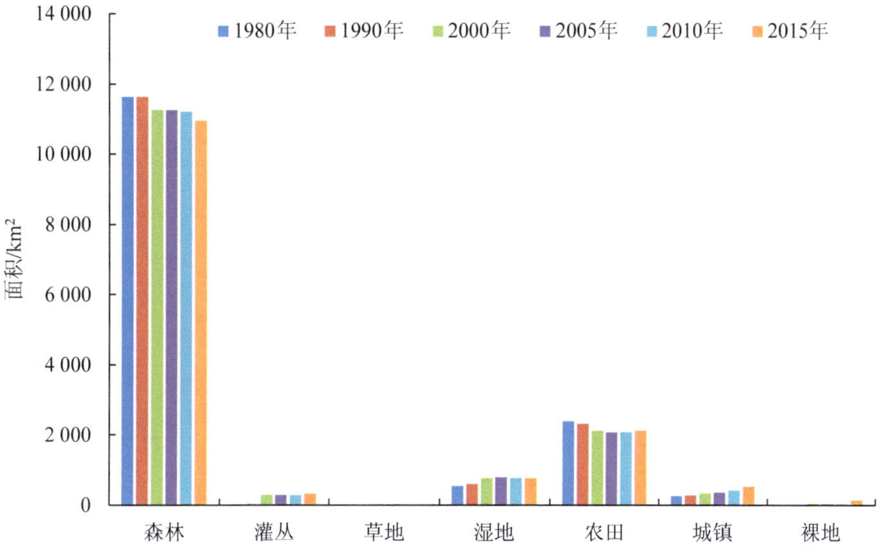

图 5-17　肇庆市生态系统类型分布

在粤港澳大湾区，肇庆属于森林城市，森林覆盖率最高，且在 1980—2015 年减小幅度不大。主要的几类生态系统面积变化幅度都比较平稳，农田面积呈现缓慢的先降后增的趋势，湿地呈现缓慢增加趋势，城镇生态系统在 1990 年面积底数较小，近年来增加速度较快。这些变化趋势，一方面与肇庆坚持走生态优先、协调发展的路子有关，另一方面也有赖于肇庆自然和半自然生态系统，尤其是森林生态系统的面积占比一枝独秀，稳定性较强。

5.1.2.10　香港特别行政区

香港特别行政区生态系统类型以森林为主（图 5-18），森林覆盖率高达 70%以上，2000 年后保持较稳定状态，1980 年、1990 年、2000 年、2010 年和 2015 年分别占全区面积的 78.54%、76.53%、73.39%、72.45%和 70.46%，主要分布在低山丘陵地区。城镇建设用地面积逐年上升，五个时期的面积分别为 159.11 km^2、175.00 km^2、216.31 km^2、231.60 km^2 和 247.99 km^2，35 年增加了 88.88 km^2。农田生态系统面积减少幅度不大，35 年间减少了 1.49%。湿地生态系统维持较好，未出现明显变化，草地和裸地分布极少。

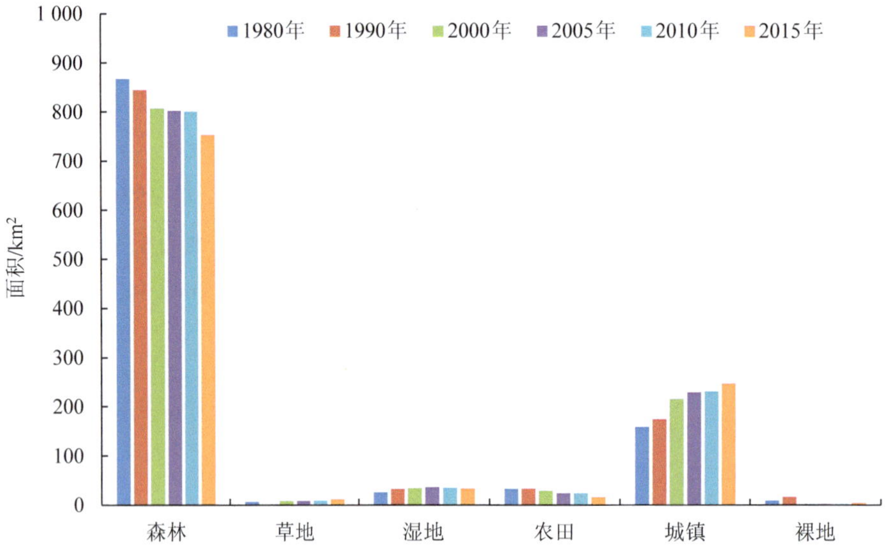

图 5-18　香港特别行政区生态系统类型分布

与内地相比，香港的生态系统主要是森林生态系统和城镇生态系统。2000 年前，香港的城镇化进程基本完成，加上政府对城市建设用地的严格管控，2000 年后城镇生态系统面积呈现较缓慢的增长，森林和湿地生态系统也保持较为稳定的面积占比。农田生态系统所占比重不大，但随着城市建设用地的扩大，还是出现了被不断挤占、逐年减少的趋势。

5.2　生态空间格局的演变趋势分析

本节将在上一节生态系统结构及其变化分析基础上，通过进一步分析，辨析粤港澳大湾区各类生态系统转换的特征和变化的轨迹。

5.2.1　生态系统转换特征

生态系统类型转移矩阵可以全面具体地分析区域生态系统变化的结构特征与各类型变化的方向（王伟等，2014）。转移矩阵的意义在于它不但可以反映研究期初、研究期末的土地利用类型结构，而且还可以反映研究时段内各土地利用类型的转移变化情况，便于了解研究期初各类型土地的流失去向以及研究期末各土地利用类型的来源与构成（鲁春阳等，2007）。

根据粤港澳大湾区生态系统转移矩阵（表 5-3）和相互转换强度（表 5-4）对研究区 1980—2015 年生态系统构成转移情况进行分析，各生态系统总体面积变化不大，但其转入和转出变化比较剧烈（图 5-19），表明生态系统正在承受人类活动的巨大影响。

表 5-3 粤港澳大湾区生态系统类型转移矩阵　　单位：km²

时间	类型	森林	灌丛	草地	湿地	农田	城镇	裸地
1980—1990 年	森林	32 897.49	9.08	0.00	24.87	13.84	41.55	0.00
	灌丛	3.12	225.51	0.00	0.99	0.75	0.00	0.00
	草地	0.00	0.00	0.00	0.00	0.00	0.00	0.00
	湿地	0.52	0.00	0.00	3 686.76	11.19	2.54	0.00
	农田	78.87	1.32	0.00	370.38	12 796.89	423.12	2.50
	城镇	0.00	0.00	0.00	0.00	0.00	3 072.97	0.00
	裸地	0.00	0.00	0.00	0.00	0.00	0.00	77.14
1990—2000 年	森林	29 892.82	531.51	4.21	330.34	837.63	1 065.95	93.01
	灌丛	119.44	0.55	0.03	6.10	17.34	8.28	78.22
	草地	0.00	0.00	0.00	0.00	0.00	0.00	0.00
	湿地	238.90	7.27	0.21	3 038.31	423.38	399.08	4.10
	农田	813.17	16.96	0.78	1 543.80	8 800.78	1 651.23	20.92
	城镇	109.23	2.17	0.06	92.02	290.02	3 013.03	2.22
	裸地	6.86	0.02	22.35	1.10	2.38	45.31	0.25
2000—2005 年	森林	29 385.73	6.68	2.20	14.15	189.78	15.75	56.19
	灌丛	0.53	531.82	0.01	0.14	0.33	0.06	5.42
	草地	2.75	0.01	26.65	0.31	0.58	0.00	0.16
	湿地	24.64	1.05	0.02	4 785.40	184.80	2.32	2.64
	农田	123.04	9.68	0.19	109.52	11 985.13	13.23	6.31
	城镇	129.65	7.59	0.03	226.80	527.54	6 443.53	7.31
	裸地	54.82	4.05	0.29	7.37	40.76	9.44	124.61
2005—2010 年	森林	29 254.40	1.20	8.75	28.11	62.73	16.14	50.45
	灌丛	1.91	529.05	0.00	0.15	0.40	0.00	3.42
	草地	2.30	0.00	15.65	0.00	0.00	0.00	0.00
	湿地	33.75	0.43	0.48	4 799.34	120.24	1.95	4.97
	农田	138.26	5.16	3.99	63.97	11 516.22	6.10	19.25
	城镇	254.15	2.99	1.42	136.34	578.82	7 262.92	85.90
	裸地	19.89	0.59	0.18	0.93	4.93	0.00	70.30
2010—2015 年	森林	28 971.52	318.61	16.08	103.04	577.58	607.68	217.51
	灌丛	30.21	486.24	0.01	1.92	5.56	3.06	3.10
	草地	3.39	0.50	12.52	0.00	0.04	0.01	0.06
	湿地	76.76	6.91	1.02	4 414.85	173.68	180.13	7.08

时间	类型	森林	灌丛	草地	湿地	农田	城镇	裸地
2010—2015 年	农田	271.81	28.22	2.60	187.95	8 320.93	407.98	17.50
	城镇	69.73	7.21	51.06	82.53	163.78	7 628.11	5.23
	裸地	20.48	2.91	0.00	2.33	1.59	3.55	62.14
1980—2015 年	森林	28 357.38	758.03	22.56	365.87	1 093.74	1 963.43	254.82
	灌丛	81.54	2.81	1.33	10.62	23.71	77.83	23.1
	草地	0.00	0.00	0.00	0.00	0.00	0.00	0.00
	湿地	182.74	14.7	2.18	2 489.62	316.41	565.15	7.72
	农田	820.14	60.89	9.03	1 695.3	7454	3 465.03	24.08
	城镇	58.7	6.3	0.94	60.14	185.18	2 654.09	2.51
	裸地	15.93	0.47	45.97	1.19	1.26	10.28	0.4

表 5-4 粤港澳大湾区生态系统类型相互转换强度

时间	类型	森林	灌丛	草地	湿地	农田	城镇	裸地
1980—1990 年	森林	99.73%	0.03%	0.00%	0.08%	0.04%	0.13%	0.00%
	灌丛	1.35%	97.89%	0.00%	0.43%	0.33%	0.00%	0.00%
	草地	0.00%	0.00%	0.00%	0.00%	0.00%	0.00%	0.00%
	湿地	0.01%	0.00%	0.00%	99.61%	0.30%	0.07%	0.00%
	农田	0.58%	0.01%	0.00%	2.71%	93.59%	3.09%	0.02%
	城镇	0.00%	0.00%	0.00%	0.00%	0.00%	100.00%	0.00%
	裸地	0.00%	0.00%	0.00%	0.00%	0.00%	0.00%	100.00%
1990—2000 年	森林	91.26%	1.62%	0.01%	1.01%	2.56%	3.25%	0.28%
	灌丛	51.94%	0.24%	0.01%	2.65%	7.54%	3.60%	34.02%
	草地	0.00%	0.00%	0.00%	0.00%	0.00%	0.00%	0.00%
	湿地	5.81%	0.18%	0.01%	73.90%	10.30%	9.71%	0.10%
	农田	6.33%	0.13%	0.01%	12.02%	68.50%	12.85%	0.16%
	城镇	3.11%	0.06%	0.00%	2.62%	8.27%	85.87%	0.06%
	裸地	8.77%	0.03%	28.55%	1.41%	3.04%	57.88%	0.32%
2000—2005 年	森林	99.04%	0.02%	0.01%	0.05%	0.64%	0.05%	0.19%
	灌丛	0.10%	98.79%	0.00%	0.03%	0.06%	0.01%	1.01%
	草地	9.03%	0.03%	87.49%	1.02%	1.90%	0.00%	0.53%
	湿地	0.49%	0.02%	0.00%	95.69%	3.70%	0.05%	0.05%
	农田	1.00%	0.08%	0.00%	0.89%	97.86%	0.11%	0.05%
	城镇	1.77%	0.10%	0.00%	3.09%	7.18%	87.76%	0.10%
	裸地	22.71%	1.68%	0.12%	3.05%	16.89%	3.91%	51.63%

时间	类型	森林	灌丛	草地	湿地	农田	城镇	裸地
2005—2010 年	森林	99.43%	0.00%	0.03%	0.10%	0.21%	0.05%	0.17%
	灌丛	0.36%	98.90%	0.00%	0.03%	0.07%	0.00%	0.64%
	草地	12.81%	0.00%	87.19%	0.00%	0.00%	0.00%	0.00%
	湿地	0.68%	0.01%	0.01%	96.74%	2.42%	0.04%	0.10%
	农田	1.18%	0.04%	0.03%	0.54%	97.99%	0.05%	0.16%
	城镇	3.05%	0.04%	0.02%	1.64%	6.95%	87.27%	1.03%
	裸地	20.54%	0.61%	0.19%	0.96%	5.09%	0.00%	72.61%
2010—2015 年	森林	94.03%	1.03%	0.05%	0.33%	1.87%	1.97%	0.71%
	灌丛	5.70%	91.73%	0.00%	0.36%	1.05%	0.58%	0.58%
	草地	20.52%	3.03%	75.79%	0.00%	0.24%	0.06%	0.36%
	湿地	1.58%	0.14%	0.02%	90.83%	3.57%	3.71%	0.15%
	农田	2.94%	0.31%	0.03%	2.03%	90.08%	4.42%	0.19%
	城镇	0.87%	0.09%	0.64%	1.03%	2.05%	95.26%	0.07%
	裸地	22.02%	3.13%	0.00%	2.51%	1.71%	3.82%	66.82%
1980—2015 年	森林	86.41%	2.31%	0.07%	1.11%	3.33%	5.98%	0.78%
	灌丛	36.91%	1.27%	0.60%	4.81%	10.73%	35.23%	10.46%
	草地	0.00%	0.00%	0.00%	0.00%	0.00%	0.00%	0.00%
	湿地	5.11%	0.41%	0.06%	69.57%	8.84%	15.79%	0.22%
	农田	6.06%	0.45%	0.07%	12.53%	55.10%	25.61%	0.18%
	城镇	1.98%	0.21%	0.03%	2.03%	6.24%	89.43%	0.08%
	裸地	21.10%	0.62%	60.89%	1.58%	1.67%	13.62%	0.53%

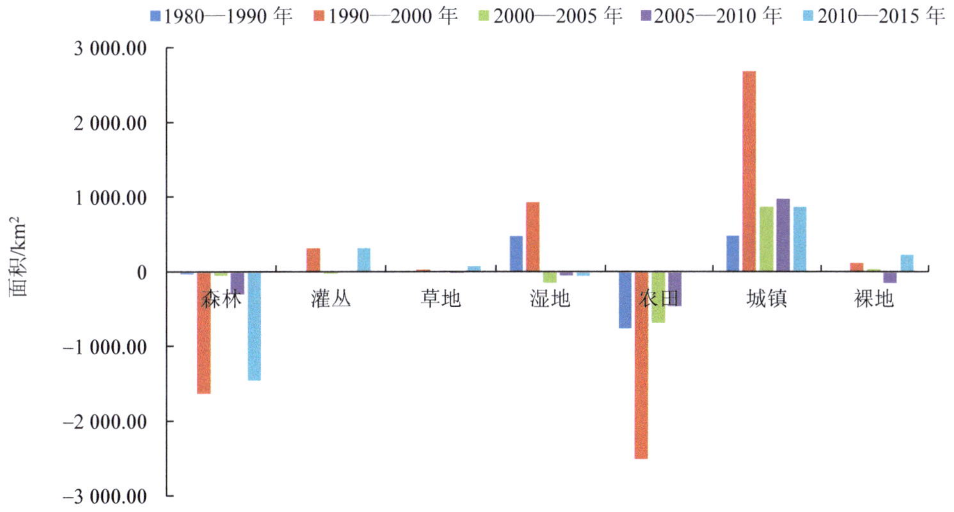

图 5-19　粤港澳大湾区生态系统类型面积变化量

5.2.1.1 森林生态系统

1980—2015 年，森林面积由 33 848.13 km^2 减少到 30 395.25 km^2，净减少 3 452.88 km^2，占整个区域森林面积的 10.20%。从转移矩阵来看，森林在过去 35 年中发生了较大变化，森林中有 13.59%的面积转入其他生态系统类型，面积最大的为城镇（图 5-20），达 1 963.43 km^2，占森林面积的 5.98%，1 093.74 km^2 转入农田，在 35 年间，1990—2000 年森林向城镇的转换幅度远大于其他时期。之所以出现上述森林转出现象，整个研究区森林面积仍总体保持稳定，是因为在转出的同时，研究区内农田和湿地等其他用地类型转入森林，其中农田的面积最大（图 5-21），共计 820.14 km^2，裸地为 182.74 km^2，此外还有少量的其他用地类型转入。

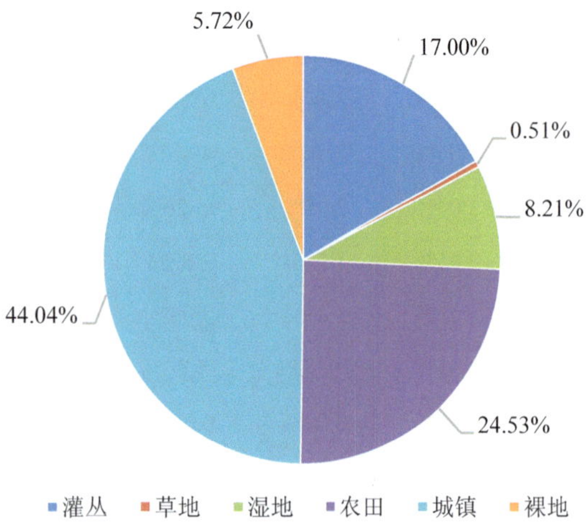

图 5-20 森林生态系统转出变化（1980—2015 年）

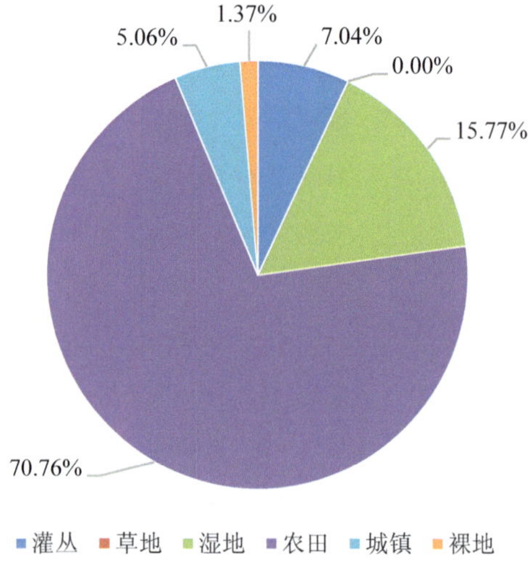

图 5-21 森林生态系统转入变化（1980—2015 年）

5.2.1.2 湿地生态系统

湿地生态系统在研究时段内一直处于退化状态。由于湿地生态系统一般可理解为一个区域的“肾”，其变化情况常常被认为是一个地区生态环境变化的晴雨表，湿地退化将使生态系统服务功能下降或丧失。

从湿地转出情况来看，30.43%的原湿地面积流失，主要转移方向为农田和城镇（图 5-22），其中转入农田面积为 316.41 km^2，占原湿地面积的 8.84%；转入城镇面积为 565.15 km^2，占原湿地面积的 15.79%；转入其他生态系统类型的面积为 207.34 km^2，占 5.79%。从以上情况可以看出，过去 35 年中湿地流失其实是相当严重的，主要表现在农田和建设用地占用湿地资源，而这些无疑都直接与人类活动及各种开发建设息息相关。从湿地转入情况来看，主要来自森林和农田（图 5-23），其中农田的面积最大，共计 2 061.17 km^2。总体来看，湿地质量呈下降趋势，大量自然湿地被改造为农田或建设用地，而其他类型的转入使人工湿地类型在湿地中的比重越来越大。

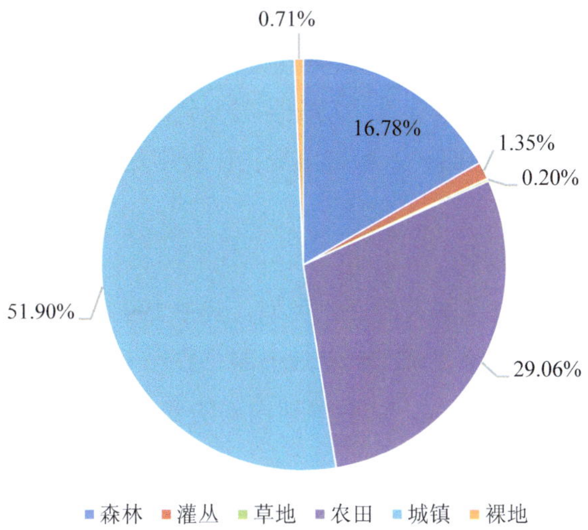

图 5-22 湿地生态系统转出变化
（1980—2015 年）

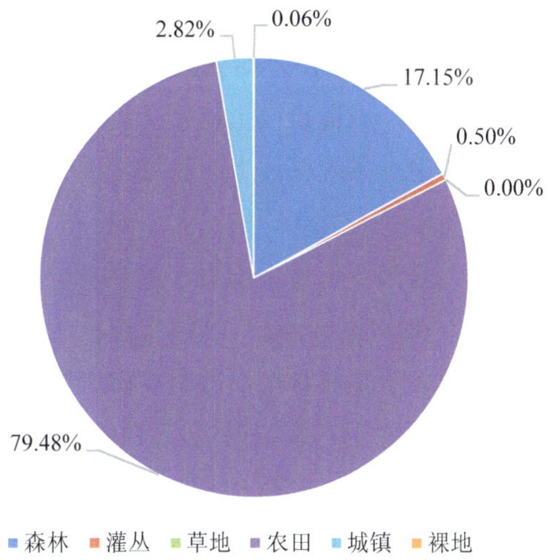

图 5-23 湿地生态系统转入变化
（1980—2015 年）

5.2.1.3 农田生态系统

35 年间研究区农田生态系统一直处于下降趋势，有 25.61%的农田转变为城镇（图 5-24），面积为 3 465.03 km^2，说明农田的流失主要是人类的建设活动所造成的。国家规定建设用地占用农田必须做到占补平衡，但从农田转入情况来看（图 5-25），35 年间有 1 093.74 km^2 的森林、316.41 km^2 的湿地转入农田，这种占用森林和湿地资源来满足占补平衡的做法在研究区屡见不鲜。此外，还有 185.18 km^2 的城镇被转变为农田。

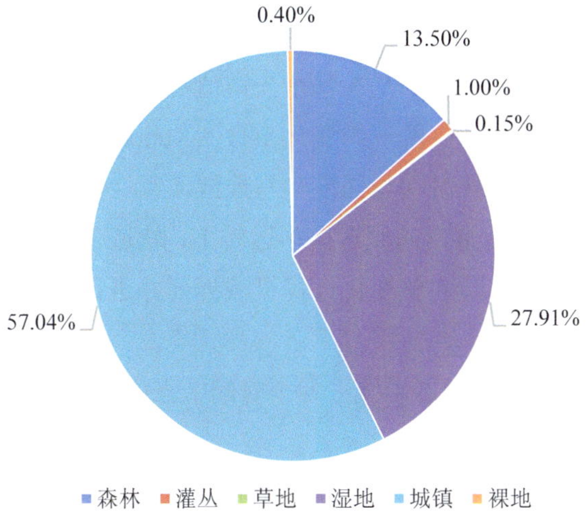

图 5-24 农田生态系统转出变化
（1980—2015 年）

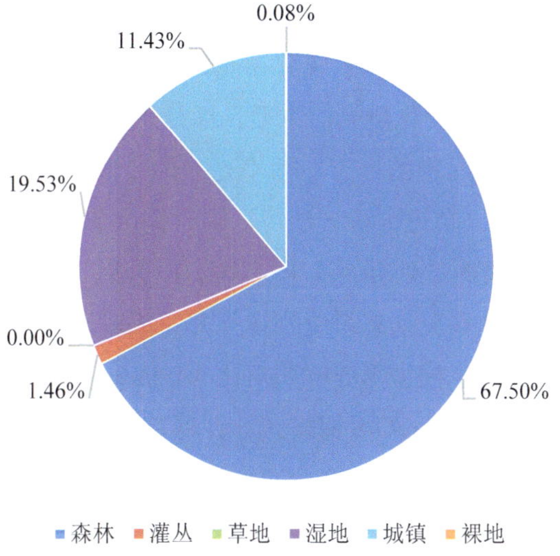

图 5-25 农田生态系统转入变化
（1980—2015 年）

综上所述，研究区内主要生态类型变化大部分源于人类的开发利用活动，人类干扰起了至关重要的作用。由于研究区为沿海发达地区，经济快速发展，加速了人地矛盾，对土地需求量急剧增加，城市建设土地后备资源短缺，所以人类开发建设活动是各类变化的主要驱动力。虽然有的生态系统总体上面积变化不大，但其生态用地间转入和转出变化比较剧烈，表明生态系统正在承受人类活动的巨大影响。

（1）农田变化最为剧烈，主要表现在农田的流失上。

（2）农田生态系统向城镇生态系统的转换是研究区最大的变化类型，其中 1990—2000 年变化面积大于其他时期，占用农田进行开发建设的现象并未得到有效遏制。

（3）湿地生态系统退化，其转入和转出量比重均较大，证明湿地内部的变化剧烈，湿地的破坏和人工湿地的补充同时进行。

5.2.2 生态系统动态变化轨迹

变化轨迹分析方法是一个描述景观格局变化在时间尺度上的新方法，即对景观变化时间格局的动态刻画。轨迹分析也是一种综合的方法框架，在该框架下，可以将不同的具体方法集成应用。该方法通过栅格叠加计算将时间序列中不同节点的栅格状态记录在一个新的变化轨迹图谱中，通过与各种统计方法相结合（如计算其景观指数），对变化轨迹图谱进行空间统计分析，找出时间序列中所研究现象的时空动态变化特征，并可以借助地理信息系统空间分析功能，与其空间驱动因素有效叠加，开展深入分析。该方法的主要优点是能够让人们从最高的过程完整性上来探求其变化规律，而不是像其他模型一样割裂其基本变化过程来获取信息规律（黄勇等，2015）。

变化轨迹分析是一种可用来分析时序动态变化的新方法。该方法的首要前提是认为土地覆盖变化中的许多现象在变化前后均存在特殊的时间连续性，致使光谱空间产生独特的时序标志。动态变化研究的主要目标是识别、量测和解释这种标志，是在整个光谱值的时序轨迹中寻找这些理想的标志，而不是在两个时间节点的影像中寻找单一的变化事件（Kennedy R E，2007）。轨迹分析方法可以同时提供非连续现象（如干扰时间与强度）与连续现象（如干扰后的恢复）的估算。基于一种简单灵活、可以确保过程完整性的概念模型运转下，轨迹分析可以很好地探究动态系统规律性并完成以上具体工作，这与将完整变化过程机械拆开并进行处理的抽象数学模型形成鲜明对比（Wines J A et al.，2005）。

通过 ArcGIS 栅格统计计算功能，获取粤港澳大湾区生态系统在各个时间节点的变化轨迹，并筛选主要的前 20 个轨迹进行统计分析（图 5-26 和表 5-5）。

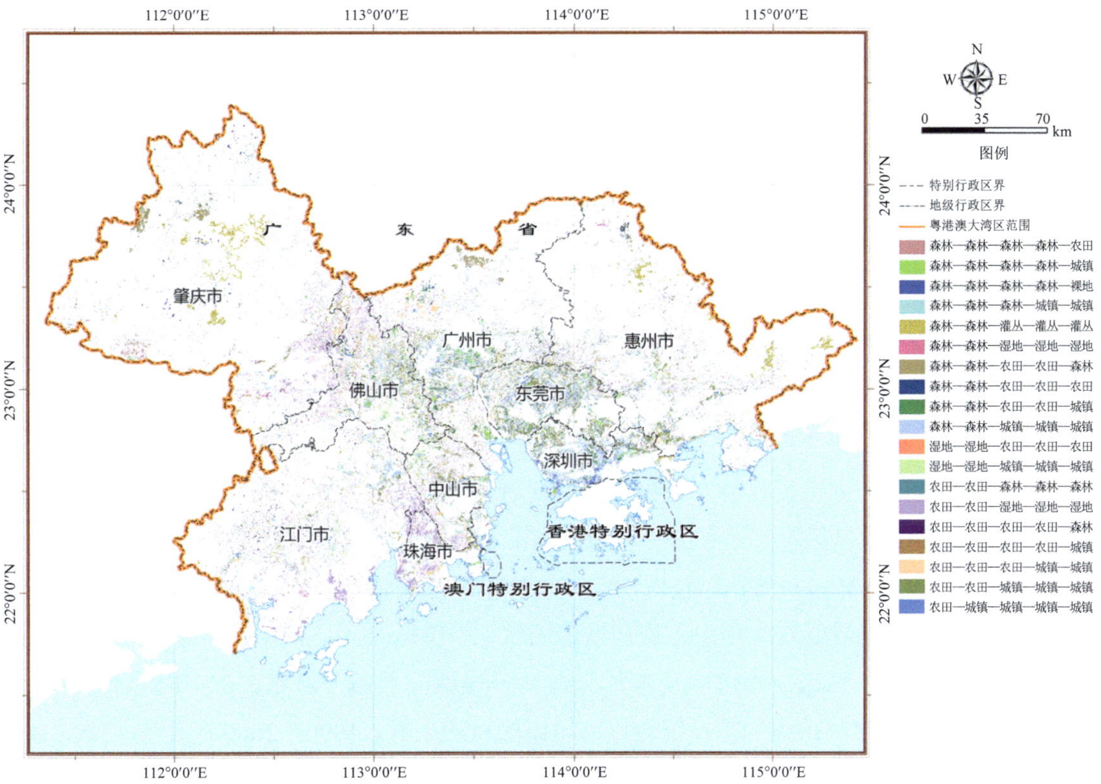

图 5-26　粤港澳大湾区生态系统类型变化轨迹分布

表 5-5　粤港澳大湾区生态系统类型变化轨迹

类型转换 （1980 年—1990 年—2000 年—2010 年—2015 年）	面积/km^2	占变化总面积的比重/%
农田—农田—城镇—城镇—城镇	1 370.83	15.05
农田—农田—湿地—湿地—湿地	1 222.00	13.42
森林—森林—城镇—城镇—城镇	974.59	10.70
农田—农田—农田—城镇—城镇	773.82	8.50
森林—森林—灌丛—灌丛—灌丛	463.02	5.08
森林—森林—农田—农田—农田	432.13	4.74
农田—农田—森林—森林—森林	399.95	4.39
农田—城镇—城镇—城镇—城镇	395.69	4.34
森林—森林—森林—森林—农田	358.09	3.93
农田—农田—农田—农田—城镇	314.03	3.45
湿地—湿地—城镇—城镇—城镇	287.76	3.16
森林—森林—森林—森林—城镇	282.73	3.10
农田—农田—农田—农田—森林	264.98	2.91

类型转换（1980年—1990年—2000年—2010年—2015年）	面积/km^2	占变化总面积的比重/%
湿地—湿地—农田—农田—农田	263.31	2.89
森林—森林—湿地—湿地—湿地	257.92	2.83
森林—森林—农田—农田—城镇	248.46	2.73
森林—森林—农田—农田—农田	222.38	2.44
森林—森林—森林—城镇—城镇	207.44	2.28
森林—森林—森林—森林—裸地	191.19	2.10
森林—森林—农田—农田—森林	177.00	1.94

从粤港澳大湾区生态系统类型变化轨迹特征看，区域内最大的变化轨迹类型为农田生态系统向城镇的转化，包括农田—农田—农田—农田—城镇、农田—农田—农田—城镇—城镇、农田—农田—城镇—城镇—城镇以及农田—城镇—城镇—城镇—城镇，占区域内发生变化区域总面积的31.34%。其次是森林生态系统向城镇的转化，包括森林—森林—森林—森林—城镇、森林—森林—森林—城镇—城镇以及森林—森林—城镇—城镇—城镇，35年间转化面积为1 464.76 km^2。从农田和森林生态系统转化为城镇的轨迹来看，1990—2000年变化大于其他时期，说明时间序列中1990—2000年比其他阶段占用农田和森林进行开发建设的现象更加严重。从空间分布来看，这四种变化多分布在原城镇周围和农田、森林交界处，较大程度上代表城市扩展或城镇化进程。

5.3 生态环境胁迫特征

生态系统胁迫是指对维持生态系统稳定和良好演变不利的各种因素。生态系统胁迫因素主要包括自然变化和人类活动两类。自然变化类的生态系统胁迫因素主要包括各种类型自然灾害和气候变化等，人类活动类的生态系统胁迫因素主要包括人口增长、社会经济发展和环境污染物排放等（任杰等，2015）。本书重点分析影响粤港澳大湾区生态系统格局、质量和服务功能等的人类活动及其变化特征，揭示生态环境变化及其原因。由于内地和港澳地区的环境数据统计口径不一致，因此筛选出的评价指标主要包括三个方面：①粤港澳大湾区的人口密度和经济活动强度；②珠江三角洲地区大气污染物排放强度中的单位国土面积SO_2、烟粉尘排放量和水污染物排放强度中的单位国土面积COD排放量；③香港大气污染物中的SO_2、NO_x、VOCs及CO排放量。

香港大气污染物排放清单估算了6种大气污染物与7个排放源分类的全年排放量。6种大气污染物包括SO_2、NO_x、PM_{10}、$PM_{2.5}$、VOCs及CO，其中SO_2、NO_x、VOCs及CO为主要污染物。7个排放源分类包括公用发电、道路运输、水上运输、民用航空、其他燃烧源、非燃烧源及生物质燃烧，其他燃烧源主要包括在建筑工地和货柜码头运作的非路面流动机械，生物质燃烧的排放源为山火。

5.3.1　人口密度

根据统计年鉴，粤港澳大湾区人口密度呈现出上升趋势（图 5-27 和表 5-6），从 2000 年的 887 人/km^2 上升到 2015 年的 1 182 人/km^2，每平方公里增长了 295 人。澳门和深圳的上升趋势最为明显，15 年间分别增长了 7 746 人/km^2 和 2 187 人/km^2。江门和肇庆的人口密度增长最慢，15 年间分别增长了 59 人/km^2 和 46 人/km^2。从各城市的人口密度来看，粤港澳大湾区人口的地区分布很不平衡，趋势是中部多、东西部少（图 5-28）。在人口分布上，澳门人口密度最高，2015 年达到 21 148 人/km^2，居世界国家和地区第一，其次是香港、深圳和东莞，均超过 3 000 人/km^2，国土承载人口负担较大；肇庆人口密度最低，仅为 273 人/km^2。

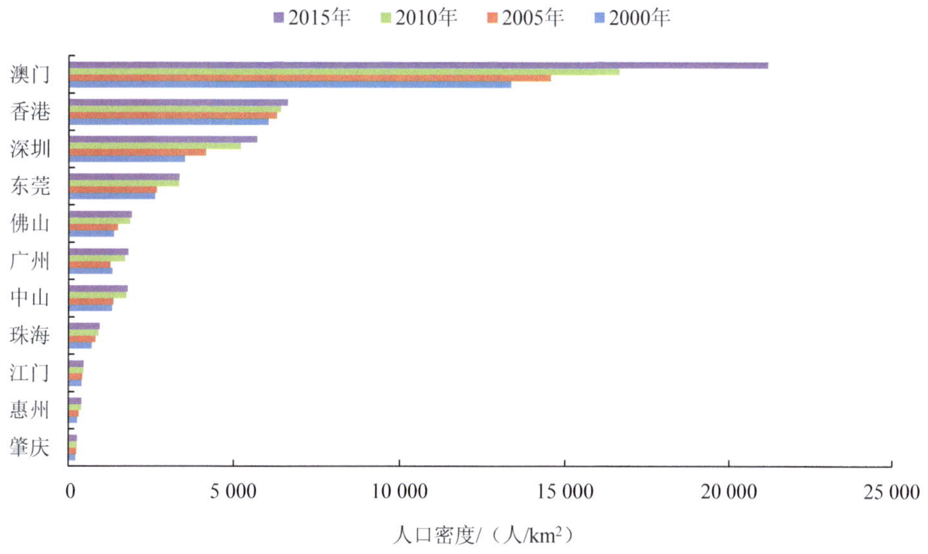

图 5-27　粤港澳大湾区人口密度

表 5-6　粤港澳大湾区人口密度　　单位：人/km^2

城市	2000 年	2005 年	2010 年	2015 年
广州	1 338.10	1 277.41	1 709.57	1 816.03
深圳	3 511.73	4 145.28	5 194.18	5 698.32
珠海	722.59	827.28	912.54	954.93
佛山	1 378.19	1 496.85	1 857.83	1 917.57
江门	416.33	431.71	468.31	475.54
东莞	2 615.98	2 661.54	3 336.63	3 348.52

城市	2000 年	2005 年	2010 年	2015 年
中山	1 325.75	1 364.94	1 750.72	1 799.44
惠州	277.44	319.59	396.68	409.99
肇庆	226.70	246.78	263.30	272.53
香港	6 034.79	6 280.16	6 399.68	6 615.18
澳门	13 353.66	14 542.68	16 615.85	21 148.00
粤港澳大湾区	886.58	937.62	1 130.75	1 182.43

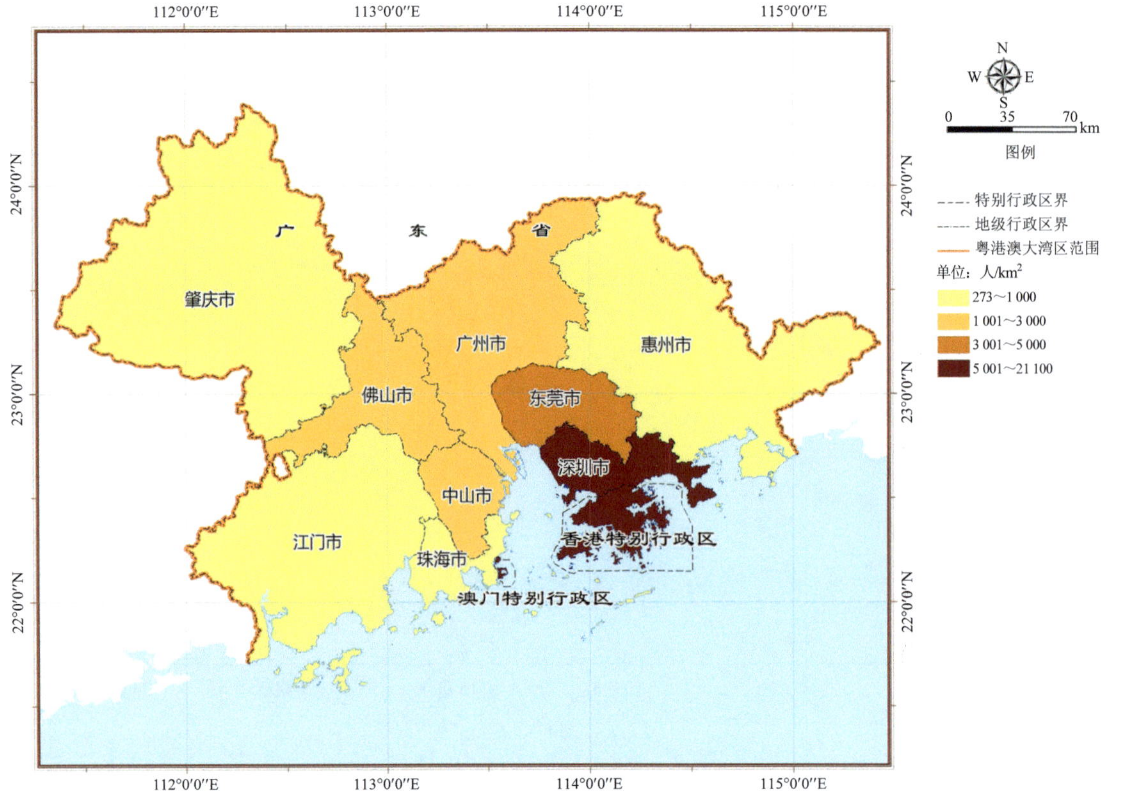

图 5-28　2015 年粤港澳大湾区人口密度分布

5.3.2　经济活动强度

粤港澳大湾区的单位国土面积 GDP 呈现快速增长趋势（图 5-29 和表 5-7），从 2000 年的 4 109.54 万元/km^2 增长至 2010 年的 15 011.19 万元/km^2，每平方公里增长 10 901.65 万元，增加了 2.65 倍。澳门和深圳增长速度最为明显，15 年间分别增长了 717 229.78 万元/km^2 和 76 697.86 万元/km^2。惠州、江门和肇庆的单位国土面积 GDP 增长速度相对缓慢，15 年间分别增长 2 328.51 万元/km^2、1 825.95 万元/km^2 和 1 154.82 万元/km^2。从各城市的经济活动强度来看，澳门单位国土面积 GDP 最高（图 5-30），2015 年达到 886 854.55 万元/km^2，其次是香港和深圳，分别为 176 472.95 万元/km^2 和 87 652.37 万元/km^2，其余环珠江口的城市均达到 10 000 万元/km^2 以上，肇庆单位国土面积 GDP 最低，为 1 322.50 万元/km^2。粤港澳大湾区经济活动强度均呈上升趋势，表明区域经济在不断发展，同时也反映了资源开发、占用程度的提高，对生态环境造成了更大的威胁。

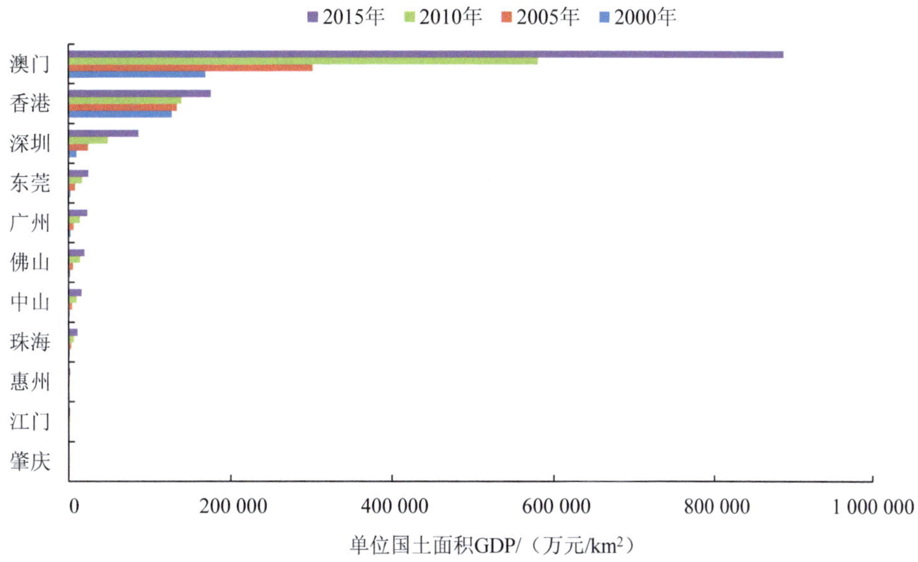

图 5-29　粤港澳大湾区单位国土面积 GDP

表 5-7　粤港澳大湾区单位国土面积 GDP　　单位：万元/km^2

城市	2000 年	2005 年	2010 年	2015 年
广州	3 352.99	6 932.94	14 457.50	24 346.84
深圳	10 954.51	24 793.59	48 943.62	87 652.37
珠海	1 942.17	3 713.40	7 075.52	11 835.93
佛山	2 710.65	6 150.15	14 510.02	20 655.27
江门	531.00	843.55	1 652.39	2 356.94
东莞	3 327.60	8 856.78	17 355.82	25 456.69
中山	1 936.66	4 965.71	10 391.19	16 875.50
惠州	378.65	693.10	1 491.48	2 707.16
肇庆	167.68	292.06	730.65	1 322.50
香港	128 575.26	134 583.13	139 813.08	176 472.95
澳门	169 624.78	302 040.67	580 578.82	886 854.55
粤港澳大湾区	4 109.54	6 043.67	9 790.55	15 011.19

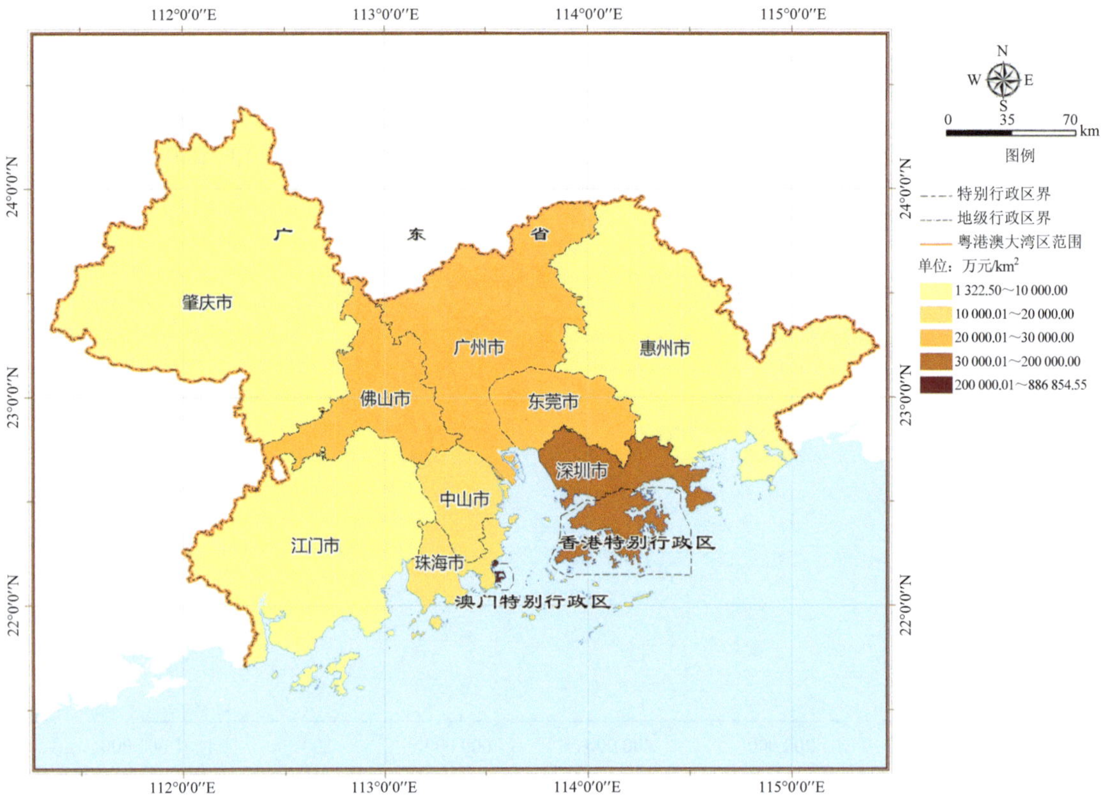

图 5-30　2015 年粤港澳大湾区经济活动强度分布

5.3.3　单位国土面积 SO_2 排放量

5.3.3.1　珠三角城市群

珠三角城市群 2000—2015 年的 SO_2 排放量先上升后平稳下降（图 5-31），尤其是“十一五”国家实行总量减排后，SO_2 排放量得到大幅削减，大部分城市 SO_2 减排效率上升。2000—2003 年，珠三角城市群 SO_2 排放总量处于上升的趋势，在 2003 年达到最大值，为 768 681.03 t；2004—2015 年 SO_2 排放总量平稳下降。这与珠三角城市群 2004 年后产业转移与产业环境管制工作的加强有关，高消耗、高排放以及高污染等产业被淘汰。

从珠三角各城市的 SO_2 排放量来看，广州、东莞和佛山排放量最高，整体呈下降趋势。深圳在 2006 年之前一直高于其他城市，但 2007 年之后则平稳下降，到 2010 年则在珠三角城市群中排放量最低。江门、惠州、中山在 2000—2010 年处于平缓上升的趋势，而后逐渐下降，肇庆、珠海的 SO_2 排放量较为平缓。

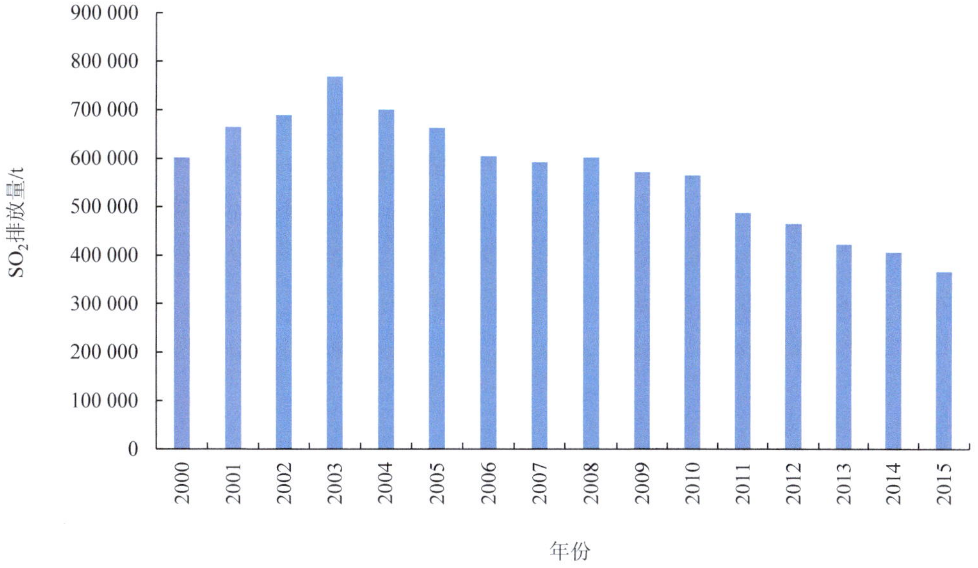

图 5-31　珠江三角洲城市群 SO_2 排放量变化

珠三角城市群的单位国土面积 SO_2 排放量与 SO_2 排放总量趋势一致，2000—2003 年单位国土面积 SO_2 排放量处于上升趋势，在 2003 年达到最大值，为 10.90 t/km^2；2004—2015 年 SO_2 排放总量平稳下降。从珠三角各城市的单位国土面积 SO_2 排放量来看，东莞的排放量最高（图 5-32），2003 年达到最大值，为 81.55 t/km^2，而后逐渐降低。惠州和肇庆的单位国土面积 SO_2 排放量一直处于较低水平，到 2015 年分别为 2.49 t/km^2 和 2.08 t/km^2。

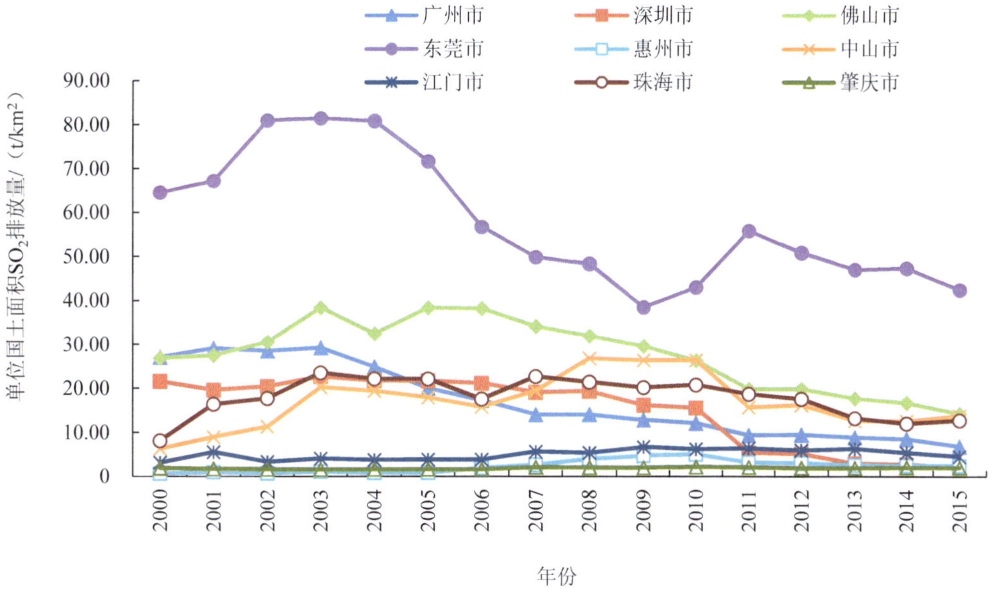

图 5-32　珠三角城市群单位国土面积 SO_2 排放量变化

5.3.3.2 香港

香港的 SO_2 排放量先上升后逐渐下降（图 5-33），2009 年后排放量得到削减。2000—2004 年总体上升，2004 年达到最大值，为 108 890 t，然后逐渐下降，到 2015 年为 19 540 t，15 年间下降 75.70%。从 SO_2 排放总量的构成来看，公用发电和水上运输的占比最高，2015 年分别占总排放量的 59%和 37%，其中公用发电的 SO_2 排放量大幅下降，从 2000 年的 56 760 t 下降到 2015 年的 7 280 t，是 SO_2 排放总量下降的主要驱动力。

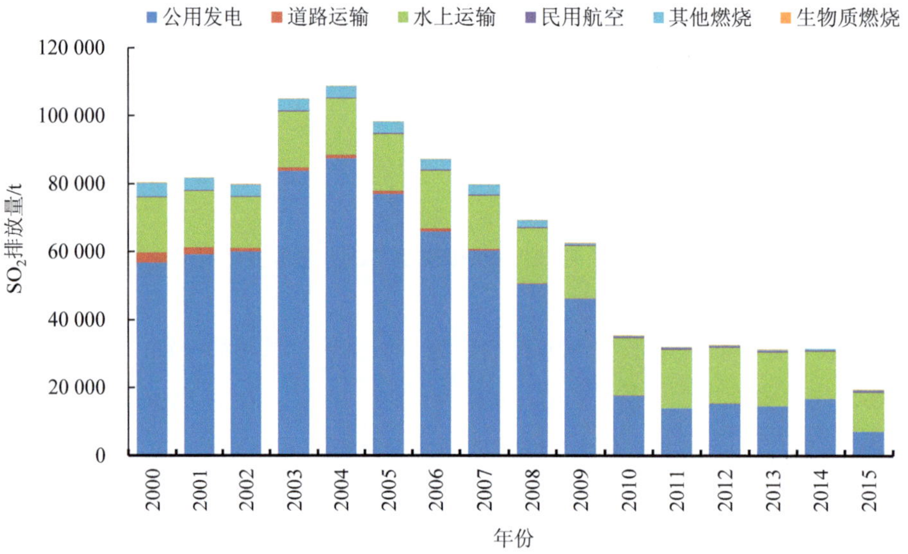

图 5-33 香港 SO_2 排放量变化

5.3.4 单位国土面积烟粉尘排放量

由于缺乏香港和澳门的数据，这里主要分析珠三角城市群的烟粉尘排放量情况。珠三角城市群的烟粉尘排放量在 2000—2003 年呈现上升趋势（图 5-34），2003 年达到最大值，为 270 056.474 t；2004—2006 年排放量逐渐下降，2006 年达到最小值，为 111 408.77 t；2006 年后逐渐上升，2015 年排放量为 134 660.92 t。

从珠三角各城市的烟粉尘排放量来看，广州、东莞、佛山和江门的排放量最高，广州、东莞和江门整体呈下降趋势，佛山呈上升趋势。深圳的烟粉尘排放量在不断下降，到 2015 年是珠三角城市群中排放量最低的城市，为 1 160.65 t。肇庆、惠州、中山和珠海在 2000—2015 年处于平缓上升的趋势。

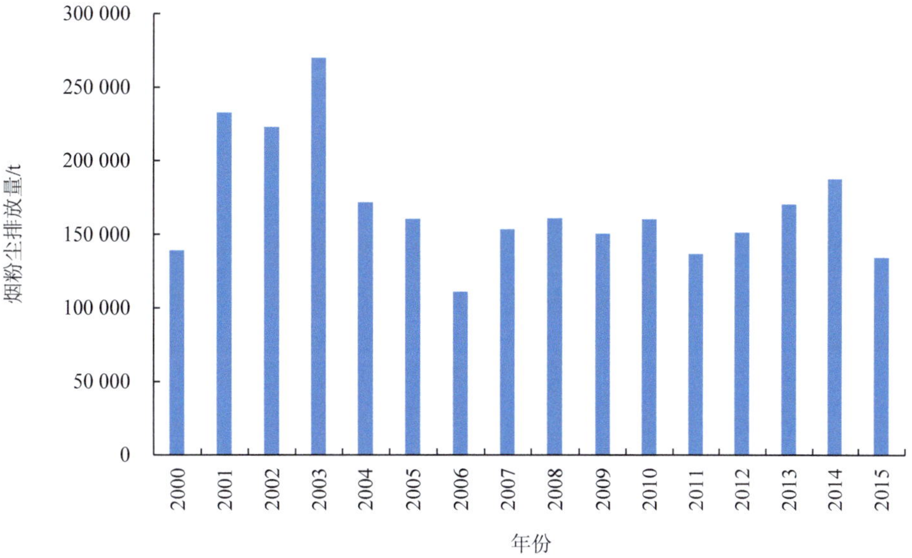

图 5-34　珠三角城市群烟粉尘排放量变化

珠三角城市群的单位国土面积烟粉尘排放量与烟粉尘排放总量趋势一致，2000—2003 年呈现上升趋势，2003 年达到最大值，为 4.89 t/km^2；2004—2006 年排放量逐渐下降，2006 年达到最小值，为 2.02 t/km^2；2006 年后逐渐上升，2015 年排放量为 2.44 t/km^2。从珠三角各城市的单位国土面积烟粉尘排放量来看，东莞的排放量最高（图 5-35），2003 年达到最大值，为 17.96 t/km^2，而后逐渐降低。深圳、惠州和肇庆的单位国土面积烟粉尘排放量一直处于较低水平，到 2015 年分别为 0.58 t/km^2、1.36 t/km^2 和 2.05 t/km^2。

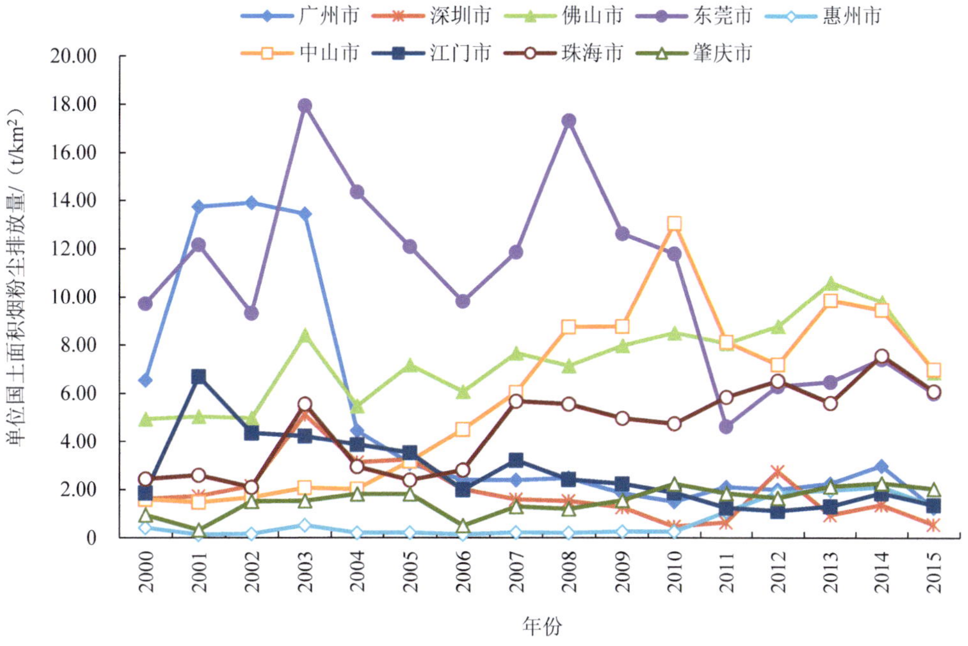

图 5-35　珠三角城市群单位国土面积烟粉尘排放量变化

5.3.5 COD 排放量

由于缺乏香港和澳门的数据，这里主要分析珠三角城市群的 COD 排放量情况。珠三角城市群 2000—2015 年的 COD 排放量整体呈三次下降趋势（图 5-36），2002 年第一次逐渐下降，从 2000 年的 602 860.38 t 下降到 2006 年的 442 319.08 t；2008 年第二次下降，从 2007 年的 595 617.67 t 下降到 2010 年的 456 475.18 t；2012 年第三次下降，从 2011 年的 677 381.73 t 下降到 2015 年的 536 961.79 t。

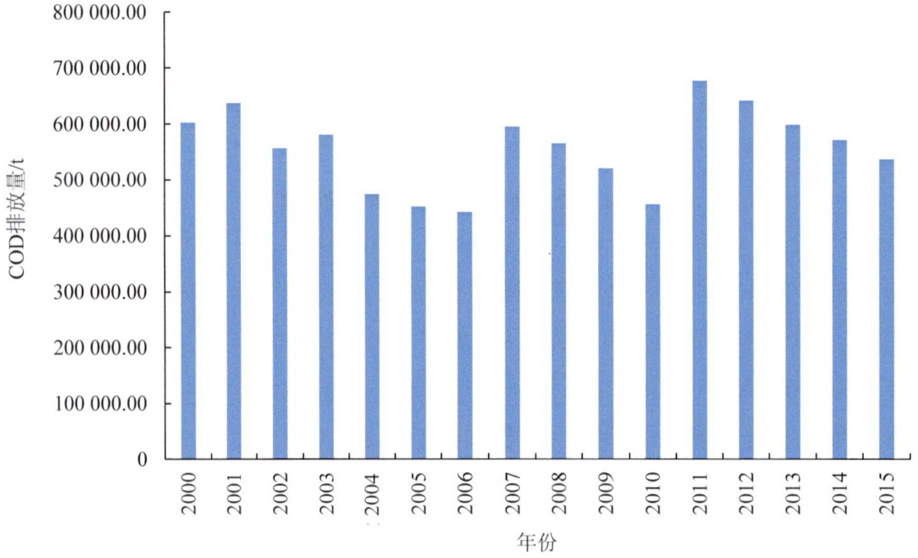

图 5-36 珠三角城市群 COD 排放量变化

从珠三角各城市的 COD 排放量来看，广州、深圳和东莞的 COD 排放量较高，其中广州和东莞整体呈下降趋势，分别从 2001 年的 153 069.13 t、150 791.86 t 下降到 2015 年的 128 761.87 t、87 718.81 t，深圳 COD 排放量总体变化不大。珠海的 COD 排放量最低，2015 年为 21 027.82 t，主要原因是珠三角城市群 COD 排放总量主要来自生活 COD，人口总数是 COD 排放量的主要影响因素。

珠三角城市群单位国土面积 COD 排放量与 COD 排放总量趋势一致，总体变化不大，2000 年为 10.91 t/km^2，2015 年为 9.72 t/km^2。深圳和东莞的单位国土面积 COD 排放量一直居高不下（图 5-37），2015 年均超过 30 t/km^2。其次是广州、佛山和中山，在 15 年间维持在 10～20 t/km^2。江门、惠州和肇庆的单位国土面积 COD 排放量一直处于珠三角城市群较低水平，肇庆平均在 2 t/km^2 左右。

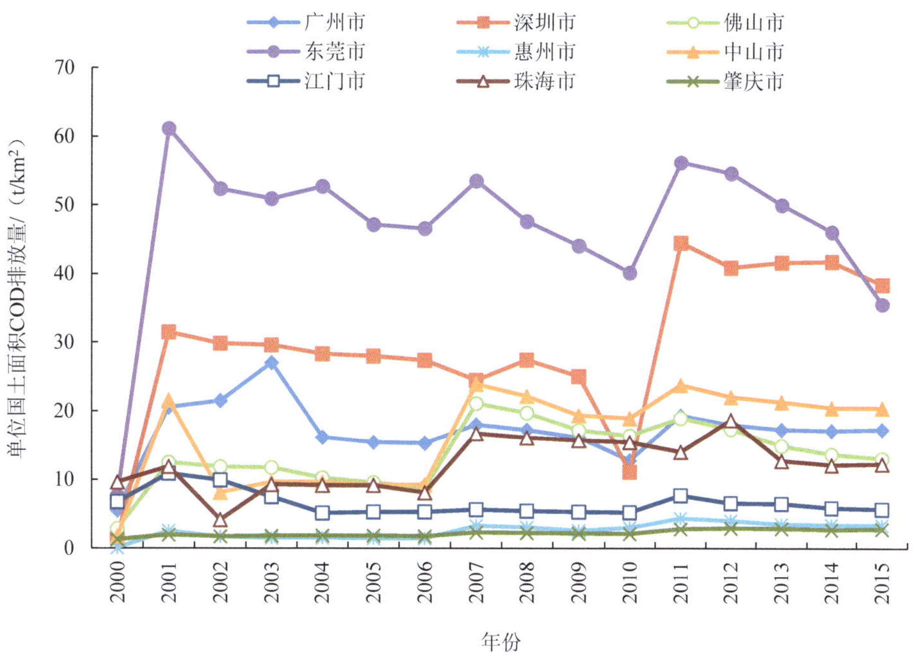

图 5-37　珠三角城市群单位国土面积 COD 排放量变化

5.4　管理对策建议

5.4.1　维护粤港澳大湾区生态安全格局

努力形成安全可靠的生态系统以及健康洁净的自然环境。严格保护具有重要生态价值的自然山林、绿地、海岸、湿地及基本农田，促进形成覆盖全区域的生态安全支撑体系。加强对区域和城乡自然景观资源的调查评估，逐步建立区域性自然资源数据库。在保护区域绿地系统的基础上，构建各个级别、各种功能的生态资源的评价和分级、分类体系，并制订适当的保护和可持续使用措施，确保具有生态安全格局意义的自然生境和生物多样性得到恰当的严格保护。

5.4.2　加强保护水、大气环境质量

逐步完善对大湾区的大气环境进行联合监测的工作，识别大湾区水、大气环境保护关键问题，在科学研究的基础上，尽快采取有效措施治理突出的大湾区环境问题，强化环境事故应急预警及联动处置，遏止环境质量下降趋势。

5.4.3 开展城市增绿和碳汇工程建设

城市生态系统是人工生态系统，与自然和半自然生态系统相比，其生物多样性较少，变动较剧烈和频繁，稳定性较弱，极易受到人为因素的破坏，因此更需要加强维护和保育。城市生态系统的维护和质量的改善主要从城市绿化和碳汇的建设着手。

对于土地城市化水平较高的大湾区城市市区来说，绿地布局宜采用带状和块团状相结合的混合布局结构，带状绿地主要由高速公路、区内道路、绿化防护带组成，块状绿地主要由滨河开放空间、小公园、道路交叉口节点和绿化游憩地组成。在绿化建设过程中，既要见缝插绿，又要连斑块。充分利用街头巷尾设置花坛，沿街种植行道树，提高绿化覆盖率和植物的合理搭配程度。同时，强化绿化的立体化配置，鼓励家庭种植花草，垂直绿化、屋顶绿化，形成多层次的三维空间绿化格局。

城市碳汇主要是城市森林公园和城乡接合带的林带，以生态公益林为主。应以自然保护区、小区、森林公园为重点，以江河流域生态公益林、城市环境风景林以及绿色通道为主体，注重森林多种生态功能的开发和利用，科学合理地调整全区生态公益林的结构和布局，建成带、片、面相结合，呈网络分布的生态公益林体系。

5.4.4 增加用于自然资源和生态系统保护的公共资源投入

将自然资源保护和生态系统保护作为政府行政的重要目标，持续投放资源于环境治理、生态资源保育、自然保护区建设及自然景观保护；并引导珠三角地方政府将自然资源保护纳入土地征用和储备的目标，增加对征用土地作为自然景观用途，包括作为农业发展用途的资源支持。逐步建立适合珠三角特点的农业多样化发展和农业、农村、农户扶持机制，保护农业、林业、水利、海洋等景观资源。香港方面，继续采取并加强现行的自然保育措施，包括指定郊野公园、特别地区、海岸公园，及在城市规划条例下制定的海岸保护区和自然保育地带，以及为重要生境和物种推行保育计划，以保护自然环境及生态资源。

5.4.5 建立生态补偿机制和相关的管理制度

探索广东省内生态补偿机制，完善财政转移支付制度，使自然资源保护地区分享区域经济发展成果。鉴于生态补偿牵涉面广，矛盾复杂，在目前尚未出台相应的规范性文件但补偿的需要又特别迫切的情况下，建议粤港澳大湾区可以开展试点工作，探索建立生态补偿标准体系以及生态补偿的资金来源、补偿渠道、补偿方式和保障体系。

5.5　小结

1980—2015 年，粤港澳大湾区迅速发展，其城市化过程在多个方面取得了瞩目的成就，已成为世界第四大湾区。但是，随着粤港澳大湾区人口的增加和经济的发展，不仅增加了土地资源、水资源、能源的压力，同时加剧了环境污染。

①粤港澳大湾区生态系统类型以森林为主，森林覆盖率达 50%以上，其次是农田和城镇生态系统，各占 15%左右，城镇建设用地面积大。从空间分布来看，森林生态系统集中在惠州、肇庆和江门，构成粤港澳大湾区外围的绿色屏障。农田和城镇生态系统主要分布在环珠江口冲积平原地区，以及西江、北江、东江沿岸地势较为平坦区域。

②粤港澳大湾区城市化进程的发展，主要表现为城镇生态系统的迅速增长，粤港澳大湾区内大量的农用地转化为城市建设用地，使得处于原生态的复杂多样的自然、半自然状态的农田、林地、草地、湿地等生态系统快速转变为人工的城镇生态系统。城镇用地占用农用地的过程，使得城市硬化地面代替农用地，植被覆盖率下降，下垫面条件发生较大变化，致使生物多样性减少、水源涵养功能减弱以及水土流失加剧。

③粤港澳大湾区对生态环境的胁迫作用直接表现在人口的增长与迁移、资源及能源的高强度需求、污染物的排放、经济的扩张与推进等，在此链接过程中通过城市这个有机体的各类细胞活动（居民生产与生活、企业生产与销售）物化了资源的利用与环境的承载，源源不断地向区域排放废物来影响环境质量，并通过经济活动力度和污染排放强度作用于区域生态环境。

④粤港澳大湾区人口密度逐渐增加，是世界上人口最为稠密的地区，尤其是澳门和香港的人口密度远高于其他城市，国土承载人口压力大。粤港澳大湾区的经济活动强度呈现显著增长的趋势，大湾区的生产能力不断提高。随着人口的增长和经济的快速发展，对水资源、能源的利用强度逐年增强。虽然区域内水资源较为丰富，但是部分水体受到严重的污染，制约着粤港澳大湾区社会经济的发展。多数城市的单位国土面积 SO_2 排放量呈现先增后降的趋势，说明前期污染日益加剧，后经及时治理后减排效果明显。

参考文献

[1]　广东省统计局，国家统计局广东调查总队. 2006. 广东省统计年鉴[M]. 北京：中国统计出版社.

[2]　广东省统计局，国家统计局广东调查总队. 2011. 广东省统计年鉴[M]. 北京：中国统计出版社.

[3]　广东省统计局，国家统计局广东调查总队. 2016. 广东省统计年鉴[M]. 北京：中国统计出版社.

[4]　黄勇，王凤友，蔡体久，等. 2015. 环渤海地区景观格局动态变化轨迹分析[J]. 水土保持学报，29（2）：314-319.

[5] 鲁春阳，齐磊刚，桑超杰. 2007. 土地利用变化的数学模型解析[J]. 资源开发与市场，23（1）：25-27.

[6] 任杰，钱发军，李双双，等. 2015. 河南省生态系统胁迫变化研究[J]. 中国人口•资源与环境，25（S1）：300-303.

[7] 苏相琴，于嵘，何雅孜，等. 2015. 广西北部湾生态系统构成与格局及其变化评估[J]. 科学技术与工程，15（26）：19-26.

[8] 王伟，曹云，彭昆国，等. 2014. 基于 RS 和 GIS 的江西省生态系统格局和空间结构动态变化研究[J]. 江西科学，32（5）：617-623，684.

[9] 易予晴，龙腾飞，焦伟利，等. 2014. 城市化进程对武汉市热岛效应的影响[A]//中国遥感应用协会. 2014. 第十八届中国环境遥感应用技术论坛论文集[C]. 第十八届中国环境遥感应用技术论坛，76-85.

[10] Kennedy R E，Cohen W B，Schroeder T A，et al. 2007. Trajectory-based change detection for automated characterization of forest disturbance dynamics[J]. Remote Sensing of Environment，110：370-386.

[11] Wines J A，Moss M R. 2005. Issues and perspectives in landscape ecology[A]//Haines-Young R. Landscape pattern：Context and process[C]. Cambridge：Cambridge University Press：103-111.

第 6 章

粤港澳大湾区近岸海域生态环境评估及策略

6.1　近岸海域生态环境现状与演变趋势

按照区域相对独立性及特征，粤港澳大湾区海域可分解为大亚湾、珠江口（澳门海域）、大广海湾、香港四大海区。大亚湾和大广海湾属于典型的海湾生态系统，珠江口海域属于典型河口生态系统，香港海域属于海岛生态系统。湾区生态环境状况主要从生物多样性水平、渔业资源和生物体质量等三个方面分析。

6.1.1　生物多样性

根据 2000—2016 年《广东省海洋环境质量公报》或《广东省海洋环境状况公报》，以及大亚湾生态监控区和珠江口生态监控区的生态监测数据（2004—2016 年），分析粤港澳大湾区中大亚湾及珠江口的生物多样性状况；根据大广海湾相关海洋调查资料，分析大广海湾生物多样性状况。

6.1.1.1　大亚湾生物多样性水平

大亚湾属于典型的海湾生态系统类型。大亚湾浮游植物、浮游动物和底栖生物的生物多样性水平见图 6-1。生物多样性状况以 Shannon-Weaver 多样性指数 H'来判断，≥4 时指标等级为好，3～4 为较好，2～3 为中，1～2 为较差，≤1 为差。由图 6-1 可知：近年来，大亚湾浮游植物多样性指数等级为中至较差水平，浮游动物多样性指数等级为较好至中的水平，大型底栖生物多样性水平较低，为较差至差的水平。总体而言，近年来大亚湾生态系统处于亚健康状态，且呈现一定退化趋势。大亚湾生物多样性水平一般，底栖生物多样性水平尤其较低。

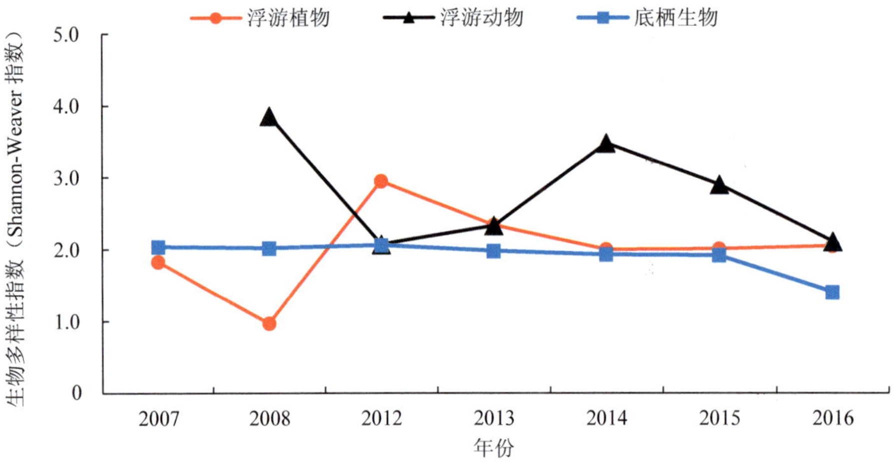

图 6-1　大亚湾生物多样性指数变化趋势

6.1.1.2　珠江口生物多样性水平

珠江口属于典型的河口生态系统类型。珠江口浮游植物、浮游动物和底栖生物的生物多样性水平见图 6-2。由图可知：近年来，珠江口浮游植物多样性指数等级主要表现为差的水平，浮游动物多样性指数等级为较好至中的水平，大型底栖生物多样性为较差至差的水平。具体特征如下：浮游植物方面，群落结构趋向简单化，赤潮生物始终是珠江口浮游植物的主要组成部分，其种类和数量均占有明显的优势，容易诱发各种赤潮，珠江口成为我国典型的赤潮多发区；浮游动物方面，多样性指数在多年下降后略有好转，但平均个体密度和生物量偏低，明显低于正常波动范围，且近年来有下降趋势；底栖生物方面，珠江口底栖生物生物量低，种类组成趋于小型化，珠江口北部海区因航道疏浚工程，严重影响了底栖生物的生存环境，大型底栖生物极少，生物多样性较差。总体而言，珠江口生物多样性水平一般，浮游植物和底栖生物多样性水平尤其较低，近年来珠江口生态系统处于不健康状态，生态问题较严重。

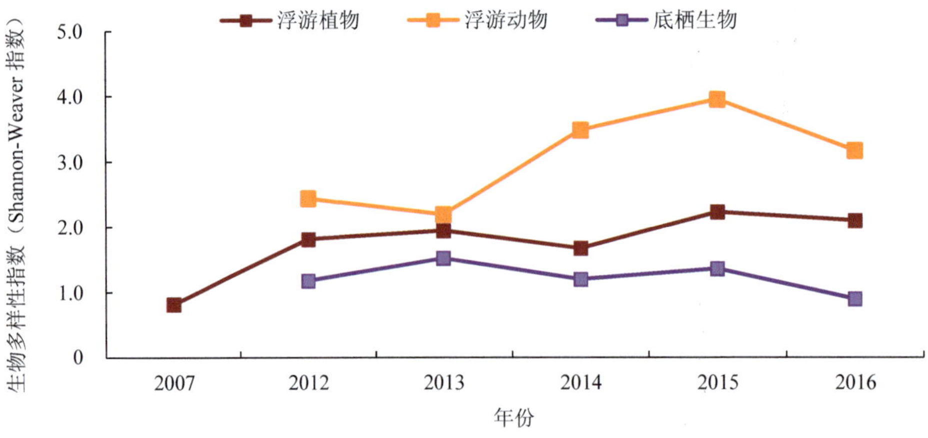

图 6-2　珠江口生物多样性指数变化趋势

6.1.1.3　大广海湾生物多样性水平

大广海湾属于典型的海湾生态系统类型。大广海湾东部浮游植物、浮游动物和底栖生物的生物多样性水平见图 6-3。由图可知：近年来，大广海湾东部海域浮游植物种类数有所下降，多样性水平较为稳定，多样性指数等级主要体现为中的水平；浮游动物多样性指数等级由较好下降至较差水平；底栖生物种类数和多样性水平较 10 年前总体而言有所下降，多样性指数等级主要体现为较差水平；潮间带生物种类数和多样性水平较 10 年前均有所下降，多样性指数等级由较好降至中的水平。总体而言，大广海湾生物多样性水平一般，浮游动物和底栖生物多样性水平尤其较低，近年来大广海湾生态环境总体呈退化趋势。

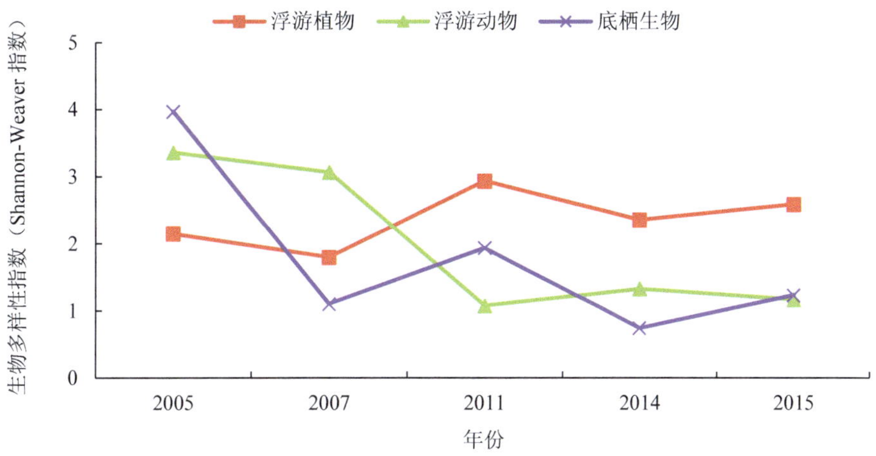

图 6-3　大广海湾东部生物多样性指数变化趋势

6.1.1.4　香港海区生物多样性水平

根据香港特别行政区政府环境保护署历年来公布的海水水质报告可知，香港近年来水域生态环境较稳定，体现在浮游植物种类数较稳定（82～109 种）、以硅藻为优势群体（56%～59%）等方面（图 6-4）；根据相关研究（林旭吟，2007），香港水域浮游植物多样性水平呈中等水平。

1986 年香港特区政府实施了吐露港行动计划后，吐露港内红潮发生率大幅减少，由 1988 年最高的 43 次下降至 2005 年的 12 次。1988 年是香港水域的红潮高峰期（共有 88 次红潮报告），近年来，全港红潮每年发生率维持在 15 次左右（图 6-5），与 20 世纪八九十年代相比，近年来红潮所引起的鱼类死亡事件已十分罕见。

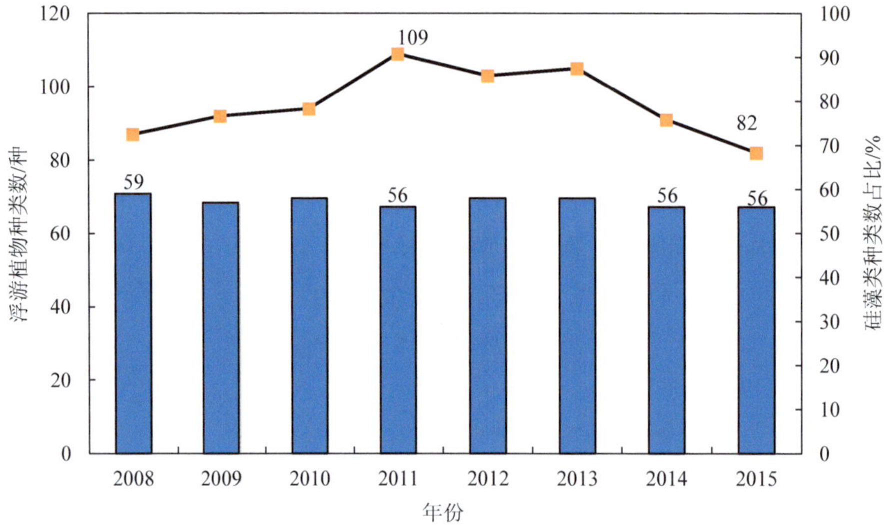

图 6-4 香港水域浮游植物种类数和硅藻类种类数占比变化趋势

图 6-5 香港水域红潮发生次数变化趋势

6.1.2 渔业资源

大亚湾及珠江口的渔业资源变化状况数据来自 2000—2016 年发布的《广东省海洋环境质量公报》或《广东省海洋环境状况公报》；大广海湾来自相关海洋调查资料；香港数据来自香港特别行政区政府渔农自然护理署（渔护署）公布的相关资料。

6.1.2.1　双拖作业渔获率年际变化分析

实施休渔制度前的 1993—1998 年，渔获率呈现急剧下降的趋势；自 1999 年起，南海实施伏季休渔制度；2002 年，开展大规模人工鱼礁建设，实行渔民转产转业政策，加强海洋渔业资源保护区建设；监测结果表明，通过一系列保护政策的实施，近海渔业资源快速衰退的势头得到了一定程度的遏制，渔业资源量自 1999 年起呈现逐年增长势头，但近几年渔获率又有明显下降（图 6-6）。

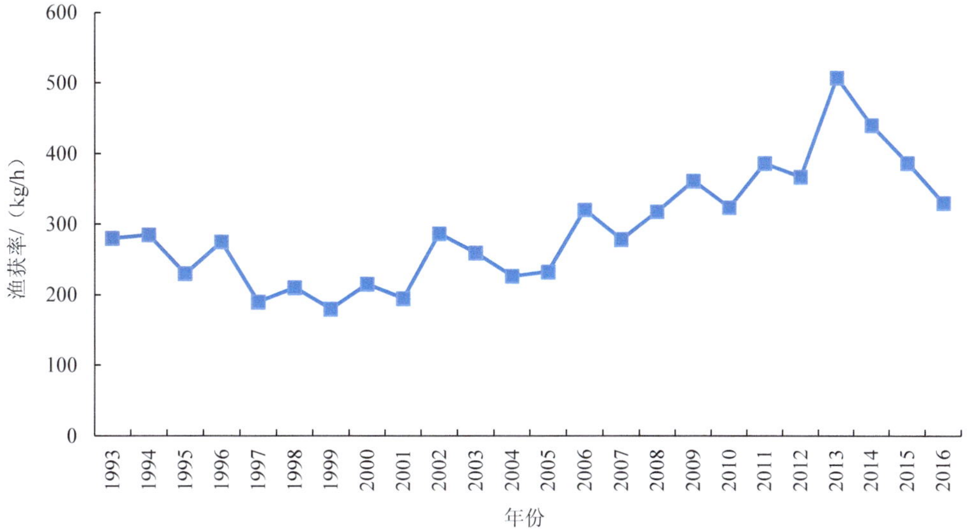

图 6-6　粤港澳大湾区所在海域双拖作业渔获率年际变化

6.1.2.2　渔获种类变化趋势分析

近年来，渔获的主要优质经济种类有金线鱼、带鱼、蓝子鱼、马鲛、鲻鱼、乌鲳、银鲳、白鲳、刺鲳、印度无齿鲳、鲳鱼、丽叶鲹、油魣、大眼鲷、二长棘鲷、大黄鱼、虾类和头足类等，渔获量占比见图 6-7，由图可知，近年来渔获的优质经济种类渔获量占比普遍较低，最低只有 8.41%，最高也仅为 35.53%，其余为蓝圆鲹、青鳞鱼、黄鳍马面鲀、蛇鲻、鲐鱼、竹荚鱼、棱鳀、小公鱼及其他低质种类。

从渔获种类上看，虽然近年来渔业资源量有所增长，但是，作为渔业资源繁殖生长重要场所的近海海域，过度开发利用，污染程度加剧，海洋渔业资源和生态遭到不同程度破坏，传统作业渔场的渔汛已消失，近年来增长的渔业资源主要是寿命短、繁殖力强、生长快速的小型鱼类；由于目前捕捞强度较大，优质且寿命较长的鱼类生物量难以实现显著增长，因此渔业资源呈现个体小型化、低龄化和低质化态势，近海渔业资源养护形势依然严峻。

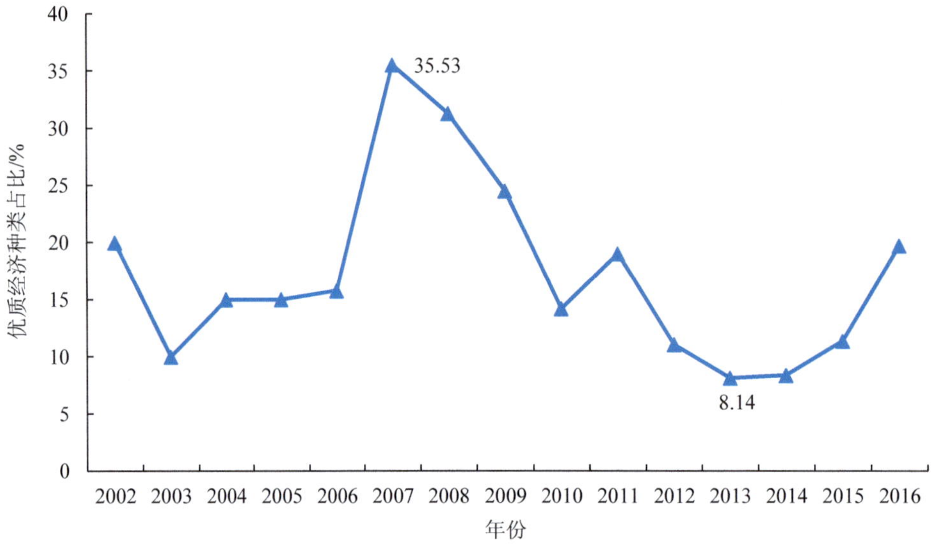

图 6-7 粤港澳大湾区所在海域双拖作业优质经济种类渔获量占比年际变化

6.1.2.3 渔业资源变化分析

①大亚湾：近年来，渔业资源衰退严重，大黄鱼、小黄鱼、鮸、龙虾和杂色鲍等濒临灭绝，鲷科、石斑、鲍鱼等名贵种类数量越来越少。尽管近年来实施了伏季休渔、增殖放流和人工鱼礁建设等一系列生态保护措施，大亚湾渔业资源持续衰退的局面仍未得到有效扭转，渔业资源量下降，且渔获物以低质种类为主和个体小型化的现象仍较突出。

②珠江口：近年来，由于大型海洋工程不断增加、环境污染、船只来往频繁、过度捕捞等，渔业资源也呈现一定的衰退态势。

③大广海湾：近年来，渔业资源渔获率和渔业资源密度均相对较为稳定，未出现明显波动，但渔业资源种类数与 10 年前相比减少明显。

④香港：根据香港特别行政区政府渔农自然护理署（渔护署）公布的相关资料，2005 年捕鱼作业的主要渔产品种（成鱼）约 63 种，鱼苗约 9 种。香港立法会已通过有关禁止在香港水域进行拖网（包含双拖、单拖、虾拖及掺缯）捕鱼的修订法例，以保护珍贵的海洋资源和生态环境，使遭受损害的海床及海洋资源得以尽快复原，禁止拖网捕鱼的法例已于 2012 年 12 月 31 日起生效。因此，近年来，香港的渔船主要在南海的大陆架附近的水域作业。现时香港约有 5 160 艘渔船，并有大约 10 800 名本地渔民在渔船上工作。捕捞渔业对维持本地新鲜海鱼的供应有很大贡献，在 2016 年，渔业产品产量约为 142 775 t，价值达 26 亿元。

总体来说，粤港澳大湾区的渔业资源呈现衰退现象，名贵种类及总量均有减少。

6.1.2.4 鱼卵、仔鱼变化分析

①大亚湾：鱼、虾、蟹、贝类的产卵场、索饵场和越冬场遭到不同程度的破坏，产卵场

功能出现衰退现象，鱼卵、仔鱼的密度不断降低，传统的鲷科鱼类、鱼苗产量逐年下降。

②珠江口：鱼卵、仔鱼近年来密度一直较低，数量及种类均很少。

③大广海湾：鱼卵、仔鱼种类数及密度较 10 年前均有所减少。

总体来说，粤港澳大湾区的产卵场功能呈现衰退现象，鱼卵、仔鱼种类及产量均有所降低。

6.1.3　生物体质量

根据《广东省海洋环境质量公报》或《广东省海洋环境状况公报》数据显示：2002—2005 年，粤港澳大湾区所在海域海洋生物质量总体良好，但受陆源污染影响较大的个别近岸海区的部分贝类体内的重金属，如总汞、铅、镉、砷等含量偏高；2006—2015 年，近岸海域贝类体内污染物残留状况总体处于第一、第二类海洋生物体质量水平。

6.1.3.1　大亚湾海洋生物体质量

大亚湾海域海洋生物体质量年际差异较大（图 6-8 至图 6-15），部分年份贝类生物体内重金属和石油烃含量超过《海洋生物质量》（GB 18421—2001）的第一类标准，但基本满足第二类标准。鱼类、甲壳类、头足类生物体内重金属和石油烃含量均符合相应的评价标准限值要求。贝类、鱼类生物体内石油烃、铅、铬、镉等含量，以及甲壳类和头足类体内石油烃含量年际差异明显，2015 年普遍出现高值，基本可推断近几年大亚湾海域海洋生物体质量呈现明显变差的趋势，需进一步跟踪监测确定。

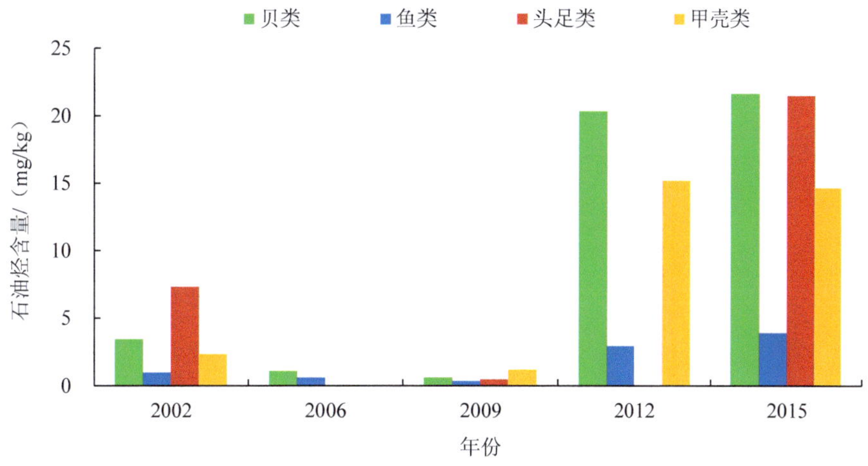

图 6-8　大亚湾各类生物体中石油烃变化情况

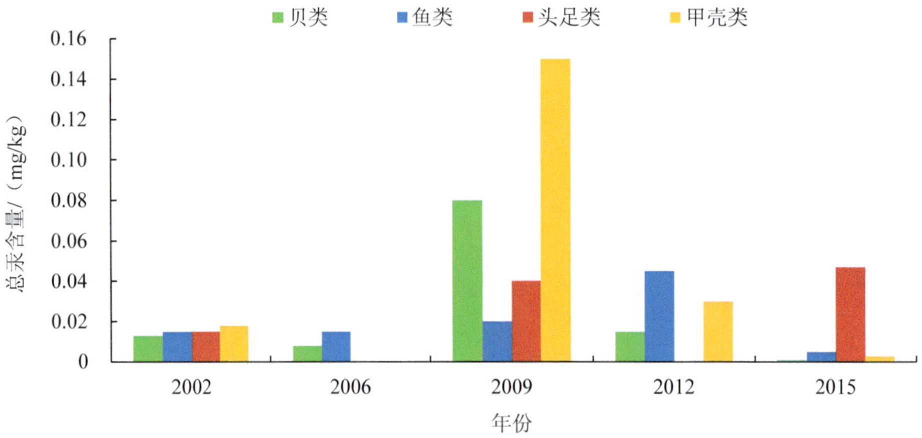

图 6-9　大亚湾各类生物体中总汞变化情况

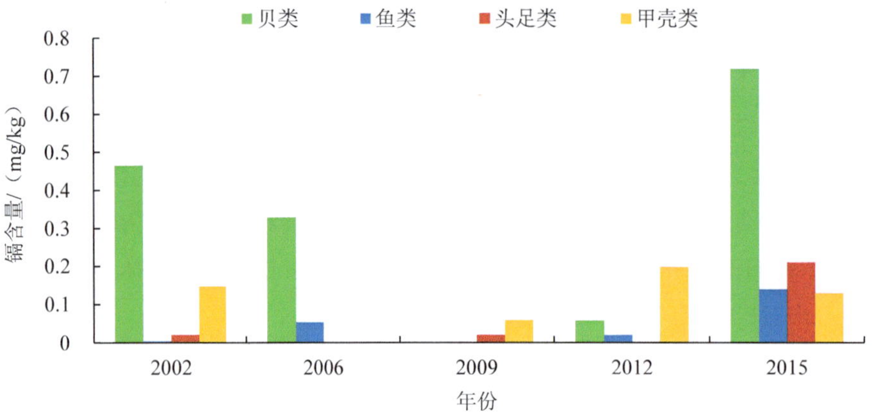

图 6-10　大亚湾各类生物体中镉变化情况

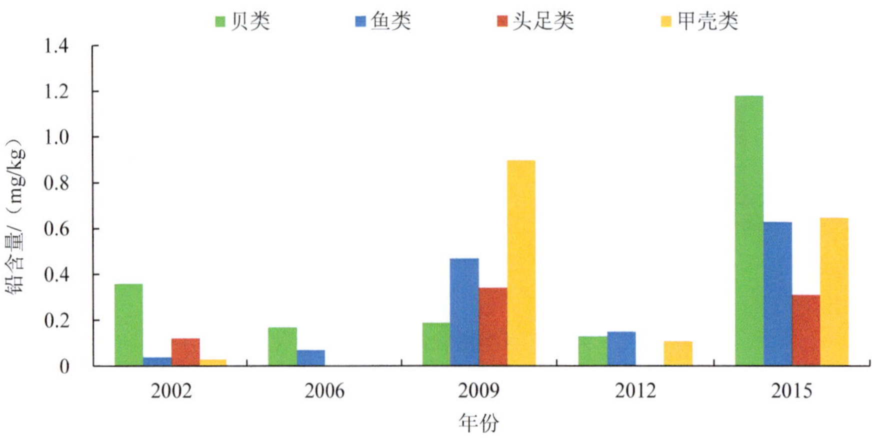

图 6-11　大亚湾各类生物体中铅变化情况

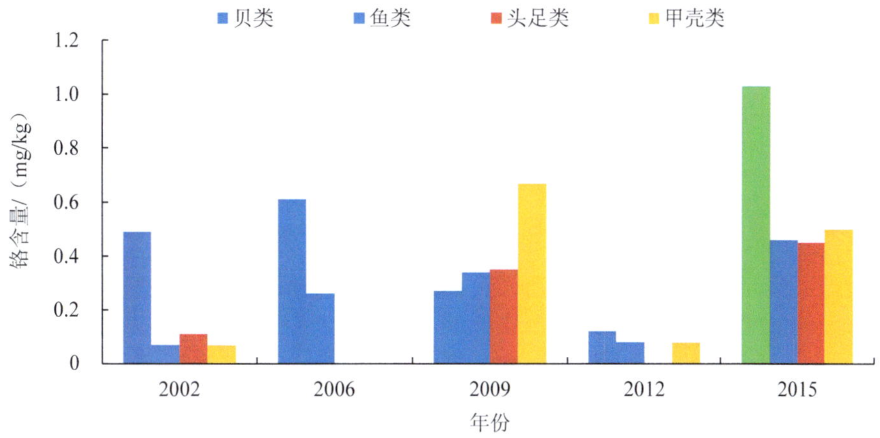

图 6-12　大亚湾各类生物体中铬变化情况

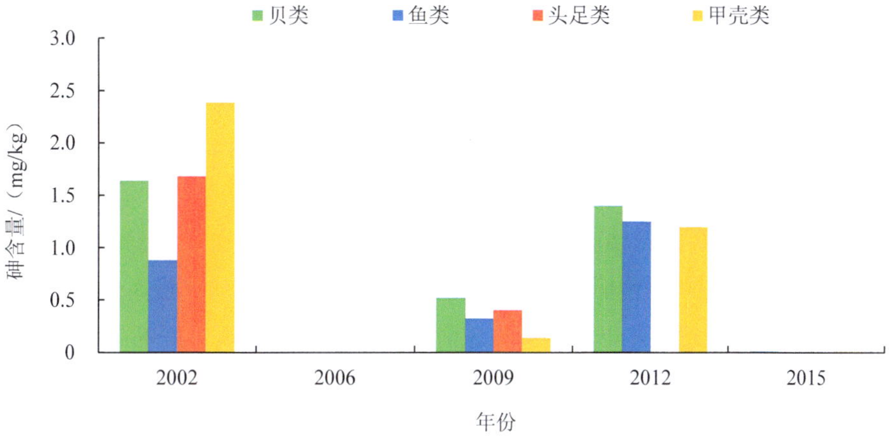

图 6-13　大亚湾各类生物体中砷变化情况

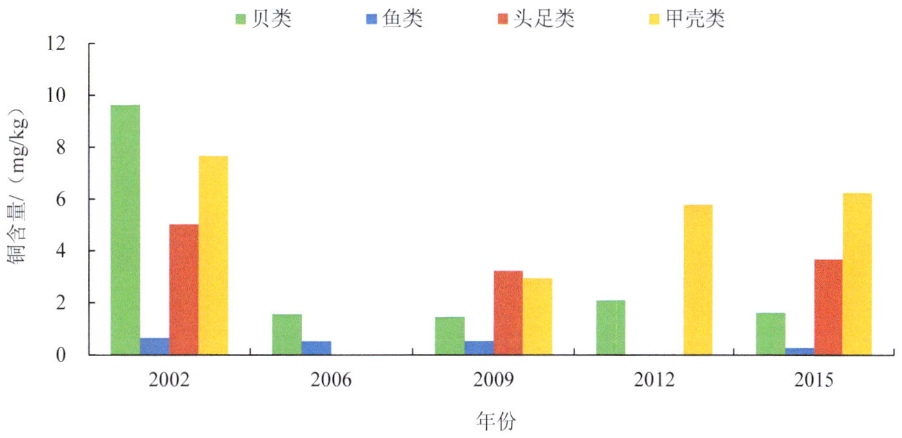

图 6-14　大亚湾各类生物体中铜变化情况

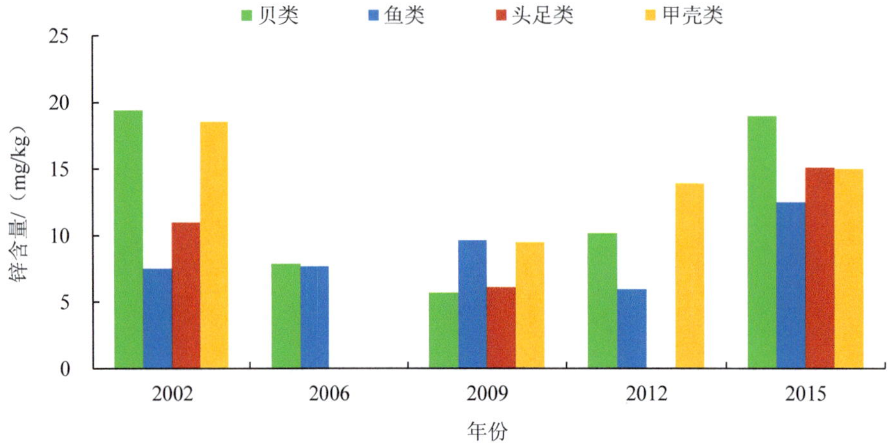

图 6-15 大亚湾各类生物体中锌变化情况

6.1.3.2 珠江口海洋生物体质量

珠江口水域海洋生物体质量年际差异较大（图 6-16 至图 6-21），部分年份贝类生物体内重金属和石油烃含量超过《海洋生物质量》（GB 18421—2001）的第一类标准，但基本满足第二类标准；仅 2007 年贝类铅超第二类标准，满足第三类标准；2007 年贝类石油烃超标明显，超第三类标准；除 2007 年鱼类及甲壳类生物体内石油烃超标外，鱼类、甲壳类生物体内重金属和石油烃含量均符合相应的评价标准限值要求。由图可知，珠江口水域海洋生物体质量较 10 年前有所改善，基本可推断近几年珠江口水域海洋生物体质量呈现变好的趋势，需进一步跟踪监测确定。

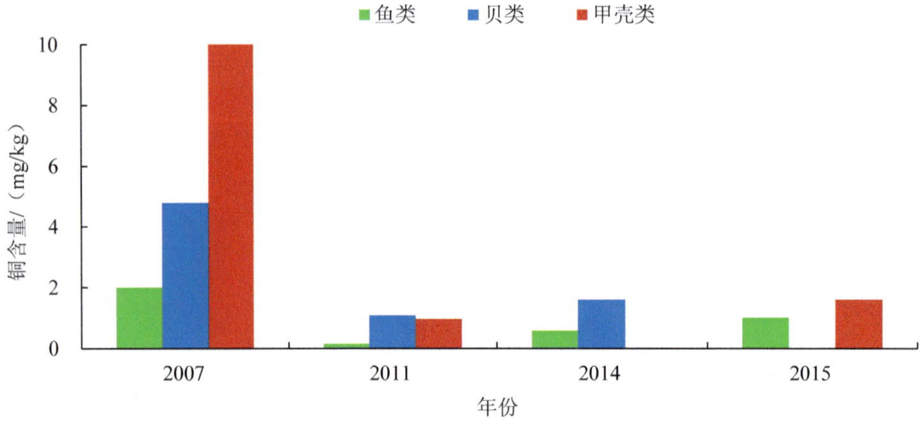

图 6-16 珠江口各类生物体中铜变化情况

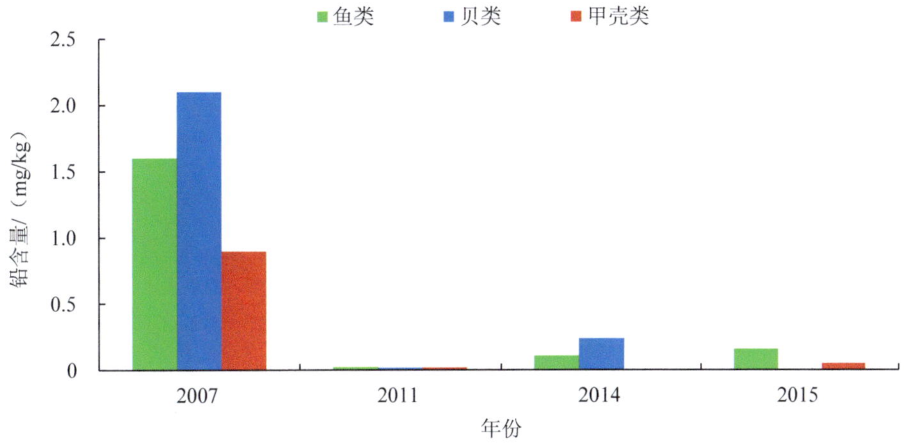

图 6-17　珠江口各类生物体中铅变化情况

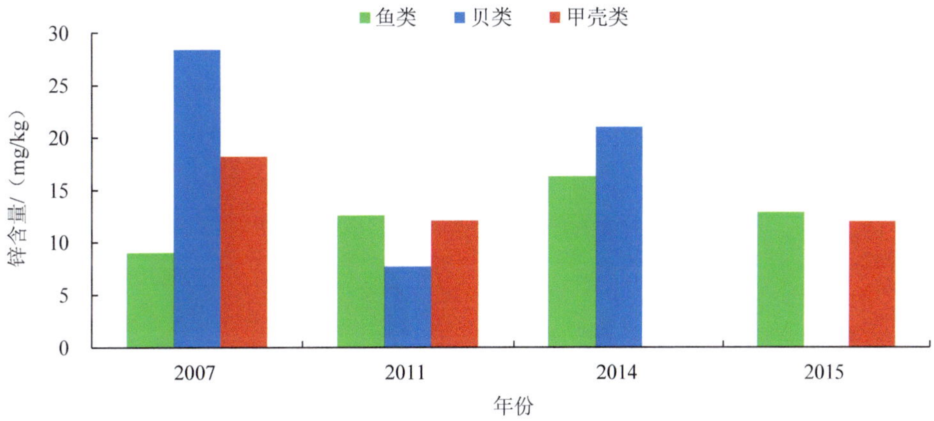

图 6-18　珠江口各类生物体中锌变化情况

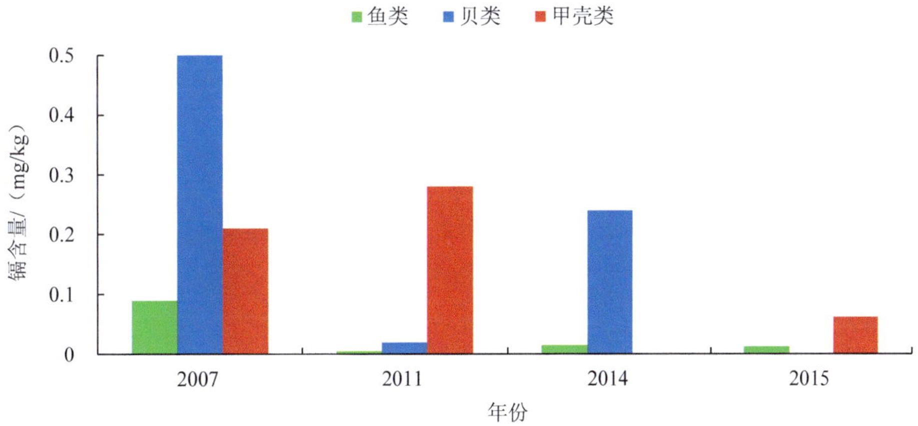

图 6-19　珠江口各类生物体中镉变化情况

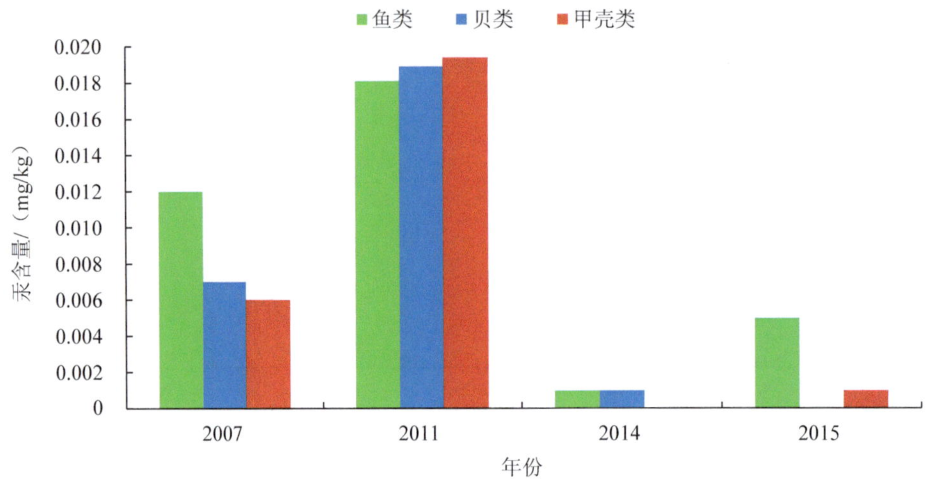

图 6-20 珠江口各类生物体中汞变化情况

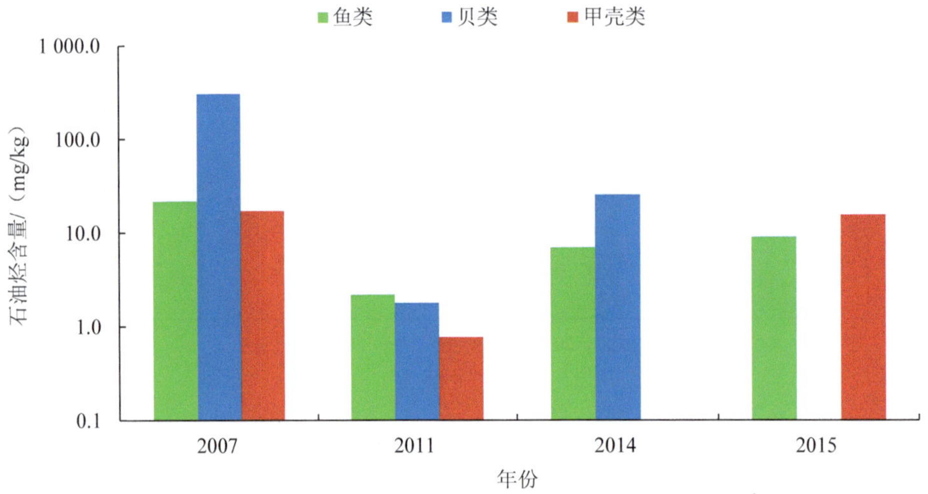

图 6-21 珠江口各类生物体中石油烃变化情况

6.1.3.3 大广海湾海洋生物体质量

大广海湾海洋生物体质量年际差异不明显（图 6-22 至图 6-29），部分年份贝类生物体内重金属和石油烃含量超过《海洋生物质量》（GB 18421—2001）的第一类标准，但基本满足第二类标准；仅 2007 年贝类铜、铅超第二类标准，满足第三类标准；鱼类、甲壳类和软体类生物体内重金属和石油烃含量均符合相应的评价标准限值要求。由图可知，大广海湾海洋生物体质量较 10 年前略有下降，但变差趋势并不明显，需进一步跟踪监测确定。

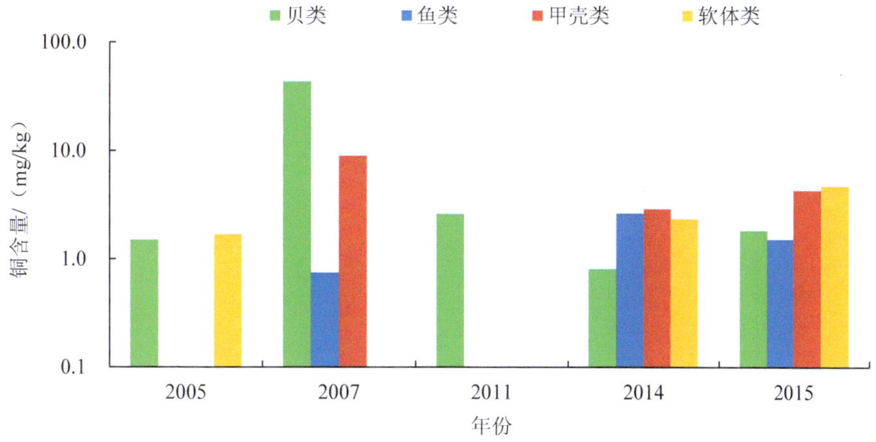

图 6-22　大广海湾各类生物体中铜变化情况

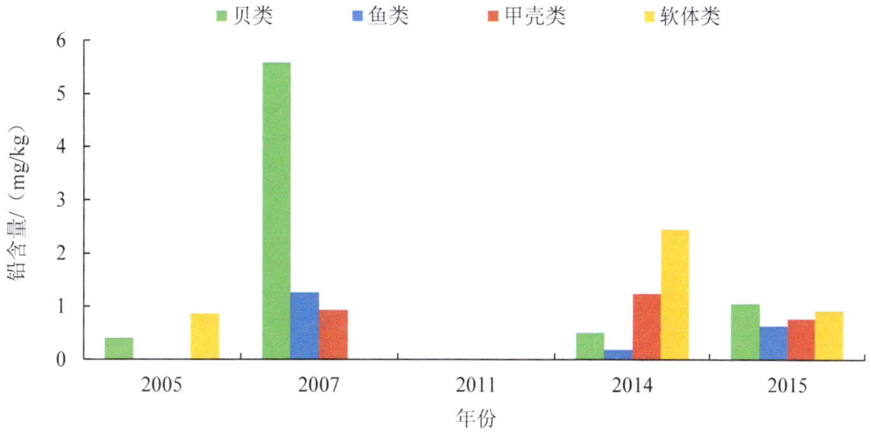

图 6-23　大广海湾各类生物体中铅变化情况

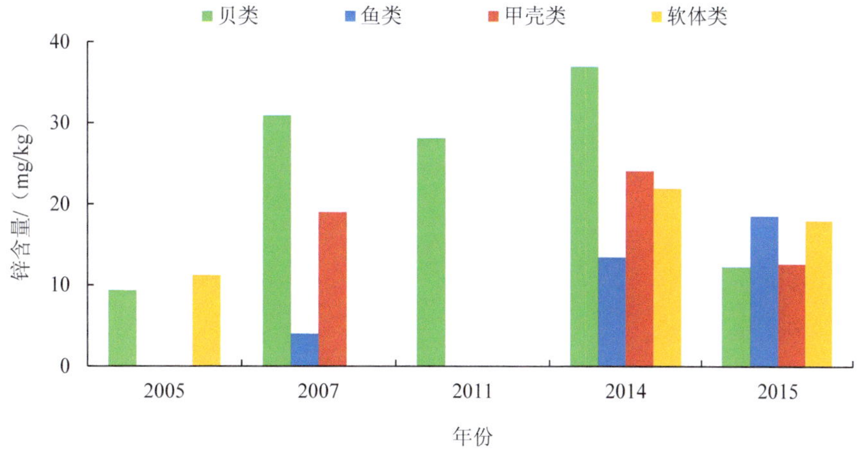

图 6-24　大广海湾各类生物体中锌变化情况

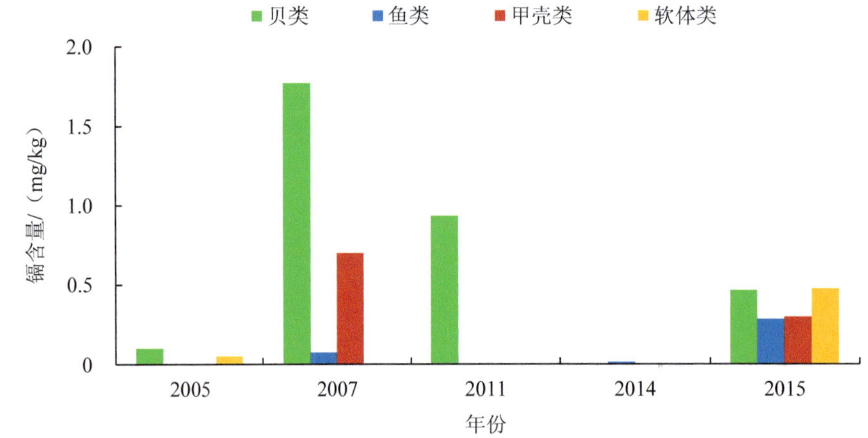

图 6-25　大广海湾各类生物体中镉变化情况

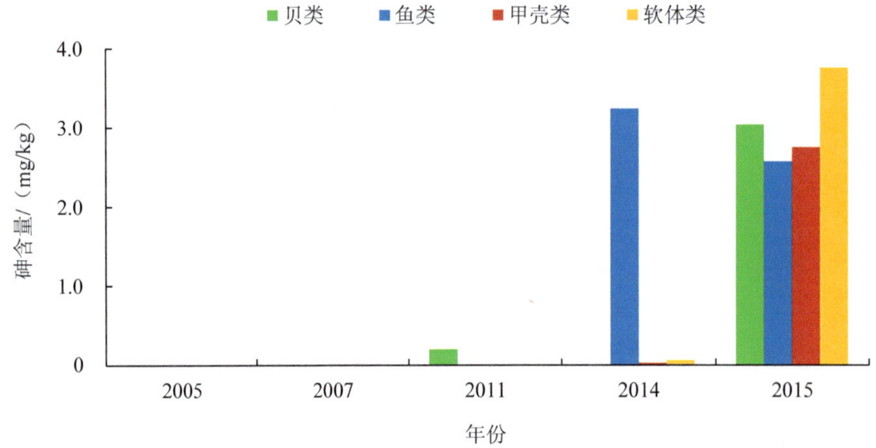

图 6-26　大广海湾各类生物体中砷变化情况

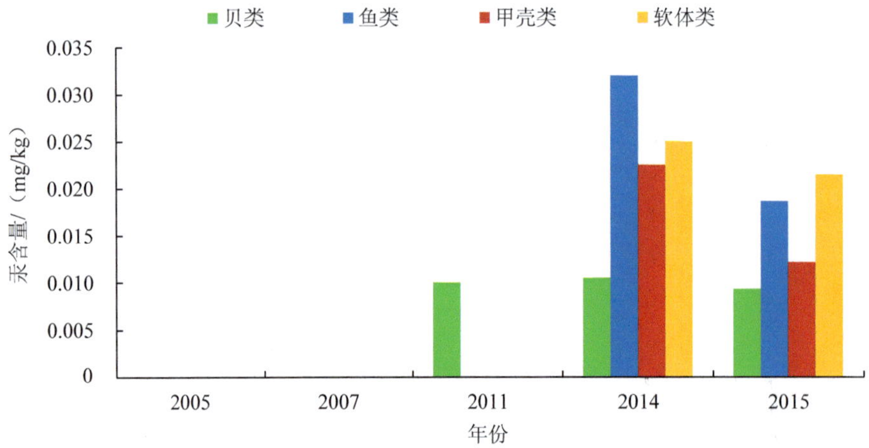

图 6-27　大广海湾各类生物体中汞变化情况

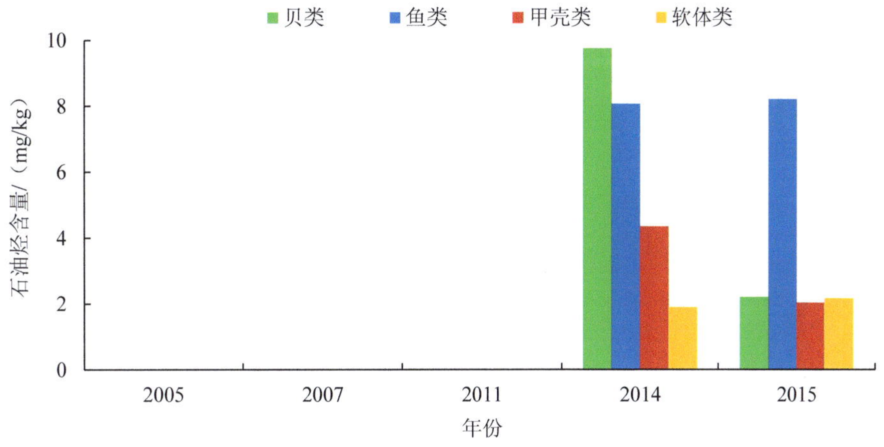

图 6-28　大广海湾各类生物体中石油烃变化情况

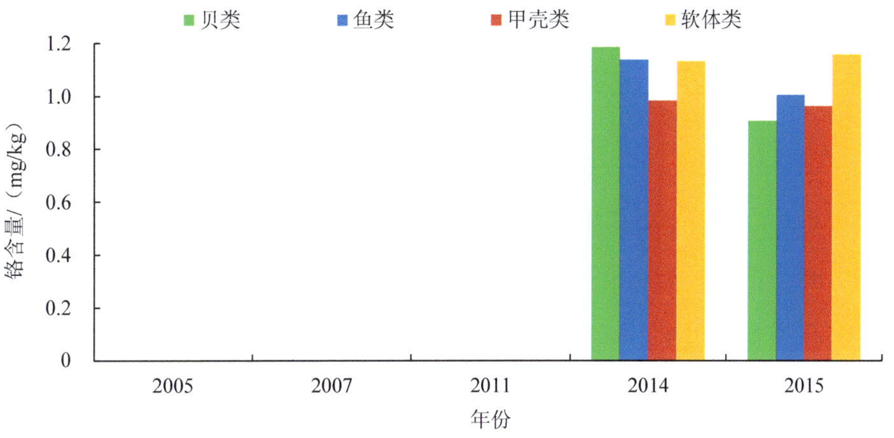

图 6-29　大广海湾各类生物体中铬变化情况

6.1.4　生态敏感区现状

生态敏感区是指那些对人类生产、生活活动具有特殊敏感性或具有潜在自然灾害影响，极易受到人为的不当开发活动影响而产生生态负面效应的地区。粤港澳大湾区海岸带生态环境敏感区主要包括海洋自然保护地和典型海洋生态系统。

6.1.4.1　海洋自然保护地

根据相关资料初步统计可知，粤港澳大湾区主要的海洋自然保护地共 15 处，其中国家级 4 处、省级 3 处、市级 5 处、县级 1 处、其他 1 处，国际重要湿地 1 处，名单见表 6-1，分布情况见图 6-30。

表 6-1 粤港澳大湾区主要的海洋自然保护地

序号	名称	主要保护对象
一、国家级 4 处		
1	广东珠江口中华白海豚国家级自然保护区	中华白海豚及其栖息活动区域
2	广东内伶仃岛—福田国家级自然保护区	猕猴等珍贵动物（内伶仃岛），红树林、珍稀濒危鸟类及其赖以生存的湿地生态环境（福田）
3	广东省惠东海龟国家级自然保护区	海龟资源
4	上下川岛中国龙虾国家级水产种质资源保护区	中国龙虾等水产种质资源
二、省级 3 处		
1	广东江门中华白海豚省级自然保护区	中华白海豚及其栖息活动区域
2	广东珠海淇澳—担杆岛省级自然保护区	猕猴（担杆岛），红树林湿地（淇澳）、鸟类及海岛生态环境
3	大亚湾水产资源自然保护区	水产种质资源
三、市级 5 处		
1	恩平市镇海湾红树林自然保护区	红树林资源及其生境
2	台山红树林市级自然保护区	红树林资源及其生境
3	珠海市庙湾珊瑚自然保护区	珊瑚礁群及其生境
4	东莞市黄唇鱼自然保护区	黄唇鱼及其天然产卵场
5	惠东红树林市级自然保护区	红树林资源及其生境
四、县级 1 处		
1	台山市乌猪岛海洋特别保护区	海岛生态系统和生物多样性
五、其他 1 处		
1	大帆石海洋特别保护区	国防安全用海
六、国际重要湿地 1 处		
1	香港米埔自然保护区	红树林资源、珍稀动植物资源及湿地生境

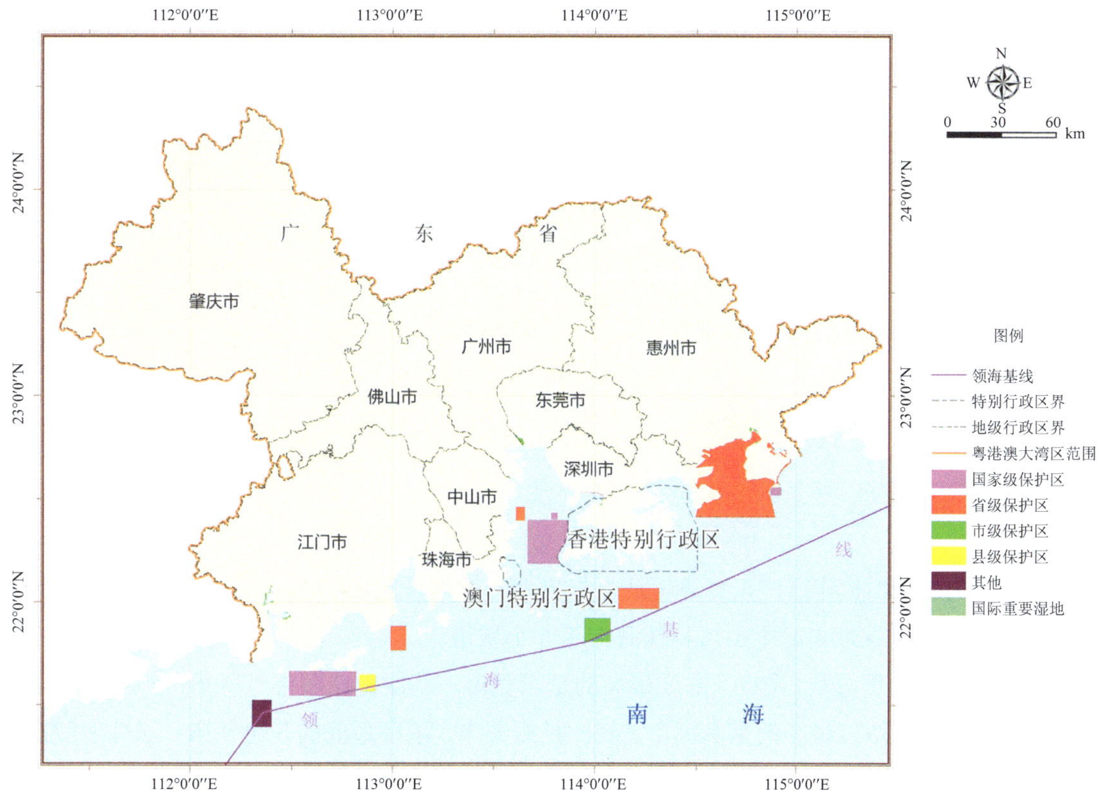

图 6-30　粤港澳大湾区主要海洋自然保护地分布

6.1.4.2　典型海洋生态系统

粤港澳大湾区海洋典型生态系统主要包括珊瑚礁、红树林和海草床等典型生态系统。

（1）珊瑚礁

粤港澳大湾区海域造礁石珊瑚主要分布在惠州—深圳的大亚湾、大鹏湾、万山群岛的担杆列岛—佳蓬列岛。粤港澳大湾区的造礁石珊瑚主要受到自然保护区的保护，保护现状比较好，特别是 1983 年广东省政府批准建立“大亚湾水产资源自然保护区”，范围涉及惠州、深圳共 900 km^2 海区。

（2）红树林

粤港澳大湾区红树林分布面积较大，相对集中的港湾有香港西部海域的后海湾、江门市的镇海湾、深圳市的深圳湾，惠州市的前寮港，珠海、中山、广州、东莞等海岸地区也有零散分布。

粤港澳大湾区内涉及红树林保护的自然保护区有 6 个，包括香港米埔自然保护区、深圳福田红树林国家级自然保护区、珠海淇澳红树林自然保护区（属广东珠海淇澳—担杆岛省级自然保护区）、惠东红树林市级自然保护区、恩平市镇海湾红树林自然保护区和台山红树林市级自然保护区，其中国家级自然保护区 2 个、省级自然保护区 1 个、市级自然保护区 3 个。此外，香港还有一处国际重要湿地，即香港米埔内后海湾国际重要湿地（又称米埔内后海湾拉姆萨尔湿地，米埔自然保护区是该湿地的重要部分）。

（3）海草床

粤港澳大湾区海草床主要分布在惠州市盐洲岛前寮村西南面滩涂、惠州大亚湾海域、珠海唐家湾海岸滩涂和台山市下川岛北部荔枝湾邻近海域。

6.2 近岸海域水体环境质量现状与演变趋势分析

6.2.1 珠三角海域水体环境质量现状及演变趋势

根据 2010—2015 年《广东省环境质量报告书》数据（图 6-31），珠三角海域指东莞市、惠州市、江门市、深圳市、中山市和珠海市等 6 个城市。

从空间分布角度分析，COD 浓度最高的是东莞市，其次是珠海市，惠州市和深圳市浓度相对较低；无机氮浓度最高的是深圳市，其次是东莞市，浓度最低的是惠州市；活性磷酸盐浓度最高的是东莞市，其次是深圳市，珠海市和惠州市浓度相对较低；石油类浓度最高的是珠海市，其次是中山市。

从时间变化角度分析，珠三角近岸海域 COD 浓度总体呈下降趋势，由 1.8 mg/L 下降至 1.57 mg/L；其中惠州市、深圳市、珠海市表现出相反趋势。珠三角近岸海域无机氮浓度变化幅度不大，变化幅度在 0.31～0.34 mg/L，总体略有下降；其中东莞市、江门市表现出相反趋势，但变化幅度不大，略有增长。珠三角近岸海域活性磷酸盐浓度总体表现出略下降趋势，变化幅度在 0.017～0.019 mg/L，与之相反，东莞市、深圳市、江门市的活性磷酸盐浓度呈上升态势。珠三角近岸海域石油类浓度总体变化不大，“十三五”期间平均约为 0.03 mg/L，其中增长趋势明显的是江门市，下降态势明显的是珠海市，值得注意的是东莞市从 2014 年的 0.01 mg/L 跃升至 2015 年的 0.05 mg/L。

综上，珠三角近岸海域水质的主要污染物 COD、无机氮和磷酸盐浓度总体均呈现下降态势，石油类变化不明显，因此 2010—2015 年，近岸海域的污染程度有所减轻。但个别城市的近岸海域水质却呈现下降态势，其中惠州市、深圳市、珠海市 COD 有增大，东莞市、江门市无机氮浓度略有增大，东莞市、深圳市、江门市的活性磷酸盐浓度略有增大，东莞市石油类变化 2015 年较明显。

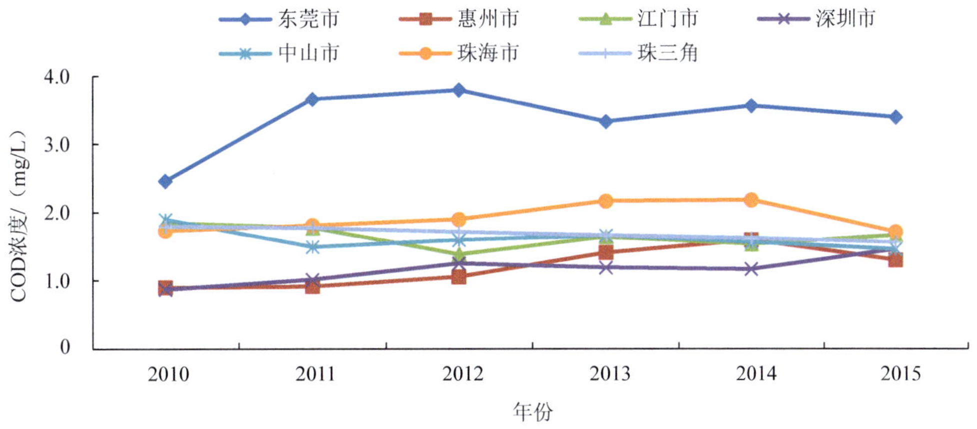
东莞市
惠州市
江门市
深圳市
中山市
珠海市
珠三角
COD浓度/（mg/L）
4.0
3.0
2.0
1.0
0
2010
2011
2012
2013
2014
2015
年份

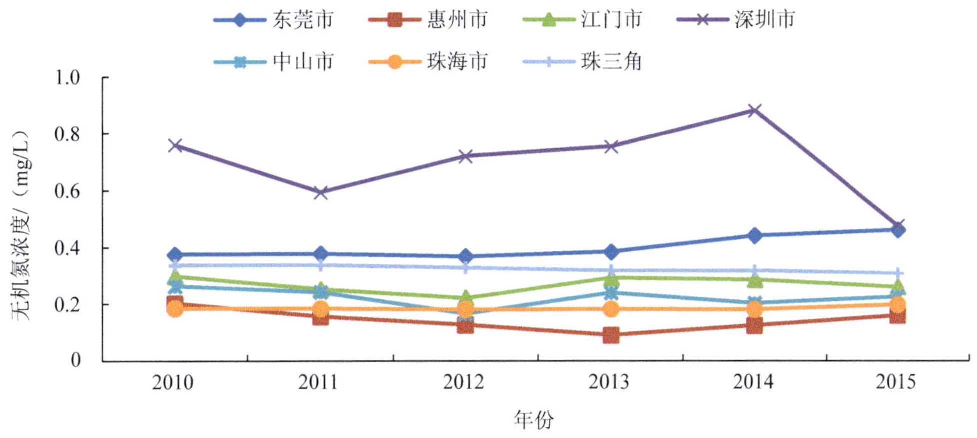
东莞市
惠州市
江门市
深圳市
中山市
珠海市
珠三角
无机氮浓度/（mg/L）
1.0
0.8
0.6
0.4
0.2
0
2010
2011
2012
2013
2014
2015
年份

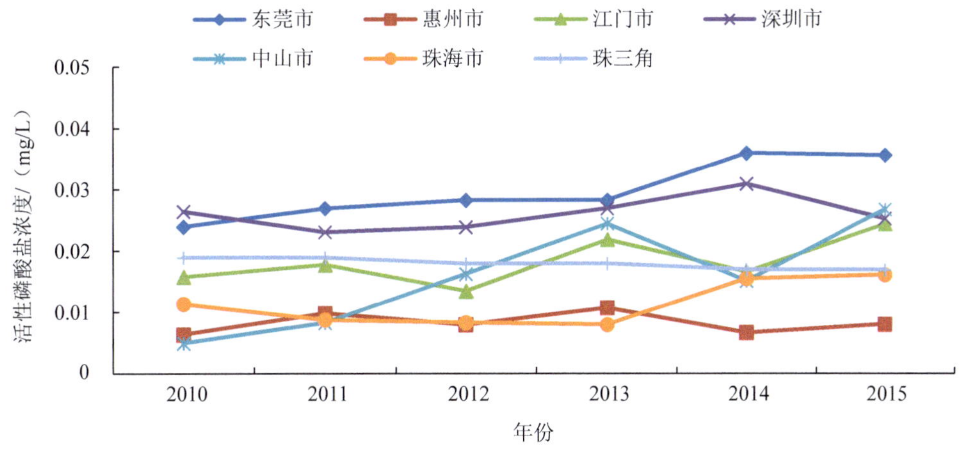
东莞市
惠州市
江门市
深圳市
中山市
珠海市
珠三角
活性磷酸盐浓度/（mg/L）
0.05
0.04
0.03
0.02
0.01
0
2010
2011
2012
2013
2014
2015
年份

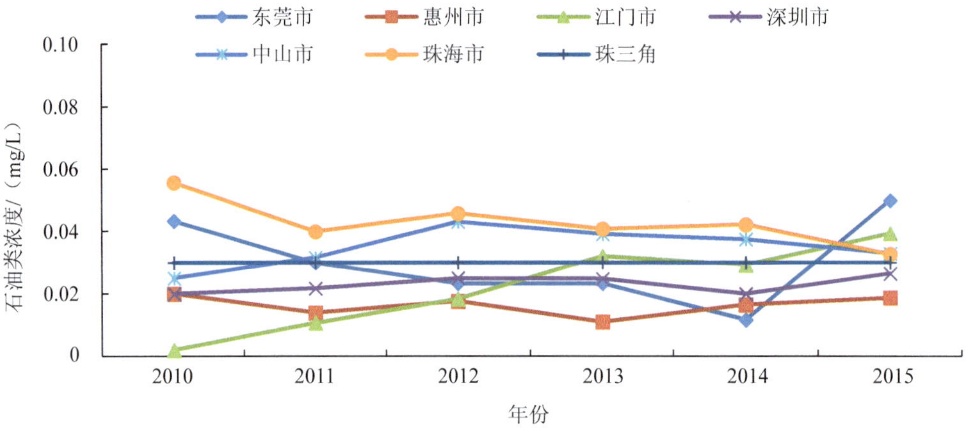

图 6-31 珠三角近岸海域水质变化趋势分析（2010—2015 年）

6.2.2 香港海域水体环境质量现状及演变趋势

根据《2015 年香港海水水质》报告数据显示，近 30 年来，香港海水水质总体保持良好稳定趋势，水质达标率保持 80%上下，水质变化不明显。2015 年，香港海水水质指标整体达标率为 84%，较优于 2013 的 83%、2014 年的 78%。中部水域水质状况最好，水质指标达标率在 90%以上；西部水域、南部水域水质指标达标率较低，西部水域后海湾水质达标率最低，为 53%。后海湾的水质自 21 世纪初期开始已有改善迹象。1986—2007 年，水质呈下降趋势，但在 2007 年后出现逆转。对比 1997—2006 年及 2007—2015 年的监测结果，可见后海湾海水的有机污染物、营养物（如氨氮、总无机氮及正磷酸盐）及细菌含量均下降，表明水质已有改善（图 6-32）。

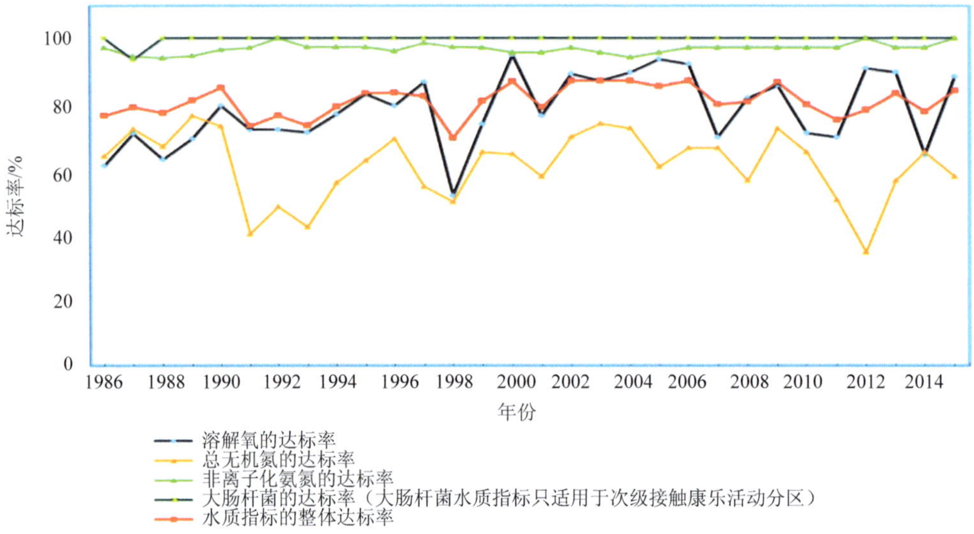

图 6-32 1986—2015 年香港海水水质指标达标率

需要说明的是，香港海水水质指标整体达标率是根据全港海域的水质监测站记录的水质指标中 4 个重要参数（即溶解氧、无机氮、非离子化氨氮及大肠杆菌）的达标率得出。

6.2.3 澳门海域水体环境质量现状及演变趋势

澳门沿岸水体水质总体呈下降态势，非金属污染持续加重，重金属含量下降、保持良好水平。由于非金属污染程度近年来持续加剧，且 2015 年达 10 年新高，澳门沿岸水质总评估指数被其带动而上升，澳门沿岸水质重金属评估指数呈下降趋势，2015 年处于近 10 年的最低水平（图 6-33）。

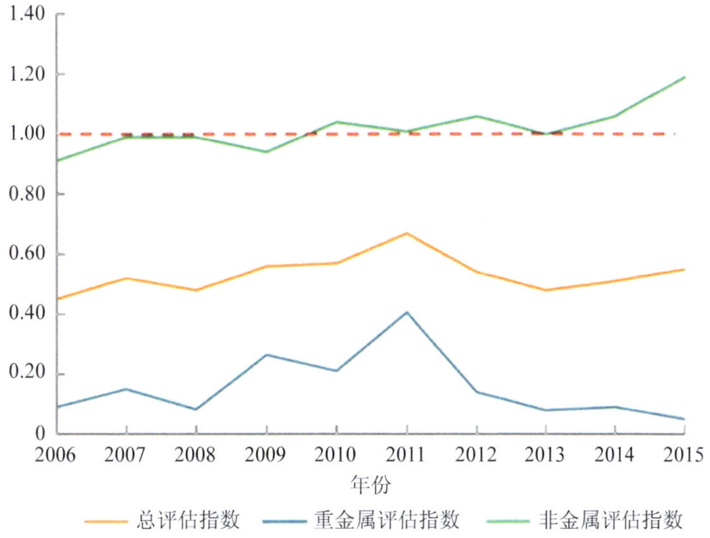

图 6-33 澳门沿岸水质评估指数变化趋势分析（2006—2015 年）

将《海水水质标准》（GB 3097—1997）第三类水质标准作为评价标准，2015 年澳门沿岸水体水质达标率为 36.4%。非金属污染严重，营养性污染尤为突出，北部的内港、黑沙环水体则是污染最严重的区域。

6.3 岸线和湿地资源现状及演变趋势分析

6.3.1 岸线资源现状及演变趋势

粤港澳大湾区海岸带所邻接的城市为广州、深圳、东莞、惠州、珠海、中山、江门 7 市和香港、澳门两个特别行政区，均为沿海地市，海岸线资源丰富。本书基于空间分辨率为 30 m

的 Landsat 系列卫星遥感影像进行海岸线数据的提取，分析 1980—2015 年粤港澳大湾区海岸资源的变化。岸线监测结果见图 6-34 和图 6-35。

2015 年粤港澳大湾区海岸线共计 1 813.96 km，大陆岸线长 1 702.21 km，江门、珠海、中山、广州、东莞、深圳和惠州的大陆岸线长度分别为 359.89 km、218.43 km、36.5 km、105.54 km、60.4 km、213.22 km 和 238.78 km；香港与澳门海岛岸线长 111.75 km。其中，自然岸线为 536.14 km，人工岸线为 1 277.82 km，大陆自然岸线保有率为 29.56%。大湾区各沿海市岸线类型和结构差异较大，自然岸线保有率差异显著，香港特别行政区的自然岸线保有率最高，为 55.36%，中山市最低，为 2.66%。

1980—2015 年，粤港澳大湾区大陆岸线总长度增加 103.01 km，自然岸线减少 289.62 km，人工岸线增加 392.63 km，自然岸线保有率下降 18.71%。大湾区各沿海市自然岸线保有率变化差异明显，珠海市变化最大，自然岸线保有率从 49.13%下降至 15.23%，下降了 33.9 个百分点，其次是惠州市，自然岸线保有率从 63.85%下降至 32.47%，下降了 31.38 个百分点。

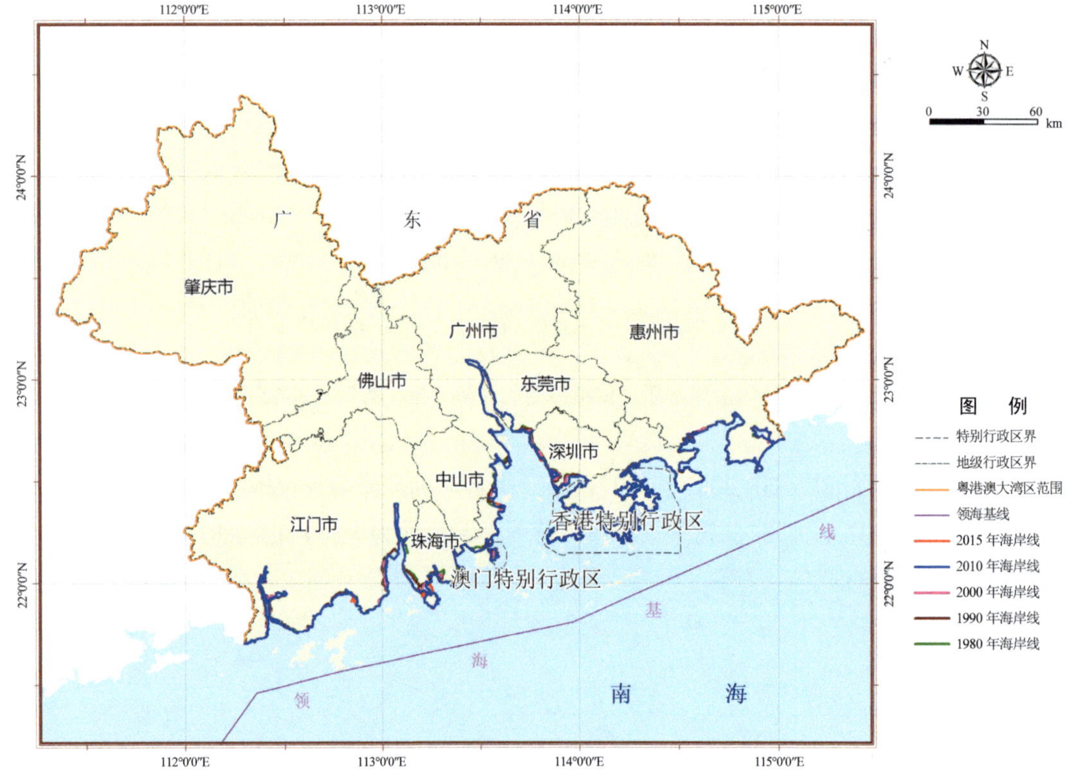

图 6-34 粤港澳大湾区海岸线变化示意

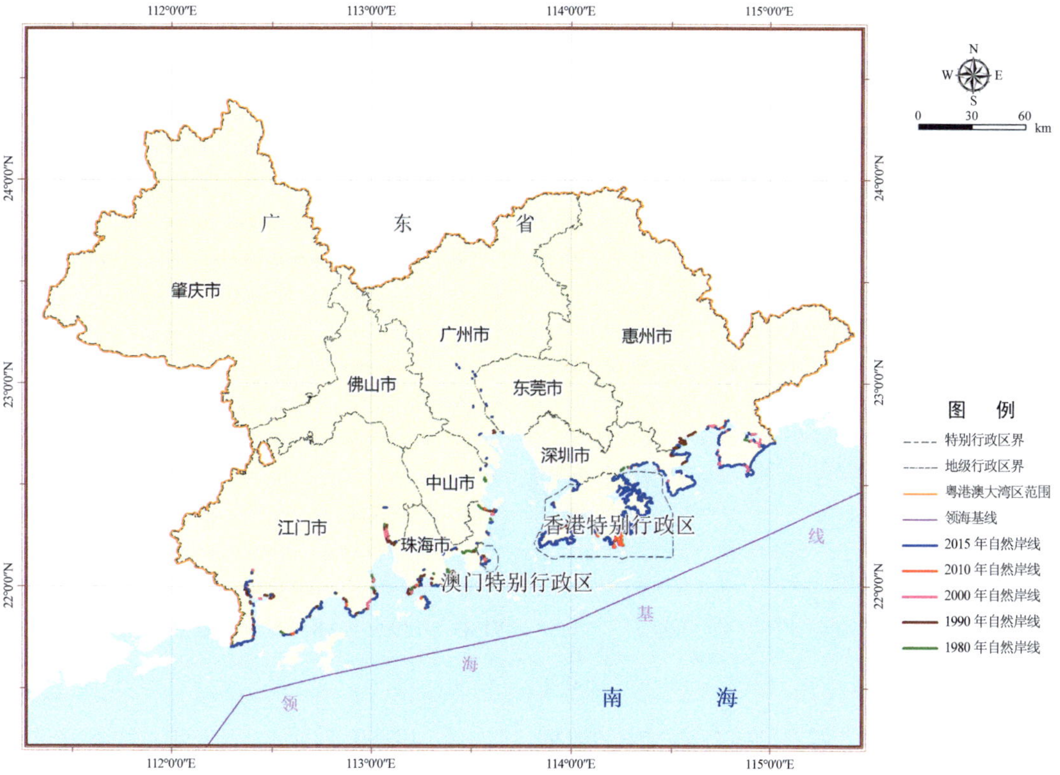

图 6-35 粤港澳大湾区自然岸线变化示意

岸线变化见表 6-2 和图 6-36。根据 2008 年批复的广东省岸线数据显示，江门、珠海、中山、广州、东莞、深圳和惠州的大陆岸线长度分别为 414.8 km、224.5 km、57.0 km、157.1 km、97.2 km、247.9 km 和 281.4 km。该数据主要是基于空间分辨率为 2.5 m 的 SPOT 数据提取（数据基准年为 2004 年前后），结合现场踏勘以及政府部门间的协商后获得。本书用 Landsat 系列数据提取的岸线长度较小，可能是因为遥感影像空间分辨率较高。

表 6-2 粤港澳大湾区海岸线变化统计

城市	岸线类型	1980 年		1990 年		2000 年		2010 年		2015 年	
		岸线长度/km	占比/%	岸线长度/km	占比/%	岸线长度/km	占比/%	岸线长度/km	占比/%	岸线长度/km	占比/%
江门市	自然岸线	176.11	48.93	165.21	44.78	105.77	27.91	78.29	21.08	75.35	20.26
	人工岸线	183.78	51.07	203.69	55.22	273.16	72.09	293.13	78.92	296.59	79.74
	总计	359.89	100.00	368.9	100.00	378.93	100.00	371.42	100.00	371.94	100.00
珠海市	自然岸线	107.31	49.13	76.99	36.63	33	15.83	43.69	17.50	37.1	15.23
	人工岸线	111.12	50.87	133.18	63.37	175.45	84.17	205.91	82.50	206.44	84.77
	总计	218.43	100.00	210.17	100.00	208.45	100.00	249.6	100.00	243.54	100.00

城市	岸线类型	1980 年		1990 年		2000 年		2010 年		2015 年	
		岸线长度/km	占比/%	岸线长度/km	占比/%	岸线长度/km	占比/%	岸线长度/km	占比/%	岸线长度/km	占比/%
中山市	自然岸线	5.32	14.58	1.5	4.32	1.21	3.05	1.21	2.64	1.22	2.66
	人工岸线	31.18	85.42	33.19	95.68	38.47	96.95	44.62	97.36	44.61	97.34
	总计	36.5	100.00	34.69	100.00	39.68	100.00	45.83	100.00	45.83	100.00
广州市	自然岸线	7.68	7.28	7.68	7.06	4.53	3.82	4.75	4.01	4.75	4.01
	人工岸线	97.86	92.72	101.12	92.94	114.15	96.18	113.84	95.99	113.84	95.99
	总计	105.54	100.00	108.8	100.00	118.68	100.00	118.59	100.00	118.59	100.00
东莞市	自然岸线	5.17	8.55	3.83	5.99	3.92	6.03	3.68	5.61	3.68	5.52
	人工岸线	55.28	91.45	60.09	94.01	61.1	93.97	61.96	94.39	63.04	94.48
	总计	60.45	100.00	63.92	100.00	65.02	100.00	65.64	100.00	66.72	100.00
深圳市	自然岸线	100.48	47.13	96.85	43.06	91.83	39.05	85.85	35.23	84.26	35.09
	人工岸线	112.74	52.87	128.07	56.94	143.34	60.95	157.85	64.77	155.84	64.91
	总计	213.22	100.00	224.92	100.00	235.17	100.00	243.7	100.00	240.1	100.00
惠州市	自然岸线	152.46	63.85	148.53	61.65	131.51	55.07	80.3	34.14	76.29	32.47
	人工岸线	86.32	36.15	92.38	38.35	107.3	44.93	154.88	65.86	158.66	67.53
	总计	238.78	100.00	240.91	100.00	238.81	100.00	235.18	100.00	234.95	100.00
香港特别行政区	自然岸线	374.04	66.79	373.5	66.62	355	62.61	347.94	62.58	337.44	60.06
	人工岸线	185.95	33.21	187.11	33.38	211.99	37.39	208.03	37.42	224.44	39.94
	总计	559.99	100.00	560.61	100.00	566.99	100.00	555.97	100.00	561.88	100.00
澳门特别行政区	自然岸线	7.07	17.91	8.36	20.07	8.21	20.66	7.36	17.79	5.76	12.85
	人工岸线	32.41	82.09	33.3	79.93	31.52	79.34	34.01	82.21	39.08	87.15
	总计	39.48	100.00	41.66	100.00	39.73	100.00	41.37	100.00	44.84	100.00
合计	自然岸线	825.76	48.26	775.96	44.78	646.86	36.51	569.23	31.39	536.14	29.58
	人工岸线	885.19	51.74	956.96	55.22	1 124.9	63.49	1 244.13	68.61	1 277.82	70.44
	总计	1 710.95	100.00	1 732.92	100.00	1 771.76	100.00	1 813.36	100.00	1 813.96	100.00

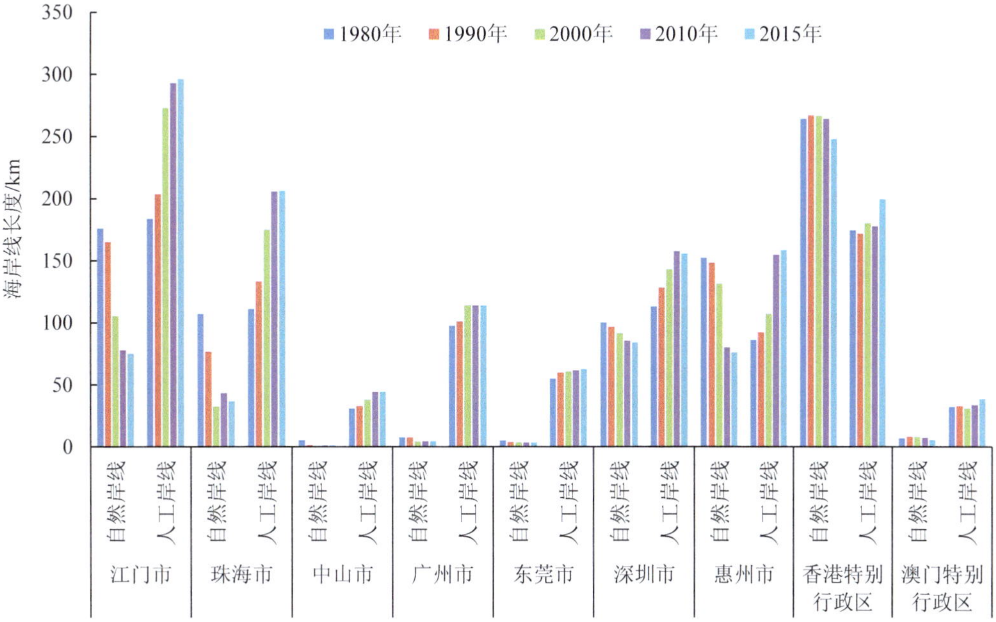

图 6-36　海岸线变化统计

6.3.2　湿地（滩涂）资源现状及演变趋势分析

参考《全国湿地资源调查与监测技术规程（试行）》（林湿发〔2008〕265 号），本书选取的研究范围是向陆为依据海岸线延伸约 5 km，向海为依据大陆海岸线延伸至 6 m 等深线。基于空间分辨率为 30 m 的 Landsat 系列卫星遥感影像进行海岸线数据的提取，分析 1980—2015 年 4 期湿地资源变化。

粤港澳大湾区自 1980 年以来，湿地面积从 5 226.41 km^2 减少至 2015 年的 4 643.92 km^2，共计减少 582.49 km^2。各地级市湿地面积减少数量不一，其中珠海市减少最多，从 1 166.74 km^2 减少至 984.08 km^2，减少了 182.66 km^2；其次是深圳市，湿地面积从 616.97 km^2 减少至 479.17 km^2，减少了 137.8 km^2。湿地面积减少最少的是澳门特别行政区，湿地面积只减少了 9.22 km^2（图 6-37）。

粤港澳大湾区不同时间段湿地面积的变化是不同的，其中湿地减少最多的时间段主要集中于 2000—2010 年和 1990—2000 年这两个时间段，湿地面积减少分别为 253.84 km^2 和 166.67 km^2，1980—1990 年湿地面积减少最慢，为 58.23 km^2，2010—2015 年减少速度也相对较慢，为 103.75 km^2（表 6-3 和图 6-38）。

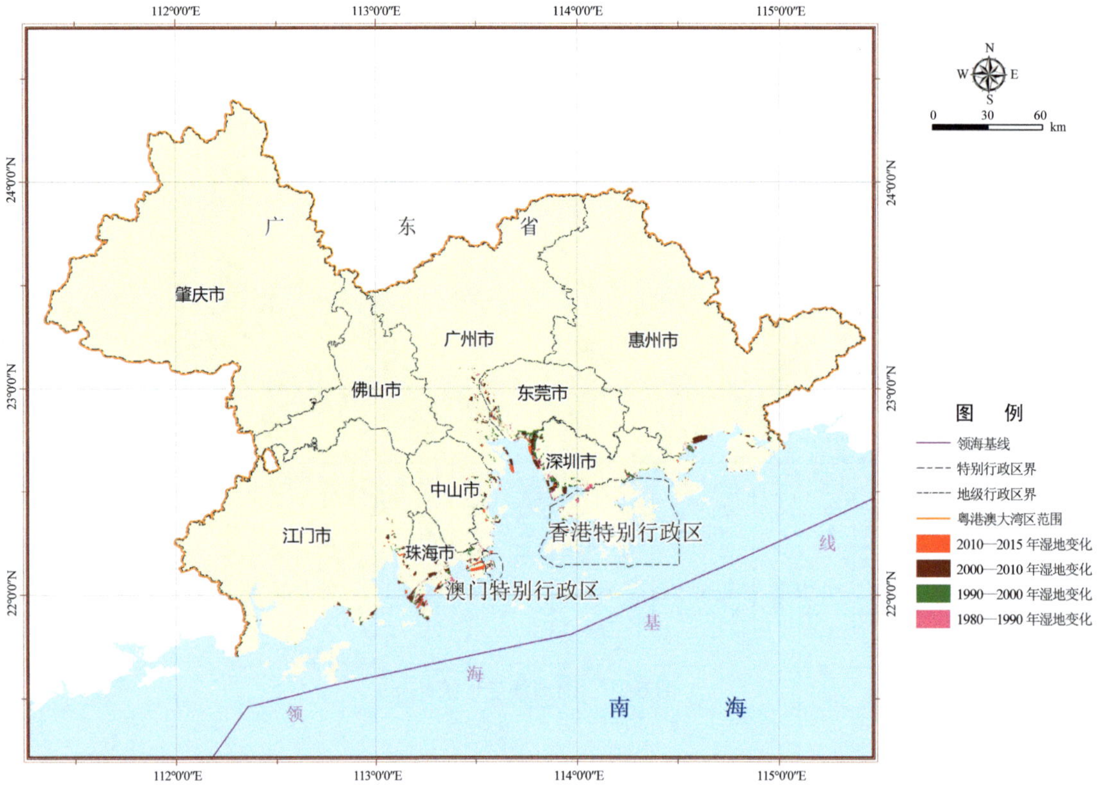

图 6-37 粤港澳大湾区湿地变化空间分布

表 6-3 粤港澳大湾区湿地面积变化（减少）统计 单位：km^2

城市	1980—1990 年	1990—2000 年	2000—2010 年	2010—2015 年
江门市	0	6.44	20.12	13.96
珠海市	17.42	37.24	78.53	49.47
中山市	1.74	6.18	9.43	2.94
广州市	1.56	9.2	21.76	9.07
东莞市	3.9	25.9	23.85	7.85
深圳市	22.09	45.04	56.71	13.96
惠州市	3.01	9.11	37.09	2.48
香港特别行政区	6.82	25.35	2.5	2.55
澳门特别行政区	1.69	2.21	3.85	1.47
合计	58.23	166.67	253.84	103.75

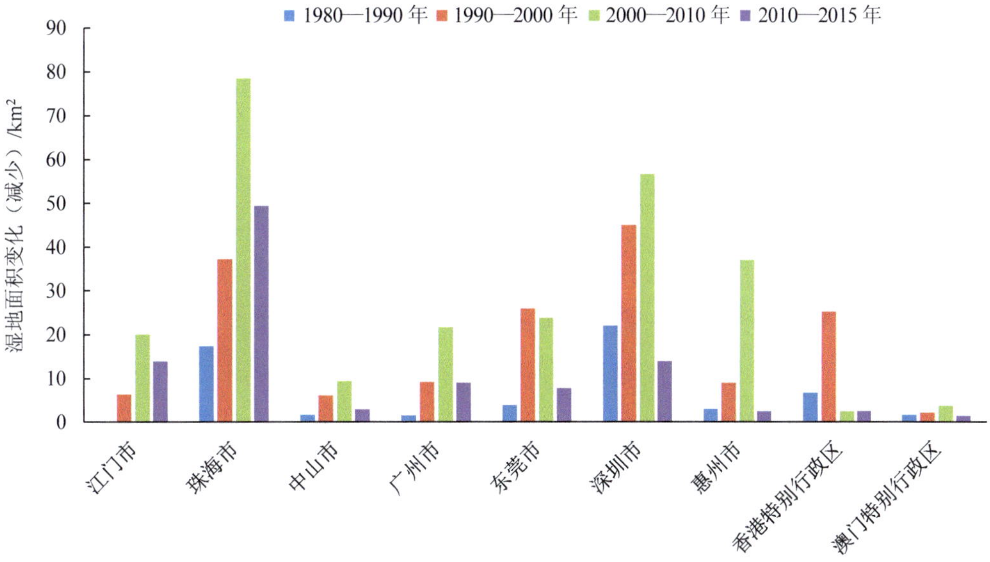

图 6-38　粤港澳大湾区湿地面积变化（减少）统计

6.4　海岸线开发利用强度分析

从海岸带空间利用角度，将海岸类型划分为人工海岸和自然海岸，海岸线开发利用强度主要从两个方面表征，一是人工岸线的长度和占比；二是围填海的面积和大小。

6.4.1　岸线利用的时空变化分析

根据卫星遥感影像监测结果显示：

2015 年，粤港澳地区自然岸线为 536.14 km，人工岸线为 1 277.82 km，人工岸线占比达 70.44%。各沿海市岸线类型和结构差异较大，中山市开发强度最大，人工岸线占比达 97.34%；其次是东莞市和广州市，开发利用强度均高于 90%；香港特别行政区开发强度较小。

1980—2015 年，粤港澳大湾区大陆岸线总长度增加 103.01 km，自然岸线减少 289.62 km、人工岸线增加 392.63 km。通过自然岸线变化，从反面反映开发利用强度的变化（图 6-36），自然岸线保有率下降了 18.71%。

6.4.2　围填海时空变化分析

主要是受围填海的影响，围填海活动无论在工业、港口、养殖活动中均有涉及，是改变海岸线最主要的方式，粤港澳大湾区围填海时空变化情况见图 6-39 和图 6-40，面积变化情况见表 6-4。具体分析如下：

粤港澳大湾区自 1980 年以来，累计围海 274.17 km^2、填海 193.16 km^2，共计 467.33 km^2。

粤港澳大湾区沿海不同城市围填海的面积有所差异，其中围填海最多的是珠海市，围海 89.19 km^2、填海 80.61 km^2，共计 169.8 km^2。其次是江门市，围海 85.61 km^2、填海 8.54 km^2，共计 94.15 km^2。围填海面积最少的是东莞市和澳门特别行政区，分别为 16.3 km^2 和 14.92 km^2。

粤港澳大湾区不同时间段围填海的速率也是不同的，其中围填海的高峰主要集中于 1990—2000 年和 2000—2010 年这两个时间段，围填海面积分别为 208.66 km^2 和 154.4 km^2，1980—1990 年围填海速率较慢，围填海面积 84.3 km^2，2010—2015 年这 5 年间，累计围填海面积 42.89 km^2。

图 6-39 粤港澳大湾区围填海变化空间分布

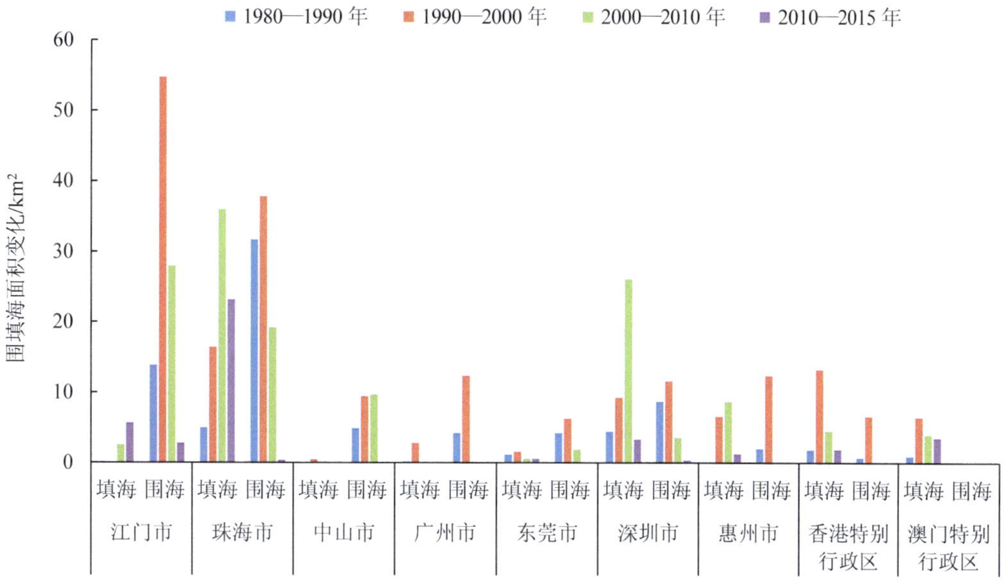

图 6-40　粤港澳大湾区围填海变化统计

表 6-4　粤港澳大湾区围填海面积变化统计　单位：km^2

城市	类型	1980—1990 年	1990—2000 年	2000—2010 年	2010—2015 年
江门市	填海	0.17	0.12	2.58	5.67
	围海	13.92	54.79	28.02	2.8
	总计	14.09	54.91	30.6	8.47
珠海市	填海	4.98	16.47	36.02	23.14
	围海	31.72	37.86	19.22	0.39
	总计	36.7	54.33	55.24	23.53
中山市	填海	0	0.5	0.18	0
	围海	4.92	9.49	9.78	0
	总计	4.92	9.99	9.96	0
广州市	填海	0.19	2.82	0	0
	围海	4.2	12.43	0	0
	总计	4.39	15.25	0	0
东莞市	填海	1.17	1.58	0.62	0.56
	围海	4.22	6.25	1.9	0
	总计	5.39	7.83	2.52	0.56
深圳市	填海	4.44	9.33	26.1	3.31
	围海	8.71	11.65	3.59	0.35
	总计	13.15	20.98	29.69	3.66

城市	类型	1980—1990 年	1990—2000 年	2000—2010 年	2010—2015 年
惠州市	填海	0.14	6.6	8.76	1.25
	围海	2	12.43	0.11	0
	总计	2.14	19.03	8.87	1.25
香港特别行政区	填海	1.85	13.27	4.54	1.88
	围海	0.73	6.61	0	0
	总计	2.58	19.88	4.54	1.88
澳门特别行政区	填海	0.94	6.46	3.98	3.54
	围海	0	0	0	0
	总计	0.94	6.46	3.98	3.54
合计	填海	13.88	57.15	82.78	39.35
	围海	70.42	151.51	62.62	3.54
	总计	84.3	208.66	145.4	42.89

6.5 环境压力分析与对策建议

6.5.1 环境压力分析

6.5.1.1 陆源污染是影响生态环境安全的突出问题

由于近海接纳了大量含氮、磷污水，使近海水体出现了富营养化，导致赤潮发生频率增加、种类增多、规模扩大、发生时间提前和持续时间延长。2000 年 8 月，深圳坝光至惠州澳头海域发生面积约 20 km^2 赤潮，直接经济损失 200 多万元，9 月大亚湾海域发生面积约 30 km^2 的赤潮，直接经济损失 100 多万元；1999 年 3 月和 5 月分别在大鹏湾、大亚湾发生赤潮；1998 年 3—4 月发生在香港、珠海、惠东、阳江和惠来等海域的赤潮，给粤港两地的水产养殖业造成了高达 3.5 亿元的经济损失。2003 年 4 月，珠江口又暴发了约 300 km^2 的大规模赤潮。

近海水域一旦发生赤潮，会给海洋生物、海洋环境乃至人类健康造成严重的危害。首先是赤潮生物的快速繁殖，改变海水的理化性质，引起海洋生态的异常变化，造成海洋食物链局部中断，威胁部分海洋生物的生存；其次是密集的赤潮生物（密度每毫升高达几百万至几千万个）或其胞外产物可堵塞鱼、虾、贝类的呼吸器官，使之窒息致死。有些赤潮生物能分泌毒素，也有的赤潮生物死亡后能分解出有毒物质，毒害和杀死其他海洋生物。海洋生物死亡后被需氧微生物分解，消耗水中 DO，造成缺氧环境，使部分海洋生物死亡；部分死亡的海洋生物被厌氧微生物分解，产生硫化氢等气体，使水体水质恶化、发臭，影响海洋环境质量和景观，损害滨海旅游业。

6.5.1.2 海上污染是影响海岸带生态环境安全的重要因素

（1）港口污染

粤港澳大湾区港口布局较密集，拥有广东省五大港口的深圳港、广州港、珠海港，按 2016 年全球港口集装箱吞吐量排名，大湾区目前已拥有 3 个世界级的集装箱港口——深圳港（世界第三）、香港港（世界第五）、广州港（世界第七）。

粤港澳大湾区各地市的港口建设速度较快，在港口集运疏能力大幅增加、港口经济快速增加的同时，部分近岸海域水质下降、自然岸线减少、滩涂湿地丧失，造成局部海域生态安全受到威胁。主要体现在以下三方面。

①部分港口空间布局同质化，岸线资源有效利用率不高。港口扩张占用岸线的发展模式仍显粗放，岸线集约性利用水平仍然不高。如东莞、中山港口建设过热，在岸线利用上没有统筹考虑，造成了局部区域港口空间布局的不合理，突出表现为港区空间布局同质化问题，影响岸线和环境资源的有效利用。

②临港产业的重化工发展特征，威胁近岸海域环境质量。港口大宗货物运输的优势使临港工业成为沿海地区的经济发展重点，从而带来人口集聚效应，港区纳污压力增大。珠海港、广州港的大宗货物运输，惠州港、珠海港、东莞港大量石油、化工品运输与近岸海域环保工作的矛盾日益突出，近岸海域水环境质量面临进一步恶化的巨大压力，近岸海域受外来物种入侵的风险加大。

③港口建设与近岸海域生态保护之间的冲突加剧。港口建设占用大量滩涂、林地等自然生态用地以及大规模围填海活动导致的滨海湿地生境破坏，是近岸海域生态系统功能受损的重要原因。广州港区、深圳港区、珠海港区等部分作业区是在原有自然岸线基础上开发建设的，对沿海湿地、水生物种的保护都会产生一定影响。

（2）养殖污染

粤港澳大湾区的海水养殖类型主要分为深海养殖区、浅海养殖区、滩涂养殖区、海水池塘养殖区等。基于遥感数据获得的信息可知，养殖面积共计 882.11 km^2，其中池塘养殖约为 757.86 km^2，网箱养殖为 36.92 km^2，吊养约为 87.33 km^2。随着珠江口的经济发展，围填海等人类活动非常活跃。1985—2005 年，渔业养殖的围填海面积占比较高，为 75.3%。

海水养殖会导致海洋生物多样性的降低，养殖生产中种苗的生产、投饵、排放和养殖种逃逸均会对生物多样性造成一定的影响；与此同时，海水养殖对海岸带湿地破坏较大，如滩涂生态环境的破坏，导致大量的滩涂贝类也遭到了不同程度的破坏。

（3）工业污染

临海工业对粤港澳大湾区海域污染较大，特别是核电与火电厂的温排水释放。温排水对周边海域海洋浮游植物的生长、繁殖以及群落结构、浮游植物生物量、生态系统具有严重影响，这在国际上已被大量研究证实。Hirayama K（1970）的研究表明，因为不同浮游植物种群具有各自特定的适温范围，海水温度对海洋生物的生长和繁殖具有较大的影响，可导致海域生态系统发生一定的改变；Poornima 等（2005）提出了核电站温排水会影响附近海域的浮游植物的生存环境，并采用现场实验验证了水体的高温氯化是导致浮游植物和叶绿素浓度下降的重要因素之一；谢艳辉等（2015）认为温排水显著影响该海域浮游植物种群结构。

6.5.1.3 其他影响因素

无序捕捞导致渔业资源的衰竭。自 20 世纪 80 年代以来，广东省海洋捕捞渔船盲目增长，捕捞强度急剧扩大，给渔业资源造成巨大压力。据调查，广东省海洋渔业资源捕捞强度已超过渔业资源承载力的 40%，在海水产品产量中所占的比重从 1996 年的 58.7%下降到 2003 年的 28%；作为渔业资源繁殖生长重要场所的近海海域，由于海岸带的过度开发利用，污染程度加剧，海洋渔业资源和生态遭到不同程度破坏，传统作业渔场的渔汛已消失，近年来增长的渔业资源主要是寿命短、繁殖力强、生长快速的小型鱼类。

入侵物种增多，生态危害严重。由于对外港口物流的发展，港区周边海域受外来物种入侵的风险加大，目前已确认的入侵物种有桃拉综合征病毒、互花米草、球形棕囊藻、多环旋沟藻、塔玛亚历山大藻等，对湾区近海生态系统的结构、功能及生物多样性造成了较大的干扰与破坏。广州南沙红树林湿地虽然扩大了种植面积，但由于大规模引进外来物种，导致本地种红树林受到威胁，多样性锐减且较为单一。

6.5.2 应对策略

6.5.2.1 严守海洋生态红线，强化海洋资源管控

海洋生态红线是海洋生态安全的底线。粤港澳大湾区作为河流、海洋、陆地三大生态系统的交汇区域，维护好海洋生态安全对于实现粤港澳大湾区的可持续发展尤为关键。在“划定并严守海洋生态保护红线，强化自然生态空间用途管制”“加强海岸线保护与管控，强化岸线资源保护和自然属性维护，建立健全海岸线动态监测机制”等方面，主要从以下方面加强应对：一是严格执行《海岸线保护与利用管理办法》，加大海岸线保护与管理力度，特别是对于原生自然岸线，应实施最严格保护制度。二是强化海岸线整治修复力度，严禁占用自然岸线进行围填海等开发活动，提升人工岸线集约节约利用水平。三是对于海洋保护区、重要滨海湿地、重要渔业海域等其他类型的海洋红线区，实施针对性管控措施，确保海洋生态红线制度落实到位。四是建立健全海岸线动态监测机制，综合运用卫星、航空遥感和海上监测等多技术手段，采用数字化、可视化、网络化等多种方式，构建海岸线动态监视监测网络，对粤港澳大湾区海岸线实行全方位、实时、动态、立体化监测。五是创新海洋生态环境监管制度，加快完善海洋生态保护管理机制，从严查处海洋环境污染违法事件，强化海洋环境督查与责任追究。

6.5.2.2　强化海域生态保护，推进生态修复力度

海域生态系统服务功能及其生态价值是社会与环境可持续发展的基本要素。保护粤港澳大湾区内典型海洋生态系统、重要渔业水域及海洋生物多样性，推进海洋生态整治修复，重点要抓好以下几项工作：一是要加大红树林、珊瑚礁、海草床、河口、滨海湿地等典型海洋生态系统，以及产卵场、索饵场、越冬场、洄游通道等重要渔业水域的调查研究与保护力度；二是推进重要海洋自然保护区和水产种质资源保护区的建设与管理，加强海洋生物多样性的本底调查，加大海洋保护区选划力度；三是因地制宜采取红树林栽种、珊瑚海草移植、渔业增殖放流、人工渔礁建设等多种修复措施，逐步恢复粤港澳大湾区海域的生态功能；四是推进"蓝色海湾"综合整治工程，修复受损岸线、增加滨海湿地面积，有效控制围填海规模。

6.5.2.3　减少陆源污染排放，加强海上污染管控

海洋是海陆水循环中众多污染物的最终集聚场所，因此，加强近岸海域污染防治，改善海洋生态环境质量，是实现绿色生态湾区的根本途径。一是要规范入海排污口设置，突破行政区限制，合理规划布局排污口，加强入海排污口管理。二是按照水质反退化原则，加强入海河流综合整治，确保入海河流水质逐步改善，强化深圳河等重污染河流的系统治理，深化水体污染联防联控联治。三是提高涉海项目环境准入门槛，加强沿海地市城市污染物排放控制与管理，严格控制围填海和占用自然岸线的建设项目，加强沿海工业企业环境风险防控。四是加强海上污染源控制与风险防控，严格按照相关规定处置船舶污染物，达到《船舶水污染物排放标准》要求。五是加强海水养殖污染防控，编制《养殖水域滩涂规划》，完善水产养殖基础设施建设，发展水产健康养殖模式，加强养殖投入品管理。六是要从严管控入海垃圾排放，禁止海洋倾废活动，加大海上溢油及危险化学品等污染防范力度，强化海洋环境监管与督查能力建设。

6.5.2.4　加强体制机制建设，深入推进粤港澳合作

在体制机制建设方面：一是要加快建立入海污染物总量控制制度，以海洋环境容量为基础，以改善水质为目的，开展海洋环境容量研究，确定粤港澳大湾区污染物排放控制指标及总量；二是要加快建立海洋环境实时在线监控体系及制度，在入海河流现有水质目标基础上，增加入海河流总氮水质考核目标，对入海河流、重点入海直排口实施在线监控。在"加强粤港澳生态环境保护合作，共同改善生态环境系统""加强湿地保护修复，全面保护区域内国际和国家重要湿地，开展滨海湿地跨境联合保护"方面，重点推进以下几方面工作：一是构建粤港澳大湾区高层次海洋生态环境保护战略合作机构与机制；二是推进近岸海域污染联防联控联治，如深圳河跨界重污染河流、深圳湾海水养殖污染防治等；三是推动海洋生态环境监测与评价体系有效衔接；四是开展滨海湿地跨境联合保护行动，深化香港米埔、深圳福田等跨境湿地的保护与修复合作；五是推进渔业资源和海洋生物多样性的调查、研究与保护合作；六是推进海洋执法应急联动合作体系建设。

6.6 小结

粤港澳大湾区的生态敏感区数量较多、分布较广。粤港澳大湾区近岸海域海洋生态环境状况一般，近年来随着粤港澳大湾区资源开发的进一步加强，总体而言，大湾区生态系统呈现一定的退化趋势。围填海、海水增养殖、港口建设、不合理的开发活动、陆源及海上污染等是威胁大湾区海洋生态健康的主要因素。受影响的海域主要是海水养殖区和港口排污区，主要是受无机氮和石油类影响，局部海域受活性磷酸盐影响。

当前整个粤港澳大湾区海域水体环境质量不容乐观，没明显好转的趋势，但也有趋好迹象。珠江口主要污染物 COD、无机氮和磷酸盐浓度总体均呈现下降态势，石油类变化不明显，近岸海域的污染程度有所减轻；香港海水水质近 30 年来总体保持良好稳定趋势，水质达标率保持在 80%上下，水质变化不明显，但与深圳相邻的后海湾呈现好转迹象；澳门沿岸水体水质总体呈下降态势，非金属污染持续加重，重金属含量下降、保持良好水平。

粤港澳大湾区海岸线开发程度为 70.4%，岸线开发强度高于 90%的有中山市、广州市、东莞市，岸线压力较大。大陆自然岸线保有率为 21.4%，与全国 2020 年大陆自然岸线保有率 35%的目标有较大差距。据估算，大湾区单位人工岸线港口货物年吞吐量为 165 万 t，岸线利用效率较低，各地区产业布局同构现象较严重。

粤港澳大湾区围填海强度较大，自 1980 年以来累计围填海 467.33 km^2。由于对围填海缺乏统一的规划和科学的管理以及执法不力，致使一些地方出现围垦滩涂和填海无序、无度、无偿的情况，破坏了海域生态环境，妨碍了泄洪排涝和航运，造成了浅海滩涂（湿地）、海湾、珊瑚礁、产卵场、孵育场等生态系统碎化、退化和完全丧失，生态系统多样性遭到破坏，生物资源补充群体减少甚至失去生存空间。

参考文献

[1] 林旭吟. 2007. 香港海域浮游植物种类多样性与群落动态研究[D]. 厦门：厦门大学.

[2] 谢艳辉，李涛，简伟军，等. 2015. 海水升温对大亚湾浮游植物群落结构和光合活性的影响[J]. 热带海洋学报，34（2）：24-31.

[3] Hirayama K. 1970. Influence of high temperature and residual chlorine on marine phytoplankton[J]. Marine Biology，7（3）：205-213.

[4] Poornima E，Rajadurai M，Rao T，et al. 2005. Impact of thermal discharge from a tropical coastal power plant on phytoplankton[J]. Journal of Thermal Biology，30（4）：307-316.

第 7 章

粤港澳大湾区重大环保基础设施现状评估及管理对策

7.1 重大环保基础设施现状

7.1.1 生活垃圾处理处置设施发展现状

7.1.1.1 规划层面分析

（1）国家有关规划主要内容及目标

《"十二五"全国城镇生活垃圾无害化处理设施建设规划》指出，生活垃圾无害化处理设施建设"鼓励全民参与生活垃圾分类和处理""按照减量化、资源化、无害化的原则，因地制宜地选择先进适用的技术，有条件的地区应优先采用焚烧等资源化处理技术""鼓励跨行政区域共建共享处理设施"。"东部地区、经济发达地区和土地资源短缺、人口基数大的城市，优先采用焚烧处理技术；其他具备条件的地区，可通过区域共建共享等方式采用焚烧处理技术。""在具备卫生填埋场地资源和自然条件适宜的地区，可将卫生填埋作为生活垃圾处理的基本方案。生活垃圾管理水平较高的地区可采用生物处理技术。在充分论证的基础上，鼓励积极开展水泥窑协同处理等技术的试点示范。有条件的地区，宜集成多种处理技术统筹解决生活垃圾处理问题。"到 2015 年，设市城市生活垃圾无害化处理率达到 90%以上，县县具备垃圾无害化处理能力。

《"十三五"全国城镇生活垃圾无害化处理设施建设规划》指出，合理规划设施建设，推动共建共享。针对不同地区实际情况，提前规划、科学论证，选择先进适用技术，减少原生垃圾填埋量。经济发达地区和土地资源短缺、人口基数大的城市，优先采用焚烧处理技术。到 2020 年年底，设市城市生活垃圾无害化处理率达到 95%以上，焚烧处理能力占无害化处理总能力的 50%以上。分类回收，促进利用，积极推动生活垃圾分类，因地制宜制定分类办法，完善体制机制，建立分类投放、回收、运输、处理相衔接的全过程管理体系，促进生活垃圾回收网络与再生资源回收网络衔接，实现源头减量和资源的最大化利用。创新驱动，多元协同。不断提高生活垃圾减量化、资源化和无害化处理水平。

（2）珠三角地区有关规划主要内容及目标

《广东省生活垃圾无害化处理设施建设“十二五”规划》指出，“十二五”末各县（市）均建成一座以上生活垃圾无害化处理设施，鼓励跨行政区域共建共享处理设施。经济发达地区和土地资源短缺、生活垃圾产生量大、人口密度高的地区，优先采用成熟安全的焚烧处理技术；其他具备条件的地区，可通过区域共建共享等方式采用焚烧处理技术；在生活垃圾产生量少、土地资源充裕、污染控制条件较好的地区，可采用卫生填埋处理技术；生活垃圾产生量少的偏远村庄，可就近无害化处理生活垃圾；生活垃圾管理水平较高的地区可采用生物处理技术；在充分论证的基础上，鼓励开展水泥窑协同处理等技术的试点示范；鼓励有条件的地区集成多种处理技术，统筹解决生活垃圾处理问题。到 2015 年年末，珠江三角洲地区生活垃圾无害化处理率达 90%以上，广州、深圳 100%实现无害化处理，广州、深圳初步建立行之有效的生活垃圾分类收运处理运行机制和实施保障体系。到 2015 年，珠江三角洲地区生活垃圾焚烧处理能力占无害化处理总能力的比重不低于 77%。

《广东省城乡生活垃圾处理“十三五”规划》指出，不断提高焚烧的权重，以填埋为主转化为焚烧为主，对于珠三角地区，建议推进生活垃圾综合处理环境园建设。推进设施统筹共建共享，垃圾产量小的区域可协调邻近行政区统筹规划垃圾处理设施或垃圾综合处理环境园区建设。垃圾产量大、土地资源短缺但交通便捷区域可跨行政区划统筹规划垃圾综合处理环境园区建设。各级环境卫生主管部门应当事先制订直接影响区域和间接影响区域的利益补偿办法，形成利益共同体，共享处理设施及园区的建设成果，保障处理设施或园区平稳运行。2020 年年末珠三角城市生活垃圾无害化处理率达到 100%。生活垃圾焚烧处理能力，未提出具体指标要求。仅提出了全省的指标要求，具体为 2018 年达到 55%以上，2020 年达到 60%以上。

（3）香港特别行政区有关规划主要内容及目标

20 世纪，香港最初采用旧式焚化炉处理垃圾，但是当时的设备只有简单的除尘系统，难以消除垃圾焚烧产生的粉尘和废气。90 年代开始改用填埋方式，先后建了 13 个堆填区。

香港回归后，1998 年香港特区政府出台了《减少废物纲要计划》（以下简称《纲要计划》），要求 13 个堆填区逐步停用并修复，取而代之的是先进的 3 个大型现代化和采用最先进技术的策略性堆填区（新界西堆填区、新界东北堆填区、新界东南堆填区）、8 个废物转运站和 5 个特殊废物处理设施。2001 年《纲要计划》中期检讨中，提出都市固体废物的回收率拟从 2000 年的 34%提升至 2004 年的 36%及 2007 年的 40%；家居废物的回收率从 2000 年的 8%提升至 2004 年 14%及 2007 年的 20%。

随着《纲要计划》进入计划期终段，2005 年 12 月，香港特区政府出台了《都市固体废物管理政策大纲（2005—2014）》。《都市固体废物管理政策大纲（2005—2014）》拟通过“都市固体废物收费及生产者责任计划，实践污染者自付原则”，实现“每年减少本港产生的都市固体废物量 1%。在 2009 年和 2014 年之前，把都市固体废物回收率分别提高至 45%和 50%。在 2014 年之前，把弃置于堆填区的都市固体废物总量减少至 25%以下”的目标。利用简单而有效的经济诱因，倡导市民加强循环再造，减少弃置废物。其间出台了多项配套政策及计划。如 2009 年 7 月的塑胶购物袋环保征费计划（2015 年 4 月 1 日全面实施），2006 年实施的建筑废物处置收费等，都卓有成效。截至 2013 年，约 90%的建筑垃圾都进行了回收利用。在分类回收方面，于 2005 年 4 月、2008 年 1 月及 3 月分别出台了充电电池回收计划、电脑及配件回收计划、荧光灯及光管回收计划等。

目前，13 个堆填区均已关闭，其中一些已修复作社区绿化及康乐用途，而 3 个策略性堆填区，也将于 2019—2020 年相继爆满（2016 年新界东南堆填区已转为建筑垃圾堆填区）。为此，2013 年 5 月，香港特区政府出台了《香港资源循环蓝图 2013—2022》，阐述未来 10 年废物管理的整体策略、具体目标、政策措施以及行动时间表，以全面应对香港的废物危机。在 2022 年以前减少 40%的都市固体废物人均弃置量，2022 年以前，将香港的废物资源管理比例转变为回收 55%、堆填 22%、焚烧 23%。为达此目标，蓝图提出三方面的政策及行动，包括采取全方位措施，通过减废政策及法规，推动行为改变；发起具有明确目标的全民减废运动；投放资源以完善与废物相关的基建。

（4）澳门特别行政区有关规划主要内容及目标

1992 年以前，澳门采用卫生填埋的方式处理生活垃圾。填埋场先后选择在鸭涌河（使用至 1983 年）、仔鸡颈山和石排湾。1992 年开始转变为“焚烧为主，填埋为辅”的处理方式，建成一座垃圾焚烧发电厂，并于 2008 年完成扩建。目前，除去不适合焚烧的和热值较低的固体废弃物外，其余均送入澳门垃圾焚化中心焚烧处理，目前该垃圾电厂有 6 条生产线，日处理垃圾能力达到 1 728 t。

《澳门环境保护规划（2010—2020）》指出，固体废弃物在近期（2010—2012 年）、中期（2013—2015 年）、远期（2016—2020 年）的目标分别是：推广生活垃圾分类；构建固体废弃物分类收集回收体系，加大固体废弃物处置设施建设；完善固体废弃物全过程管理体系、全面实施减量化、资源化、无害化技术措施。2012 年提出的具体目标值为废弃物资源回收率 20%，实际完成 19.1%。规划中远期的目标为建设绿色低碳城市，优先考虑垃圾回收率等问题，但未明确提出具体的规划目标值。

7.1.1.2 发展现状分析

截至 2017 年年底，根据统计数据可知，粤港澳大湾区已建成的生活垃圾处理处置设施布局及规模见表 7-1。粤港澳大湾区的生活垃圾处理处置量统计见表 7-2 和图 7-1、图 7-2。粤港澳大湾区的生活垃圾处理能力与处理量对比见表 7-3。

表 7-1 粤港澳大湾区生活垃圾处理处置设施一览表（截至 2017 年）

序号	城市	名称	地址	焚烧厂设计处理能力/填埋场实际（设计）处理能力/（t/d）	处理方式	备注
1	广州	第一资源热力电厂一分厂、二分厂	白云区太和镇永兴村（李坑）	3 290	焚烧	
2		第七资源热力电厂	从化鳌头镇潭口村	1 000	焚烧	
			小计	4 290		
3		兴丰生活垃圾卫生填埋场	白云区太和镇兴丰村	9 000	填埋	服务于中心六区
4		花都区生活垃圾卫生填埋场	花都区狮岭镇汾水林场	200	填埋	“十三五”封场
5		棠厦生活垃圾卫生填埋场	增城区荔城街棠厦村	—	填埋	“十三五”封场
6		火烧岗生活垃圾卫生填埋场	番禺南村镇番禺大道北旁	—	填埋	“十三五”封场
7		潭口生活垃圾卫生填埋场	从化区鳌头镇潭口村	—	填埋	“十三五”封场
			小计	11 500		
8	深圳	南山垃圾焚烧厂（一期）	南山区妈湾大道	800	焚烧	
9		盐田垃圾焚烧厂	盐田坳青麟坑	450	焚烧	
10		宝安老虎坑垃圾焚烧厂（一期、二期）	宝安老虎坑	4 200	焚烧	
11		平湖垃圾焚烧厂一厂、二厂	龙岗区平湖辅城坳	1 675	焚烧	
			小计	7 125		
12		下坪固体废弃物填埋场	罗湖区清水河	400	填埋	服务于福田、罗湖、南山市中心区
13		宝安老虎坑垃圾填埋场	宝安区松岗	3 200	填埋	服务于宝安区、龙华新区、光明新区
14		龙岗红花岭垃圾填埋场	龙岗区坪地红花岭	1 500	填埋	
			小计	5 100		
15	东莞	东莞市市区环保热电厂	南城区青山	1 800	焚烧	
16		横沥环保热电厂（一期、二期）	横沥镇西环路	3 600	焚烧	
17		厚街环保热电厂（一期、二期）	厚街镇黑头山	1 500	焚烧	“十三五”拆除一期 600 t/d
18		麻涌垃圾处理厂一、二期项目	麻涌镇大步村海心沙岛	1 500	焚烧	
			小计	8 400		
19		塘厦石潭埔填埋场	塘厦石潭埔	600	填埋	2017 年封场
20		虎门五马填埋场	虎门五马	800	填埋	目前使用新场，“十三五”封场

序号	城市	名称	地址	焚烧厂设计处理能力/填埋场实际（设计）处理能力/（t/d）	处理方式	备注
21	东莞	樟木头樟洋填埋场	樟木头镇和清溪镇交界处	300	填埋	目前使用新场，“十三五”转灰渣
22		大岭山旧飞鹅填埋场	大岭山旧飞鹅	少量	填埋	
23		清溪罗马填埋场	清溪罗马村	少量	填埋	使用新场
24		常平笑金坑填埋场	常平笑金坑	300	填埋	近期封场
25		谢岗凹坑填埋场	谢岗凹坑	少量	填埋	
			小计	2 000		
26	珠海	珠海市垃圾焚烧发电厂	西坑尾环保生态园	600	焚烧	设备老化，计划逐步关停
			小计	600		
27		华新环境工程（珠海）有限公司（一期）	西坑尾环保生态园	1 000	综合利用	
			小计	1 000		
28		西坑尾垃圾填埋场	西坑尾环保生态园	650	填埋	不填原生垃圾，仅作为应急垃圾处理场
			小计	650		
29	佛山	顺德区顺能垃圾发电有限公司	杏坛镇右滩村	600	焚烧	
30		南海垃圾焚烧发电厂（一厂、二厂）	狮山镇狮山林场	3 000	焚烧	
			小计	3 600		
31		高明苗村填埋场	高明苗村	6 000	填埋	
32		三水白坭坑垃圾卫生填埋场	三水白坭坑	500	填埋	
			小计	6 500		
33	惠州	惠城区焚烧发电厂	西郊马洞口山坑	600	焚烧	设备老化。近期保留、远期关停
34		惠阳区榄子垅环境园	惠阳区沙田镇田头村榄子垅	1 200	焚烧/填埋	处理能力指焚烧量
35		博罗县垃圾焚烧厂	博罗县湖镇新作塘村	700	焚烧	
			小计	2 500	填埋	
36		惠城区填埋场	西郊马洞口山坑	800	填埋	基本满容，计划逐步封场

序号	城市	名称	地址	焚烧厂设计处理能力/填埋场实际（设计）处理能力/（t/d）	处理方式	备注
37	惠州	博罗县垃圾填埋场	罗阳镇杨梅村杨城塘	95	填埋	“十三五”封场
38		惠东县垃圾填埋场	平山街道垦陂村横坑	800	填埋	“十三五”封场
39		龙门县垃圾填埋场	龙城甘香村委鹅哥	200	填埋	“十三五”封场
			小计	1 895		
40	江门	旗杆石生活垃圾卫生填埋场（一期、二期）	蓬江区棠下镇莲塘村旗杆石	2 000	填埋	
41		台山市台城下豆坑生活垃圾无害化处理场	台城街道办事处筋坑村委会下豆坑	400	填埋	
42		开平市梁金山生活垃圾填埋场	开平市梁金山	400	填埋	
43		鹤山市马山生活垃圾卫生填埋场	鹤山市鹤城镇马山鸡仔地村的北面	350	填埋	
44		恩平樟木坑生活垃圾卫生填埋场	恩平市樟木坑	220	填埋	
45		市区崖门镇生活垃圾填埋场	崖门镇		填埋	简易，2 个，逐步关停
46		台山川岛生活垃圾填埋场	川岛		填埋	简易，6 个，逐步关停
47		开平市生活垃圾填埋场	开平市		填埋	简易，6 个，逐步关停
			小计	3 370		
48	中山	中山市北部组团垃圾综合处理基地	黄圃镇吴栏村乌珠山旁	970	焚烧/填埋	
49		中山市中心组团垃圾综合处理基地	南朗镇蒂峰山	1 050	焚烧/填埋	
50		中山市南部组团垃圾综合处理基地	外沙村黄牛山	1 040	焚烧/填埋	
			小计	3 060		
51	肇庆	肇庆市生活垃圾填埋场	高要区南岸街道定岗管理区下黎坑	500	填埋	“十三五”封场
52		德庆县生活垃圾填埋场	官圩镇	300	填埋	“十三五”封场
53		四会市垃圾填埋场	下茆镇	400	填埋	“十三五”转灰渣填埋

序号	城市	名称	地址	焚烧厂设计处理能力/填埋场实际（设计）处理能力/（t/d）	处理方式	备注
54	肇庆	广宁县垃圾填埋场	宾亨镇	300	填埋	
55		封开县垃圾填埋场	江口镇	100	填埋	
56		怀集县垃圾填埋场	怀城镇	300	填埋	“十三五”封场
			小计	1 900		
	总计（焚烧）			29 575		
	总计（填埋）			26 865		
	总计（综合利用）			1 000		
57	香港	新界西堆填区	屯门稔湾	7 300	填埋	2020 年前满容
58		新界东北堆填区	新界打鼓岭	3 100	填埋	2020 年前满容
			小计	10 400		
59	澳门	澳门垃圾焚化中心	澳门氹仔北安工业区	1 728	焚烧	
			小计	1 728		

表 7-2　粤港澳大湾区生活垃圾处理处置量统计数据

序号	地区	年度	产生量/清运量/（万 t/a）	无害化处理量/（万 t/a）	无害化处理率/%	卫生填埋处理量/（万 t/a）	焚烧处理量/（万 t/a）	填埋处理占清运总量比重/%	焚烧处理占清运总量比重/%
1	广州	2016	688.35	688.35	100	587.16	101.19	85.3	14.7
2	深圳	2016	572.28	572.28	100	323.82	248.46	56.6	43.4
3	东莞	2016	438	438	100	73	365	16.7	83.3
4	珠海	2015	81.5	81.5	100	61	20.5	74.8	25.2
5	佛山	2016	341.25	340.9	100	206.92	133.98	60.6	39.3
6	惠州	2015	141.22	141.22	100	111.76	29.46	79.1	20.9
7	江门	2015	90.2	90.2	100	90.2	0	100.0	0.0
8	中山	2016	76.515	76.515	100	0	76.515	0.0	100.0
9	肇庆	2015	51.4	51.4	100	51.4	0	100.0	0.0
10	香港	2015	315.8	315.8	100	315.8	0	100.0	0.0
11	澳门	2016	24	24	100	0	24	0.0	100.0

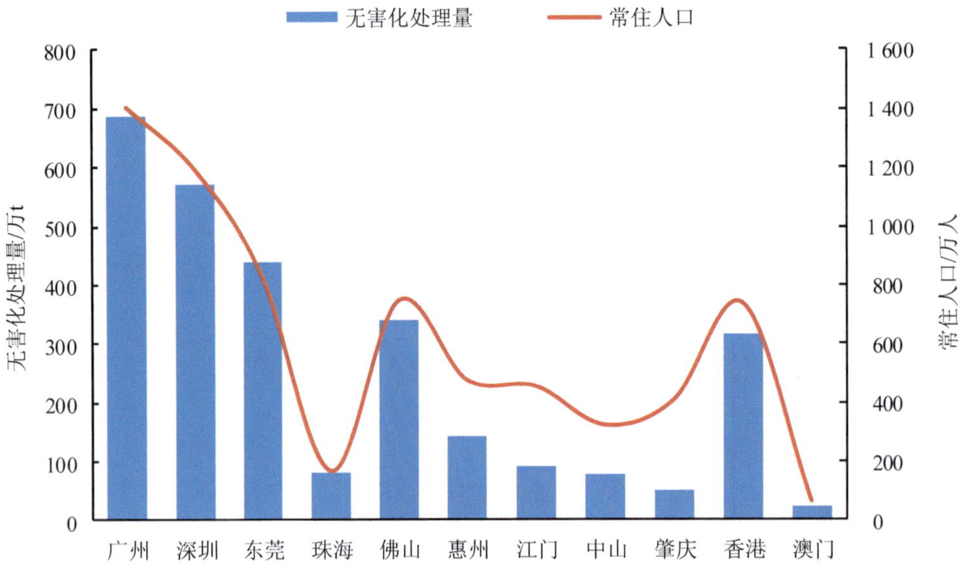

图 7-1　粤港澳大湾区 2017 年生活垃圾无害化处理量

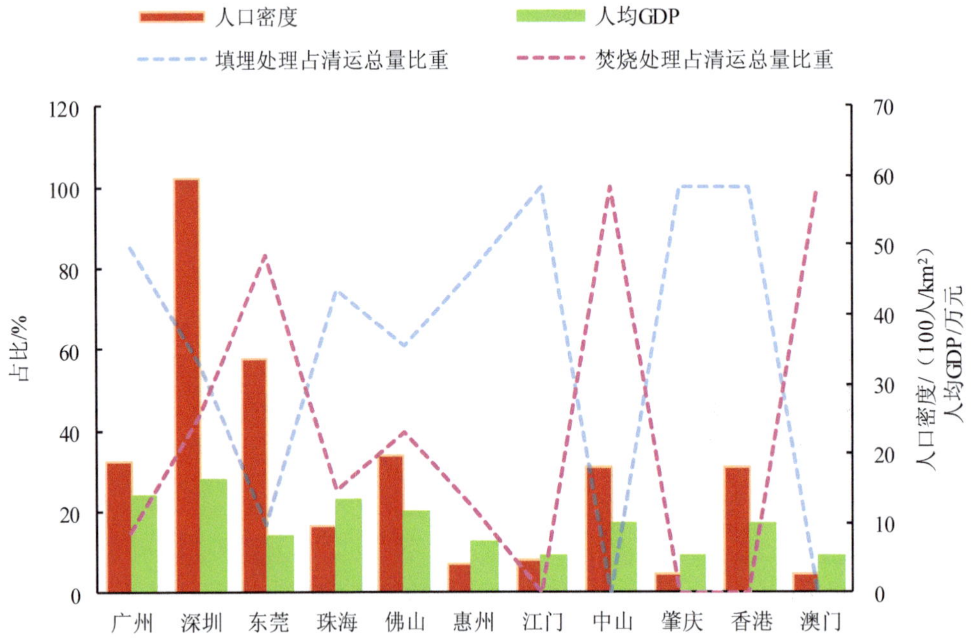

图 7-2　粤港澳大湾区生活垃圾处理处置方式占比

表 7-3　粤港澳大湾区生活垃圾处理能力与处理量对比一览表

序号	城市	填埋（珠海含水泥窑异地协同处置）				焚烧				备注
		设计处理能力/（t/d）	设计处理能力/（万 t/a）	实际处理量/（万 t/a）	剩余能力/（万 t/a）	设计处理能力/（t/d）	设计处理能力/（万 t/a）	现有实际处理量/（万 t/a）	剩余能力/（万 t/a）	
1	广州	11 500	419.75	587.16	超负荷	4 290	156.585	101.19	55.4	
2	深圳	5 100	186.15	323.82	超负荷	7 125	260.062 5	248.46	11.6	
3	东莞	2 000	73	73	满容	8 400	306.6	365	超负荷	
4	珠海	1 650	60.225	61	超负荷	600	21.9	20.5	1.4	
5	佛山	6 500	237.25	206.92	30.33	3 600	131.4	133.98	基本无剩余	部分外运处理
6	惠州	1 895	69.167 5	111.76	超负荷	2 500	91.25	29.46	61.8	
7	江门	3 370	123.005	90.2	32.8	0	0	0	—	
8	中山	0	0	0	—	3 060	111.69	76.515	35.2	
9	肇庆	1 900	69.35	51.4	18.0	0	0	0	—	
10	香港	10 400	379.6	315.8	63.8	0	0	0	—	
11	澳门	0	0	0	—	1 728	63.072	24	39.1	

（1）已建规模

截至 2017 年年底，粤港澳大湾区共建成垃圾焚烧厂（含配套灰渣填埋场的环境园）20 座，总处理能力 31 303 t/d；卫生填埋场 38 座，总处理能力 36 815 t/d；异地水泥窑协同处置厂 1 座（珠海华新一期），处理能力 1 000 t/d。其中，珠三角地区共建成垃圾焚烧厂 19 座（珠三角 9 市中江门、肇庆未建成垃圾焚烧厂，全部填埋。其余 7 市均建有垃圾焚烧厂），总处理能力 29 575 t/d；卫生填埋场 36 座，总处理能力 26 415 t/d；异地水泥窑协同处置厂 1 座（珠海华新一期），处理能力 1 000 t/d。香港建有垃圾填埋场 2 座，总处理能力 10 400 t/d。澳门建有垃圾焚烧厂 1 座，总处理能力 1 728 t/d。

（2）采用工艺及执行标准

粤港澳大湾区已建成垃圾焚烧厂，基本都采用机械炉排炉技术。焚烧烟气执行《垃圾焚烧烟气排放执行标准》（GB 18485—2014），且氮氧化物、HCl、重金属等往往严于国家标准，达到欧盟排放标准。另外，卫生填埋场基本都满足国家相关规范标准，配套渗滤液收集处理、填埋气体收集利用等设施。

（3）设施运行情况

垃圾清运量情况：截至 2017 年年底，粤港澳大湾区生活垃圾年清运量最大的为广州、深圳、东莞、佛山、香港，均超过了 300 万 t；其次为惠州，超过 100 万 t；随后为江门、珠海、中山、肇庆，在 50 万～100 万 t；最小为澳门，为 24 万 t。大湾区“9+2”城市生活垃圾无害化处理率均达到 100%。生活垃圾清运量与常住人口数呈完全正相关关系。

主要处理处置方式情况：珠三角地区中，江门、肇庆尚未建成运营垃圾焚烧设施，目前均采用填埋方式；中山对垃圾均采用焚烧方式。其余6市，除东莞焚烧占比远远大于填埋，达到83.3%外，其余焚烧占比均低于50%，最大为深圳43.4%，最小为广州14.7%。香港100%填埋。澳门100%焚烧。珠三角9市焚烧占清运量比重主要与人口密度呈正相关关系，与人均GDP的关系不明显。

运行负荷情况：截至2017年，广州、深圳、东莞、珠海、惠州的垃圾填埋场接近满容，均在超负荷运转。东莞、佛山的垃圾焚烧厂基本无剩余处理能力，亟须扩容。

7.1.2 城镇集中式生活污水处理处置设施现状

7.1.2.1 规划层面分析

（1）国家有关规划主要内容及目标

《"十二五"全国城镇污水处理及再生利用设施建设规划》指出，污水处理要与经济社会发展水平相协调，与城镇发展总体规划相衔接，与环境改善要求相适应，与环保产业发展相促进，合理确定建设规模、内容和布局。到2015年，全国所有设市城市和县城具有污水集中处理能力。城市污水处理率达到85%（直辖市、省会城市和计划单列市城区实现污水全部收集和处理，地级市达到85%，县级市达到70%），县城污水处理率平均达到70%，建制镇污水处理率平均达到30%。城镇污水处理设施再生水利用率达到15%以上。城镇污水处理厂投入运行一年以上的，实际处理负荷不低于设计能力的60%，三年以上的不低于75%。重点流域、重要水源地等敏感水域地区的城镇污水处理设施，应根据水质目标和排污总量控制要求，选择具备除磷脱氮能力的工艺技术。污水处理应坚持集中与分散处理相结合的原则，在人口密度较低、水环境容量较大的地方，以及地处非环境敏感区的建制镇，在满足环保要求的前提下，可根据实际条件采用"分散式、低成本、易管理"的处理工艺，鼓励自然、生态的处理方式。在降雨量充沛地区，新建管网要采取雨污分流。对已建的合流制排水系统，加快实施雨污分流改造。难以实施分流制改造的，要采取截流、调蓄和处理措施。重点建设和完善污水配套管网，提高管网覆盖率和污水收集率。

《"十三五"全国城镇污水处理及再生利用设施建设规划》指出，进一步强调统筹规划，合理布局，将其作为改善城镇水生态环境的关键环节，优化污水收集与处理设施的空间布局，提质增效，厂网配套、泥水并重，提高城镇污水处理及再生利用水平。到2020年年底，实现城镇污水处理设施全覆盖。城市污水处理率达到95%，其中地级及以上城市建成区基本实现全收集、全处理；县城不低于85%；建制镇达到70%；京津冀、长三角、珠三角等区域提前一年完成。缺水城市再生水利用率不低于20%，其他城市和县城力争达到15%。坚持集中与分散处理相结合的原则，在人口密集、污水量大的地区，宜采用成熟的集中处理方式。在人口密度较低、水环境容量较大的地区，可结合实际情况，采用技术路线简单、投资规模小、便于维护和管理的方式。敏感区域（重点湖泊、重点水库及近岸海域汇水区域）的新建城镇污水处理设施，应按照水环境质量改善要求，选择脱氮除磷效果好的工艺技术，出水水质应达到相应的标准要求。建成区水体水质未达到地表水Ⅳ类标准的城市，新建污水处理设施出水水质应达到一级 A 排放标准或再生利用要求。所有设市城市、县城和建制镇均覆盖污水处理设施配套管网。新建污水处理设施的配套管网应同步设计、同步建设、同步投运。加快实施合流制排水系统雨污分流改造；难以改造的，要加快建设截流、调蓄等设施。启动城市建成区初期雨水污染治理。

《水污染防治行动计划》要求，敏感区域（重点湖泊、重点水库、近岸海域汇水区域）城镇污水处理设施应于 2017 年年底前全面达到一级 A 排放标准。建成区水体水质达不到地表水Ⅳ类标准的城市，新建城镇污水处理设施要执行一级 A 排放标准。到 2020 年，全国所有县城和重点镇具备污水收集处理能力，县城、城市污水处理率分别达到 85%、95%左右。京津冀、长三角、珠三角等区域提前一年完成。

（2）珠三角地区有关规划主要内容及目标

《广东省城镇污水处理及再生利用设施建设“十二五”规划》指出，科学规划城镇污水处理及再生利用设施建设的总体布局和建设进度。在城镇密集区域和有条件的地区，鼓励打破行政区划的限制，跨地区联合建设污水、污泥处理处置及再生利用设施。厂管配套，泥水并重。到 2015 年，全省城镇污水处理率达到 85%，其中珠三角地区污水处理率达到 90%。珠三角地区重点城市（广州、深圳、珠海、佛山、东莞、中山）的所有建制镇建成污水集中处理设施。全省污水处理厂负荷率达到 80%以上，其中投产一年的污水实际处理量不得低于其设计能力的 60%，投产三年以上的污水处理量不得低于其设计能力的 75%。广州、深圳两市的城区达到污水全收集全处理。2015 年年底全省污水再生利用率达到 10%。珠三角地区城镇污水处理推荐采用二级处理或二级强化处理工艺。新建城区积极推进分流制排水体制，同时结合旧城改造、道路建设等工作，加强雨污分流系统的改造和完善。难以实施分流制改造的，要采取截流、调蓄和处理措施，在有条件的地区逐步推进初期雨水收集与处理。

《珠江三角洲环境保护规划纲要（2004—2020 年）》提出，鼓励打破行政区域限制联合建设规模化、集约型污水处理厂，到 2020 年，城镇生活污水集中处理率达 85%以上。

《珠江三角洲地区改革发展规划纲要（2008—2020 年）》提出，加快规划和建设城镇污水处理设施和配套管网，到 2020 年，城镇污水处理率达到 90%以上。

《珠江三角洲基础设施建设一体化规划（2009—2020）》提出，推进珠三角河网整治一体化，科学规划主要供排水布局。按照供排分流原则，对珠三角供排水布局进行统一规划，并通过河涌水闸的建设和统一优化调度，建设和保护清水走廊供水通道，实现供排水的协调统一、互通可控，避免不同城市取水、排污相互交叉混合。供水通道严禁新增排污口，依法关闭或迁移对水体污染大的排污口，在河涌适当位置建设水闸并进行科学调度，防止河涌污水进入供水通道。所有排水均必须经过处理后达标排放，实行严格的污染物总量控制，确保满足水功能区划水质目标。以水系为单元进行污水处理厂的规划建设，并按照珠三角网河区供排水通道布局污水处理厂。各地市在编制供水、排水、污水处理厂布局及土地利用等规划时，应根据本次划定的主要供排水通道进行布局，沿海地区尽可能采取独立排海方式排水。

《南粤水更清行动计划（2013—2020 年）》提出，全面加快建制镇污水处理设施建设。到2015 年，广州、深圳、珠海、佛山、东莞、中山等市建制镇及其他地区中心镇，县城以上集中式饮用水水源保护区内的建制镇，重要水库和主要供水通道两岸敏感区对水质影响较大的建制镇应建成污水处理设施，全省城镇生活污水集中处理率达 85%以上。到 2020 年，所有饮用水水源保护区内的建制镇，重要水库集雨区和主要供水通道两岸敏感区的建制镇应建成污水处理设施，全省城镇生活污水集中处理率达 90%以上。村镇生活污水处理设施建设应因地制宜选择处理工艺。采用先进技术提升污水处理设施治污效能。新建、扩建和改建城镇污水处理设施出水应符合《城镇污水处理厂污染物排放标准》（GB 18918—2002）一级 A 标准及广东省地方标准《水污染物排放限值》（DB 44/26—2001）的较严值，现有城镇污水处理厂在“十二五”期间出水要提高到《城镇污水处理厂污染物排放标准》一级 B 标准及《水污染物排放限值》的较严值。2015 年前，水质超标流域以及尾水直排重要水库或供水通道的污水处理厂，要采用活性炭吸附、臭氧氧化、反渗透等先进技术完成深度处理升级改造，强化脱氮除磷功能，排入重要水库的出水水质应达到地表水环境质量标准Ⅲ类水质要求。重点推进广州、深圳、东莞等污染负荷重、耗水量大的城市开展污水再生利用工作。到 2015 年，力争全省污水再生利用率达到 10%以上，到 2020 年达到 15%以上。

《广东省人民政府关于加快推进城市基础设施建设的实施意见》（粤府〔2015〕56 号）提出，加快污水处理设施建设。按照“厂网并重”原则，加快污水处理设施及配套管网建设。到 2017 年年底，广州、深圳、珠海、佛山、东莞、中山等地区建制镇及其他地区中心镇，县级以上集中式饮用水水源保护区内的建制镇，重要水库和主要供水通道两岸敏感区对水质影响较大的建制镇建成污水处理设施，城镇污水处理率达到 85%，2020 年达到 90%。以重污染河流、城市重污染河涌和运行负荷及进水浓度不达标的污水处理厂为重点，分类制订污水管网建设和改造计划。珠三角地区城市加强截污系统的精细化改造，重点开展初雨收集处理和污水截流处理。广州、深圳市建成区到 2017 年年底前，各地级市城市建成区到 2020 年年底基本实现污水全收集、全处理。

《广东省水污染防治行动计划实施方案》（2015 年）提出，强化城镇生活污染治理。优先完善污水处理厂配套管网。加快推进现有污水处理设施配套管网建设，切实提高运行负荷。强化城中村、老旧城区和城乡接合部污水截流、收集。现有合流制排水系统应加快实施雨污分流改造，难以改造的，应采取沿河截污、调蓄和治理等措施。新建、扩建污水处理设施和配套管网须同步设计、同步建设、同时投运。城镇新区建设均实行雨污分流，水质超标地区要推进初期雨水收集、处理和资源化利用。到 2017 年，珠三角地级以上城市建成区污水基本实现全收集、全处理，其他地级城市建成区以及淡水河、石马河、广佛跨界河、茅洲河流域内城镇于 2020 年年底前基本实现。练江、小东江流域内城镇于 2020 年年底前污水收集率达到 95%以上。敏感区域（供水通道沿岸、重要水库汇水区、近岸海域直接汇水区等）、建成区水体水质达不到地表水Ⅳ类标准的城市等区域的城镇污水处理设施出水应于 2017 年年底前达到一级 A 标准及广东省地方标准《水污染物排放限值》（DB 44/26—2001）的较严值。新建、改建和扩建城镇污水处理设施出水全面执行一级 A 标准及广东省地方标准《水污染物排放限值》（DB 44/26—

2001）的较严值。到 2020 年，敏感区域和淡水河、石马河、广佛跨界河、茅洲河、练江、小东江（以下称六河）流域内建制镇应建成污水处理设施，全省城镇生活污水集中处理率达到 90%以上，城市污水处理率达到 95%以上。

（3）香港特别行政区有关规划主要内容及目标

香港特别行政区政府于 1989 年制定了污水排放策略，即覆盖全港的 16 项“污水收集整体计划”。16 个污水收集区均建设各类型的污水处理工程。为了改善维多利亚港水质，同时提出了“净化海港计划”，计划分为两期。第一期将整个九龙半岛、将军澳、葵涌、青衣、荃湾、筲箕湾及柴湾生活污水引至昂船洲污水处理厂处理达标后经隧道排放至维多利亚港西面海域，一期工程已于 2001 年年底全面投入运作。第二期甲于 2015 年年底启用，将余下源自港岛北部和西南部以往只经基本处理的污水截流，再输往扩建的昂船洲污水处理厂进行化学强化一级处理及消毒，全面提升维多利亚港的整体水质。第二期乙计划在昂船洲污水处理厂毗邻设置一座额外的地下生物污水处理设施。

香港与广东省一脉相连，河海和港湾也紧紧接壤，因此从 2000 年开始就加强区域水质管理合作。粤港政府于 2000 年制订了《后海湾（深圳湾）水污染控制联合实施方案》；深港政府于 2003 年完成《大鹏湾水质区域控制策略》合作研究。香港环境保护署与广东省环境保护厅在 2008 年成功为珠江河口地区研制了一套先进的水质数值模型。在此基础上，双方在 2010 年共同开展了一项研究，利用该模型评估珠江河口在不同水质目标下的纳污能力，为珠江河口水质管理提供科学基础。整个项目在 2014 年年底完成。双方正根据研究的建议，继续推进珠江河口的水质管理合作与交流。

随后规划的污水收集及处理规划主要有：西贡污水处理厂、田污水处理厂搬迁往岩洞；石湖墟污水处理厂扩建；吐露港地区污水收集系统建造；扩建乡村公共污水收集系统；择机推行“净化海港计划”第二期乙计划。此外，进一步推行“节水行动”及“污水循环再用”；继续推进区域水质管理合作。

（4）澳门特别行政区有关规划主要内容及目标

澳门人口密度大，经济社会发达，处于高强度开发地区。而可利用水资源极为缺乏，日常 96%的饮用水由珠海供应，水源来自西江。本地蓄水设施的有效蓄水总量为 190 万 m^3（大水塘 160 万 m^3、石排湾水库 30 万 m^3），可供应本地约 9 天的用水需求，本地水库在日常供水中主要是备用性质，起压咸调节作用。一方面，珠海对澳门供水，随着输送距离的加大，供水风险也在加大；澳门附近水域海水水质条件不尽理想。另一方面，澳门的污水收集和处理系统发展完善，经污水处理厂处理后的排水具备条件再进行深度处理后加以利用。因此，为了支撑澳门经济社会的进一步发展，构建节水型社会以及城市污水资源再生利用就成为澳门未来水资源开发利用及保护的发展方向。

澳门特别行政区政府于 2010 年 6 月推出的《澳门节水规划大纲》提出，到 2015 年政府部门的节水器具普及率达到 90%，2020 年全面普及；政府资助机构的节水器具普及率达到 85%，2020 年达到 90%，2025 年全面普及；居民生活节水器具普及率达到 65%以上，2020 年达到 85%以上，2025 年达到 90%以上；商业范畴节水器具普及率达到 60%以上，2020 年达到 85%，2025 年达到 90%。通过各项开源节流措施的实施，到 2015 年，节水率为 9.0%，相当于 2008 年原水取水总量的 11.0%；2020 年，节水率 14.4%，相当于 2008 年原水取水总量的 20.3%；2025 年，节水率 18.4%，相当于 2008 年原水取水总量的 29%。在污水处理厂基础上逐步增建再生水生产设备，分三期建设，最终于 2025 年全部建成，最终规模达到 805 万 m^3/a。

《澳门环境保护规划（2010—2020）》指出，城市生活污水集中处理率 2015 年为 97%，2020 年为 99%。再生水回用率 2015 年为 2%，2020 年为 4%。

《澳门再生水发展规划（2013—2020）》提出，以横琴岛澳门大学新校区及石排湾新社区为试点，在建成后逐步向新发展区拓展的原则，循序渐进地推进再生水应用，到 2022 年实现再生水总用水量占全澳总用水量 10%的总体目标。再生水在规划期内主要用于冲厕、绿化以及景观用水。成熟的情况下将进一步拓展为大型场所的冷却用水。

全国、珠三角地区、香港、澳门的城镇污水处理设施发展规划对比情况见表 7-4。

表 7-4 全国、珠三角地区、香港、澳门的城镇污水处理设施发展规划对比一览表

时期	全国	珠三角地区	时期	香港	时期	澳门
“十二五”	①合理确定建设规模、内容和布局。②地级市城市污水处理率达到 85%，城镇污水处理设施再生水利用率达到 15%以上。城镇污水处理厂投入运行 1 年以上的，实际处理负荷不低于设计能力的 60%，3 年以上的不低于 75%。③重点流域、重要水源地等敏感水域地区的城镇污水处理设施，应根据水质目标和排污总量控制要求，选择具备除磷脱氮能力的工艺技术。对污水处理厂的出水水质，未做出明确要求。④新建管网采取雨污分流。已建的合流制排水系统，加快实施雨污分流改造。难以实施分流制改造的，要采取截流、调蓄和处理措施。⑤重点建设和完善污水配套管网，提高管网覆盖率和污水收集率。未提出具体目标值	①落实国家的要求。明确提出“鼓励打破行政区划的限制，跨地区联合建设”。提出“按照供排分流原则，对珠三角供排水布局进行统一规划”。②珠三角污水处理率达到 90%。广州、深圳、珠海、佛山、东莞、中山的所有建制镇建成污水集中处理设施。全省污水再生利用率达到 10%。全省污水处理厂负荷率达到 80%以上，投产 1 年的不低于其设计能力的 60%，投产 3 年以上的不得低于其设计能力的 75%。广州、深圳城区污水全收集全处理。③珠三角地区城镇污水处理推荐采用二级处理或二级强化处理工艺。现有城镇污水处理厂出水要提高到《城镇污水处理厂污染物排放标准》一级 B 标准及《水污染物排放限值》的较严值。④雨污分流的要求同全国。⑤提出在有条件的地区逐步推进初期雨水收集与处理	1989—2000 年	16 项“污水收集整体计划”，分片区收集处理生活污水，处理达标后排放	2010—2015 年	确立总体思路为“节水及城市污水资源再生利用”。2015 年城市生活污水集中处理率 97%，节水率 9.0%，再生水回用率 2%
			2000—2015 年	①在上个阶段的基础上，实施“净化海港计划”，其中一期工程于 2001 年年底全面投入运作。第二期甲计划于 2015 年年底启用。全面改善维多利亚港水质。②加强与广东省区域水质管理合作	2015—2020 年	2020 年，城市生活污水集中处理率 99%，节水率 14.4%，再生水回用率 4%

时期	全国	珠三角地区	时期	香港	时期	澳门
“十三五”	①进一步强调统筹规划，优化收集和处理设施的空间布局。②城市污水处理率提高到 95%，珠三角提前一年完成。但对处理负荷未做要求。③敏感区域（重点湖泊、重点水库及近岸海域汇水区域）的新建城镇污水处理设施应于 2017 年年底前全面达到一级 A 排放标准。建成区水体水质未达到地表水Ⅳ类标准的城市，新建污水处理设施出水水质应达到一级 A 排放标准或再生利用要求。④雨污分流的要求与“十二五”一致，但“十三五”要求启动城市建成区初期雨水污染治理。⑤重点建设和完善污水配套管网由“重点建设和完善”提升为“所有设市城市、县城和建制镇均覆盖”。⑥提出了“提质增效，厂网配套、泥水并重，提高再生利用水平”，未提出具体目标值	①落实国家的要求。②2017 年珠三角地级以上城市建成区污水基本实现全收集、全处理。2020 年，敏感区域和淡水河、石马河、广佛跨界河、茅洲河、练江、小东江流域内建制镇应建成污水处理设施，全省城镇生活污水集中处理率达到 90%以上，城市污水处理率达到 95%以上。③2017 年，新建、扩建和改建城镇污水处理设施出水符合《城镇污水处理厂污染物排放标准》（GB 18918—2002）一级 A 标准及广东省地方标准《水污染物排放限值》（DB 44/26—2001）的较严值，标准值严于国标。④雨污分流的要求与“十二五”一致。⑤提出以重污染河流、城市重污染河涌和运行负荷及进水浓度不达标的污水处理厂为重点，分类制订污水管网建设和改造计划。⑥珠三角地区城市加强截污系统的精细化改造，重点开展初雨收集处理和污水截流处理。无具体指标	2015 年至今	①若干污水处理厂的搬迁、扩建。②吐露港地区污水收集系统建造。③扩建乡村公共污水收集系统。④择机推行“净化海港计划”第二期乙计划。⑤进一步推行“节水行动”及“污水循环再用”。⑥继续推进区域水质管理合作	2020—2025 年	① 2025 年节水率 18.4%，2022 年再生水用水量占总用水量的 10%。②对再生水厂、管网、泵站、高位水池的布局等都做出了明确的规划

7.1.2.2　发展现状分析

截至 2016 年，粤港澳大湾区已建成的城镇污水处理设施数量及处理能力见表 7-5 和图 7-3。

（1）已建规模

据统计，截至 2016 年，珠三角 9 市共建成城镇污水处理厂 391 座，总处理能力 2 059.8 万 t/d。城镇生活污水处理率最高为佛山 96.78%，最低为肇庆 88.4%；除肇庆外，其余 8 市均高于 92%。污水处理厂负荷率整体偏低，惠州、肇庆仅在 70%左右，除东莞、珠海、江门较高外，其余都在 85%以下。

国内目前的相关统计指标主要有城镇污水处理率、设计处理能力、实际处理量等，而对于污水收集率、管网覆盖率等没有统一的统计口径，而且往往城市和乡村地区未进行分别统计，因此无法准确判断处理设施处理能力与实际需求的对应关系。同时污水处理厂负荷率也仅是从处理水量进行统计，无法反映主要有机污染物的处理负荷。

表 7-5　粤港澳大湾区城镇污水处理设施及处理能力统计数据

序号	城市	年度	污水处理厂数量/座	设计处理能力/（t/d）	设计处理能力/（万 t/a）	城镇生活污水处理率/%	2015 年污水处理负荷率/%	备注
1	广州	2016	48	5 291 800	193 150.7	93.5	84.9	
2	深圳	2016	29	5 195 000	189 617.5	96.63	79.3	处理率为 2015 年统计数据
3	东莞	2016	37	2 775 475	101 304.8	96.45	98.7	
4	珠海	2016	15	834 000	30 441	96.3	97.8	
5	佛山	2016	74	2 294 492	83 749.0	96.78	83.9	
6	惠州	2016	74	1 486 000	54 239	96.2	69.7	
7	江门	2016	35	878 500	32 065.3	92.5	90.4	
8	中山	2015	41	1 108 040	40 443.5	96	80.4	
9	肇庆	2016	38	735 000	26 827.5	88.4	70.7	
小计			391	20 598 307	751 838.2			
10	香港	2016	69	—	—	93		
11	澳门	2016	5	356 000	12 994	99		

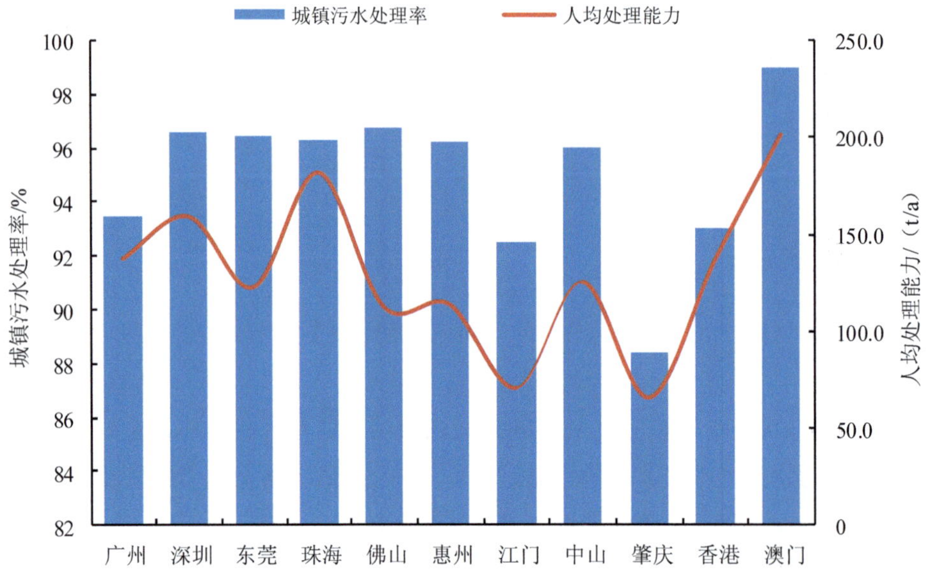

图 7-3　粤港澳大湾区 2016 年城镇污水处理情况

（2）采用工艺及执行标准

目前，粤港澳大湾区城镇污水处理厂主要采用的工艺有 A^2/O（厌氧—缺氧—好氧生物脱氮除磷）工艺、SBR（序列间歇式活性污泥法）工艺、CASS（周期循环活性污泥法）工艺、氧化沟工艺等。

珠三角地区的城镇污水处理厂基本执行《城镇污水处理厂污染物排放标准》（GB 18918—2002）一级 A 标准及广东省地方标准《水污染物排放限值》（DB 44/26—2001）的较严值。

香港在“污水收集整体计划”的指导下，目前共建成 69 座污水处理厂。截至 2016 年 12 月，生活污水处理率（收集率）达 93%，实际处理量达 275.9 万 t/d。目前，净化海港计划的第二期甲已提供足够容量处理预测的污水量，并无迫切需要推行第二期乙，随后根据需要择机推行第二期乙计划。香港污水收集处理具有如下特点：

①污水处理设施精细化分类，根据需要分为五种类型：基本处理（用隔筛筛除固体废物和清除沙砾）、一级处理（在基本处理的基础上增加沉淀，减少总悬浮固体约 70%及生化需氧量约 30%）、化学强化一级处理（在一级沉淀过程中加入絮凝沉淀剂，减少总悬浮固体约 80%及生化需氧量约 60%）、二级处理（利用微生物去净化经一级处理的污水中的有机污染物，经处理的污水符合 30 mg/L 总悬浮固体及 20 mg/L 生化需氧量的排放标准）、三级处理（采用生物反应池和过滤的方法，将污水中的有机污染物、总悬浮固体和营养物减至极低水平）。

②排放标准精细化分类：化学强化一级处理厂的出水水质标准 BOD_5 为 75～100 mg/L、总悬浮固体 57～100 mg/L、大肠杆菌 300 000～900 000 个/100 mL。大型二级处理厂的出水水质标准 BOD_5 为 20 mg/L，NH_3-N 为 2～5 mg/L，TN 为 12～20 mg/L，大肠杆菌 1 500～15 000 个/100 mL。总体来看，排放标准低于珠三角地区；二级处理的排放标准中 NH_3-N、TN 指标严于珠三角地区排放标准。

③积极推行“节水行动”及“污水循环再用”：早在 1958 年就开始筹划海水冲厕，目前全香港已有 80%的人采用海水冲厕，海水冲厕污水经物理一级强化处理后直接排海，每年海水冲厕能为香港节约近 20%的淡水资源，节水效果十分明显。污水处理厂的再造水占总处理量的 0.055%。

澳门现有污水处理厂 5 座，总设计处理能力 35.6 万 t/d，实际处理量 23.0 万 t/d，污水处理厂处理余量较大。

（3）设施运行情况

截至 2017 年，广州、深圳等地城镇污水处理厂的规模基本够用，主要工作在进一步完善污水收集管网和完善雨污分流等，提高城镇污水处理厂的进水水质浓度，优化污水处理厂的污染物削减效益。

7.2 国际湾区重大环保基础设施管理概述及启示

7.2.1 旧金山湾区

7.2.1.1 生活垃圾处理处置设施

旧金山是美国垃圾资源利用率最高的城市，垃圾回收率达 80%，旧金山没有垃圾焚烧厂，剩余 20%的垃圾最终填埋处理。

旧金山垃圾分类回收再利用成果显著与政府超前的环保意识及颁布的一系列法案息息相关。1921 年，旧金山政府就要求垃圾回收必须由公司管理，取缔个人回收垃圾行为；1989 年通过《综合废弃物管理法令》，要求各行政区在 2000 年以前，实现 50%的废弃物通过削减和再循环的方式进行处理，未达到要求的区域管理人员被处以每天 1 万美元的行政罚款，同时以家庭为独立个体施行垃圾分类收集，并有机构定期上门收集可回收物品，销售收益用来抵付垃圾处理费用；2002 年政府提出，2020 年彻底实现“零废弃”的目标；2003 年旧金山所在的加利福尼亚州通过《废旧电器回收法》，对废旧电脑、电视以及其他音像设备的回收处理做了具体规定；2007 年通过了《限制使用塑料袋规定》；2009 年旧金山通过了《垃圾强制分类法》，规定居民必须严格遵守废弃物品分类，严禁私自翻捡垃圾箱内的可利用物，否则按盗窃罪论处，同时对于违规的各住户采取不同等级的罚款，这在当年被媒体称为全美最严苛的可回收法律；2009 年 6 月出台了《强制回收和堆肥条例》。

为了 2020 年彻底实现“零废弃”的目标，旧金山环保部门专门在年轻人中推广垃圾减量分类的宣传教育活动；推出了环保性花园的家庭设计理念，创立了旧金山环保基金会以及旧金山有机食品社区；并且在旧金山各大学内推广环保组织；还通过海报、报纸、网络以及公交移动等媒体，长期开展城市垃圾治理的宣传推广活动。

7.2.1.2 污水处理处置设施

旧金山主要采用雨污合流制排水系统。全市目前有 3 座污水处理厂，雨水、污水一起进入污水处理厂，处理达标后排入海湾。由于污水收集系统和污水处理厂修建年代较早，处理能力偏小，因此，不足以应对突发洪涝和地震等灾害。为此，旧金山采取了一系列的解决对策。一是大力提高水资源利用效率，如用回用水浇灌公共绿地，推广建筑内水资源循环，用回收水冲洗卫生间等，目前旧金山是全美人均水资源消费最低的城市，并且是可再生能源领域应用和研发的领导者。二是在下水道中修建污水储存系统，在污水处理厂来不及处理时，将污水储存在涵箱中，以免直接排入海湾污染海洋环境。同时，为保证供水水质，旧金山还将自来水集水区用国家购买的方式购买下来，对供水水源地采取了严格的保护措施。

7.2.2 纽约湾区

7.2.2.1 生活垃圾处理处置设施

直到 19 世纪中期，纽约处置垃圾的主要方法还是直接倒入海洋。19 世纪后期，美国开始使用焚烧炉焚烧城市垃圾。1885 年，纽约的总督岛建成美国第一座垃圾焚烧厂。一直到 1968 年，纽约一共建成了 32 座城市垃圾焚烧炉和 1.7 万座生活小区垃圾焚烧炉，焚烧成为生活垃圾绝对的主流处置方式。用焚烧方法处理垃圾而不对其粉尘排放进行控制，成为纽约空气中可吸入颗粒物增加的主要原因，对纽约环境空气造成严重污染。20 世纪 70 年代，美国环境保护局成立并通过系列现代环境法，如《清洁水法》《清洁空气法》，局面出现改变，垃圾焚烧厂排放开始受限。受高额运营维护费用影响，大批焚烧厂关闭。1995 年以后，全美再也没有新建一座垃圾焚烧厂。截至目前，全美共计 87 座焚烧垃圾厂，主要分布在东部和西部的州，其中纽约州最多，达到了 10 座。

另外，纽约已建立了完善的垃圾分类和回收系统。纽约立法，从 1989 年 7 月起，不管是住宅垃圾，还是商业垃圾，都必须要进行分类处理。垃圾主要分两大类：纸、金属、玻璃、塑料等可回收垃圾和混合固体垃圾（不可回收的垃圾）。纸和金属、玻璃、塑料废物等会被送到城市专门的回收站点，再由专门的工厂分类和分离，进行回收利用。混合固体垃圾则先运到垃圾转运站，随后再进行终端处理。目前，纽约的垃圾回收再利用率约 30%，混合固体垃圾的 80%被装载到驳船或火车上运到遥远的俄亥俄州和南卡罗来纳州的填埋场，剩余的 20%送至垃圾焚烧发电厂。纽约市政府正在努力推进建设可持续发展城市的计划：到 2030 年实现垃圾“零填埋”。

焚烧垃圾发电厂在美国无法推广的原因除因潜在环境污染公众反对外，还有两点：一是美国幅员辽阔，不缺少廉价的填埋场；二是一些州政府官员担心垃圾焚烧发电厂可能影响垃圾回收计划。

7.2.2.2 污水处理处置设施

纽约生活污水收集处理方式经历了三个阶段，19 世纪末 20 世纪初，污水直接流入四周的河流与海洋；20 世纪，纽约建立了 14 座污水处理厂、近 1.2 万 km 的地下排水管道，生活污水经过滤、消毒处理之后再流入附近水域。目前，纽约主要采用合流制污水管网，70%地区的雨水和生活污水共用一条排水管道，经过污水处理厂再排放。针对雨污合流制造成的雨季污水溢流现象，纽约市采取了一系列创新解决方案。一是在受污水溢流影响严重的海湾和支流建造大蓄水箱，储蓄雨水。二是在没有排污管的地方单独安装排污管。三是改进污水处理厂处理能力，雨季对排污系统采取截流措施，控制污染。纽约市也在积极倡导节约用水，缓解污水处理压力。从 1989 年开始发起了一项综合性节水计划。一是安装电子漏水检测设备。二是限用自来水浇灌草坪和冲洗人行道。三是给消防栓上锁，防止人们自行取水。四是改变水费每年只计费、不计量的做法，新增63万个家用水表。五是对市民和中小学生进行节水教育。以上措施成效显著。

美国污水处理厂的运营模式大致有 3 种：公有公营、公有私营和私有私营。公有公营指的是政府投资，政府聘用人员自己来运营；公有私营是政府投资并掌握所有权，委托私人企业来运营；而私有私营是指私人企业投资建设，私人企业自己来运营。其中以公有公营为主导模式，比重占到整个污水项目的 90%以上。公有公营的模式有效避免了私人企业以利益最大化为前提，降低服务质量、减少设备投入从而影响出水水质的情况。

目前，纽约一方面对现有处理厂工艺、运输系统、再生水系统、雨水管理等进行升级改造，另一方面致力于提高废水处理能源利用率，减少在水泵、曝气、污泥处理方面的能耗，同时减少温室气体的排放。

7.2.3 东京湾区

7.2.3.1 生活垃圾处理处置设施

日本的生活垃圾处理处置经历了启蒙时代（1900—1956 年）、对峙时代（1956—1990 年）、全新时代（1990 年至今）。

启蒙时代，政府先后出台了《污物扫除法》《生活环境设施整备紧急措施法》《废弃物处理及清扫相关法律》等，规定各自治体（相当于地方政府）有义务进行垃圾收集处理。1924年，东京建成了首座垃圾焚烧厂。

对峙时代，“邻避效应”引发多起群体性事件。这场“垃圾战争”从 1956 年东京都制定《焚烧工厂建设十年计划》到 1978 年相关焚烧厂开工建设，持续了 22 年之久。为了解决迫在眉睫的垃圾困境，以及缓和民众矛盾，日本政府 1973 年开始实施垃圾分类处理，从源头解决问题，为垃圾焚烧和再利用创造条件，回收再利用运动也从这一阶段开始推行。

从 20 世纪 90 年代开始，日本垃圾处理进入全新时代。政府及各团体用了 11 年时间，通过电视、报纸、展会等各种媒介进行宣传。一方面，大型垃圾和企业垃圾的处理开始实行收费制；另一方面，《二噁英对策特别措施法》《循环型社会形成推进基本法》，以及各类废弃物回收再利用相关的系列法律陆续出台，垃圾的排放及回收再利用有了更为细致科学的法律依据。东京从 2000 年开始全面实施资源回收措施，对可再利用垃圾进行专门的收集处理。同时，垃圾处理技术也在进步，2008 年起相关规定要求必须对焚烧产生的灰渣进行高温熔融，垃圾填埋场所的紧张状况得到进一步缓解。在环保宣传方面也积极改进，通过组织焚烧厂参观等各种形式使民众了解相关科学知识以及焚烧厂的运作情况。

目前，日本采取严格分类基础上焚烧为主的垃圾处理处置方法。80%的垃圾焚烧处理，5%回收利用，15%填埋。

在日本，每家每户墙上都贴着垃圾回收时间表，每周七天回收垃圾的种类各不相同、生活垃圾先分为可燃、不可燃、大型垃圾、其他类垃圾和电子类垃圾等类型，大类下面再分小类。垃圾在被运到垃圾处理站后，会经过严格分类后再被运到终端处理厂。垃圾分类在日本已经成为社会公约和常识。

日本的垃圾焚烧技术、设施、管理水平和运营能力都位于世界领先行列。世界上主要的焚烧炉厂家除了德国的马丁，就是日本的三菱重工和日立造船，以及田熊株式会社和川崎重工。在焚烧技术和设施方面，前端的垃圾分类以及脱水干燥，确保了入炉垃圾的高热值，为后续的低排放奠定了良好的基础；垃圾池的抽排风及燃烧系统解决了臭气外泄的问题；焚烧炉阶梯式送料装置保证了垃圾的完全燃烧；废气处理系统中各级处理单元的温控操作使得净化效率最大化；焚烧灰渣经过 1 200℃以上的高温熔融处理，变成砂状熔渣，减量 50%以上。通过如此精细化的设计，使得日本垃圾焚烧厂排出的废气相当于空气，有害物质二噁英接近于零。同时在运营模式上，日本的垃圾焚烧厂要么是政府与企业组成利益共同体，要么是政府单独投资，建成后基本也是由政府出资运营，焚烧厂生产运行经费不足部分，由政府补贴。工厂的性质属于政府机构，工厂的员工基本都是国家公务员。在管理上，工厂定期信息公开，相关检测数据任何人都可以在相关网站直接查询；随时接受普通公众的预约参观；每年定期举行面向居民的交流会，就居民关心的问题进行意见交换等。正是有了上述技术及运营管理水平作保障，使得日本的垃圾焚烧厂可以建在闹市区，甚至是高档住宅区。目前东京都 23 个区，每个区都布局有垃圾焚烧处理厂，各区自行进行垃圾的收集处理。

7.2.3.2 污水处理处置设施

日本的生活污水处理分为下水道、农村污水处理设施和净化槽 3 种模式。下水道建设主要集中在城市地区（人口＞5 万人或者人口密度＞40 人/hm^2 的集中居住地）、部分自然保护区或水环境保护要求较高的农村或山区。下水道建设适用于《下水道法》，相当于我国的城镇污水治理，主要由国土交通省管辖，由各地方市政机关负责实施，属于公营事业。农村污水处理设施面向不宜建设下水道系统，但有生活卫生条件和水环境改善需求的小规模区域，服务人口定位在 1 000 人以下。农村污水处理设施适用于《净化槽法》，由农林水产省、总务省推进。净化槽的服务对象主要是单栋独户住宅，服务人口为 10 人以下，由环境省依照《废弃物处理法》推进。

总体来看，日本以“集中与分散处理相结合”为原则，因地制宜选择处理工艺，根据区域的环境目标制订不同的地方排放标准，并通过积极的再生水回用实现水资源的有效利用。氧化沟和活性污泥法工艺分别在小型和大型污水处理厂得到广泛应用。通过“合并净化槽”设备和技术，并辅之相应的法律法规，设备制造和推广应用的各个环节建立起一套完整的标准，几十年来不断完善和发展，对农村分散点源污水进行有效治理，使得广大乡村地区逐步形成和城市一体化的水环境保护生态系统，极大地改善了日本乡村的民居环境。

7.3 粤港澳大湾区需求压力分析及对策建议

7.3.1 生活垃圾处理处置设施建设压力分析

依据珠三角 9 市的“十三五”规划目标和城市总体规划目标确定 2020 年人口规模；综合考虑人口政策、产业和社会发展阶段等因素，采用增长率法估算 2030 年人口规模（表 7-6）。

表 7-6 珠三角 9 市 2020 年、2030 年人口增长率预测

单位：%

城市	2016—2020 年均增长率	2021—2030 年均增长率	与 2016 年相比，2020 年人口增长率	与 2016 年相比，2030 年人口增长率
广州	2.80	0.80	11.7	20.9
深圳	2.00	0.50	8.2	13.8
东莞	1.00	0.91	4.1	13.9
珠海	2.00	1.00	8.2	19.6
佛山	1.49	1.00	6.1	17.2
惠州	3.50	1.00	14.8	26.8
江门	3.24	1.50	13.6	31.8
中山	5.53	1.00	24.0	37.0
肇庆	2.08	1.20	8.6	22.3

根据粤港澳大湾区各市现有环卫规划，到 2020 年各市生活垃圾设计处理能力及布局见表 7-7。假设垃圾的收集处理率、资源化利用率、无害化处理率保持不变，则可得出设计处理能力与处理量之间的对比关系（表 7-8）。由表 7-8 可知：

①与目前相比，2020 年珠三角 9 市规划的生活垃圾处理处置能力将提升 56.0%。

②在不考虑扩大垃圾收运处置范围的前提下，珠三角 9 市所有终端处理处置设施（焚烧发电厂及卫生填埋场）如能按照规划如期建成投入使用，则可以满足“十三五”期末规划人口的需求，且富余量较大。按照本书预测的人口增长率，除东莞外，“十三五”规划的处理规模也可以满足 2030 年其他 8 市规划人口的需求。

③实际上，珠三角 9 市垃圾清运范围将不断扩大，资源化利用率将不断提高，人口增长率、单位人口垃圾产生量也受诸多因素影响，因此最终进入终端处理处置设施的垃圾数量具有较大的不确定性。但总体来看，“十三五”规划的处理处置规模在近期可以满足要求，关键是落实好选址，如期建成投产；远期有可能出现能力不足的问题。

④香港的两座生活垃圾堆填区也将于 2020 年前相继爆满，亟须落实新建垃圾焚烧厂的选址，彻底解决垃圾处理处置问题。

表 7-7　粤港澳大湾区各市 2020 年生活垃圾设计处理能力统计一览表

城市	名称	地址	新增处理能力或现有处理能力	处理方式	设计处理能力/（t/d）
广州	第一资源热力电厂一分厂、二分厂	白云区太和镇永兴村（李坑）	现有	焚烧	3 290
	第七资源热力电厂	从化鳌头镇潭口村	现有	焚烧	1 000
	第三资源热力电厂	黄埔区福山循环经济产业园	新增	焚烧	4 000
	第四资源热力电厂	南沙区大岗镇大岗装备基地	新增	焚烧	4 000
	第五资源热力电厂	赤坭镇十八岭鲤塘村	新增	焚烧	2 000
	第六资源热力电厂	增城区仙村镇碧潭村	新增	焚烧	2 000
	广州兴丰生活垃圾填埋场 7 区工程	白云区太和镇兴丰村（原址扩建）	新增	填埋	8 200
	棠厦填埋场应急工程	增城区荔城街棠厦村（原址扩建）	新增	填埋	600
	小计				25 090
深圳	南山垃圾焚烧厂（一期）	南山区妈湾大道	现有	焚烧	800
	盐田垃圾焚烧厂	盐田坳青麟坑	现有	焚烧	450
	宝安老虎坑垃圾焚烧厂（一期、二期）	宝安老虎坑	现有	焚烧	4 200
	平湖垃圾焚烧厂一厂、二厂	龙岗区平湖辅城坳	现有	焚烧	1 675
	下坪固体废弃物填埋场	罗湖区清水河	现有	填埋	400
	宝安老虎坑垃圾填埋场	宝安区松岗	现有	填埋	3 200
	龙岗红花岭垃圾填埋场	龙岗区坪地红花岭	现有	填埋	1 500
	东部环保电厂	龙岗区坪地上坑塘	新增	焚烧	5 000
	宝安老虎坑垃圾发电厂三期	现有垃圾发电厂厂址	新增	焚烧	3 800
	南山垃圾焚烧发电厂二期（妈湾城市能源生态园）	现有垃圾发电厂厂址	新增	焚烧	1 500
	小计				22 525
东莞	麻涌垃圾处理厂一期、二期项目	麻涌镇大步村海心沙岛	现有	焚烧	1 500
	东莞市市区环保热电厂	南城区青山	现有	焚烧	1 800
	横沥环保热电厂（一期、二期）	横沥镇西环路	现有	焚烧	3 600
	厚街环保热电厂（一期、二期）	厚街镇黑头山	现有	焚烧	900
	樟木头樟洋填埋场	樟木头镇和清溪镇交界处	现有	填埋	300
	虎门生活垃圾处理厂	虎门镇大岭山林场夹沟与陈村社区牛角地交界地段	新增	焚烧	1 000

城市	名称	地址	新增处理能力或现有处理能力	处理方式	设计处理能力/（t/d）
东莞	市区环保热电厂增加垃圾处理生产线	原址扩建	新增	焚烧	1 200
	横沥环保热电厂一期技改再增容工程（三期工程）	原址扩建	新增	焚烧	1 500
	厚街环保热电厂一期技改增容工程	原址扩建	新增	焚烧	1 000
	小计				12 800
珠海	华新环境工程（珠海）有限公司（一期）	西坑尾环保生态园	现有	综合利用	1 000
	西坑尾垃圾填埋场	西坑尾环保生态园	现有	填埋	650
	华新环境工程（珠海）有限公司（二期）	原址扩建	新增	综合利用	500
	中信生态环保产业园	斗门区富山工业园	新增	焚烧/填埋	1 800
	小计				3 950
佛山	顺德区顺能垃圾发电有限公司	杏坛镇右滩村	现有	焚烧	600
	南海垃圾焚烧发电厂（一厂、二厂）	狮山镇狮山林场	现有	焚烧	3 000
	高明苗村填埋场	高明苗村	现有	填埋	6 000
	三水白坭坑垃圾卫生填埋场	三水白坭坑	现有	填埋	500
	佛山市顺德区顺能垃圾发电有限公司扩建	原址扩建	新增	焚烧	3 000
	佛山市南海垃圾焚烧发电厂（三厂）	原址扩建	新增	焚烧	1 500
	小计				14 600
惠州	惠阳区榄子垅环境园	惠阳区沙田镇田头村榄子垅	现有	焚烧/填埋	1 200
	博罗县垃圾焚烧厂	博罗县湖镇新作塘村	现有	焚烧/填埋	700
	惠州市生态环境园	惠城区芦洲镇芦洲林果场	新增	焚烧/填埋	1 600
	惠东县垃圾焚烧发电厂	平山街道埕陂村横坑	新增	焚烧	1 200
	龙门垃圾焚烧处理厂	龙华镇大坪村飞蛾村小组坪顶	新增	焚烧	600
	小计				5 300
江门	旗杆石生活垃圾卫生填埋场（一期、二期）	江门市蓬江区棠下镇莲塘村旗杆石	现有	填埋	2 000
	台山市台城下豆坑生活垃圾无害化处理场	台城街道办事处筋坑村委会下豆坑	现有	填埋	400
	开平市梁金山生活垃圾填埋场	开平市梁金山	现有	填埋	400

城市	名称	地址	新增处理能力或现有处理能力	处理方式	设计处理能力/（t/d）
江门	鹤山市马山生活垃圾卫生填埋场	鹤山市鹤城镇马山鸡仔地村的北面	现有	填埋	350
	恩平樟木坑生活垃圾卫生填埋场	恩平市樟木坑	现有	填埋	220
	江门市环卫处理产业园	—	新增	焚烧/填埋	2 450
	新会镇级垃圾无害化处理场	—	新增	焚烧/填埋	600
	鹤山生态环境园	—	新增	焚烧/填埋	484
	鹤山九岗垃圾综合处理环境园	—	新增	焚烧/填埋	
	上下川岛垃圾填埋场	—	新增	填埋	
	开平固废综合处理中心	百合镇羊迳水库南侧	新增	综合处理	800
	小计				7 704
中山	中山市北部组团垃圾综合处理基地	黄圃镇吴栏村乌珠山旁	现有	焚烧/填埋	970
	中山市中心组团垃圾综合处理基地	南朗镇蒂峰山	现有	焚烧/填埋	1 050
	中山市南部组团垃圾综合处理基地	外沙村黄牛山	现有	焚烧/填埋	1 040
	北部组团垃圾综合处理基地扩建	原址扩建	新增	焚烧/填埋	1 200
	中心组团垃圾综合处理基地扩建	原址扩建	新增	焚烧/填埋	1 200
	小计				5 460
肇庆	四会市垃圾填埋场	下茆镇	现有	填埋	400
	广宁县垃圾填埋场	宾亨镇	现有	填埋	300
	封开县垃圾填埋场	江口镇	现有	填埋	100
	肇庆市环保能源发电项目(一期)	—	新增	焚烧	1 000
	四会环保能源热力发电厂项目(一期)	—	新增	焚烧	1 000
	肇庆市西部生活垃圾发电厂(一期)	—	新增	焚烧	600
	肇庆市生活垃圾填埋场（三期）	—	新增	填埋	500
	小计				3 900
	珠三角 9 市小计				101 329
香港	曾咀煤灰湖焚烧发电厂	现有新界西堆填区旁	新增	焚烧	—
	石鼓洲焚烧发电厂	大屿山芝麻湾半岛以南	新增	焚烧	—
澳门	澳门垃圾焚化中心	澳门氹仔北安工业区	现有	焚烧	1 728

注：“十三五”拟关闭的垃圾焚烧发电厂及封场的填埋场未列入在内。

表 7-8 珠三角 9 市 2020 年、2030 年垃圾设计处理能力与处理量的对比关系一览表

城市	目前实际处理量/（万 t/a）	目前设计处理能力/（万 t/a）	2020 年设计处理能力/（万 t/a）	2020 年设计处理能力增长率/%	与目前实际处理量相比，2020 年设计处理能力的富余率/%	按人口增长率计算，与目前实际处理量相比，2020 年所需的设计处理能力增长率/%	按人口增长率计算，与目前实际处理量相比，2030 年所需的设计处理能力增长率/%
广州	688.35	576.335	916	58.9	33.0	11.7	20.9
深圳	572.28	446.212 5	822	84.2	43.7	8.2	13.8
东莞	438	379.6	467	23.0	6.7	4.1	13.9
珠海	81.5	118.625	144	21.4	76.9	8.2	19.6
佛山	340.9	368.65	533	44.6	56.3	6.1	17.2
惠州	141.22	176.842 5	193	9.1	37.0	14.8	26.8
江门	90.2	123.005	281	128.4	211.7	13.6	31.8
中山	76.515	111.69	199	78.2	160.5	24.0	37.0
肇庆	51.4	69.35	142	104.8	176.9	8.6	22.3
小计	2 480.365	2 370.31	3 697	56.0	—	—	—

7.3.2 污水处理处置设施建设压力分析

各市城市总体规划、贯彻落实南粤水更清行动计划实施方案等提出了 2020 年城镇污水处理率，结合《水污染防治行动计划》（简称“水十条”）要求，本书对 2030 年城镇污水处理率进行了预测（表 7-9）。“水十条”整体要求：全省城镇生活污水集中处理率达到 90%以上，城市污水处理率达到 95%以上。

表 7-9 各城市污水处理率及排放标准要求的预测

序号	城市	污水处理率/%			排放标准要求	
		2016 年	2020 年	2030 年	2020 年	2030 年
1	广州	93.5	94	95	新建、扩建和改建城镇污水处理设施出水应符合《城镇污水处理厂污染物排放标准》（GB 18918—2002）一级 A 标准及广东省地方标准《水污染物排放限值》（DB 44/26—2001）的较严值。排入重要水库的出水水质应达到地表水环境质量标准III类水质要求	一级 A 标准及广东省地方标准《水污染物排放限值》（DB 44/26—2001）的较严值。排入重要水库的出水水质要达到地表水环境质量标准III类水质要求
2	深圳	96.63	97.0	98		
3	珠海	96.3	95.0	96		
4	佛山	96.78	97.0	98		
5	东莞	96.45	97.0	98		
6	中山	96	95.0	96		
7	江门	92.5	98.0	98.2		
8	惠州	96.2	90	93		
9	肇庆	88.4	92.0	94		

单纯从污水集中处理率分析，大部分城市现状值接近目标值。城市污水处理设施已基本覆盖，目前污水处理设施的布局重点已转向农村区域。

受征地、资金等多因素影响，配套管网的建设严重滞后，大量雨水进入污水处理厂，污水处理设施负荷严重不足。城镇污水处理的成效与群众对水环境改善的期待存在较大差距。如何加快推进污水管网的建设，与终端处理处置设施相匹配是污水处理处置设施建设面临的最大压力。

7.3.3　重大环保基础设施存在的问题

7.3.3.1　上位规划缺失，空间布局统筹协调性严重不足

广东省及各市的《生活垃圾无害化处理设施建设规划》以及《南粤水更清行动计划》、《珠江三角洲基础设施建设一体化规划（2009—2020）》、《广东省水污染防治行动计划实施方案》、《城镇污水处理及再生利用设施建设规划》分别对粤港澳大湾区珠三角 9 市的生活垃圾处理处置方式、设施布局、建设规模，以及供排水通道、生活污水设施布局及规模做出了指导，但城乡规划、土地利用总体规划等上位规划对其空间布局的关注严重不足，未从区域环境安全、土地利用性质等方面做出保障，造成 9 市各自为政，生活垃圾及污水处理处置设施空间布局统筹协调性严重不足，跨界污染严重。生活垃圾无害化处理设施选址与水源地（保护水体）、人口聚集区、生态敏感区等无足够防护距离；城镇污水处理设施布局在供水通道上等问题十分突出。

从城市内部来看，珠三角 9 市两座生活垃圾处理设施之间的距离一般为 20～30 km，而东莞的分布过于密集，为 5～10 km，尤其是东部的谢岗、常平、樟木头、清溪、塘厦一带，分布有多个垃圾填埋场；其次是深圳，为 15～25 km。设施周边 1 km 范围内一般都布局有人口聚集区，最近约 300 m，其中广深莞生活垃圾填埋场被居住区包围的情况比较普遍，臭气扰民问题较为突出。广深莞惠有部分垃圾填埋场布局于 II 类水体附近，对水环境保护及管理造成潜在风险。广州、深圳、江门有垃圾填埋场布局于森林公园、生态公园或旅游区内，与生态敏感区的主体功能定位不符。按照区域目前的技术管理水平，生活垃圾处理处置设施的影响范围甚至会扩大到 3～5 km，因此，总体来看，现有的布局过于分散，不利于污染集中治理和风险控制。城镇污水处理设施未严格按照划定的供排水通道进行布局，整体布局过于分散，但部分供水通道上的布局又过于密集，特别体现在西北江干流供水通道周边，如肇庆，有 13 座污水处理设施布局于西江干流，对区域饮用水安全构成威胁。区域供排水格局混乱。

从区域来看，空间布局统筹协调性严重不足，导致广佛肇、珠中江、深莞惠、深圳—香港、珠海—澳门都曾发生过跨界污染事件，在新项目选址立项时，也往往会遭遇“邻避困境”，甚至引发群体事件。如广州花都的第五资源热力电厂选址阶段就遭到相邻清远市民的强烈反对，最终被迫重新选址；广州花都炭步镇的简易垃圾处理也曾对相邻的佛山南海造成一定的影

响；中山南部组团垃圾综合处理基地靠近珠海、澳门的水源保护重点区域平岗泵站和竹银水库，项目对珠澳两地供水安全构成一定的潜在风险。深惠交界处的深圳坪山环境园臭气扰民事件一度引起惠州居民的群体性上访。香港新界东北填埋场（打鼓岭）频繁发生的火灾事件也使深圳东起罗湖西至南山遭受大面积空气污染等。同样，水体跨界污染事件也时有发生。

综上所述，上位规划缺失以及空间布局统筹协调性严重不足导致环保设施选址用地落实困难、土地资源集约化利用程度不高、污染集中控制和监管水平低下、跨界污染矛盾突出、环境管理风险进一步加剧。

7.3.3.2 运行管理方式粗放，精细化程度低

我国的垃圾焚烧工艺技术和核心设备已经实现国产化。珠三角城市群，作为国内垃圾焚烧的主要地区之一，主要采用关键设备进口、配套设备国产的方式，或者国外技术国内生产的国产化方式，设备达到国际先进水平。采用的主流焚烧炉为机械炉排炉，废气污染控制措施为“SNCR（选择性非催化还原）炉内脱硝+半干式脱酸+干法喷射+活性炭吸附+布袋除尘+低温SCR（选择性催化还原）脱硝”，理论上成熟可靠。但先进的设备和完善的污染控制理论在实际中并没有达到国际先进的污染控制水平，超标排放、扰民事件时有发生，究其原因，主要是运行管理方式粗放，精细化程度低。具体表现在如下几个方面：

①前端的垃圾分类严重缺失，入炉垃圾热值较低，污染物产生量大。

日本的垃圾焚烧技术处于全球领先水平。其前端完善的垃圾分类以及脱水干燥，确保了入炉垃圾的高热值，为后续的低排放奠定了良好的基础。而我国的入炉垃圾基本上都是混合垃圾，含水率高、热值低，也往往没有脱水干燥步骤，因此污染物产生量本身较大。

②垃圾卸料贮存环节，臭气污染控制不到位。

垃圾卸料贮存环节是臭气外溢的主要产生节点之一。垃圾卸料平台设置自动门，垃圾贮存池一般为十几米深度，并设有抽排风系统。垃圾车在工作人员的指示下至指定的卸料台，此时垃圾池的卸料门自动开启，垃圾倒入池内。完成卸料，垃圾车开出一定距离时卸料门自动关闭。整个卸料过程垃圾池内的臭气通过抽风系统进入臭气处理系统，避免臭气外泄。一般原生垃圾会在垃圾池贮存几天，以减少水分、增加热值，但同时也增加了臭气产生量。

与我国不同，日本垃圾焚烧厂的卸料工序设计得更为科学合理。同等规模的垃圾焚烧厂，日本的垃圾贮存池往往设计为地下40～50 m深，垃圾池强抽风进入焚烧炉的底部，作为燃烧空气，垃圾车卸料自动化程度更高，整个卸料环节的臭气控制水平远高于我国。

③燃烧过程不充分，灰渣热灼减率高。

生活垃圾焚烧中，灰渣热灼减率的控制极为重要，是判定生活垃圾是否充分燃烧最有力的依据。日本垃圾焚烧厂通过充分的垃圾混合搅拌、焚烧炉阶梯式送料装置、向炉内吹入细沙等多种方式不断进行精益求精的改进以实现灰渣热灼减率小于1%的目标，而我们的标准限值是小于5%。

④废气处理系统整体运行效率不高，稳定性不足。

我们目前采用的废气污染控制措施理论上成熟可靠，但往往实际运行整体效率不高，稳定性不足，而日本则通过每道处理程序的细致设计，实现了整体的低排放。比如，在每道废气处理措施前面都先将废气经过调温塔或加热器，将其调节到最佳温度段；在提高完全燃烧效率的同时，将空气比降低到 1.3，从而大大减少废气排放量；通过超高温将排出的水蒸气变成透明状，以减轻对公众的不良视觉影响；焚烧灰渣经过 1 200℃以上的高温熔融处理，变成砂状熔渣，减量 50%以上等。正是通过一系列诸如此类的精细化设计及运行管理，使得日本焚烧厂的排放水平世界领先。以大阪闹市区的舞洲工厂为例，其二噁英执行标准是 0.001 ng TEQ/m^3，接近于零，而我国的目标限值是 0.1 ng TEQ/m^3。

污水处理设施方面，存在同样的问题。具体如下几方面表现：

①管网与污水处理设施未实现同步规划建设，管网建设严重滞后，大量污水处理设施达不到正常运营负荷率要求。在珠三角城市群，旧城区以及城中村的合流排水体制与新城区的分流排水体制同时存在，受土地产权、资金、部门协调等因素的影响，管网规划及建设（改造）严重滞后于污水处理设施的建设，城市近郊、城中村污水直排、偷排河涌以及城市中心区雨污水混流进入污水处理设施的现象非常普遍。

据统计，广东省“十二五”规划要求建成污水收集管网 1.4 万 km，但实际只完成 9 000 余 km。广州市“十二五”计划建设 1 884 km 污水管网，实际建成 590 km，只完成目标任务的 31%。截至 2016 年年底，深圳市污水管网缺口达 4 600 多 km，全市污水收集率不足 50%。中山市 2012 年以来投资约 21 亿元建成 949 km 管网，但由于工程质量不高，全市污水收集率没有提高。东莞市污水管网“十二五”规划要求建设 1 080 km，仅完成 240 km，37 座污水处理厂中 35 座管网建设未配套到位，长期从 185 条河涌抽水处理。

②排水体制、处理方式上未充分考虑因地制宜，集中处理与分散处理相结合。比如，很多城中村房屋密集，距离城镇污水处理厂较远，没有雨污分流收集至城镇污水处理厂的条件，对此，并未展开系统性的“一体化污水处理设施”的相关研究及推广应用，往往是污水直接排放，造成了内河涌的黑臭。同时，过度采用雨污分流，集中处理，忽视城市疏水下垫面的建设。受区域整体截污系统、雨污混流的影响，大量清洁雨水进入城市污水处理厂，造成进水浓度偏低，影响设备正常运转，难以有效发挥其减排效果。以肇庆为例，各区县已建污水处理厂入口 COD 浓度基本维持在 100～160 mg/L，远低于 250 mg/L 的设计进水浓度，入口氨氮浓度均低于 20 mg/L，也达不到 25 mg/L 的设计浓度，设备长期处于低负荷运转状态。

③排放标准“一刀切”，未结合区域水体环境容量、出水功能进行细化。比如，水质超标流域以及尾水直排重要水库或供水通道的污水处理厂，出水水质即使按要求达到地表水环境质量标准III类水质，因为污水处理厂出水的溶解氧和地表水往往有较大差异，其出水仍然不能等同于地表水。再如，同一水体，环境容量不变，污水处理厂水量增加，各污水处理厂的排放量就应该随之削减，继而提高排放标准。

④在工艺选择方面，目前，珠三角城市群普遍采用活性污泥法等工艺，在进水浓度偏低

的情况下，生化系统的活性污泥往往无法生产，从而导致整个污水处理系统难以正常运转，因此究竟选择何种处理工艺，应结合具体出水去向及功能确定。以上也是水环境质量未随着污水处理率的提高，以及污水处理设施提标升级改造得到相应改善的原因之一。

由上述可知，两大类环保基础设施目前的规划设计及运行管理水平与世界先进水平差距较大。

7.3.3.3 建设及规划落后于发展需求，短期内仍无法解困

尽管粤港澳大湾区部分城市已开始向创新经济阶段迈进，但目前总体上仍处于工业经济阶段。在高经济增速下，能否避免走其他湾区工业经济阶段先污染后治理的老路，发展理念及建设规划是否具有前瞻性至关重要。

世界发达湾区的经验教训表明，在同等规模的经济水平、人口密度下，彻底解决生活垃圾、污水处理处置的唯一途径就是实现“绿色循环低碳”发展。生活垃圾实现减量化、资源化、无害化，从源头减少垃圾产生量，分类回收，最大限度地提高资源回收利用率，对最终无法利用的因地制宜采取多元化方式进行无害化处理处置。污水处理处置方面，应以提高综合水资源利用效率为目标，保护可开发利用的水资源，推广节水设施，处理方式上采用集中处理与分散处理相结合的方式，厂网配套、泥水并重，提高再生利用水平。三大湾区都是从 20 世纪七八十年代（工业经济向服务经济转型初期）开始大力推进上述工作，经过 30 多年的不懈努力，基本解决了城市发展带来的生活垃圾及污水处理处置难题。

而粤港澳大湾区的现实表明，两类环保基础设施的建设及规划均落后于发展需求。生活垃圾处理处置方面，广州、深圳、东莞、珠海、惠州的垃圾填埋场接近满容，均在超负荷运转。东莞、佛山的垃圾焚烧厂基本无剩余处理能力，亟须扩容。珠三角 9 市“十三五”期间的重点依然是“建设终端处理设施”，垃圾分类及资源回收利用仍然停留在原始阶段，无具体目标值及强制措施。处理方式较单一，重垃圾焚烧，轻资源化（厨余垃圾资源化），水泥窑协同处置等技术的研究及应用无具体推进计划。对于拟大力发展的“综合处理环境园”，尚无出台配套政策，如规划规模偏小，则很快就会再次陷入能力饱和，无发展空间的困境。配套的焚烧飞灰、垃圾渗沥液处理能力无足够保障。污水处理处置方面，管网建设严重滞后。与“十二五”相比，“十三五”既有延续也有创新。但雨污分流、初期雨水收集处理、污水再生利用率仍然只有原则性要求，无具体目标值。虽然提出了厂网配套、泥水并重，但一般仅对城市建成区提出了要求，对于城镇污水收集率、污泥处理率并没有提出规划保障目标值。

分析可知，世界发达湾区的治污模式都是在工业经济后期、工业经济向服务经济转型初期进行了重大调整，从“末端治理”转向“绿色循环低碳”的方式。目前，粤港澳大湾区总体处于工业经济阶段且人口密度已经超过三大湾区现有水平，两大环保基础设施的现状处理能力已经不能满足需求，而近期规划远远不具有前瞻性。随着湾区经济发展以及城镇化进程的推进，可以初步判断，除非经历跨越式发展，否则短期内仍无法解困，很难避免走先污染后治理的老路。

7.3.3.4　运作模式单一，政府监管不到位

2013 年以来，我国针对基础设施和共用事业的 PPP 模式相关政策密集出台。《广东省城乡生活垃圾处理“十三五”规划》提出，推广使用政府与社会资本合作（PPP）模式开展生活垃圾处理设施投资建设和运营，形成政府主导、社会参与、公办民办并举的公共服务供给模式，切实提高公共服务供给水平和效率。《“十三五”全国城镇污水处理及再生利用设施建设规划》提出，推进政府和社会资本合作（PPP）模式在城镇污水处理领域的应用，在上述指导下，我国目前的两类基础设施基本都采用 PPP 运作模式。而世界发达湾区基本上都采取了以政府投资运营为主的模式。在 PPP 运作模式下，政府部门的角色是特许权授予者、管制者、合作者、支持者和监督者，应承担的主要责任有法律法规与政策支持、资金支持、风险共担、政府保证、信用及监管等。

从目前情况来看，政府监管明显落后于 PPP 项目的发展，主要表现如下：

（1）重前期轻后期

地方政府普遍比较重视项目的识别、准备、采购阶段，而对项目建设、运营以及移交的监管没有周全的考虑，忽视对项目运营的监管。

以垃圾焚烧为例，建设期关键设备是否按前期约定的投资额、供货渠道采购，建设安装的质量是否达标；运营期的焚烧处理工艺、烟气处理工艺、污水处理工艺、飞灰处理工艺、污染物排放标准等是否按照前期技术方案落实；运营管理队伍是否具备丰富的经验都应该成为政府监管的重点。而现实是，受各种因素的影响，建设、运营阶段的监管往往得不到重视。

（2）监管部门分散，职责不清

在现有的政府监管体系中，PPP 项目监管分散在财政、发改、规划、国土、环保、住建、审计、监察等多个行政部门。这种多重监管模式在对某一事项监管适用不同的监管依据时，就可能导致多头管理，造成政府部门间相互推诿责任。

以垃圾处理处置为例。多重监管模式正是长期以来生活垃圾一直无法实现“垃圾分类、资源回收”的重要原因之一。建设部门是垃圾处理设施的规划实施的行业主管部门。商务主管部门是再生资源回收的行业主管部门，负责制定和实施再生资源回收产业政策、回收标准和回收行业发展规划。发改部门负责研究提出促进再生资源发展的政策，组织实施再生资源利用新技术、新设备的推广应用和产业化示范。公安机关负责再生资源回收的治安管理。工商行政管理部门负责再生资源回收经营者的登记管理和再生资源交易市场内的监督管理。环保部门负责对再生资源回收过程中环境污染的防治工作实施监督管理，依法对违反污染环境防治法律法规的行为进行处罚。城乡规划行政管理部门负责将再生资源回收网点纳入城市规划，依法对违反城市规划、建设管理有关法律法规的行为进行查处和清理整顿。监管分散加上协调机制不顺畅，导致主导生活垃圾处理处置设施规划建设的建设部门没有权力开展再生资源利用规划及实施。

（3）监管能力不足

生活垃圾及污水处理处置行业均是专业化程度较高的领域，政府作为监管者目前相关专

业人才十分缺乏，对企业运营监管力量不足，没有充足的人员对项目进行“全过程、全方位”监管，只能做到对产出指标与监管指标的对照监管，容易导致监管“盲区”的产生。

如上所述，两类环保基础设施运作模式的单一和政府监管不到位，就导致了公众对公共服务不满意、政府公信力缺失的现状。

7.4 重大环保基础设施的比较

7.4.1 生活垃圾处理处置方式、技术管理水平差距较大

三大湾区生活垃圾终端处理问题都已经得到妥善解决，目前都建立了完善的垃圾分类和资源回收利用系统。东京湾区焚烧处理占 80%，焚烧设备、技术、管理水平世界一流，下一步计划源头控制，减少垃圾产生量，进一步提高垃圾回收利用率；纽约湾区约 30%垃圾被回收利用，焚烧处理占 14%，下一步计划实现垃圾“零填埋”目标；旧金山湾区约 80%垃圾被回收利用，其余全部填埋，下一步计划实现垃圾“零废弃”的目标。

粤港澳大湾区内部差异较大。珠三角 9 市仍在大力推进终端处理处置设施建设，优先焚烧处理，垃圾分类及回收利用尚无细化的指标要求和推进措施；香港全部填埋，垃圾分类及资源回收相对成熟，下一步拟提高资源回收利用率，受土地资源的限制，拟发展焚烧处理方式；澳门全部焚烧，垃圾分类尚处于起步阶段，下一步拟提高垃圾焚烧厂污染控制水平并推广垃圾分类及资源回收。

7.4.2 污水处理处置方式接近，但与一流的技术管理水平有相当差距

三大湾区污水处理处置方式略有不同。东京湾区采用雨污分流排水体制。生活污水集中与分散处理相结合，城市污水通过下水道进入污水处理厂处理，农村污水及独立住宅分别采用各具特色的处理设施处理。污水处理工艺成熟，且实施精细化管理。污水再生利用率高。雨水的回收和利用率高，透水砖的普遍使用避免了路面积水和洪涝灾害。节水意识深入人心。下一步拟进一步提高污水再生利用率。纽约湾区和旧金山湾区主要采用雨污合流制，污水收集系统和污水处理厂修建年代较早，处理能力偏小，雨季污水溢流严重。旧金山湾区水资源利用效率高。下一步拟对现有收集处理系统升级改造并进一步提高废水处理能源利用率。

粤港澳大湾区内部差异较大。珠三角 9 市仍在大力推进污水处理设施建设。污水收集管网建设严重滞后。雨水的收集处理仍只有原则性要求。污水再生利用率、污水处理厂负荷率暂无硬性要求。管理方式粗放。下一步拟进一步提高城镇污水处理率，以及污水处理厂提标升级。香港污水处理设施管理水平高于珠三角城市群。处理工艺或是排水水质标准实现精细化分类

管理。下一阶段主要是在现有基础上的优化完善以及进一步推行“节水行动”“污水循环再用”以及区域水质管理合作。澳门的污水收集和处理系统发展较完善。多年来致力于推广“节水及城市污水资源再生利用”，下一阶段拟进一步推进再生水应用。港澳污水处理设施的缺点在于总体来看排放标准低于珠三角城市群，设备老化陈旧。

总体来看，生活垃圾、污水处理处置设施的建设与人口布局密切相关，东京湾区的人口密度与粤港澳大湾区非常接近，其生活垃圾以及生活污水处理处置的方式、设施布局、技术管理水平都非常值得借鉴。

7.4.3　对重大环保基础设施的需求超过世界发达湾区同期水平，很难避免走先污染后治理的老路

世界发达湾区的治污模式都是在工业经济后期、工业经济向服务经济转型初期进行了重大调整，从“末端治理”转向“绿色循环低碳”的方式。粤港澳大湾区虽然总体上仍处于工业经济阶段，但是经济总量、人口密度已经达到世界发达湾区现有水平，经济发展对重大环保基础设施的需求也大大超过世界发达湾区同期水平（表 7-10）。目前，两大环保基础设施的现状处理能力已经不能满足需求，而近期规划远远不具有前瞻性。随着湾区经济发展以及城镇化进程的推进，可以初步判断，除非经历跨越式发展，否则短期内仍无法解困，很难避免走先污染后治理的老路。

表 7-10　与世界级大湾区对比分析一览表

指标（2015 年）	东京湾区	旧金山湾区	纽约湾区	粤港澳大湾区			
				大湾区	珠三角 9 市	香港	澳门
一般性指标							
地位	世界三大湾区之一	世界三大湾区之一	国际湾区之首	中国最重要的经济区之一			
社会形态	资本主义	资本主义	资本主义	内部存在差异	社会主义	资本主义	资本主义
发展阶段	服务经济向创新经济的转轨中			内部存在差异	深圳：服务经济向创新经济转变。其余 8 市：工业经济向服务型经济转型	创新型经济特征	服务经济
城镇化率/%	89		90 以上	内部存在差异	84.59	接近 100	接近 100
人口/万人	4 347	715	2 340	6 671	5 874	732	65
包含主要城市数量/个	8	9	5	11			

指标（2015 年）	东京湾区	旧金山湾区	纽约湾区	粤港澳大湾区			
				大湾区	珠三角 9 市	香港	澳门
GDP 总量/万亿美元	1.8	0.8	1.4	1.36	0.99	0.32	0.05
占地面积/万 km^2	3.68	1.79	2.15	5.6	5.47	0.11	0.003
占全国人口总数比重/%	34.2	2.2	7.3	4.9	—	—	—
占国土面积比重/%	9.74	0.19	0.23	0.58	—	—	—
占全国经济总量比重/%	37.4	7.7	13.5	13.1	—	—	—
人口密度/（人/km^2）	1 181	399	1 088	1 191	1 074	6 655	21 667
人均 GDP/万美元	4.1	11.2	6.0	2.0	1.7	4.4	7.7
地均 GDP/（亿美元/km^2）	0.49	0.45	0.65	0.24	0.18	3.91	16.67
代表产业	先进制造业：装备制造、钢铁、化工、物流	电子、互联网、生物	金融服务业：金融、航运、计算机	—	制造业、金融、航运、电子和互联网	高端服务业：金融、航运、会展	博彩业、旅游业
起家	制造业创新	贸易、科技创新	港口贸易	—	港口对外贸易、制造业	转口贸易	出口加工业
拟发展方向	日本核心临港工业带	全球高新科技研发中心	世界金融核心中枢	全球创新发展高地			
第三产业比重/%	82.3	82.8	89.4	62.2	54.6	90	89.5
世界 100 强大学数量/个	2	3	2	4	0	4	0
世界 500 强企业总部数量/个	60	28	22	16	9	7	0
生活垃圾处理处置							
生活垃圾无害化处理率/%	100	100	100	100	100	100	100
焚烧处理总占比/%	80	0	14	35.4	39.3	0	100
卫生填埋总占比/%	15	20	56	64.6	60.7	100	0

指标（2015 年）	东京湾区	旧金山湾区	纽约湾区	粤港澳大湾区			
				大湾区	珠三角 9 市	香港	澳门
所处阶段	①垃圾分类及资源回收非常成熟，约 5%垃圾被回收利用；②每个区都布局有垃圾焚烧处理厂，焚烧设备、技术、管理水平世界一流	已建立完善的垃圾分类和回收系统，约 80%垃圾被回收利用	已建立完善的垃圾分类和回收系统，约 30%垃圾被回收利用	内部存在差异	仍在大力推进终端处理处置设施建设	垃圾分类及资源回收相对成熟	垃圾分类尚处于起步阶段
规划方向	源头控制，减少垃圾产生量，提高垃圾回收利用率	2020 年彻底实现“零废弃”的目标	努力推进建设可持续发展城市的计划，到 2030 年实现垃圾“零填埋”	内部存在差异	优先焚烧处理	①进一步提高资源回收利用率；②发展焚烧处理方式	①进一步提高焚烧厂污染控制水平；②推广垃圾分类及资源回收
污水处理处置							
生活污水集中处理率/%	90 以上	90 以上	90 以上	内部存在差异	88.4～96.78	93	99
排水体制	主要为雨污分流。集中与分散处理相结合，分为下水道、农村污水处理设施和净化槽 3 种模式	主要为雨污合流制	主要为雨污合流制	雨污分流、雨污合流并存	雨污分流、雨污合流并存	雨污分流、雨污合流并存	雨污分流、雨污合流并存
所处阶段（现状）	①污水处理工艺成熟，精细化管理；②污水再生利用率高，雨水的回收和利用率高；③节水意识深入人心	①污水收集系统和污水处理厂修建年代较早，处理能力偏小；②水资源利用效率高	①污水收集系统和污水处理厂修建年代较早，处理能力偏小；②雨季污水溢流严重	内部存在差异	①仍在大力推进终端处理处置设施建设，污水处理设施建设与水环境质量改善的定量响应关系不明显；②雨污分流、初期雨水的收集处理仍只有原则性要求，污水再生利用率、污水处理厂负荷率暂无硬性要求	污水处理设施建设、管理水平明显高于珠三角城市群。处理工艺或是排水水质标准都已实现精细化分类管理	①污水收集和处理系统发展非常完善；②致力于推广“节水及城市污水资源再生利用”

指标（2015 年）	东京湾区	旧金山湾区	纽约湾区	粤港澳大湾区			
				大湾区	珠三角 9 市	香港	澳门
规划方向	进一步提高污水再生利用率	①现有收集处理系统升级改造；②进一步提高废水处理能源利用率	①现有处理装置升级改造；②提高废水处理能源利用率	内部存在差异	①进一步提高镇污水处理率；②污水处理厂提标升级	①现有污水处理厂扩建；②扩建乡村公共污水收集系统；③择机推行"净化海港计划"第二期乙计划；④进一步推行"节水行动"及"污水循环再用"；⑤继续推进区域水质管理合作	循序渐进推进再生水应用，到2022年实现再生水总用水量占全澳总用水量10%的总体目标

7.5 对策建议

7.5.1 编制"粤港澳大湾区重大环保基础设施建设一体化规划"

以《粤港澳大湾区城市群发展规划》为基础，协调各部门，编制《粤港澳大湾区重大环保基础设施建设一体化规划》（以下简称《一体化规划》）。《一体化规划》应充分考虑湾区内不同城市未来形成的错位发展、分工协作的发展格局，以及由此带来的对重大环保基础设施的不同需求。重点关注如下几方面：

7.5.1.1 规划对象的协调性

广义上讲，重大环保基础设施涵盖的对象应覆盖整个链条上的所有环节。生活垃圾处理处置设施，应包括前端的垃圾分类、资源回收利用、清运、中转、终端处理等所有设施。涉及的生活垃圾包括厨余垃圾、办公垃圾、家居电子废物等；终端处理产生的副产物包括焚烧飞灰、填埋产生的渗滤液等。污水处理处置设施，应包括前端的雨污水收集管网、雨水回收利用设施、污水终端处理设施、再生水制造及利用设施、污泥处理处置设施等。任何一个环节不顺畅，都会影响整体处理处置效率。

现阶段，上述环节的规划建设往往分散在不同行业主管部门，协调机制的不顺畅，往往导致上下游规划建设不同步。比如，再生资源利用能力不足，只能依赖于终端处理处置；污水管网收集能力与处理设施处理能力严重不匹配，污水处理设施负荷得不到保障；治水不治泥，污泥处理能力严重不足、处理手段严重落后，污泥没有出路。

因此，《一体化规划》应协调上下游各部门，将链条上的所有环节都纳入规划的范围，或者是在不同的规划中，充分考虑上下游各环节的协调性同步发展。规划编制的牵头部门应审慎选择，须能协调各相关行业主管部门。

7.5.1.2　规划的前瞻性

粤港澳大湾区虽然总体上仍处于工业经济阶段，但是经济总量、人口密度已经达到世界发达湾区现有水平，经济发展对重大环保基础设施的需求也大大超过世界发达湾区同期水平。《一体化规划》应充分吸取世界发达湾区的经验教训，具有前瞻性和超前性，才有可能跨越式发展，不走先污染后治理的老路。

比如，珠三角 9 市目前的垃圾处理处置规划及实施上，呈现出严重的路径末端化、循环利用形式化、减量边缘化和治理机制之间的结构性失衡。在前端的垃圾减量化、资源化方面有倡议、缺标准，有试点、少管理，进展迟缓。而实际上，单纯的末端治理已经完全无法满足资源环境承载力的需求，创建垃圾减量化、资源化机制迫在眉睫。《一体化规划》应彻底扭转这种规划思路，以循环经济模式创建垃圾减量化资源化机制，一方面在治理路径、法律义务主体、减量化行为模式等方面进行法律调整（硬性约束），另一方面强化垃圾减量化、资源化的宣传力度。无害化与减量化、资源化必须“两手抓”，才能真正做到从源头解决垃圾处理处置难题。在终端处理方式上，目前的规划基本是“焚烧独大”“一烧了之”。建议采取“综合处理环境园”选址建设模式，统筹生活垃圾、建筑垃圾、餐厨垃圾等不同类型垃圾处理，优化配置焚烧、填埋、生物处理等不同种类处理工艺，形成一体化项目群，避免垃圾处理设施重复选址和分散选址。有计划、有步骤地开展“协同处置”理论及实用技术的相关研究。在处理规模上，建议结合“综合处理环境园”的理念，在选址用地上，充分预留未来发展空间。

珠三角 9 市目前在污水处理处置规划及实施上，重点推进管网、污水处理厂的建设，并对污水处理厂实施提标升级改造，而对于污水管网与市政综合管廊如何优化统筹建设没有深入研究，无法从根本上解决污水收集的问题，水环境质量的改善得不到保障。建议《一体化规划》及相关规划优化既有规划思路，结合不同区域的实际需求对污水管网的优化设计开展深入的规划研究。

7.5.1.3 空间布局统筹协调性

“一体化规划”应打破各自为政的行政区划格局，对重大环保基础设施实施统一的空间布局，实现资源的最优配置，最大限度地提高资源利用效率，降低环境风险发生概率。

统一规划布局的原则主要有以下两个方面：

一是充分考虑各区域劳动力、资本、土地、重大环保基础设施技术、管理水平等资源禀赋，扬长避短，实现资源的最优配置，最大限度地提高资源利用效率。

二是最大限度地降低环境风险发生概率。垃圾处理处置方面，广深莞的优势是经济发达，垃圾焚烧开展较早，其技术、管理水平、污染控制能力相对成熟，劣势是人口密集、土地资源短缺、设施选址困难。中山是珠三角 9 市中最早以“综合处理环境园”理念建设处理处置设施的城市，目前北部组团、中部组团、南部组团三大综合处理基地运转良好。佛山人口密集，与相邻城市几乎没有足够的天然隔离带，跨界污染极易发生。肇庆、江门经济相对落后，目前尚无垃圾焚烧发电厂，土地资源相对丰富。珠海、惠州、香港、澳门都有离岸海域空间可以利用。结合上述特点，有如下建议：

①肇庆现有 6 座卫生填埋场，“十三五”规划新增 3 座垃圾焚烧厂；江门现有 5 座卫生填埋场，“十三五”规划新增 9 座垃圾焚烧厂，且在崖门水道两岸密集分布 5 座。从资源优化配置的角度，可以考虑将广州第五资源热力电厂（花都）扩大成综合处理环境园，规划的四会环保热力发电项目的焚烧量在该环境园解决，而原来拟运往已接近满容的花都区生活垃圾卫生填埋场的焚烧灰渣和飞灰在四会解决。崖门水道两侧规划的江门市 5 座垃圾焚烧厂相邻距离不足 10 km，可以考虑与珠海市拟建的中信环保产业园统一规划建设。

②佛山顺能垃圾发电项目拟在“十三五”扩建，可以考虑在广州第四资源热力电厂一并解决。

③东莞虎门拟在“十三五”新增 1 座处理能力 1 000 t/d 的垃圾焚烧厂，其处理量可以考虑在拟扩建的厚街环保热电厂、市区环保热电厂解决。东莞谢岗、常平、罗马、樟木头一带的卫生填埋场低水平重复建设、密集分布，建议尽早实施改造。

④深圳、香港可以考虑统一规划建设，进行垃圾的离岸处理。

生活污水处理处置方面，应重点关注上游排水口、下游取水口的位置关系，尤其是对肇庆、佛山西北江干流供水通道上的现有污水处理设施排水口应进行优化，逐步搬迁，降低环境风险发生概率，实现风险有效管控。

与相关规划的衔接性方面，《一体化规划》应做好与土地利用总体规划、城乡规划、环境保护规划的衔接。专项规划中确定的基础设施用地，应纳入控制性详细规划和城市黄线保护范围，并依法向社会公布。严禁擅自占用设施用地或者随意改变用途。

7.5.2 建立规划实施的保障体系

7.5.2.1 建立行之有效的沟通协调机制

在国家层面研究建立粤港澳大湾区沟通协调机制，成立粤港澳大湾区发展合作委员会，取代三地政府的一些职能，创新区域合作的体制机制。还应成立城市群层面的规划委员会，明确各城市的功能及地位，推进城市间的分工合作。建立粤港澳三方联席会议制度，统筹研究解决湾区合作发展重大问题，协调落实重大合作事项，通过行政手段切实减少三地互联互通中存在的壁垒。重大环保基础设施的建设可作为重大合作事项统筹研究解决。

7.5.2.2 建立生态补偿和利益共享机制

按照“谁受益、谁补偿，谁受损、谁受偿”的原则，加快建立完善的“生活垃圾异地处理生态补偿机制”。城市生活垃圾处理设施所在地提供垃圾处理服务的同时，必然会对当地的环境造成一定的影响，其实质是城市发展过程中的受损地区。而其他地区将垃圾运出本地，在保护自身环境质量的同时将土地用于经济发展获取收益，其实质是城市发展过程中的受益地区。建立生态补偿机制，可以在一定程度上提高社会公平度，既弥补了居民因垃圾处理设施建在当地而造成的健康损害，又补偿了居民因垃圾处理设施带来的经济损失，居民对垃圾处理设施的反对度自然也将大大降低。既有利于垃圾处理设施的正常运营和垃圾处理设施的顺利建设，同时也有利于化解区域矛盾，平衡垃圾产生区与处理区之间的利益关系。

佛山市高明苗村填埋场是佛山最大的生活垃圾无害化处理设施。考虑该场以及途经生活垃圾运输车辆对周边村民的影响，从 2011 年 10 月 1 日起对禅城、南海、顺德区运往高明苗村填埋场的生活垃圾按每吨 10 元的标准给予填埋场周边村民生态补偿；该生态补偿标准从 2016 年开始调整至 20 元/t，然后以每年增加 10 元/t 标准调整，增至 50 元/t 后再做调整。目前，高明区政府正在制定《佛山市高明区苗村生活垃圾填埋场生态补助金管理使用暂行办法》，就生态补助款的使用及监管作明确规定。位于佛山南海固废处理环保产业园的南海垃圾焚烧发电厂通过多种方式与周边企业、学校、居民形成利益共享。如在产业园内布局餐厨垃圾处理项目，为周边学校、餐厅处理餐厨垃圾，并利用地沟油提炼生物柴油供垃圾转运车辆使用，沼气进行发电，实现了资源循环利用与处理成本的节省；与只有一墙之隔的广东轻工职业技术学院签署战略合作协议，共建环保产业学院，组建环保产业孵化器，在产学研基地建设、环保人才职业培训、行业人才标准制定、学生创新创业等多方面进行深度合作；建设集环境教育、互动交流、休闲娱乐等于一体的环保公园，以此为平台，组织周期性的环保宣传教育活动，让公众通过亲自参与，实现从“邻避”到“邻利”。

2012 年 4 月广州市出台了《生活垃圾终端设施区域生态补偿暂行办法》，规定本市行政区域内生活垃圾终端设施区域生态补偿以受益地区向受损地区补偿为原则，按量计算。生活垃圾生态补偿费标准为 75 元/t。生态补偿不采取现金支付、直接补偿给个人的方式，而是用于生活垃圾处理设施周边地区的环境美化和生态环境影响整治，市政配套设施建设和维护，经济发展扶持和补偿，区域工作协调、环保宣传、监督管理等工作经费。生态补偿费专款专用，并接受相关监督管理。

2014 年，中山市积极探索垃圾处理生态补偿制度，出台了《中山市垃圾综合处理基地生活垃圾处置设施环境实施细则（试行）》。生态补偿主要由进入基地处置生活垃圾镇区（不包括处置设施所在镇）缴纳的环境补偿金以及财政补贴共同支付，资金比例各占一半，为 24 元/t。而基地所在镇作为获得补偿的对象，按照“保障性补偿为主、实物补偿为辅”的原则，将补偿资金用于基地受影响范围以及周边村的配套设施建设和管理、环境建设、公益建设和购买保险等方面。通过生态补偿，中山在 2015 年成功破解了北部基地的“邻避”困难，并在此管理模式的基础上，2016 年继续将这一创新模式经验在中心基地进行推广，取得了显著效果。

2015 年 1 月，东莞市出台了《东莞市生活垃圾终端处理设施区域生态补偿实施方案》（以下简称《方案》），补偿范围为垃圾处理设施 2.5 km 内。根据《方案》，包括焚烧垃圾在内的运往处理终端处理的生态补偿费收取标准为每吨 20 元，由产生生活垃圾并运往垃圾处理厂进行无害化处理的镇街（园区）缴纳；存量垃圾综合整治异地填埋处置服务补偿费收取标准为每吨 80 元，由输出存量垃圾到市统筹建设管理的集中处理场进行填埋处理的镇街（园区）缴纳。对于垃圾焚烧而产生的生态补偿费，《方案》规定分成 3 部分进行分配。13%由市政府统筹，用于东莞市生活垃圾焚烧飞灰处理设施周边生态补偿和工作经费，80%由所在地镇街（如有多个则按设施占地比例分配）统筹，7%由受影响地镇街（如有多个则平均分配）统筹。对于存量垃圾异地填埋处置服务补偿费，则由集中处理场所在镇街和村（社区）统筹使用：其中 12.5%（即每吨 10 元）由所在镇街统筹，用于集中处理场周边环境生态修复，周边市政道路养护、环卫保洁、绿化养护，封场后生态景观公园日常管理等；87.5%（即每吨 70 元）由所在村（社区）统筹，用于集中处理场周边环境补偿，包括村（社区）公共服务设施建设和维护、购买村（居）民集体医疗体检、保险或现金补偿等。

深圳老虎坑垃圾焚烧发电厂通过征地补偿、废物循环等方式让周边企业和居民切实得到了实惠。如采取低利润高环境效益的运营模式，每处理 1 吨垃圾补偿周边居民约 100 元的措施，有效缓解了垃圾处理设施落地难和邻避效应的问题；焚烧过程排出的蒸汽吸引用热企业入驻，直接带动当地经济的发展；企业租用厂房，炉渣运送到周边村委开设的环保公司，制成环保砖等，给村民带来分红收入；建设环保公园、博物馆、恒温游泳池等，让周边村民感受到设施共享带来的便利。

2016 年 12 月 1 日，广东省出台了《广东省人民代表大会常务委员会关于居民生活垃圾集中处理设施选址工作的决定》（以下简称《决定》）。《决定》提出，地级以上市、县级人民政府应当建立健全居民生活垃圾集中处理设施异地长期生态补偿的长效机制，科学合理设置补偿方式、补偿标准和补偿期限，使补偿成为长期可持续行为。居民生活垃圾集中处理设施服务多个区域的，以居民生活垃圾集中处理设施所在村为接受补偿区域，以居民生活垃圾输出区域为提供补偿区域。生态补偿费主要用于生活垃圾集中处理设施周边环境改善、公共服务设施和基础设施建设和维护、集体经济发展扶持、村（居）民回馈等。居民生活垃圾集中处理设施所在地人民政府和设施运营单位应当加强对周边村的扶持和回馈，因地制宜设立共享区域，配套绿化、体育和休闲设施，实施优惠供水、供电、供热等服务，安排村（居）民就近就业，实现共享发展。

由上述分析可知，广佛莞深以及中山等地在生活垃圾异地处理生态补偿以及利益共享方面已做出积极的探索，且取得了不错的效果。广东省层面也通过《决定》将“生态补偿”作为破解“邻避”效应的一个重要举措，为生活垃圾集中处理设施选址平稳顺利进行提供了立法引领和保障。湾区可以《决定》为基础，结合区域特点，建立科学合理的补偿机制，制定更为细化的补偿办法。本书有如下几点建议：

①明确生态补偿主体及相关职责。建议补偿主体为生活垃圾输出地区一级政府；受偿主体为生活垃圾终端设施所在地区一级政府。凡进入市属终端设施的生活垃圾，均需按标准缴纳生态补偿费；生活垃圾营运单位应做好垃圾副产品（包括热、电、汽等）的优惠供应及其他的社区回馈工作；受偿区应做好垃圾终端设施周边市政配套、环境整治、生态补偿、群众关系协调和处理等工作，并承担相关的维稳责任。

②确定生态补偿的方式。建议按照国际国内通行的做法，确定以直接补偿和间接补偿相结合的方式。直接补偿建议按人口和土地进行补偿，即对补偿范围内的在籍居民和土地按照一定标准进行长期的货币补偿；间接补偿建议以公共设施的共享、就业安置、资金入股、提供免费的社会福利等方式进行。

③合理确定生态补偿范围。垃圾处理项目的补偿范围通常根据环境的防护距离和影响距离来确定。建议相关部门根据国家现行《生活垃圾卫生填埋技术规范》、《生活垃圾填埋场污染控制标准》以及《关于进一步加强生物质发电项目环境影响评价管理工作的通知》等有关文件的要求，参照欧盟、日本等的做法，充分考虑污染物的逸散特点，合理确定生态补偿的范围，根据环境防护距离和影响距离，确定梯次补偿的标准。

④确定生态补偿费的征收标准。目前，各地的生活垃圾异地处理生态补偿费多以垃圾转运量为标准征收，由生活垃圾输出区财政按标准缴纳。建议结合湾区内各市实际，参照国内其他地区的做法，合理确定生活垃圾异地处理生态补偿费的征收标准。

⑤确保将生态补偿费真正落实到村（社区）。生活垃圾处理终端设施一般为市级项目，所以生态补偿费往往要经过区、镇（街道）两级，最后才能给付到村（社区）。建议要确保一定比例的生态补偿费直接给付到村（社区），真正惠及生活垃圾处理终端设施周边的居民百姓。

⑥明确相关责任部门的管理职责。建议由市财政局负责各市各有关区按规定标准缴纳的生态补偿费的管理及核拨工作，并牵头组织对补偿费专项支出的检查；市城管局负责生态补偿办法的组织实施和协调管理工作以及各区生活垃圾量的统计核实工作。

7.5.3 创新政府监管方式，加强政府监管力度

监管是现代政府的核心职能之一。在环保基础设施 PPP 运作模式下，提供公共服务的职责仍然在政府身上，只是政府提供公共产品的方式从自己亲力亲为转变为公共服务供给的组织者和监管者。这就意味着，一旦以 PPP 模式提供的公共服务出现问题，首先责任承担者仍然是政府，政府只能在承担责任之后再向社会资本追究合同责任或进行行政处罚。可见，在 PPP 模式下，政府在公共基础设施和公共服务监管的问题上更加不能掉以轻心。

在运营期内，政府应承担对社会资本履约情况的全面监督，包括交付的公共服务的质量、数量、进度、价格、成本、运行安全等方面。鉴于政府监管能力的不足，本书提出如下建议：

①明确各个行政职能部门的监管职责和监管范围，做到各部门权责清晰。落实监管人员，建立项目监管考核机制和监管失职问责制。

②加强监管能力建设，包括人才队伍的培养、监管制度的建设等。

③创新政府监管方式，推动社会力量参与监管。

通过引入专业化的咨询机构协助政府进行监管，不仅可以对产出指标与监管指标进行对照监管，甚至可以细化到对重要设备检修运营情况的监控，实现精细化监管。

切实发挥好公众监督的作用。以生活垃圾处理处置设施为例，运营单位应采取开放参观、监测数据实时公开等多种方式，宣传居民生活垃圾集中处理知识，按规定向社会公布运行基本情况，公开污染物排放数据，接受公众监督。公民、法人和其他组织发现居民生活垃圾集中处理设施运营单位不按规范要求进行运营的，有权向城市管理、生态环境等主管部门举报。接到举报的部门应当依法及时核查处理。主管部门或者居民生活垃圾集中处理设施运营单位可以聘请第三方专业机构对本行政区域内居民生活垃圾集中处理设施运营情况进行监测，并将监测结果及时公开。

通过驻场跟踪监管、公众监督、经济杠杆等手段进行监管，采用信息化等多种方式最终实现全过程监管。

7.6 小结

粤港澳大湾区三个区域的重大环保基础设施处于不同的发展阶段，其建设规划的指导思想、基本原则、目标值、主要任务等呈现出明显差异。在生活垃圾处理处置设施方面，珠三角城市群仍在大力建设垃圾焚烧终端处理设施，垃圾分类及资源回收无具体目标。香港特别行政区受土地资源限制，正努力提高资源回收利用率，同时拟在垃圾焚烧方面取得突破。澳门特别行政区垃圾焚烧尚有余力，拟推进垃圾分类及资源回收利用。在城镇污水处理设施方面，珠三角城市群的城乡发展严重不均衡，重点仍在大力建设终端处理设施，对污水收集率（对应城镇

污水管网覆盖率）、再生水利用、初期雨水等尚无具体目标。污水处理设施建设与水环境质量改善的定量响应关系不明显。香港与珠三角城市群的发展思路基本相同，优点是管理水平高于珠三角城市群，处理工艺或排水水质标准实现精细化分类管理，“节水及污水循环再用”也走在珠三角城市群前面；缺点是水质标准低于珠三角城市群，相关设施也较为陈旧。澳门的污水收集和处理系统发展较为完善，今后的发展重点是“节水及城市污水资源再生利用”，且已有明确的规划目标和行动计划；与香港类似，水质标准低于珠三角城市群，相关设施使用年代久，较为陈旧。

截至 2017 年 7 月，珠三角 9 市共建成垃圾焚烧厂（含配套灰渣填埋场的环境园）19 座，总处理能力 29 575 t/d；卫生填埋场 36 座，总处理能力 26 415 t/d；异地水泥窑协同处置厂 1 座（珠海华新一期），处理能力 1 000 t/d。香港建有垃圾填埋场 2 座，总处理能力 10 400 t/d。澳门建有垃圾焚烧厂 1 座，总处理能力 1 728 t/d。珠三角 9 市中江门、肇庆全部填埋；中山全部焚烧。其余 6 市中除东莞焚烧比重远远大于填埋，达到 83.3%外，其余 5 市焚烧比重均低于 50%，最大为深圳 43.4%，最小为广州 14.7%。香港 100%填埋，澳门 100%焚烧。垃圾焚烧厂基本都采用机械炉排炉技术。焚烧烟气治理主要采用“SNCR/SCR 脱硝+半干式/干法/组合脱酸+活性炭吸附+布袋除尘”，焚烧烟气执行《垃圾焚烧烟气排放执行标准》（GB 18485—2014），氮氧化物、HCl、重金属等往往严于国标，达欧盟标准。卫生填埋场基本都满足《生活垃圾卫生填埋处理技术规范》（GB 50869—2013），配套渗滤液收集处理、填埋气体收集利用等。渗沥液一般采用“预处理+生物处理+深度处理”的工艺组合，排放标准达到《生活垃圾填埋场污染控制标准》（GB 16889—2008）；填埋气根据填埋场规模直接排放或火炬燃烧。广州、深圳、东莞、珠海、惠州的垃圾填埋场接近满容，均在超负荷运转。东莞、佛山的垃圾焚烧厂基本无剩余处理能力，亟须扩容。与世界发达湾区相比，生活垃圾处理处置的方式差异较大，污水处理处置方式接近；但在两者的技术管理水平上有相当差距。粤港澳大湾区对重大环保基础设施的需求超越了世界发达湾区同期水平，较难避免走先污染后治理的老路。

重大环保基础设施存在的问题主要有：上位规划缺失，空间布局统筹协调性严重不足；运行管理方式粗放，精细化程度低；建设及规划滞后于发展需求，短期内仍无法解困；运作模式单一，政府监管不到位。

本书提出相关对策建议如下：

（1）编制《粤港澳大湾区重大环保基础设施建设一体化规划》

《一体化规划》应充分关注规划对象的协调性、规划的前瞻性、空间布局统筹协调性，以及与相关规划的衔接性。将上下游相关部门的相关环节都纳入规划范围，以循环经济模式创建无害化、减量化、资源化机制，有计划、有步骤地开展生活垃圾“协同处置”理论及实用技术的相关研究。以“水环境质量改善”为核心，推进管网并建，因地制宜细化工艺标准。打破各自为政的行政区划格局，统一空间布局，实现资源的最优配置，最大限度地提高资源利用效率，降低环境风险发生概率。做好与土地利用总体规划、城乡规划、环境保护规划的衔接。

（2）建立规划实施的保障体系

建立行之有效的沟通协调机制，以及生态补偿和利益共享机制。在国家层面研究建立粤港澳大湾区沟通协调机制，成立粤港澳大湾区发展合作委员会，创新区域合作的体制机制。按照“谁受益、谁补偿，谁受损、谁受偿”的原则，加快建立完善的“生态补偿机制”。

（3）创新政府监管方式，加强政府监管力度

在现有环保基础设施 PPP 运作模式下，政府作为公共服务供给的组织者和监管者，应承担对社会资本履约情况的全面监督。应明确各职能部门的监管职责和监管范围，做到权责清晰。加强人才队伍的培养、监管制度建设。推动社会力量参与监管。

参考文献

[1] 申明浩，杨永聪．2017．国际湾区实践对粤港澳大湾区建设的启示[J]．改革前沿，7：9-13.

[2] 王军，林晓红，史云娣．2011．海湾开发与生态环境保护对策探讨[J]．中国发展，11（4）：5-8.

第 8 章

国际湾区环境管理及环保合作的经验与借鉴

8.1 典型湾区环境保护与合作经验

8.1.1 东京湾环境管理及其经验

8.1.1.1 主要区域性环境问题

在快速的城市化进程和密集的工业布局影响下，原本自然生态景观优美、渔业资源丰富的东京湾享受经济飞跃发展的同时，也付出了沉重的环境代价。其湾区区域性环境问题主要体现在以下四个方面：

（1）东京湾“三废”污染严重，并导致一系列社会问题

20 世纪 70 年代，大量的重化工企业排放的“三废”，严重污染当地的自然环境，造成大气污染、水环境污染、海水污染、赤潮频发、海洋生物资源退化的生态环境问题。由于工业布局过于集中，还出现了用地紧张、供水不足、地面下沉、交通拥挤、公害严重等一系列社会问题（王军等，2011）。

（2）东京湾入海污染负荷激增，导致海水富营养化

根据日本政府国势调查统计的 DID（Densely Inhabited District，即 4 000 人/km^2 以上连片的人口密集地区）人口占比，目前东京都已高达 98.2%，东京大都市圈达 89%，明显高于日本全国 67.3%的水平。环东京湾地区人口高度集中，城市化的急速发展导致排入东京湾的市政污水负荷增大，东京湾近海区域的 COD、总氮、总磷等污染物浓度增大，海水呈富营养化状态，渔业损失惨重。据统计，来自东京湾周边大都市群的家庭废水对东京湾海水的总氮、总磷的污染负荷的贡献率分别为 65%和 68%。

（3）大规模开发导致海岸生态环境破坏

城市建设对土地的巨大需求与高价私有土地的矛盾，导致在东京湾的填海造陆工程大规模地进行，城市临海工业区、大工厂、垃圾处理厂、发电厂等需要与居民保持一定距离的设施，环东京湾各港口、东京羽田国际机场等大型交通设施，以及迪士尼乐园等大型娱乐设施都建设在填海土地上。自 1868 年以来共填海造地 252.9 km^2，95%的自然岸线被人工岸线所取代。填海为东京湾的城市发展提供了巨大的扩展空间，但是大规模的填海造陆严重破坏了近海湿地，港湾纳潮量减少导致海水自净能力减弱，加重了海水水质恶化和海洋生物资源退化。

（4）底泥污染加剧海洋生态系统破坏

多年来东京湾近海区域海底沉积了相当厚的污染物，淤泥中有机物含量及含水量非常高，底泥对氧气的消耗也加重了海水缺氧状况，导致底栖生物的大量死亡。尽管近几十年来海水中总氮、总磷的浓度有所下降，但是污染范围却不断扩大；海水缺氧的持续时间有所延长（Kodama K et al.，2011）。

8.1.1.2 环境措施

（1）建立完备的环境管理制度体系

日本政府自 20 世纪 60 年代初期起开始重视环境污染的危害，先后颁布了多部法律，涵盖大气、水质、废弃物、噪声、振动、恶臭、景观等领域。对污染因子进行严格而细致的规定，甚至限定至每个具体的操作环节，以法律的形式加以限定生产行为，增加对日益加剧的工业污染的制约力。除国家颁布的法律外，各地方政府也出台了相关的条例，下属每个企业更有严格的企业自定规则，并组织在岗人员学习相关法律内容，以利贯彻（金银实，1990）。在日本环境立法中尤其强调污染者负担原则，不仅写入《环境基本法》，还制定专门的落实公害污染者负担的法律——《公害防止事业费事业者负担法》。日本有关湾区开发污染控制的环境法律条目大致分类见表 8-1。

表 8-1 东京湾环境保护相关法律名录

类别	法例名称
基本法	《环境基本法》
	《防止公害对策基本法》
有关费用负担法	《公害防止事业费事业者负担法》
	《公害防止事业的国家财政特别措置法》
有关水质防污染法	《水质污染防治法》
	《工厂排水控制法》
	《工业用水法》
	《海洋污染防止法》
	《濑户内海环境保护特别措置法》
	《海洋污染及海上灾害防止法》

类别	法例名称
有关废弃物处理法	《废弃物处理法》
有关大气污染防治法	《大气污染防治法》
	《全球变暖对策推动法》
有关湿地保护法	《拉姆萨尔公约》
有关港湾设施法	《临海环境整备法》
	《港湾法》

在应对水质污染方面，日本制定了《水质污染防治法》，由环境省一个部门全权负责水质保护的行政管理工作。按照《防止公害对策基本法》，于 1971 年 12 月制定了《公用水面环境标准》。按照《水质污染防治法》对水质进行长期监测的同时，还制定了工厂、事业者的《废水排放标准》。针对海洋的主要环境问题——水质和底质的污染问题，使用港湾管理行政手段强化了废油处理设施以及污泥疏浚的污染防治对策。1973 年修订后的《港湾法》规定，制定重要港湾开发计划的同时必须规划港湾环境治理和保护的相关内容。根据此项规定，制定港湾开发计划时必须实施环境评价。同年修订的《公有水面填埋法》，规定申请公有水面填埋许可证时，必须实施环境评价。自从港湾公害防治设施、废物处理设施、港湾环境治理纳入法律范畴，环境治理开始真正实施。

根据《防止公害对策基本法》等有关法律，日本对海域、河流、湖泊等公共水域限定了水质环境标准。环境标准分为两类：一是从保障人体健康出发，对 9 种危害人体健康的物质的最高允许量做了规定；二是从维护生态环境出发，根据用水目的来确定水域类型，再对不同功能、类型的水域分别设定 BOD、COD、DO 等项目的具体标准。其中，保护人体健康的水质标准在全国是统一的，保护环境的水质标准各河流可以不同，地方政府可根据水域具体情况设定更严格的环境标准。

《水质污染防治法》对设置了排放有损于人体健康和生活环境的污水设施的“特定企业”制定了 3 种污水排放标准，包括国家标准（统一的最低要求标准）、地方标准（更高要求标准）和总量限制标准。为了削减流入东京湾、伊势湾这样污染显著的广域封闭型水域的污染负荷，1976 年 6 月，日本内阁总理大臣制定了降低 COD 总量的基本方针，随后相关府县纷纷制定了总量限制标准。

（2）建立完善环境质量监测系统与信息公开系统

日本对公害监测非常重视，在各个县和主要工业城市均设有公害监测中心。二十四小时昼夜监测区域大气、水质、噪声、振动、恶臭等污染因子，并设有全民公害显示板，随时向全体市民公告县内某个地区大气等污染状况。一旦超标现象出现，即刻向该排污单位发出信号警告。全过程由计算机联网控制，在县厅内，县长可随时了解各个测点的污染状况，及时传达总控室的命令。

（3）湾区开发规划与行为严格执行环境影响评价

日本的环境影响评价制度的法律化形成于 1978 年，在实践中不断地完善，为推动日本环境保护事业的发展提供了有效的法律手段。1997 年 6 月，日本制定了《环境影响评估法》，并于 1999 年 6 月开始全面实施。1973 年修订了《港湾法》，制定重要港湾开发计划时必须同时规划港湾环境治理和保护内容，必须实施环境评价（唐天均等，2014）。日本运输省于 1985 年就新干线建设和运输省所辖公有水面填埋制定了《运输省所辖大型工程环境影响评估实施要领》（运输省运环第 25 号），该文件规定了环境影响评估准备书的制作、公告，自由阅览的手续。1986 年依据港湾局长通告（港管第 716 号），制定了《填埋及填海造田等环境影响评估指南》，内容包括调查、预测、评估等手续。1996 年，日本基于《港湾法》（1950 年法律第 218 号）第 3 条第 2 项，制定了评估港湾建设环境影响的《港湾开发、利用、保护及开发保护航路基本方针》（1996 年运输省公示第 631 号）。

（4）推行湾区总量控制策略

日本对于东京湾此类大区域的封闭型水域，考虑其稀释扩散能力有限，在工业企业排放口实行浓度控制的基础上，同时考虑生活排放负荷、计划新建项目的排放负荷、农业和畜牧的排放负荷等，实行总量控制。东京湾水质总量控制的程序包括以下步骤：首先，指定水域；其次，根据水域用途，确定水环境目标和环境标准；最后，确定不同污染源的削减目标。确定不同地区的削减目标，确定实现目标的时间，确定削减负荷量的方法。召开对策会议、知事会议，听取意见，指定削减计划，编制总量控制的标准，确定总量控制的标准，开展宣传教育活动（刘鸿亮，1983）。

为了推行去除氮、磷的深度处理技术，《流域下水道整治综合计划》中设定深度处理厂的削减目标，而地方公共团体则分担其削减量，实施高效率的深度处理共同负担制度，这是在 2005 年《下水道法》修订时规定的内容。在这样的背景下，以 2004 年为基准年，2024 年为目标年，制定新的《东京湾流域下水道整治综合计划》。2005 年由国土交通省，相关都县以及行政指定城市的下水道、环境、河流的负责部门联合成立了东京湾流域下水道整治综合计划研讨委员会。由该委员会确定《东京湾流域下水道整治综合计划》的基本方针，此后，相关都、县更新各自的流域综合整治计划（日本国国土交通省关东地方整备局，2011）。

（5）进行重建河流及海洋沿岸生境工程措施

东京湾主要通过实施建造自然河道、普及环境友好型工程设施和保护、恢复和建设滩涂、藻场与浅滩等工程措施，重点改善湾区生态环境。1988 年始实施“蓝色海洋行动”，充分利用航道疏浚和港口工程产生的优质沙土，保护、恢复、建设滩涂和藻场、浅滩等。

（6）鼓励和促进公众参与湾区环境保护

在环境管理中，东京湾将环境宣传教育、污染治理作为同等重要的工作展开。将环境宣传教育从幼抓起，政府、社会团体、企业等共同开展环境宣传教育工作，包括绘制内容丰富、语言通俗的画册，发送至幼儿园、学校，在小学、中学开展一系列回归自然、亲近自然活动，并组织学生到工厂、企业等免费参观学习。环境宣传教育的工作重点分为两大块，一是普及环境教育，树立良好的环境意识；二是环境信息公开化，引导市民参与环境保护工作（刘智，2014）。

与此同时，由市民自发组织环境活动的热情越来越高涨。市民团体举行的对附近河流等的水质测定和水质净化试验越来越盛行。最早是浅川地区环境保护妇女会从 1984 年 7 月开始，采用简易测定法在多摩川支流南浅川等 18 处进行水质调查。而后根据调查结果及专家的指导，自发进行净化试验。市民水质检测在浅川、野川、矢川等多摩川流域很多河流里扩大开来，政府也鼓励市民进行环境保护活动，在小金井市，市民和政府共同成立了小金井环境联合会，举行了自然观察会等各种活动。

除了自发的环保活动，市民也参与政府环境保护议题的讨论，形成了一套市民与政府间进行讨论的基本规则。最初，在市民和政府共同讨论多摩地区的自然环境保护计划时，制定了“三个原则・七个规则”，在该原则指导下，讨论选择了落合川、野川、浅川及鹤见川 4 个流域分别制订了环境保护项目，提出了武藏野地区——水网绿网城市构想、浅川流域博物馆构想、多摩三浦丘陵群——城市型国立公园构想。为了更加具体地提出 4 个被提议地区的环境保护计划并付诸实践，成立了“水・绿研究会”，市民分别着手研究，并开展活动。此外，专家们开设了与环境相关的课程、举行研讨会、河流源头徒步探测等实地考察调查活动。并成立了浅川流域联络会，该流域各市民团体积极开展浅川流域的环境保护和修复活动。

8.1.1.3　环保合作做法及经验

虽然东京湾与粤港澳大湾区在海湾形态上存在差异，东京湾为半封闭型海湾，珠江口伶仃洋为较开阔的河口湾。两个湾区水文状态具有较大差异，东京湾入海河流较小，港口水深条件好，海湾淤积较小；珠江 8 大出海口中有 4 个注入珠江河口湾，泥沙冲淤情况比较复杂。但是，粤港澳大湾区仍可重点借鉴以下几个东京湾湾区环保合作的经验。

（1）成立湾区环保合作机制，统筹湾区环境保护

成立东京湾复兴促进委员会，承担东京湾复兴行动计划的组织和执行。东京湾复兴促进委员会由东京湾周边的 7 县 4 市以及 11 个相关地区代表组成，目的是维护东京湾的生物多样性，重建美丽的海岸景观以供公众享用。委员会下设 3 个工作组：第一工作组负责陆域工作的执行；第二工作组负责海域工作的执行；第三工作组负责监测工作。项目执行周期设定为 10 年，从财政年 2003 年开始算起。

（2）建立湾区环境监测数据统一管理与共享

湾区环境管理决策所依赖的气候、大气、水质、生物栖息状况等环境监测数据来自多领域、多地区的长期监测，监测成本高，短期内收益少，带有公益性质，只有政府才能负担这个责任。环境基础信息的储备及共享将大大有利于提高环境评估的准确度及效率。为了更好地进行信息整理、保管和有效利用，有必要设立专门的评估信息中心等数据管理机构。日本海洋数据中心（Japan Oceanographic Data Center，JODC）保存了包括海洋物理数据、固体地球物理数据、海洋化学数据、海洋生物数据等范围广泛的数据。日本海洋数据中心的数据来自与其他各国数据中心交流，及国家调查研究机构、地方自治组织、大学及民间研究机构等各种不同的渠道。日本海洋数据中心通过发行刊物、数据集和推出在线数据服务（于 1994 年创建了日本

海洋数据中心主页）等方式实现湾区环境监测数据的共享（日本海洋学会，2016）。

（3）鼓励不同群体参与，协力开展湾区环境保护

首先，通过举办各种活动，搭建湾区环境技术人员与公众的沟通桥梁。一方面，通过活动提高市民的相关专业知识水平与参与能力；另一方面，吸引更多的市民参与环境保护的实践活动，激发公众环境保护的热情，培育公众环保意识。

其次，不同渠道支持环保团体发展。东京湾地区影响力最大的环保团体——水・绿研究会及其他类似的市民团体，其活动费用除来自会员会费外，还由国家、东京都、民间等调查研究补助金予以支持，某种程度上缓解了团体的资金短缺问题。

最后，提高区域环境信息公开，促进公众参与。信息公开是市民了解地区环境现状及相关建设情况的重要渠道，有利于市民参与到地区环保实践中来。完善政府信息公开、公众参与制度具有重要意义。

可见，专业技术团体、民间环保组织、公众在东京湾环境教育、环境保护实践中发挥着重要作用。专业技术团体、民间环保组织可以帮助提高各社会阶层的环保意识，而为专业技术团体、民间环保组织、公众的环保实践活动提供资金、信息、政策支持则是政府的责任。

（4）建立实施评估，及时反馈，提高环境管理效率

东京湾复兴行动计划在执行过程中建立并实施了行动计划目标完成情况评价机制。即在被列为优先实施地区的某些海岸线生态网络脆弱区域设置若干个具有明确目标的监测点位，这些监测点位均对应特定的重建目标计划；根据上述监测点位监测数据对东京湾复兴行动计划单项项目进行效果评估，通过各个目标点位生态功能的提升，以点带面，从而完成东京湾整体生态重建工作。

8.1.2 纽约湾环境管理及其经验

8.1.2.1 主要环境问题

（1）水环境问题

纽约—新泽西港及长岛海峡的 4 个主要污染因素为富营养化、有毒化学物质污染、病原污染和漂浮垃圾污染，这些问题使水质恶化和栖息地退化，进一步影响湾区周围居民和生物的健康。大量污染源导致了纽约湾区流域的水质问题，主要包括市政合流污水溢流、工业废水排放、受污染的沉积物、石油和有害物质泄漏、垃圾渗滤液、疏浚泥渣处理、老化/不良的污水处理基础设施、大气沉降和酸雨、沉积物和鱼类中遗留的污染物、水生杂草和入侵物种等。

（2）纽约湾区滨海湿地大退化严重

在纽约—新泽西港河口大约 85%的沿海湿地，在 19 世纪就已经被填充或排干了。剩下的湿地因污染、脱离潮汐水域、破碎化、物种入侵、天然植物缓冲带损失等，发生了不同程度的

退化。

在长岛海峡，多年以来，日益密集的住房、商业和娱乐活动剧烈改变了沿岸生境。虽然海峡及其周围仍然有健康的栖息地，但自然生态的整体丰富度和多样性已经减少，经济发展和人口增加导致沿海和内陆湿地，及浅滩地区的鳗草海草床生境丧失。

（3）纽约湾区主要空气环境问题

臭氧和颗粒物是纽约湾区主要的超标污染物。在 20 世纪 80 年代早期，康涅狄格州每年臭氧浓度超标天数超过 100 天。自 1983 年以来，康涅狄格州所有监测点的 8 h 臭氧设计值都呈现下降趋势，但绝大部分站点仍然处于超标状态。近年来，康涅狄格州每年超标记录大约为 20 天。新泽西—长岛、纽约—新泽西—宾夕法尼亚大都市统计区被美国环保局（EPA）指定为 2008 年臭氧不达标区域。2009 年 10 月，EPA 发布了 $PM_{2.5}$ 的最新 24 h 标准，位于纽约湾区的布朗克斯、布鲁克林、纽约、奥兰治、皇后区、洛克兰、韦斯切斯特、纳苏和萨福克等区县被归类为不达标地区。2012 年，美国环保局进一步收严年度标准至 12 $\mu g/m^3$，基于 2011—2013 年的监测数据，整个纽约州被归为达到年度标准的地区。2012—2014 年，位于湾区的纽约、布朗克斯、皇后区、韦斯切斯特、罗克兰和萨福克等区县臭氧的浓度虽然达到了 0.075×10^{-6} 的标准，但超过了即将确定下来的新标准 0.070×10^{-6}。新泽西州 1999—2015 年 $PM_{2.5}$ 年均浓度呈明显的下降趋势，从 2008 年开始基本上持续达到国家年度标准。康涅狄格州各监测站点 $PM_{2.5}$ 设计值 24 h 浓度和年均浓度从 2005 年呈下降趋势，所有站点目前都达到了国家标准。

8.1.2.2　环境措施

（1）建立完善的环境管理法律体系

美国在湾区水环境管理方面形成了包括《清洁水法》《海洋倾倒法》《海岸带管理法》《安全饮用水法》《油污法》等法律在内的完善的法律体系。其中，《清洁水法》重点控制地表水污染，《海洋倾倒法》重点保护海洋环境，《海岸带管理法》重点管理海岸带的自然资源开发和土地利用。其中，《海岸带管理法》规定了以联邦政府的补助和贷款促进州政府保护和管理海岸带的管理机制（晋海等，2013）。此外，还通过了数个管制污染物排放的国家法律和规定，包括《联邦杀虫剂法》《杀菌剂法》《灭鼠剂法》《海洋塑料污染研究和控制法》《有毒物质控制法》等。

在空气环境保护立法上，美国政府于 1955 年颁布了《空气污染控制法》，此后，美国国会先后通过了《清洁空气法》《机动车空气污染控制法》《空气质量法》，奠定了治理空气污染的基本框架（赵华林，2014）。《清洁空气法》1970 年修正案将空气质量达标的责任落实到州，成为美国空气质量管理的基石。1971 年，美国环保局为颗粒物、臭氧、一氧化碳、二氧化氮和二氧化硫制定了国家环境空气质量标准（NAAQS）。1985 年，美国正式全面禁止使用含铅汽油。1990 年，美国国会通过了《清洁空气法案》修正案，增加了对可导致全球变暖、酸雨和臭氧耗损的有毒有害物质和污染物的管控策略，制定了主要污染排放工厂的全国许可计划。1997

年，美国环保局收紧了可允许的地面臭氧、烟雾和细颗粒物水平的环境空气质量标准。1999年，美国环保局使用空气质量指数（AQI），以反映 $PM_{2.5}$ 和臭氧标准。2005 年，美国环保局发布了一项州际传输规则，即《清洁空气州际规则》。2011 年，制定《州际空气污染规则》，规定了 28 个处于上风口的州在降低二氧化硫和氮氧化物排放方面的义务，要求各州通过减少发电厂排放以显著提升空气质量。

（2）实施日最大符合管理计划和流域规划

1972 年的《清洁水法》中制定了日最大负荷管理计划（Total Maximum Daily Load，TMDL）。TMDL 计划的核心思想是根据水环境容量确定需要削减的污染负荷，并将削减任务分配到各个污染源，通过将进入水体的污染物削减到环境容量所允许的范围内，使受损水体逐步恢复并达到水质标准。TMDL 计划的实施过程大体包括以下流程：①受损水体识别；②优先等级确定；③ TMDL 计划制定；④污染控制措施实施；⑤污染控制措施效果评估。TMDL 计划确定出各个企业的排放削减量，计算结果会写入范围内的点源排放许可证（韩冬梅等，2014）。TMDL 计划是以流域为基础的、跨行政管理区界的区域水资源保护和管理规划，为区域内所有地表水和地下水体指定用途、建立水质标准、制定达到水体指定用途的各项计划和项目、阐明所需要的监督检查行动保障、评估流域规划的实施以及达标的时间表。

（3）实施多项湾区水环境治理计划

在纽约湾区通过在长岛和新泽西海岸实施漂浮垃圾行动计划、纽约港上游城市纽约市和纽瓦克市长期控制计划、河口水质监测计划、绿色基础设施的计划、纽约港污染评估和削减项目（CARP）、海岸带栖息地恢复工程等，解决纽约湾区的漂浮垃圾、病原体排放、溶解氧浓度偏低、沉积物中有毒有害物质和栖息地恢复等问题。

美国环保局、纽约州和康涅狄格州在 1985 年成立了长岛海峡研究（LISS），以保护和恢复长岛海峡的健康。1994 年，长岛海峡研究（LISS）采用全面保护和管理计划（CCMP），恢复和保护长岛海峡。2001 年，美国环保局批准了康涅狄格和纽约的氮 TMDL 计划，目的是削减来自人类的氮负荷。2015 年，美国环保局开始了一项新的长岛海峡氮削减策略，积极地继续削减氮负荷，目标是使整个长岛海域及其附近的沿岸水域达到水质标准。1998—2015 年，在康涅狄格州和纽约的长岛海峡地区共先后恢复了包括潮汐湿地和森林在内的 1 750 英亩①的栖息地。1998—2015 年，通过安装鱼道和拆除水坝，已经恢复了 335 英里②的河流迁徙走廊。

联邦和纽约州空气污染控制项目包括排放许可和技术要求，以控制污染物的排放，以及监测环境空气质量。制定纽约州空气质量实施计划（SIP），并论证计划将如何减少污染和确保空气污染物水平达到国家环境空气质量标准。纽约州固定空气污染源主要为石油精炼厂和化工厂等大型设施和加油站、干洗店和喷漆室等小型污染源。分别采取了空气污染设施许可、小型企业固定污染源技术援助、减排信用、干洗店条例、空气毒物项目等措施。纽约州针对移

① 1 英亩 =0.404 856 hm^2。
② 1 英里 =1.609 344 km。

动污染源重点采取机动车辆检查和维护（I/M）项目，纽约州还与其他 7 个州共同参与了一项零排放车辆计划以增加零排放车辆投放量。新泽西州主要通过全面开展空气环境质量监测，建立空气污染源清单，制定固定污染源、移动污染源和其他污染源空气污染物限制规则，全面排放许可证，推行低排放汽车、微粒过滤器改造项目等措施控制大气污染。康涅狄格州主要通过制定削减空气污染物的法规和条例，制定和实施气候变化行动计划、州长的能源计划、康涅狄格州清洁柴油计划、全球变暖解决方案以及空气质量实施计划（SIP）等控制计划，颁发空气质量许可证和制定污染排放清单等措施控制大气污染。

8.1.2.3　环保合作做法及经验

（1）成立区域规划协会，统筹湾区发展与环保

纽约区域规划协会（Regional Plan Association，RPA）是非官方、非营利组织，由独立的董事会和纽约—新泽西—康涅狄格 3 州的市民、社区领导、商人和其他专家组成。纽约区域规划协会先后开展了 4 次纽约湾区的区域性规划。第一次纽约湾区区域规划在 1921—1929 年展开，该规划提出中心城市继续保持高密度增长，与周围区域通过交通网络来联系的策略。第二次纽约湾区区域规划发布于 1968 年，涉及重塑城市中心、发展多样化住宅、提高公共设施服务水平、新城自然保护和完善公共交通设施等几个方面（何丹等，2011）。1996 年发布的第三次纽约湾区区域规划强调经济、环境和公正三者并重，实施包括“绿地方略”在内的五大举措（王玉明，2016）。2014 年发布的第四次纽约大都市地区规划围绕目前最紧迫的气候变化、财政不确定性和经济发展下降等挑战展开，提出了“经济、包容性和宜居性”目标（武廷海等，2016）。纽约区域规划协会提出的主要策略和投资建议之所以能够被政府采纳，主要是因为规划自身的科学性，依靠制定规划的权威性、董事成员的地位、研究成果的可信度及其倡导项目的有效性以推动规划实施和执行。纽约区域规划协会还通过组织高校、科研单位、政府机构以及社区市民等多种形式的公众参与宣传、论证、协商解决措施；与建设联盟组织和市民一起为区域领导人提出发展建议。

（2）签订州际协定，建立州际环保协调机构

美国联邦最高法院对于州际合作表示支持，在美国联邦环境法律中，大多都规定了鼓励州际合作的条款，这对州际合作起到了促进作用。美国联邦政府对州政府没有直接的命令权，主要通过财政方式来引导或者迫使州政府来遵守和实施联邦环境法律，实施环境合作。如州际环境委员会（IEC）2010 年的财政预算是 167 万美元，其中美国环保局的援助就达到了 63 万美元。1920 年，纽约州、新泽西州建立了一个联合委员会，专门控制与减少州际共同流域的水污染。1941 年，康涅狄格州加入了委员会，形成了“三州卫生协定”，联合防治大气污染。2000 年，经美国国会批准，正式改名为“州际联合环境协定”（邓可祝，2012）。“州际联合环境协定”包括共同协商制定、履行批准程序和产生效力 3 个程序。为执行该协议，发挥其作用，“州际联合环境协定”在 1936 年建立了“州际环境委员会”（IEC），作为纽约、新泽西和康涅狄格三州的水和空气污染控制机构。

（3）通过合作伙伴关系，促进河口计划实施

美国环保局为保护和恢复具有国家意义的河口水质和生态完整性，启动国家河口计划（NEP）。纽约—新泽西港河口计划（HEP）作为28个国家重点河口项目之一，于1987年建立，目的是保护纽约—新泽西港及河口的自然资源。该项目专注于改善纽约—新泽西港河口水质、恢复和保护多产的栖息地、管理沉积物、促进社区管理以及教育公众等方面工作。纽约—新泽西港河口计划是作为合作伙伴关系成立的，成员包括联邦、州及地方政府，科学家，公民和环保倡导者，渔民社区，商业和劳工领袖，教育者等。2004—2014年10年间，纽约—新泽西港河口项目合作伙伴通过《清洁水法》为项目直接贡献了平均每年1.6亿美元的资金，其中一部分依据《清洁水法》320条款直接拨款，其余部分为合作伙伴以至少1∶1的比例配套。

（4）创新机制，实施长岛海峡氮削减计划

为了研究、监测和评价长岛海峡的环境状况，1985年由国会拨款，美国环保局与康涅狄格州环保局（CTDEP）和纽约州环保局（NYSDEC）合作，成立了长岛海峡研究（LISS）。1988年3月，LISS成为国家河口计划的一部分，并组建了由联邦和州政府机构、用户团体、有关组织和个人组成的伙伴关系，致力于恢复和保护长岛海峡。1994年3月，LISS发布了全面保护和管理计划（CCMP），以指导长岛海峡的修复和保护活动。LISS伙伴关系在实施该计划上取得了重大进展，优先考虑氮负荷削减、栖息地恢复、公共参与和教育、水质监测等方面工作。

LISS识别了长岛海峡的氮污染源、氮负荷控制水平和削减人为氮负荷目标，在此基础上，2001年4月启动长岛海峡TMDL计划，该计划实现将氮减排目标纳入监管制度和法律框架、落实非点源和点源减排责任、确定支流来源和大气来源氮负荷削减的行动时间表和实施非处理替代方案。

为了实现长岛海峡氮的TMDL计划，采用了两个创新的实施策略，包括康涅狄格州污水处理厂的氮信用交易计划和纽约州污水处理厂的泡沫许可证制度，不仅使长岛海峡显著削减了氮污染负荷，而且节省了污水处理设施升级所需的大量成本。此外，TMDL计划还增强了地方、州和区域的合作伙伴关系。LISS是一个非常有效的双州伙伴关系，涉及州和联邦政府机构、有关组织和个人。通过TMDL计划，LISS伙伴关系的网络不断增长。TMDL计划的公众参与流程和随后的许可活动也在长岛海峡流域内建立了伙伴关系。

2015年，美国环保局开始了一项新的长岛海峡氮削减策略，继续积极地减少氮的削减，致力于使整个长岛海域及其附近的岸边沿岸水域达到水质标准。长岛海峡氮削减策略以重要的方式补充了2000年的TMDL计划。

（5）成立跨州界大气环境管理机构

1967年，为解决新英格兰6州（包括康涅狄格州）发电厂的空气污染问题，美国东北地区成立了非营利空气质量协会——NESCAUM。纽约和新泽西分别于1970年和1979年加入了NESCAUM。NESCAUM的目的是为东北8个州的空气质量和气候计划提供科学、技术、分析和政策支持，其工作的一个基本组成部分是协助会员国实施《清洁空气法》和其他联邦立法所要求的国家环境项目。NESCAUM主要关注4个领域：气候与能源、移动污染源、政策和

科技。NESCAUM 的气候和能源小组支持美国东北部各州在各自和区域的努力下减少温室气体（GHG）排放，提高能源效率，并实施清洁和可再生能源技术。

1990 年，美国东岸由《清洁空气法》修正案批准设立臭氧传输委员会（OTC），负责美国东北部包括纽约州、新泽西州、康涅狄格州、宾夕法尼亚州在内的 11 个州和华盛顿特区的臭氧运输工作，以及规划推动氮氧化物抵换交易制度。在 OTC 成员共同签署的理解备忘录指导下，各成员通过合作协议，相互合作、共同协商合作区域内流动污染源的控制。OTC 最初的职责是帮助地方政府采取必要措施对对流层臭氧浓度进行控制，以达到联邦政府的要求，后来进一步研究发现氮氧化物的迁移对大气环境的影响。OTC 重点开展风险评估和模型研究、制定控制移动大气污染源相关政策和制定控制固定大气污染源相关政策三方面工作。

8.1.3　旧金山湾环境管理及其经验

8.1.3.1　主要环境问题

（1）旧金山湾水质严重超标

对旧金山湾影响最大的水环境问题是汞、PCBs、营养盐、硒和垃圾污染。旧金山湾中一些动物胚胎和海鸟雏鸟体内的汞浓度高到足以杀死它们，河口食物网中汞含量在过去的 40 年里没有明显的变化，预计在接下来的 30 年将会缓慢下降。调查表明，旧金山湾游钓鱼体内 PCBs 最高浓度能达到水质目标浓度的 12 倍，所有其他游钓鱼物种体内平均 PCBs 浓度也超过了水质量目标。城市雨水仍然是进入海湾的 PCBs 的最大来源。旧金山湾水体中氮、磷浓度较高。过去 15 年的监测结果显示，海湾对富营养化的抵抗能力正在减弱。旧金山海湾地区硒的人为污染源包括圣华金的农业源和炼油厂的排放，在过去 10 年排放量均有所下降。尽管当地颁布了关于塑料的禁令，塑料垃圾仍随着水流进入旧金山湾和海洋，成为湾区部分野生动物致死的原因之一。

（2）旧金山湾栖息地退化

旧金山湾历史上有着大面积生境多样化的潮间带湿地，近 150 年来湿地围垦现象严重，目前保存的潮间带滨海湿地仅占 10% 左右，湿地生境丧失严重（黄华梅等，2012）。滩涂栖息地中大斑块（面积大于 500 英亩的斑块）的面积自 1800 年开始一直在下降，这个趋势在三角洲地区更加显著。大斑块比例降低会对湿地鸟类产生不良影响，碎片化的湿地只能支持较小的野生动物种群数量，三角洲地区湿地恢复仍然任重道远。海湾和三角洲地区滩涂栖息地的健康、范围和斑块大小还受到全球变暖导致海平面上升的影响。同时，外来物种如蛤蜊、蜗牛和入侵湿地植物，在持续地取代本地物种，破坏整个河口湿地的种群和食物链结构，改变栖息地环境。

（3）旧金山湾空气污染问题

旧金山湾区最主要的空气污染物是臭氧及其前体化学物、PM_{10}、有毒空气污染物。从 1960

年开始，旧金山湾区臭氧浓度大幅度下降，但是每年都会监测到臭氧浓度超过国家 8 h 标准、加利福尼亚州 1 h 标准和 8 h 标准的现象。2014 年年底，旧金山湾区每个监测站点的臭氧设计浓度均低于国家标准。臭氧是二次污染物，主要由空气中的活性有机气体（ROG）与氮氧化物（NO_x）在紫外线的作用下发生反应而产生。在最近几十年里，活性有机气体和氮氧化物的排放量大幅度下降。活性有机气体排放量从 1990 年大约 830 t/d 下降到 2015 年大约 259 t/d，下降了 67%；氮氧化物的排放从 1990 年的约 790 t/d 下降到 2015 年大约 300 t/d，减少了 60%。虽然旧金山湾区 PM_{10} 浓度从 1990 年开始有大幅度下降，峰值下降了 60%，年均浓度下降了 50%，但是仍没有达到加利福尼亚州年均标准和 24 h 标准。海湾地区有癌症风险的 VOCs 排放主要（约 60%）来源于交通工具和建筑设备排放的柴油废气。

8.1.3.2 环境措施

（1）湾区养护与发展，重点落实湾区湿地保护

为了应对由填海、疏浚、近岸开发活动造成的污染及近岸湿地破坏等环境问题，加利福尼亚州于 1965 年通过了《Mc Ateer-Petris 法案》，并根据该法案成立了旧金山湾养护与发展委员会。1969 年经过对该法案的修订，确立了旧金山湾养护与发展委员会作为专门部门在保护旧金山湾环境方面的法律地位。此后，为了落实法案，旧金山湾养护与发展委员会制定了旧金山湾计划并通过了《苏珊沼泽养护法案》《加利福尼亚环境质量法案》。根据这些法案和计划授权，旧金山湾养护与发展委员会具体管理旧金山湾的填海和疏浚、保护苏珊沼泽、管理沿岸 100 英尺[①]内的土地开发利用活动、减轻填海压力、监管执行联邦海岸带管理法，以及参加加利福尼亚溢油防治和响应计划（毛仲荣，2014）。在湿地保护方面，旧金山湾养护与发展委员会负责就湿地的保护和恢复制定计划、并通过行使审批权保护湿地不受其他优先项目的损害。迄今，旧金山湾养护与发展委员会参加了一系列涉及湿地保护计划，如《苏珊沼泽养护法案》的制定、海平面上升研究、对潮汐恢复项目的分析、与其他组织合作制定了相关沼泽恢复和监测计划等。此外，根据《联邦海岸带管理法案》，旧金山湾养护与发展委员会也是联邦指定的州海岸管理局。旧金山湾养护与发展委员会的职权主要集中在控制用地上。通过委员会限制填海的规模和对湿地的保护，旧金山湾基本控制住了海湾萎缩的势头。比起 1965 年，目前海湾的面积增加了约 49 km^2。在该委员会的支持下，26 000 英亩的私人盐场被公共收购用来改善当地的居住环境，其中有一些地方将盐场退为湿地。这样，旧金山湾湿地的面积得到进一步的扩大，水质得到了改善。

（2）开展并实施流域管理规划

2004 年 10 月，旧金山湾区水质控制委员会（The San Francisco Bay Regional Water Quality Control Board）根据加利福尼亚州水源管理委员会的要求，制定了流域管理规划，总体目标是保护水源、改善水质和整治污染，并协调经济与环境的影响（卫之奇，2008）。规划确定的优

① 1 英尺 =0.304 8 m。

先任务包括：市政及城区暴雨径流排放、TMDL、湿地及溪流保护、乡间非点源污染、流域管理、流域监测及评估、地下水保护及毒物清除、国家污染排放治理系统地表水保护、政策规划及信息更新应用等。在湾区流域层面，主要工作是处理影响整个地区的总体性问题以及各县流域的共性问题，包括：规划及政策制定、监测及评估、非点源污染治理、湿地及溪流保护、核心规章条例的执行、地下水源管理、地理信息系统利用等。每项工作都包括工作目标、工作范围、具体职责、实施方法等内容。

旧金山湾地区流域按照 9 个县的行政区划分为 9 个县流域区。县流域层面的主要工作是执行核心规章条例、管理非点源污染、参与评审联邦和州政府项目经费申请、为具体流域项目提供技术指导以及开展公众教育活动等。9 个县流域区都制定了县流域管理方案，主要工作包括：国家污染排放治理系统主要及次要市政许可、国家污染排放治理系统市政暴雨许可、水质检定、预处理、排污要求管理、非点源污染管理、流域项目管理、水再生、TMDL 等。

（3）实施旧金山湾河口计划

1988 年，由加利福尼亚州和美国环保局在《清洁水法》的国家河口项目之下成立旧金山河口伙伴关系，开展旧金山湾河口计划，致力于保护和恢复旧金山湾河口生态系统。

水环境保护工作旨在提高河口水质，增加河口淡水量，提高抗旱能力，减少对输入水的依赖，改善淡水流动方式、数量和时间，更好地支持自然资源，并减少进入系统的污染物，改善水质。开展的相关项目包括苏珊沼泽监测项目、绿色街道计划、河口海洋酸化和缺氧研究项目、下水道横向条例、清洁船舶法授权计划、瓜达卢佩流域汞削减项目、圣巴勃罗大道绿色雨水通道项目等。

气候变化的影响，包括长时间的干旱和海洋崛起，危及了河口各地的健康。旧金山湾河口计划旨在通过提高潮汐栖息地和支流的恢复力，提高风险社区的韧性，并促进综合协调的多方利益等方式提高河口生态系统、海岸线和社区对气候变化的抵御能力。开展的相关项目包括健康流域、弹性湾区项目，陆地过渡区规划，奥罗洛马试点项目等。

（4）不断建立健全区域环境质量监测

旧金山湾区水质管理委员会在 1989 年作为试点研究发起了旧金山湾水质监测项目（RMP），由旧金山河口研究所（San Francisco Estuary Institute）实施。自 1993 年正式成立以来，旧金山湾水质监测项目一直在收集水质、沉积物和双壳类动物组织污染物数据。1997 年、2006 年和 2015 年，分别新增鱼组织中有毒有害物质、鸟蛋中有毒有害物质和海水特征监测纳入常规监测计划内。旧金山湾水质监测项目还每年为特别研究分配资金，作为现状和趋势监测的补充和改善。

旧金山湾区于 1962 年设立美国首个区域空气监测网络。1986 年，湾区空气质量监测站点由 5 个增加至 10 个。1999 年空气质量管理局开始在湾区多个站点监测 $PM_{2.5}$。2001 年，空气质量管理局和加利福尼亚州空气资源委员会与环保局合作，成立了环境空气二噁英监测网络。2002 年，空气质量管理局开始进行 $PM_{2.5}$ 每日空气质量预测。至今，湾区空气监测网络由 34 个空气监测站组成，监测旧金山湾区 9 县的空气质量水平，监测内容主要包括 SO_2、CO、NO_2、

O_3、PM_{10}、$PM_{2.5}$ 等。

（5）进行湾区空气保护立法

1943 年，洛杉矶烟雾事件开启了加利福尼亚州治理空气污染的立法历程。1947 年，加利福尼亚州州长签署《空气污染控制法》，要求在加利福尼亚州所有 58 个县建立空气污染控制区。考虑每个县单独设置成本太高，加利福尼亚州随后又颁布《空气污染控制区域法》，允许多个县共同组建空气污染控制区。1959 年，加利福尼亚州成立了机动车污染管制委员会开始研究减少机动车排放的方法。1966 年颁布《马尔福德空气资源法案》，组建加利福尼亚州空气资源委员会，赋予其权力包括：将州划分为不同的区域；不同的区域可以采取不同的空气质量标准；建立机动车污染排放标准；制定促成该法有效实施的规程；监测和批准机动车污染控制设备。加利福尼亚州空气资源委员会标志着以空气管理区为辖区固定性污染源主管，以加利福尼亚州空气资源委员会统管协调的区域大气污染防治监管机构体系初步建成。1970 年，加利福尼亚州又通过《环境质量法》，是全州范围内制定环境保护政策的根本章程。1976 年又对其进行修改强化，使得命令管制成为环境保护的重要手段和公共工程的必要环节。1983 年，加利福尼亚州开始实施空气毒物计划，采用了有毒空气污染物的识别和控制法案。1989 年，加利福尼亚州提出了综合性、政府间合作的空气质量管理计划，力推不同区域和层级政府间的合作。

（6）环境空气管理措施

湾区空气质量管理局是旧金山湾区空气污染管控机构，在保护湾区环境空气方面主要工作为科学研究、空气质量监测、空气质量达标管理、固定污染源管理以及制定规则。1958 年，空气质量管理局实验室全面运营，对空气质量样本进行化学分析。1975 年，空气质量管理局完成了全国首个地区协调空气质量建模以及劳伦斯利弗莫尔实验室和美国宇航局爱姆斯研究中心的建设。2000 年，空气质量管理局与其他几个空气机构共同参与的加利福尼亚州中部臭氧研究（CCOS）启动，该研究旨在加强对加利福尼亚州北部和中部臭氧的形成和迁移模式的认识。

为了监管空气污染排放固定污染源，空气质量管理局在 20 世纪 50 年代起草了禁止在垃圾场和废物厂露天焚烧和管制工业源的颗粒物、液滴和燃烧废气等两项法规。1971 年，空气质量管理局对工业实施硫化氢管控，采用了铅的排放标准，加利福尼亚州全面禁止垃圾场焚烧。1972 年，空气质量管理局采用了美国首部气味法规。1976 年，空气质量管理局首先采用了按年延长许可证的要求，工厂运营者必须每年向空气质量管理局提供其受许可运营范围内的某些排放参数的最新数据。1979 年，空气质量管理局采用了新污染源审核法规，实施减排量储值系统。1983 年，空气质量管理局通过美国首个有关半导体制造的空气污染规则，对半导体制造进行管控。1989 年，空气质量管理局董事会采用了全国首部限制大型商业烘焙工厂和海洋船舰装运和卸货的有机排放的法规。2003 年，空气质量管理局实施了全国最严格的炼油厂火焰监测法规。

8.1.3.3 环保合作做法及其经验

在环境治理中，加利福尼亚州较早地重视跨行政区或跨域污染的合作治理，地方政府之间存在很多合作形式，用以解决区域或流域政府间的资源环境纠纷。其中大都市区或流域环境治理合作主要通过建立区域规划委员会、特区（特别区）、伙伴关系等多种形式实现。这些区域性管理机构建立后，要求地方政府的环境资源管理要服从区域环境资源管理机构，要让各方面的代表充分参与区域的管理，包括参与决策和监督决定或决议的贯彻执行（王玉明等，2010）。旧金山湾区环境合作治理方面主要有以下几种方式：

（1）成立半官方性质的地方政府联合组织，解决跨区域的重大问题

如旧金山湾区地方政府协会（Association of Bay Area Governments），成立于 1961 年，是湾区最主要的一个地区性综合规划机构。这也是加利福尼亚州第一个区域性地方政府协会，其成员包括湾区 9 个县 101 个市镇的地方政府。它的主要任务是强化地方政府间的合作与协调，共同制定区域发展规划。具体而言，就是制定各个城市的住房和交通目标，防止城市无序扩张，解决土地使用、环境质量、防震以及经济发展等问题。湾区政府协会的经费来自联邦和州政府拨款、会员会费以及其他来源，这些资金大部分用于区域规划。湾区政府协会与其他地区的机构，包括大都会运输委员会、湾区空气质量管理局、旧金山湾区养护与发展委员会，与市、县地方政府合作，建立优先发展区域和优先保护区域，促进湾区可持续发展。反过来，这些地方行动将帮助实现一个更高效、公平和环境可持续的湾区。

（2）设立功能单一的特别区及其专门机构，帮助协调区域问题

设立各种功能单一的特别区及其专门机构，在生态保护、水资源管理、空气质量等方面推动区域协同发展和管理，如湾区养护与发展委员会、旧金山海湾恢复管理局、湾区水质控制委员会以及湾区空气质量管理局等。

其中，旧金山湾养护与发展委员会是一个专门性的具有广泛执法权力的综合性环境保护机构，其职权主要集中在控制用地上，管理与用地有关的填海、疏浚、近岸开发及湿地保护活动。旧金山湾养护与发展委员会主要有 3 种执法形式：发放许可、制定保护计划和参与司法活动。旧金山湾区水质控制委员会是联邦《清洁水法》以及《波龙-科隆水质量控制法案》在旧金山湾区的执行机构，制定了流域管理规划，确定了 TMDL，制定了非点源污染控制措施、地下水保护及毒物清除方案、流域监测及评估计划等，以保护水源、改善水质和整治污染（陈晓丹等，2014）。

旧金山海湾恢复管理局是一个政府机构，由加利福尼亚州立法机关在 2008 年成立，致力于保护和恢复旧金山海湾和海岸线。负责筹集和分配本地资源用于旧金山海湾和海岸湿地和野生动物栖息地的修复、增强、保护和使用，以及相关的洪水管理和公共基础设施管理。加利福尼亚州立法机关赋予旧金山海湾恢复管理局从整个海湾地区筹集资金的独特职能以及监督职能，确保资金使用的透明度，防止浪费。如 2016 年，旧金山海湾恢复管理局通过湾区 9 县投票决议，为旧金山湾清洁水、预防污染和栖息地恢复项目筹集了 5 亿美元，用于恢复湿地和减

缓海平面上升的影响。

湾区空气质量管理局是旧金山湾区空气污染管控机构，由加利福尼亚州立法部于1955年颁布湾区空气污染管制法时创建，其职责是监管旧金山湾区9县的固定空气污染源，对旧金山湾区实施统一的大气环境管理，内设立法、执法和监测3个主要职能部门。管理局执法部门主要为湾区内的固定排放设备发放空气品质许可证，并管理产生的空气污染物，对各企事业单位的环保计划和措施执行情况进行监察，对违规者给予处罚。向大气排放气体的几乎所有固定设备都需要获得空气质量管理局的许可。一家企业在可以建设并运行其设备之前，需要对每个项目进行评估，确保满足所有空气品质要求。监测部门的职责是监测和分析整个湾区的空气质量，包括监测工业设施的运行。通过其33个监测站的监测数据和气象测量结果来预测区域和当地每日空气质量。

（3）组建多方参与的伙伴关系，开展旧金山湾河口计划

旧金山河口伙伴关系（San Francisco Estuary Partnership）成立于1988年，由加利福尼亚州和美国环保局在《清洁水法》的国家河口项目之下成立，主办单位和地方赞助商是旧金山湾区地方政府协会。这是地方、州、联邦机构、非政府组织、学术界和商界领袖之间的合作关系，利用联邦资金和数百万美元的州和地方资金在旧金山湾区实施旧金山湾河口计划，进行修复湿地、改善水质和弹性建设等方面的项目。旧金山河口伙伴关系的工作在《旧金山河口蓝图》的指导下展开，这是一个合作协议，主要内容为应该做什么来保护和恢复旧金山河口生态系统健康。旧金山河口伙伴关系直接管理数十个重要的项目，包括规划区域绿色基础设施，减少水生外来入侵物种、城市杀虫剂、汞污染、船舶污水的影响等。此外，为合作伙伴管理超过1亿美元的资金，用于区域修复和水质改善项目。

（4）成立区域环境基金，资助旧金山湾区水质改善项目

旧金山湾水质改善基金是在2008年由国会拨款建立，向申请者发放资金，支持旧金山湾地区改善水质的项目，如旧金山河口伙伴关系，及其他致力于改善水质，恢复湿地和栖息地的复杂性，减少污染的径流，控制入侵物种，设计、构建和监控低环境影响的开发项目。旧金山湾水质改善基金预算是由国会每年拨款决定的，并对接受者要求配套资金，以利用额外的资源。旧金山湾水质改善基金的合作伙伴包括政府机构、资源保护区、土地信托、流域组织和非营利性组织。这些合作伙伴又增加了1.45亿美元的资金，合计1.82亿美元，主要用于旧金山湾及其流域恢复水质和湿地以及绿色发展。符合资格的拨款申请人包括地方和州政府机构，以及在湾区9县提出项目的非营利性组织（EPA，2016）。2008—2014年，美国环保局已向16个申请者发放了超过3 600万美元的29笔赠款，支持了54个项目。旧金山湾水质改善基金在其中26个项目中投入了近1 600万美元，用于恢复海湾周边4 000英亩的湿地；在其中22个项目中投资了超过1 580万美元，以帮助实施9项污染减排行动计划；为了鼓励广泛开展“低环境影响的开发项目”，旧金山湾水质改善基金向地方政府提供了2.55亿美元，用于在整个海湾地区实施6个初期雨水处理项目，这些项目还帮助社区发展政策和技术专长，以继续支持和鼓励绿色发展实践。

（5）建立区域监测网络，维持长期区域监测

旧金山湾区分别于 1962 年和 1993 年建立了湾区空气监测网络和湾区水质监测项目（RMP）。其中，旧金山湾区水质监测项目的总体目标是监测旧金山湾的污染情况，为水质监管决策提供有效管理旧金山海湾和河口的信息。稳定的资金是维持长期监测项目的保障。从成立之初，旧金山湾区水质监测项目就开始向排污许可单位征收监测费用，以代替排污单位独立的监测，本地资金基本上使旧金山湾区水质监测项目免受财政资金盈亏的影响。旧金山湾区水质监测项目通过几个机制来确保监测结果无偏见、高质量、结合最新的科学，包括由独立的非营利科学管理机构——旧金山河口研究来组织水质监测项目、通过多个委员会和工作组与多个级别的同行审议成果、严格的质量保证程序和公开发表研究成果等。为保证监测数据的透明度、可靠性和可获得性，旧金山湾区水质监测项目的监测数据存储在动态维护的、可与州标准比较的数据库中，并可通过专题网站访问，多种年度报告和直观的可视化数据也可以下载。

8.1.4　国际典型湾区的环境合作做法对比分析

东京湾区、纽约湾区和旧金山湾区针对面临的环境合作需求以及社会经济基础，不断调整行程，适应湾区和区域环境保护合作的机制和做法，主要如表 8-2 所示。

表 8-2　国际典型湾区的环境合作做法

湾区名称	主要环境管理政策和措施
东京湾区	（1）专项行动联防联治，实施东京湾复兴行动计划。以点带面，通过各个目标点位生态功能的提升，完成东京湾整体生态重建工作。 （2）数据管理中心的建立与信息共享。成立了日本海洋数据中心，通过各种不同的渠道获取数据。 （3）鼓励专业技术力量、民间环保组织、公众多方参与
纽约湾区	（1）签订州际协定，纽约、新泽西和康涅狄格三州联合解决共同的水污染和空气污染问题，建立三州的水和空气污染控制机构——州际环境委员会（IEC）。 （2）纽约区域规划协会对纽约大都市地区组织编制了 4 次区域规划，在区域规划政策领域对跨行政边界的合作进行了积极的探索和实践。其中第三次规划提出包括“绿地方略”在内的五大举措，第四次规划强调紧迫的气候变化问题。 （3）实施河口计划。专注于改善纽约—新泽西港河口水质、恢复和保护多产的栖息地、管理沉积物、促进社区管理以及教育公众等方面工作。 （4）2001 年开始实施长岛海峡氮的日最大负荷管理计划（TMDL），2015 年开始同时开展新的氮削减策略，削减海峡氮负荷，改善溶解氧水平，并且增强了地方、州和区域的合作伙伴关系。 （5）成立跨州界大气环境管理机构。设立臭氧传输委员会（OTC），在 OTC 成员共同签署的理解备忘录指导下，各成员通过合作协议，相互合作、共同协商合作区域内流动污染源的控制。非营利空气质量协会（NESCAUM）的目的是为东北 8 个州的空气质量和气候计划提供科学、技术、分析和政策支持

湾区名称	主要环境管理政策和措施
旧金山湾区	（1）组建半官方性质的地方政府联合组织，强化地方政府间的合作与协调，共同制定区域发展规划。 （2）设立各种功能单一的特别区及其专门机构，帮助协调区域问题，在生态保护、水资源管理、空气质量等方面推动区域协同发展和管理，如湾区保护与发展委员会、旧金山海湾恢复管理局、湾区水质控制委员会以及湾区空气质量管理局等。 （3）组建多方参与的伙伴关系。这是一种地方、州、联邦机构、非政府组织、学术界和商界领袖之间的合作关系，通过利用联邦资金和数百万美元的州和地方资金在旧金山湾区开展修复，改善水质等建设项目。 （4）成立区域环境基金。联合联邦、地方政府、非政府组织和社会资金，资助区域改善环境的项目。 （5）建立区域环境监测网络。对区域内重点水体水质和空气环境质量开展系统科学的长时间序列的稳定监测

8.2 粤港澳地区环保合作机制演变与现状

8.2.1 粤港区域环境合作机制

粤港区域的环保交流从 20 世纪 80 年代初建立“粤港联络小组”开始，迄今已有 30 多年的历史。从最初的信息交换、技术交流到区域环境合作机制的建立，合作的领域不断拓展，合作层次不断提升，有力地推动了粤港区域环境质量的改善。目前，粤港区域环境合作进入了一个着眼于建立长期性、战略性、整体性区域合作框架的新阶段。

8.2.1.1 粤港环保合作机制整体架构

经过几十年的探索与实践，目前粤港两地环境合作构建了决策层、协调层和执行层“三级运作”合作模式。决策层为“粤港合作联席会议”，始于 1998 年，由双方行政首脑出面主持，主要任务是为两地的环境合作与协调搭建交流和协商的平台，通过签订各种环境保护协议，为粤港两地环境保护工作提供宏观指导（胡道远等，2009）。协调层为“粤港持续发展与环境保护合作小组”，于 2000 年成立，由香港环境保护署和广东省生态环境厅共同建立，由香港特区政府环境保护署署长和广东省生态环境厅厅长担任双方组长，专门负责两地的具体的环保联系和合作事宜，将联席会议取得的指导性成果转化为可操作的执行方案，推动两地具体层面上的环境合作和协商。具体职责为：对粤港两地的环境及可持续发展问题进行磋商；检讨现有和计划开展的项目对粤港两地的环境及生态可能带来的影响；交换与两地有关的污染物增减、环境质量、废物处理、生态变化、自然资源和其他环境保护及大自然与生态护理方面的数据；定期回顾合作小组各项计划的执行情况。合作小组每年定期举行会议，审议总结两地当年的环境合作进展，并议定下一年度的合作计划。执行层为“专家小组”和“专责/专题小组”，专家小组由香港环境保护署副署长和广东省生态环境厅副厅长出任双方组长。负责对合作小组制定的工作计划、减排政策进行具体的落实，监察和指挥下设的 7 个专责小组。专家小组具体职责为：为合作小组拟定年度工作计划，提出工作建议、方案及合作项目；协调对各专题项目的讨论，审阅各专题工作的成果与报告，并向合作小组报告。专家小组每年定期举行工作会议，由双方组长主持。粤港持续发展与环保合作小组专家小组下设 7 个专责/专题小组，包括珠江三角洲空气质素管理及监察专责小组、粤港林业及护理专题小组、粤港海洋资源护理专题小组、珠江三角洲水质保护专题小组、东江水质保护专题小组、大鹏湾及后海湾（深圳湾）区域环境管理专题小组、粤港海洋环境管理专题小组，主要负责两地具体领域的环保联系和合作事宜，拟定年度工作计划，将指导性的协议转为可操作的具体的执行方案。粤港环境和组织框架实施了有效运营机制，到目前为止，粤港联席会议成功举办了 22 次，粤港持续发展与环保合作小组会议已成功举行了 16 次，粤港持续发展与环保合作小组专家小组会议已成功举行了 15 次。专题小组以项目合作的方式开展工作，采用不定期讨论制，并且每年编制工作报告（图 8-1）。

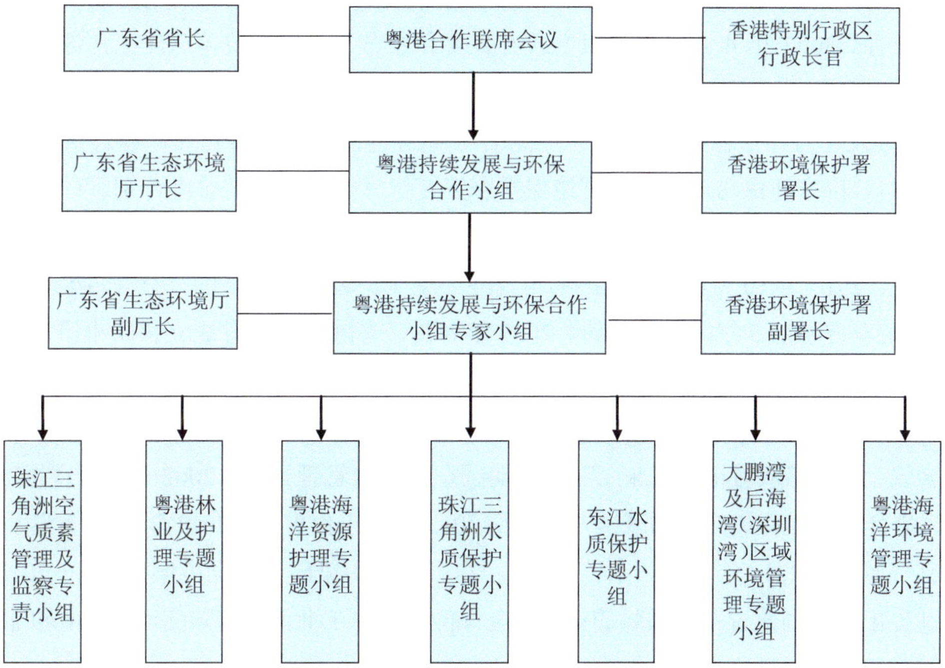

图 8-1　粤港区域环境合作机制架构

8.2.1.2　粤港区域综合环境保护合作

在综合环境保护领域，2005 年粤港澳三方参与并签署了《泛珠三角区域环境保护合作协议》，同意在自愿参与、平等开放、优势互补和互利共赢的合作原则基础上，重点加强在区域生态环境保护、水环境保护、大气污染防治、环境监测、环境信息和宣教、环境保护和科技等领域的合作，建立起区域环境保护合作机制。在合作过程中，粤港两地政府阶段性签订粤港环保合作协议，及时调整区域环保合作重点。

推动环保产业发展，借助“香港国际环保展览”“泛珠三角区域环保合作产业网”等平台，推进双方环保企业交流与合作。开展环境业务培训，推进环境宣传教育交流。

8.2.1.3 粤港大气污染防治合作

1983 年年底、1984 年年初，粤港双方成立了联合监测技术工作组，从 1984 年 6 月至 1985 年 12 月联合监测深圳湾大气、水体。1986 年完成并签订《粤港联合监测深圳湾大气、水体环境技术工作纪要》。在大气监测方面，基本掌握了调查区内工业、交通、居民等产生的主要污染物及其排放方式和排放量，取得了较完整的基本气象、气候资料、大气环境质量现状的基本数据。

从 1998 年开始，粤港政府联合开展对珠江三角洲地区空气质量的研究。2002 年，粤港政府联合推动的重要成果《珠江三角洲空气质素研究》正式发布，该研究报告建议香港及珠三角经济区强化能源、工业、车辆及含挥发性有机物产品方面的生产与控制措施，以确保区域空气质素持续改善。2002 年 4 月，粤港双方政府签署和发布了《关于改善珠江三角洲空气质素的联合声明（2002—2010 年）》，从区域层面对主要污染物实施排放总量协同控制。2003 年 12 月，粤港持续发展与环保合作小组通过了《珠江三角洲地区空气质素管理计划（2002—2010）》。2005 年 5 月，国家环保总局与香港环境保护署签订了《关于内地与香港特别行政区开展空气污染防治合作的安排》，规定就空气污染的防治政策等几个方面交流信息，分享经验，联合开展课题研究。2010 年 10 月，环境保护部与香港环境保护署签订了新的《空气污染防治合作的安排》，规定双方未来 5 年的合作范畴。2009 年 8 月，粤港两地同意成立科研小组，联合开展《珠江三角洲地区空气质素管理计划（2002—2010 年）》终期评估，就 4 种主要大气污染物 SO_2、NO_x、PM_{10} 和 VOCs 的减排执行情况进行总结。2012 年 11 月，在粤港持续发展与合作小组第十二次会议上，粤港双方根据《珠江三角洲地区空气质素管理计划（2002—2010）》实施结果，商讨了未来 8 年两地空气污染物减排方案以及 2013 年的工作重点。2013 年 3 月香港发表《香港清新空气蓝图》，2014 年 2 月广东省公布《广东省大气污染防治行动方案（2014—2017 年）》，双方分别提出一系列改善空气质量的措施，全方位减少由工业源、海陆交通、发电和非道路流动机械等带来的空气污染。

针对船舶废气污染，交通部于 2015 年 12 月正式出台了《珠三角、长三角、环渤海（京津冀）水域船舶排放控制区实施方案》，对准珠三角、长三角、环渤海 3 个重点区域设立船舶污染控制区。香港和深圳先后实施靠泊转用低硫燃油政策。2016 年 12 月，交通运输部海事局与香港特别行政区环境保护局签订《内地与香港船舶大气污染防治合作协议》，加强双方在控制船舶大气污染方面的交流与合作。香港环境保护署、国家海事处、广东及深圳海事局成立了“内地与香港船舶排放控制区协同管理工作组”，并研究制订了《内地与香港船舶排放控制区协同管理工作组职责及运行机制》，推进设立珠三角船舶排放控制区（图 8-2）。

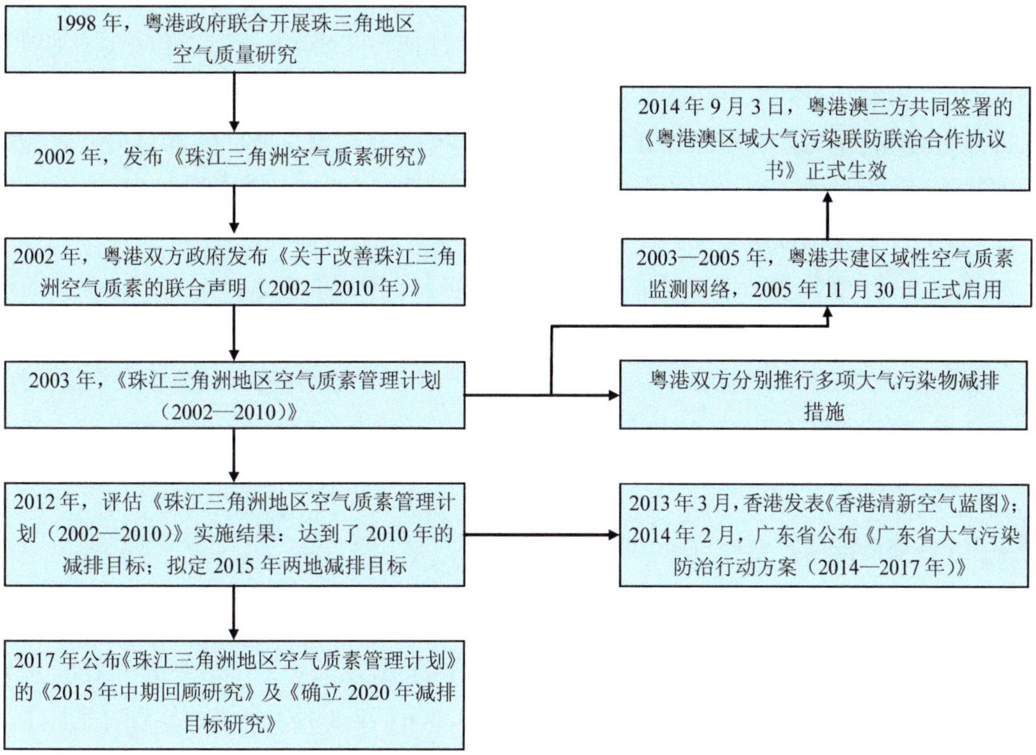

图 8-2　珠三角区域大气联防联治历程

8.2.1.4　粤港水污染防治合作

1983 年年底、1984 年年初粤港双方成立了联合监测技术工作组，从 1984 年 6 月至 1985 年 12 月联合监测深圳湾大气、水体。基本查清了深圳湾区域内主要污染物和主要污染源，取得了一个水文年的水质资料，初步了解了深圳湾流场状况。1990 年，香港特区政府和广东省政府共同宣布把深圳湾指定为必须优先合力保护和保育的地点。1999 年，深港两地政府签订了《深圳湾水污染控制联合实施方案》，力争 2015 年实现将深圳湾污染负荷降至自净能力以内水平的目标。《深圳湾水污染控制联合实施方案》载明了两地政府分阶段推行的污染控制措施，主要通过拓建和优化污水基础设施，减少污水排入深圳湾。双方会定期对《深圳湾水污染控制联合实施方案》进行回顾，以评价方案的成效和制订所需的增补措施，包括修订《深圳湾水污染控制联合实施方案》的内容。双方正根据修订的方案积极治理水环境，逐步削减排入深圳湾的污染量。自 21 世纪初期，主要入湾河道的水质持续改善，深圳湾的水质也有实质改善。粤港双方参照保护后海湾的经验，粤港于 1994 年开始对大鹏湾的环境保护和区域控制策略进行研究，2003 年完成合作研究《大鹏湾水质区域控制策略》，双方正继续推行《大鹏湾水质区域控制策略》的建议，以保护大鹏湾水环境及实现可持续发展目标。

2000年年底，“珠江三角洲水质保护专题小组”启动珠三角水质模型研究，用于同时模拟河网和近岸海域复杂的水流分布和水质变化过程。2008 年，该研究完成并形成《珠江三角洲水质模型最终研究报告》。2009年，粤港双方就《珠江河口区域水质管理合作规划前期研究》的具体工作安排达成了共识，同意在2010年开展前期研究，利用该模型评估珠江河口在不同水质目标下的纳污能力，为珠江河口水质管理提供科学基础。整个项目在2014年年底完成。为治理粤港界河深圳河，双方成立了一个工作小组，以管理实施深圳河治理工程。工作小组进行“深圳河污染底泥治理策略合作研究”并于2015年2月完成研究报告书。

2008年9月，粤港澳三地签署了《珠江口区域海上船舶溢油应急合作安排》，共同防治船舶溢油污染，保护珠江口的海洋生态环境。2012年12月，广东海洋渔业局、香港渔农自然护理署、香港环境保护署、澳门港务局联合开展了粤港澳三地首次海洋环境保护联合执法行动。2017年1月，“粤港海洋环境管理专题小组”成立，就区域内各项海洋环境事宜加强交流和沟通，合作改善区域海洋环境质素。

8.2.1.5 粤港清洁生产合作

为了协调和推进香港及内地的环保技术企业向珠三角地区的港资企业提供专业技术支援，扶持和帮助珠三角地区的港资企业通过采用清洁生产技术及工艺，实现节能减排、降耗增效，从而使珠三角区域的空气质量得到进一步改善，2007年8月，粤港两地政府签订了《关于推动粤港两地企业开展节能清洁生产及资源综合利用工作的合作协议》。根据这一协议，2008年4月，香港特别行政区政府环境保护署联合广东经济和信息化委员会开展为期5年的“清洁生产伙伴计划”，港方出资9 300万港元帮助位于珠三角地区的港资工厂开展节能减排工作。该计划力图在5年内完成三类项目：一是资助800～1 000家企业进行节能、减排及降耗的实地评估。二是资助90个清洁生产的示范项目，主要是通过资助企业聘用优质工程公司改进设备、系统或改善生产流程，以实现节能减排。三是为500～1 000个优化项目核证改善的成效。该计划追加了两年的延展期（延至2015年3月31日），又获香港特区政府5 000万港元的追加投资，并将计划涵盖的地域范围扩展至全广东省。2014年11月，粤港签署《粤港清洁生产合作协议》，同意在联席会议下成立专责小组，负责就粤港推动清洁生产加强交流合作。并将“伙伴计划”延展至2020年，继续加强区域合作和加强有关技术推广活动，鼓励更多在粤港资工厂开展清洁生产。

8.2.1.6 粤港固废处置合作

为解决香港每年在建设、修缮、拆除、绿化等工程中产生大量的惰性拆建物料问题，2004年2月，国务院同意了香港特别行政区政府所提出的香港惰性拆建物料在内地海域处置的请求。同年3月，国家海洋局和香港特别行政区环境运输及工务局签订了《香港废弃物跨区倾倒管理工作合作安排》，对香港废弃物跨区倾倒和惰性拆建物料跨区处置的申报程序、倾倒区域的选划原则和方法、倾倒作业的监管与执法、两地间的信息交换与合作机制等做了探讨和安排。2005 年，国家海洋局南海分局与香港特别行政区环境运输及工务局、土木工程拓展署签署《香港废弃物跨区倾倒管理实施方案》及《香港惰性拆建物料在内地海域处置管理实施方案》，就跨区倾倒疏浚物，以及在内地海域处置香港惰性拆建物料的技术细节，达成共识。2007 年 7 月，台山广海湾工业园区开始接收香港惰性拆建物料，处置工程所有资金投入由香港特别行政区政府负责。处置区采取物料不落地、承运船舶人员不登陆，物料不报关、不报检、不转运的封闭式集中处置运作模式，处置区现场进驻国家海洋局南海分局、海关、检验检疫、边检、海事等监管单位，台山市作为后勤保障单位也成立了工作组进驻现场。截至 2015 年 5 月，广海湾工业园区完成处置惰性拆建物料总量约为 7 986 万 t，堆填陆域总面积约为 9 600 亩[①]。

8.2.2 粤澳环保合作机制演变与现状

粤澳环保合作始于 1990 年，双方于 2000 年成立了粤澳环保合作机构，2002 年 5 月成立了粤澳环保合作专责小组。近年来，在粤澳合作联席会议框架下，双方在环境宣传教育、环保产业、空气监测、固体废物处理、水葫芦治理等方面开展了交流合作，取得了明显成效。根据《粤澳环保合作框架协议》的指导精神以及在粤澳环保合作专责小组的机制下，双方不断深化在各个领域的环保合作，特别在环保产业合作方面。

8.2.2.1 粤澳区域综合环境保护合作

在综合环境保护领域，2005 年粤港澳三方参与并签署了《泛珠三角区域环境保护合作协议》。2011 年 3 月，粤港双方签署了《粤澳合作框架协议》，规定双方环境保护相关内容包括：①严格水资源管理，共同推进西江水资源和湿地保护，治理珠澳跨境河涌污染，创新流域整治的合作机制和管理模式，加强区域水环境管理和污染防治。②建设跨境自然保护区和生态廊道，构建完整的区域生态系统，保护区域生态旅游资源。推进生态保护合作重点区域建设，加快环珠江口跨境区域绿道建设。③共建珠江三角洲区域空气质量监测网络，逐步执行更加严格的机动车、船舶排放标准。完善区域污染信息通报和联防联治机制，提高环境事故处置协调能力。④支持发展循环经济和环保产业，推动两地环保服务市场开放，开展酒店企业清洁生产审核合作，研究共同举办环保技术和国际环保博览会，推动广东与欧盟、东盟与葡语国家在环保产业领域的交流合作。

为深化粤澳环保合作，改善区域环境质量，在 2016 年粤澳环保合作专责小组会议上，粤澳双方提出适时签署新的环保合作协议的建议。2017 年 3 月，广东省环境保护厅与澳门环境保护局签署了《2017—2020 年粤澳环保合作协议》，主要内容包括推动编制粤港澳大湾区环境保护规划、推进废旧车辆跨区转移处置项目、环境监测、环保产业、突发环境事件通报、环境科研、环境培训、环保宣传教育以及环境技术交流等多方面的合作。

---

① 1 亩 =1/15 hm^2。

8.2.2.2 粤澳大气污染联防联控

一直以来，粤澳两地高度重视大气污染联防联治工作，齐抓共管，积极推动大气污染协同防治。为持续改善珠江三角洲地区空气质量，粤港澳三方共同签署的《粤港澳区域大气污染联防联治合作协议书》于2014年9月3日正式生效。澳门空气质量监测站加入粤港澳珠江三角洲区域空气监测网络，并将网络更名为"粤港澳珠江三角洲区域空气监测网络"。为推动$PM_{2.5}$联合研究合作，粤港澳三方于2014年11月启动了为期30个月的粤港澳区域性$PM_{2.5}$联合研究，三地完成同步实地采样监测、样品分析、共享监测结果，并进行优化排放源清单、大气质量仿真及综合分析等工作，整项研究于2017年完成。

8.2.2.3 粤澳水污染防治合作

2002年，粤澳环保合作小组会议上成立了粤澳水葫芦治理专项小组，并制定了《水葫芦治理工作方案》，中山、珠海两市随即开展了包括水葫芦生物治理在内的水环境研究与整治。经过治理，中山、珠海内河河道上的水葫芦明显减少，流入澳门的水葫芦也逐年减少。

广东省高度重视西江水质保护工作，跨界流域水污染防治合作取得新成效。一是多措并举，强化西江流域污染综合整治。切实保障饮用水水质安全，流域各市集中式饮用水水源地水质100%达标；狠抓流域环境综合整治，西江干流水质常年保持在Ⅰ～Ⅱ类，水质状况为优；不断完善水污染联防联治机制，加强突发环境事件应急联动合作；增进跨省水污染问题协调，组织开展泛珠三角区域水污染防治合作；大力推进污水处理设施建设，流域内实现一县一厂；加大流域水环境监管力度，严查流域内水源保护区违法污染企业，确保流域水质安全。二是向澳方提供原水水质监测数据。根据粤澳环保合作专责小组会议的商定，粤方每年向澳方提供原水水质监测数据。2016年8月起，粤方向澳方提供珠海竹仙洞水库单月的23项水质监测数据。

8.2.2.4 粤澳固废处置合作

2004年，国家海洋局与澳门特别行政区政府港务局签订了《国家海洋局与澳门特别行政区政府港务局关于澳门废弃物在珠江口海域倾倒管理工作合作协议》。实施《粤澳合作框架协议》2015年重点工作和2016年重点工作指出，落实澳门惰性拆建物料及废旧车辆在广东省适合地点再利用的项目。广东省环境保护厅已出台关于《澳门废旧车辆转移到广东处理监管方案》的报告，就具体落实措施向省政府报备。省环境保护厅会同有关部门制订相关监管方案，明确通关、检验检疫、运输、防止非法流入市场、环保等监管职责。广东南粤生态环境科技有限公司已经拉开澳门惰性拆建物料内地海域处置项目、废旧汽车拆解项目的序幕，惰性拆建物料经过分选后在内地填海，报废汽车压件运至内地进行环保资源再生。

8.2.2.5 粤澳核应急合作

根据国家核事故应急协调委员会《关于推进建立粤澳核应急通报机制事宜的函》的精神，

粤澳双方积极推进核应急合作。2017 年 1 月，广东核电站核应急事宜粤澳合作第一次会议在广州举行，经过充分协商讨论，粤澳双方就核应急情况下的联络方式、信息交换和互相支援等事宜达成共识，粤方根据会谈结果，起草《广东核电站核事故应急粤澳合作共识》。

8.2.2.6 粤澳生态保护合作

《粤澳合作框架协议》2011—2015 年重点工作指出，深化珠海淇澳—澳门路氹城生态区生态教育及科研交流，加强湿地生态管理，共同开展鸟类资源和鸟类栖息地保护监测。开展澳门路氹城—横琴生态保护合作区建设合作。加强濒危动植物物种鉴定合作、执法、培训交流合作。2016 年重点工作指出，加强珠澳边界自然保护区的沟通联系，建立交流机制，共同保护珠江口红树林等滨海湿地，提升粤澳林业交流合作水平。共同开展前瞻性、全局性的林业合作课题研究，促进两地生态建设与环境保护。继续深化粤澳生态教育、科研，以及濒危野生动植物鉴别、保护等方面的交流合作，共同开展鸟类资源和鸟类栖息地保护监测，打击破坏濒危野生动植物资源违法行为。

8.2.2.7 珠澳环保合作

珠澳合作专责小组成立于 2008 年 12 月，是粤澳合作联席会议专责小组之一，旨在促进珠澳建立更紧密的合作关系。为更好地开展珠澳环保联防联治工作，双方在 2010 年珠澳合作专责小组会议上商讨成立珠澳环境保护合作工作小组，以加强双方对两地环保合作的策划、协调和管理，推进优质生活圈建设。珠澳环保合作工作小组每年召开一次联席会议，对珠澳两地大气环境监测、跨境河涌整治、环保产业推进、环保宣传教育、环境事故应急等多方面内容进行深入交流。

8.2.3 港澳环保合作机制演变与现状

自 2008 年开始，港澳两地在年度港澳环保合作会议督导下，在多个范畴进行交流。2016 年，港澳签订《港澳环境保护合作协议》，以加强双方在多个环境保护范畴上的交流与合作。协议涵盖的双方主要合作范畴包括空气污染防治、环境影响评估、废物管理、污水管理、环境监测与研究、环保宣传教育、环保培训与交流、重大跨境环境突发事故通报以及环保产业合作。

8.2.4 粤港澳区域环保合作亮点

8.2.4.1 确定并监督落实约束性大气污染减排目标

粤港政府在 2002 年签署的《关于改善珠江三角洲空气素质的联合声明（2002—2010 年）》

首次实现了粤港两地联合制定跨界区域性环保策略，并提出了共同的、可考核的环境管理目标。首先，该声明提出"力争到2010年实现珠江三角洲二氧化硫、氮氧化物、可吸入颗粒物和挥发性有机物的排放总量比1997年分别减少40%、20%、55%和55%"。其次，逐步形成粤港共同的区域统一的大气污染物核算技术体系。之前，粤港的大气污染物估算方法不同，粤港双方在参考国际惯常计算方法的基础上，共同编订了一套适用于两地的《珠江三角洲地区空气污染物排放清单编制手册》，确定共同的排放因子和排放活动数据，为区内各类污染物排放量估算提供统一规则，确保相关结果的有效性和可比性。再次，推动粤港双方共同制定了《珠江三角洲地区空气质素管理计划（2002—2010 年）》，从区域整体进行空气环境管理策略的制定。最后，建立了执行督导与评估机制，由珠江三角洲空气质素管理即监察专责小组不定期回顾该管理计划的执行进度和成效，每年向合作小组辖下的专家小组汇报，并按需要作出更新管理计划的建议，且提交合作小组审议。2009 年 8 月 19 日，粤港两地环保部门在粤港合作联席会议上共同签署《粤港环保合作协议》，同意成立科研小组，联合开展《珠江三角洲地区空气质素管理计划（2002—2010 年）》终期评估，就 4 种主要大气污染物 SO_2、NO_x、PM_{10} 和 VOCs 的减排执行情况进行总结，形成《珠江三角洲地区空气质素管理计划（2002—2010 年）评估报告》。

8.2.4.2 共建区域空气监控网络，统一标准、平台，实现数据共享

广东省环境监测中心和香港环境保护署于 2003—2005 年联合构建"粤港珠江三角洲区域空气监控网络"，于 2005 年 11 月 30 日正式启用并向公众发布区域空气质量指数。根据 2014 年 9 月 3 日正式生效的《粤港澳区域大气污染联防联治合作协议书》，监测网络的监测站点由 16 个增加至 23 个，并将网络更名为"粤港澳珠江三角洲区域空气监测网络"。监测网络加入新的监测因子一氧化碳及细颗粒物，并于 2016 年完成了就珠江三角洲区域空气监测网络加入监测挥发性有机物（VOCs）的具体建议。监测网络每小时发布各种空气污染物的浓度水平，以替代以往每天发布一次的"区域空气质量指数"。另外，监测网络继续每年公布珠三角地区的监测结果及长期趋势分析，并每季度发布监测数据的统计概要。2005—2013 年年度报告中空气质量评价依据《环境空气质量标准（GB 3095—1996）修正版》二级标准浓度限值计算评定，从 2014 年年度报告起，依据《环境空气质量标准》（GB 3095—2012）的二级标准浓度限值计算评定。

为了确保空气质量监测结果高度准确可靠，监测网络采用原来粤港两地联合制订的一套"粤港珠江三角洲区域空气监控网络质保/质控标准操作程序"（简称"质保/质控操作程序"）。为保证监控网络的有效运行，广东省环境监测中心和香港环境保护署共同设立了"粤港空气监测网络质量管理委员会"，每个季度对监控网络和各监测子站的仪器设备、质保/质控工作、数据传输系统及运作情况进行回顾和评估。此外，每年对监控网络进行一次系统审核，以评估系统管理的成效，提出整改措施和建议。

监测网络的意义深远，首先，为公众提供区域大气环境质量的概念与信息，确保公众从

粤港澳珠三角地区的区域性角度了解空气环境质量状况，尊重了空气环境的连贯性与变化的协同性。其次，监测网络在相互尊重中解决了粤港澳三地空气环境标准差异的问题。最后，监测网络的建立，为粤港澳珠三角地区空气质量科研和策略制定提供了数据依据。

8.2.4.3 形成多层次、有重点的水环境保护合作模式

粤港持续发展和环保合作小组下设 3 个小组专门负责跨界水污染问题，分别为东江水质保护专题小组、珠江三角洲水质保护专题小组、大鹏湾和后海湾（深圳湾）区域环境管理专题小组，上述 3 个专题小组分别针对东江流域、珠江口河口地区、大鹏湾和后海湾（深圳湾）区域的水环境管理合作。粤澳之间成立了粤澳水葫芦治理专项小组，并启动了跨界河流——鸭涌河的联合整治。上述专题（专项）小组的成员组成视流域或水域的范围确定，包括粤港或粤澳以及主要相关地级市政府代表，主要通过制定并实施共同水环境治理策略落实水环境治理合作。除此之外，粤港澳之间还存在大量的非政府的水环境环保合作行为，如香港非政府组织、学者、学生等不同群体自发组织的东江流域水环境保护活动等。粤港澳三地之间民间的水环境保护交流与合作也非常频繁。

综上所述，粤港澳地区已经形成了包括省级（特区）政府、地市政府等不同层级政府参与的、覆盖粤港澳地区重点水环境合作领域的正式的水环境保护合作机制；同时，民间的水环境保护合作非常活跃，具有一定的促进作用，进而形成了官方与非官方相结合、包括不同层级政府的多层次，覆盖重点水环境合作领域的水环境保护合作模式。

8.2.4.4 开展区域性规划研究，统筹湾区环境保护

2006 年 3 月，经国务院港澳办和粤港澳三地政府同意，在“一国两制”框架下，由三地城市规划主管部门通过“粤港城市规划及发展专责小组”和“粤澳城市规划及发展专责小组”这两个合作平台，开展粤港澳首个策略性区域规划研究——《大珠江三角洲城镇群协调发展规划研究》，该研究是我国第一个跨不同制度边界和空间协调的规划研究（马小玲，2011）。《大珠江三角洲城镇群协调发展规划研究》于 2009 年发布，主要包括大珠三角城镇群总体发展战略、跨境交通运输与邻近地区合作战略、区域战略性环境影响评估及资源保护利用、协调发展机制与近期重点协调工作建议和香港、澳门与珠江口两岸地区协调发展五大内容。

2009 年 1 月 8 日，国务院公布《珠江三角洲地区改革发展规划纲要（2008—2020 年）》，提出共同建立绿色大珠江三角洲地区优质生活圈。加强水环境管理，着力加强粤港澳合作，共同改善珠江三角洲整体水质，减少整体水污染量，提升污水处理水平。鼓励建立污染联防联治机制，开展治理环境污染、共建跨境生态保护区、保护水库集水区。确保输港澳农副产品和供水的优质安全。支持粤港澳合作推行清洁能源政策，逐步实现统一采用优于全国其他地区的汽车燃料、船舶燃油与排放标准，力争改善珠江三角洲地区空气质量。支持发展珠江三角洲区域的循环经济产业，鼓励粤港澳开展物料回收、循环再用、转废为能的合作，研究废物管理合作模式。

2012 年 6 月，粤港澳三方政府部门发布了首份由粤港澳三地政府共同编制的区域性专项规划——《共建优质生活圈专项规划》，提出了共建优质生活圈的区域发展愿景及合作方向，并从环境生态、低碳发展、文化民生、空间组织、交通组织等五个领域提出合作建议。

8.2.4.5 跨境企业清洁生产引导，实现环境管理社会责任跨境延伸

自 2008 年起，香港特别行政区政府环境保护署联合广东经济和信息化委员会开展为期 5 年的“清洁生产伙伴计划”。2013 年，香港特别行政区政府追加投资 5 000 万港元，将“清洁生产伙伴计划”延至 2015 年 3 月，并将计划涵盖的地域范围扩展至全广东省。2015 年，香港特别行政区再次延展 5 年至 2020 年。广东省政府充分肯定“清洁生产伙伴计划”的成效，自 2015 年起，广东省节能降耗专项资金对获制造业标志的企业给予一次性 5 万元人民币奖励。

由香港特别行政区政府出资资助在粤港资企业开展清洁生产技术改造，这是一种特殊的环境管理社会责任跨境延伸，体现了香港特别行政区政府对粤港澳大湾区环境保护的责任感与担当。“清洁生产伙伴计划”促进港资企业提高清洁生产水平，减少污染排放，同时带动本地企业开展清洁生产，对于提高广东省经济发展清洁生产水平具有一定的积极作用。在未来，可考虑这一做法的延续与适度拓展。

8.3 粤港澳大湾区环保合作机制优化调整研究

8.3.1 粤港澳大湾区环保合作机制适应性评价

8.3.1.1 现行粤港澳环保合作机制缺乏决策功能

从过去几年粤港澳环保合作决策的过程可以看出，粤港持续发展与环境保护合作小组和粤澳环保合作专责小组难以真正成为粤港澳环保合作协调决策的平台。目前，在粤港澳环保问题协商主要采取“某一方向中央人民政府申请—中央人民政府作出决定—双方或三方执行中央决定”的模式，生态环境部尚未直接、全过程在粤港澳环保合作中发挥组织、协调和决策的作用。

这主要是由于目前粤港澳三方相对平等、独立的行政地位决定的。粤港澳的合作实质上是国内跨区域的政府间合作，粤港澳三方共同的环境需求是将跨区域的三地政府联系到一起，但是建立在三个行政区上的合作机制不可避免地面临一个问题——三地政府互不隶属且存在各自的利益诉求。同时，由于“一国两制”方针下粤港澳三地客观存在的体制差异，进一步深化了粤港澳环保合作的矛盾，这些冲突若不能得到及时有效的调节，合作中资源的有效合理配置将可能受到阻碍，不利于区域整体环境利益。

8.3.1.2 “一事一议”的粤港澳环保合作，难以支撑区域环境压力

从粤港澳环保合作历程看，从未制定专门的区域性环境保护战略或规划计划，导致粤港澳环保合作缺乏总体安排。尽管粤港澳在环保合作方面做了大量的工作，但是相关合作仅限于“一事一议”，缺乏对区域性可持续发展愿景的整体环境战略及政策研究，使关乎区域性环境发展的整体环境政策缺失（马小玲，2011）。《共建优质生活圈专项规划》虽然包括生态环境和低碳发展两个与区域环境保护相关的内容，但是并未提出明确的区域环境保护目标，对区域环保合作的指导能力不足。在过去一个阶段，粤港澳环保合作主要围绕解决跨界地区水体污染问题、空气污染问题，从现有粤港环保合作专题小组的设置看，仅包括水环境、海洋环境、空气环境和林业保护 4 个领域，缺乏固体废物、生态保育等方面，这也反映出粤港澳环保合作不同领域进度的差异。

“一事一议”型的粤港澳环保合作模式，在解决区域性环保问题时，可能存在前瞻性不足，对新型环境问题应对迟缓等问题，特别是在粤港澳大湾区建设阶段，区域社会经济融合度迅速提升，粤港澳大湾区将可能迎来新的区域性环境问题大爆发的历史阶段，现有环保合作模式能否适应区域环境管理需求将成为疑问。

8.3.1.3 现有体制已经成为约束湾区环境资源整体统筹协调的障碍

首先，现有粤港澳大湾区内地区成员间的行政建制等级差异与差距，直接影响了大湾区内部地区间环保合作的平等性与直接性。目前，粤港澳大湾区的地区成员包括了 1 个省、2 个特别行政区、1 个省会城市、2 个副省级城市、2 个经济特区和 6 个地级市，粤港和粤澳之间为省级地区之间的合作关系，广东省与珠三角的广州、深圳、珠海、佛山、东莞、中山、江门、惠州和肇庆等 9 市属于管辖关系，在地理上处于交界关系的深圳和香港、珠海和澳门均分属不同的行政级别。按照我国国情，跨行政级别的两个或多个地区之间，难以实现真正的平等交流与合作，这也反映在目前粤港澳环保合作中。

其次，现有生态环境单部门合作制度安排难以满足综合性环保管理实务合作需求。现有粤港、粤港环保合作机制下的粤港澳区域环保工作基本上围绕广东省生态环境厅、香港特别行政区环境保护署和澳门特别行政区环境保护局三个同属性职能部门的合作展开。而区域环保工作涉及的范围本身却超过合作部门所管辖的范围，涉及跨职能部门之间的合作。例如，在粤港澳大湾区大气环境合作中，以交通工具为主要污染源的污染物减排工作可能涉及交通部门的权责范围；在粤港澳大湾区生态保育合作中，部分湿地、森林、自然岸线的保护工作可能为农业、林业或者海洋等部门主管；在环境社会风险防控合作中，部分环境社会风险源的监管可能属于核安全、建设、水务等部门的权责范围。

最后，粤港澳体制和市场开放程度的差异，阻碍了部分粤港澳环保合作的开展。粤港政府环保部门经过 3 年协商设计的“珠三角火力发电厂排污交易实验计划”自 2007 年 1 月公布以来，至今未成交一例。该计划的失败反映出粤港两地环保市场的开放程度和市场规则的差

异，以及香港方面对广东环保市场的信心不足。为期 3 年的粤港环保部门合作研究“粤港排污权交易计划与实施”项目，最终未实现交易成功。此案例反映出粤港澳大湾区的区域环境污染及排放削减尚难以利用区域市场化机制实现。同时反映出目前主要依赖政府行政权威发挥作用，政府的市场监管能力与手段尚缺。

8.3.1.4 封闭式环保管理制度与基于市场化的区域环境管治间矛盾突出

目前粤港澳环境管理制度和环保策略制定相对独立，对区域性问题的考虑较少。以两地的建设项目环境影响评价制度规定为例，香港《环境影响评估条例》规定其评估范围仅限香港本地，不涉及香港以外范围，深圳市建设项目环境影响评价也不需考虑建设项目对香港地区的影响。

粤港澳在地理上同属于一个湾区，区域生态环境密切联系、相互影响。从空气环境的相互影响上看，港澳地区主要位于上风向，存在港澳空气环境可能影响珠三角的客观前提。从水环境的相互影响看，港澳位于珠三角地区河流下游且其饮用水水源来自珠三角地区，因此，港澳管辖海域水质状况及饮用水水质安全保障均受广东省内珠三角地区城市的排污行为影响甚大。珠江口红树林等滨海湿地在生态上存在连续性，但由于制度原因，管理被隔断。例如，米埔自然保护区和福田红树林自然保护区属于同一个湿地生态系统，直线最近距离约 300 m。米埔自然保护区是由香港渔农署和世界自然基金会（香港）统筹管理，福田红树林则直属广东内伶仃福田国家级自然保护区管理站。该片湿地生态系统保护缺乏整体最优统筹，体制的原因，除粤港、粤澳惰性建筑拆解废料和粤澳废旧汽车拆解存在跨界合作外，粤港澳之间基本上不存在固废处理处置跨界合作。澳门和珠海以鸭涌河为界，澳门与珠海管辖海域相互连通，在管理上各自为政。

各自为政环保管理制度与连续、协同影响的区域环境之间存在矛盾，这种矛盾有赖于通过研究区域性环境管理策略以及区域环保协同管理解决。

8.3.1.5 粤港环保合作对执行及其目标的约束力较弱

《粤港合作框架协议》由标题、介绍性条款、安排性条款及签署日期及生效条款组成，其中在环境合作事项的安排性条款中仅仅指出双方的合作机制，没有涉及权利义务条款、成本条款等（晏吕霞，2016）。《共建优质生活圈专项规划》虽然包括生态环境和低碳发展两个与区域环境保护相关的内容，但是并未提出明确的区域环境保护目标，仅对上述领域的区域合作领域与内容进行要求。目前，仅在粤港珠江三角洲空气素质管理中实现了联合制定跨界区域性环保策略并提出共同的、可考核的环境管理目标，同时，对环境管理目标的完成情况实施了评估后滚动实施。

粤港澳区域性整体环境保护约束性目标的确定需要首先跨越地区环境标准差异、区域性监测网络建设、监测数据共享、区域责任共担、获得社会认同等前提，可进一步推广粤港澳在珠江三角洲空气素质减排和监测网络建设方面的模式与做法。

8.3.2 粤港澳大湾区环保合作机制优化调整研究

在粤港澳大湾区时代，对粤港澳大湾区城市群进行整体战略定位，在空间发展与产业发展协作、区域能源和资源综合利用等方面实现整体谋划，这就要求生态环境管理上同步实现整体谋划和管理。粤港澳大湾区社会经济进入高速、融合的历史轨道，可能导致区域环境问题趋于严重化、复杂化和区域化，大湾区生态环境保护有赖于湾区内所有城市的协同参与。大湾区建设带来的湾区经济进一步开放、深度合作示范区建设不断推进和粤港澳互联互通基础设施建设与投入运营后将可能带来一系列新的区域性环境问题，此类问题的解决必须通过区域环保合作平台实现。

然而，现有“一国两制”背景下的粤港澳环保“信息交换”、“一事一议”、缺乏相互约束力的合作机制无力突破粤港澳三地独立、封闭的环境管理制度局限，需实现湾区环境管治的整体谋划与管理。随着大湾区建设时代的来临，粤港澳大湾区较之共建优质生活圈阶段，三地在环境保护合作中最大的不同在于：区域高度协同发展既带来了区域性环境问题的加剧风险，同时提供了区域协同环境治理的制度基础。随着粤港澳大湾区统筹协调机制和发展规划保障措施的制定与落实，粤港澳大湾区进入整体统筹发展历史新阶段，同时也进入生态环境协同治理并趋向一体化环境管理的历史新阶段。

8.3.2.1 粤港澳大湾区环保协同，要求寻找环境利益共同点

粤港澳大湾区各地区政府、公众在保护和改善区域整体生态环境质量上持共同利益，这是毋庸置疑的。然而，在环境管理事务上，粤港澳大湾区内不同地区所处社会、经济背景以及资源需求不同，利益诉求不同，往往影响了解决区域环境问题的协调性。

以固体废物循环利用为例，港澳地区土地资源有限，香港现有 3 个废物堆填区均陆续面临试用期满，澳门垃圾焚化炉的飞灰一级焚化残渣处理填埋缺少土地资源。近几年，港澳政府均向中央表达了开展区域固废废物循环再造利用的意愿。早在 2010 年，澳门特区政府就对废旧车辆的处理展开研究，提出通过“区域合作”的办法解决这一难题，也即参照澳门处理惰性建筑废料的方法，将废旧车辆转移到广东省再行处理。然而，随着自身固体废物管理压力的增加，广东省政府对于港澳在固废循环再造利用区域合作的提议兴趣不高。最终，经过“自下而上”的协调和“自上而下”的安排后，2013 年 6 月，粤澳两地政府签订了《粤澳环保合作协议》推进跨区处理废旧车辆的合作计划。将澳门报废汽车压件运至内地进行环保资源再生为开端、以综合开发利用珠三角及港澳地区“城市矿山”为主题的粤港澳环保合作项目。2005 年 6 月，国家海洋局与香港特别行政区政府签署了《香港惰性拆建物料在内地海域处置管理实施方案》；2006 年 1 月，国家海洋局南海分局批准台山市广海湾工业园区为首个香港惰性拆建物料在内地海域的处置试点区。该工程主要是自 2007 年起正式接收物料处置，工程已完成第一、第二期，目前进入第三期实施阶段。香港按照 1.1 元/t 的标准向广海湾工业园区支付物料处置

综合费用。2007 年至 2015 年 2 月底，累计处置总量约 7 500 万 t，堆填面积约 9 300 亩。按照香港特别行政区政府关于第三期惰性物料处置工程的标书要求，广海湾处置区 2016—2019 年将处置 2 800 万 t 惰性拆建物料。近期，澳门曾有将其生活垃圾焚烧飞灰运至内地处置以解决其本地飞灰填埋场选址难的设想，但在现有跨境固体废物管制制度下难以实现。

因此，在粤港澳大湾区环保合作机制优化调整的过程中，应遵循“寻求共同利益，尊重各方利益”的原则，围绕大湾区整体生态环境保护目标，落实湾区内各方生态环境保护责任，在此基础上，进一步探索具体的区域环保合作模式与机制。

8.3.2.2 进一步完善“纵向、横向、斜向”的粤港澳大湾区环保合作制度

在粤港澳大湾区环境保护合作制度中，进一步加强生态环境部对粤港澳环保合作事务的纵向决策指导，提高现有粤港和粤澳横向环保合作，鼓励港澳和广东省内各地市之间的斜向环保合作。构建“纵向机构的主体管理和横向、斜向机构的主体协作相结合”的粤港澳大湾区环境保护合作机制，主要是为了吸纳两种方式的优势，避免任何一种主体形式的单一存在的弊端。其中，横向、斜向机构的主体协作模式在目前粤港澳环保合作中已经证明了其具有制度成本低、短期内操作性强的优势，但是这种基于互利互信原则实现的协商管理无法有效监督和保障各方落实协商结果的执行力。

（1）增设纵向机构的主体管理，指导湾区环境协同管理

粤港澳大湾区环保合作既不同于东京湾、纽约湾和旧金山湾等制度背景均一化的湾区，也不同于五大湖区的存在跨国合作和多瑙河的跨国多边合作；粤港澳大湾区环保合作在地理特征、体量规模和拥有共同上级政府等方面，与国际三大湾区比较相似，在参与主体的多层次上与五大湖区和多瑙河流域相似。

经济合作与发展组织（OECD）、世界环境与发展委员会（WCED）建议：跨境合作机构的结构，包括政府之间的合作和政府与有法定资格的组织合作；合作内容的安排除加强国家间磋商共同关注的问题外，也包括对共享自然资源进行信息交换、传播、通知、开展联合科学研究等。这样，在机构配置上的多种职能的管理可以突破各自为政的管理。在功能上，区域性环境机构是区域环境事务的执行机构，负责区域性环境污染和资源管理的监测、信息披露、咨询、定期审查、监督、协商等，逐步实现多功能的“一体化”管理。

从欧盟和美国跨区域大气环境管理机制建设经验可以发现，欧美的区域大气环境管理机制均为“纵向机构的主体管理和横向机构的主体协作相结合”的模式。其中，纵向机构的主体管理主要通过设立上下层级的常规机构实现，横向机构的主体协作主要通过不同区域之间的平等协商来实现。前者通过设立跨行政区域的管理机构，利用强制性的行政干预统一治理跨区域环境问题。后者是区域内各地政府为了解决共同的跨界环境问题，实现区域整体环境质量目标而自发签署共同条约或组成合作协会，在不受强制约束力的情况下实现协同治理。

随着粤港澳大湾区发展上升为国家战略，对协调机制、改革权限的更高层需求被提出。对比京津冀、长江经济带，中央分别成立了京津冀协同发展领导小组、推动长江经济带发展领

导小组，均由中央政治局常委、国务院副总理张高丽担任组长。在粤港澳大湾区方面，未来有望从中央层面成立一个工作领导小组，由相关部委和粤港澳各方组成，统筹研究解决大湾区合作发展重大问题。一旦粤港澳大湾区协同发展领导小组成立，将为粤港澳大湾区环保协作提供纵向的主体管理。粤港澳大湾区成立环境管理纵向机构的主体管理的制度一旦设立，其保证粤港澳大湾区环保合作的权威性和环保工作的长效性作用将得到彰显。

为了实现该领导小组对于粤港澳大湾区环保事务的主体管理，建议增设身份独立的“粤港澳大湾区环境管理委员会”这一常设机构，该委员会直接向领导小组负责，其主要职能包括：①持续追踪粤港澳大湾区环保合作的进展，监督相关部门对区域环保合作事项的执行情况，为领导小组进行粤港澳大湾区环保合作问责提供决策建议；②当粤港澳大湾区内出现环保合作事项超出地方权限范围时，发挥接收各方意见、诉求的作用；③开展湾区环境管理前瞻性研究并拟定湾区环保合作计划建议，促进湾区环保合作重点领域的确定和新合作领域的确定。

（2）鼓励横向、斜向机构的主体协作

考虑粤港澳大湾区环境问题的丰富程度、复杂性和多层次性，应充分肯定目前已经存在的粤港、粤澳和港澳同级横向环保合作机制和珠澳、深港、穗港等针对某一或某些重要环保问题而建立的斜向环保合作机制。横向、斜向机构的主体协作的存在，有利于在关于大湾区具体区域、具体环境事务上实现直接、迅速高效的沟通和决策，节省决策成本。

8.3.2.3　构建“多中心合作治理”

构建“多中心合作治理”的粤港澳大湾区“一体化”环保协作，鼓励粤港澳大湾区三地各界力量共同参与大湾区环保管理，发挥市场功能和政府的监管作用。在粤港澳环保合作中推进“多中心合作治理”模式，环境公共管理中的“多中心合作治理”模式实质上是通过凝聚各界力量参与到环境管理的公共事业中，补充市场和政府的作用（肖建华等，2007）。目前，在粤港澳大湾区环保合作中已经存在一定程度的多中心合作治理，如香港非政府组织、社会各界、热心人士等不同社会群体或个人通过各种形式参与东江流域水质保护，对推进东江流域水质保护和供港原水水质安全均产生积极的效果。深圳福田红树林保护区与米埔自然保护区在科研、湿地保护策略上的交流，为优秀生态环境保护经验在粤港澳大湾区的传播与推广做了良好的示范。

然而，粤港澳大湾区“一国两制”背景下的制度环境成为多中心合作治理的限制与制约。粤港澳三地环境管理制度上的差异，包括环境管理法律法规、环境保护相关标准、环境管理行政程序等方面的差异，加大了粤港澳参与其他地区环境管理的成本。多中心合作治理的前提在于区域性环境信息公开和区域性环境保护公众参与渠道畅通。从目前粤港澳大湾区的环境信息公开和公众环境参与现状看，香港环境信息公开程度相对较高，公众环境参与无论在广度、深度上均为粤港澳之首。而珠三角地区随着社会经济发展，公众对环境信息的获得和环境公共决策的参与需求日益增强，但是在环保信息公开、环保公众参与的渠道建设方面，珠三角地区还应大大加强。

基于此，构建“多中心合作治理”的粤港澳大湾区环保协作模式应：①借鉴粤港澳区域大气环境协同管理经验，加深粤港澳三地环境管理制度的互相了解程度，减少粤港澳大湾区环保协作过程中的制度隔阂。②借鉴粤港澳区域大气环境协同管理经验，在某些区域性环境问题协同治理前期，研究相关环境标准、政策法规的对标问题，实现共同目标的设定和考核。③逐步实现大湾区范围内的区域性环境信息共享，这是共同决策的基础。

8.3.2.4 鼓励非官方参与合作

由于地理和历史因素，粤港澳地区交流比较频繁，特别是香港和澳门回归以来，三地在社会经济、文化等方面的合作与交流逐渐扩大。根据粤港澳大湾区环保协同管理需要，拓展大湾区内不同地区间环保合作的形式，改变目前以政府间环保合作为主导的单一化的区域环保合作格局，发挥不同主体的作用，共同推进大湾区环保协同治理。

8.3.2.5 尽快建立专项合作机制

近年来，在《共建优质生活圈专项规划》的统领下，在现有粤港澳合作机制的平台上，部分跨界环境问题获得了比较好的合作效果，从区域大气环境协同治理看，实现了珠三角区域大气环境监测网络的建设和监测数据的共享，完成《珠江三角洲地区空气质素管理计划（2002—2010）》的执行并继续新阶段计划制定与执行等。然而，在湾区重要区域生态保育、固体废物管理、环境社会风险联防联控等环保问题上，粤港澳合作进展明显滞后。因此，应针对湾区生态环境保护重点，择机启动建立健全湾区重要区域生态保育、固体废物管理、环境社会风险联防联控专项合作机制。

8.4 粤港澳大湾区一体化环境管理实现路线研究

在粤港澳大湾区建设阶段，现有粤港澳区域环保合作有必要也有条件逐步升级为大湾区“一体化”环保协同管理模式。推进大湾区“一体化”环保协同管理模式的确立，需要逐步推进以下工作。

8.4.1 启动大湾区生态环境保护规划，总体谋划湾区生态环境提升策略

随着大湾区建设的推进，粤港澳大湾区将进入高速、协同发展新轨道，如何保障在高速发展中区域空气环境、水环境、生态环境、近岸海域环境安全，建成宜居宜业优质生活湾区，需要提前开展综合策略谋划。为统筹布局粤港澳大湾区建设，相关部委均已启动专项规划编制工作。2017 年 3 月，国家发展改革委牵头启动编制《粤港澳大湾区城市群发展规划》，交通运

输部启动编制粤港澳交通发展规划；7 月，国土资源部完成《粤港澳大湾区自然资源与环境图集》。而现行唯一对粤港澳大湾区生态环境保护进行整体安排的《共建优质生活圈专项规划》至 2020 年期满，未能覆盖粤港澳大湾区建设关键阶段。为指导区域高速融合发展阶段的粤港澳大湾区生态环境保护协同管理，保障粤港澳大湾区生态环境安全，应尽快启动《粤港澳大湾区生态环境保护规划》。考虑粤港澳大湾区生态环境保护的跨省属性，建议由生态环境部组织三地共同开展规划编制工作。

8.4.2　构建粤港澳大湾区“一体化”环保协同管理机制，强化统筹管理

粤港澳大湾区建设阶段较之共建优质生活圈阶段，粤港澳三地环境保护合作环境发生变化，即区域高速融合发展既带来了区域性环境问题凸显的风险，同时提供了区域协同环境治理的制度基础。因此，在粤港澳大湾区建设阶段，现有粤港澳区域环保合作有必要也有条件逐步升级为大湾区“一体化”环保协同管理模式。推进大湾区“一体化”环保协同管理模式的确立，需要逐步开展以下工作：一是构建“多中心合作治理”的粤港澳大湾区“一体化”环保协作模式，鼓励粤港澳大湾区三地各界力量共同参与大湾区环保管理，补充市场和政府的作用。建议设立“粤港澳大湾区环境协同管理咨询委员会”，由粤港澳大湾区三地相关政府代表、专家学者、公众代表、环保非政府组织代表、工商界代表和媒体代表等不同界别代表人士组成。该委员会定期举行会议，广泛咨询委员会成员的意见，确保粤港澳大湾区环保合作中各利益相关者的诉求得到表达，并在粤港澳大湾区环保合作决策中得到考虑。二是进一步完善“纵向、横向、斜向”的粤港澳大湾区环保合作制度。在粤港澳大湾区环境保护合作制度中，进一步加强生态环境部对粤港澳环保合作事务的纵向决策指导，提高现有粤港和粤澳横向环保合作，鼓励港澳和广东省内各地市之间的斜向环保合作。三是进一步提升粤港澳大湾区环境信息公开的统一性、协同性和开放性。区域性环境信息公开直接影响“多中心合作治理”模式的效果，从现状看，港澳的环境信息公开程度相对较高，粤港澳大湾区环保的“多中心合作”协同参与模式形成过程中，广东省应积极吸纳港澳经验，逐步提升区域性环境信息公开水平。四是根据粤港澳大湾区环保协同管理需要，拓展大湾区内不同地区间环保合作的形式，改变目前以政府间环保合作为主的单一化的区域环保合作格局，发挥不同合作形式的作用，共同推进大湾区环保协同治理。

8.4.3　构建粤港澳大湾区环保科技支撑体系，破解大湾区环境保护“瓶颈”问题

与纽约湾区、旧金山湾区以及东京湾区不同的是，粤港澳大湾区并不是在同一个政治经济体制下运行的，法律体系、行政体系各不相同。“一国两制”是粤港澳大湾区最为重要的特征，也可成为推动合作的动力。可以预见，推进“一体化”环保协同管理将面临法律、制度等方面的挑战，也面临新的区域性环境问题，解决上述问题需要采用新思路、新技术、新模式。

因此，从整体上统筹粤港澳大湾区生态环境保护，解决粤港澳大湾区生态环境问题，需要加强环保科技支撑，应尽快构建粤港澳大湾区环保科技支撑体系。建议：一是生态环境部筹建粤港澳大湾区环境科学技术委员会，并以委员会为抓手推进形成整体性、高层次的粤港澳大湾区环保科技支撑体系。粤港澳大湾区环境科学技术委员会依托于生态环境部内地与港澳台环境研究中心建设。主要任务是对粤港澳大湾区环境保护事业发展中的战略性、全局性及重大环境问题开展调查研究，对大湾区环境保护中长期发展规划、环境保护法律法规和标准衔接、重要环境保护措施等向生态环境部、粤港澳政府提出咨询意见和建议；总结粤港澳大湾区城市群环境管理经验和环境科学技术新成果，向我国其他湾区、城市群推广。二是近期由生态环境部召集召开首届粤港澳大湾区环境保护高层专家论坛，邀请国内外熟悉粤港澳大湾区环境保护问题的专家共同探讨粤港澳大湾区环境科技重点问题。

参考文献

[1] 陈晓丹，唐天均，车秀珍，等. 2014. 湾区经济视角下的深圳湾区环境提升策略研究[J]. 特区经济，(12)：64-66.

[2] 邓可祝. 2012. 美国州际环境合作及启示[J]. 环境保护，18：69-71.

[3] 韩冬梅，任晓鸿. 2014. 美国水环境管理经验及对中国的启示[J]. 河北大学学报（哲学社会科学版），39（5）：118-124.

[4] 何丹，朱小平，王梦珂. 2011. 更葱绿、更美好的纽约——新一轮纽约规划评述与启示[J]. 国际城市规划，26（5）：71-77.

[5] 胡道远，马晓明，易志斌. 2009. 粤港环境合作机制及其对我国其他区域环境合作的启示[J]. 安徽农业科学，37（14）：6660-6662.

[6] 黄华梅，高杨，王银霞，等. 2012. 疏浚泥用于滨海湿地生态工程现状及在我国应用潜力[J]. 生态学报，32（8）：2571-2580.

[7] 晋海，韩雪. 2013. 美国水环境保护立法及其启示[J]. 水利经济，31（3）：44-48.

[8] 金银实. 1990. 日本港湾环境保护一瞥[J]. 交通环保，(3)：29-31.

[9] 刘鸿亮，缪天成，杨本津，等. 1983. 环境容量、背景值赴日考察团考察报告[J]. 环境与可持续发展，(z2)：3-10.

[10] 刘智. 2014. 川崎市垃圾处理措施及环境教育对沈阳市生态城市建设的启示[J]. 科技创新与应用，(6)：120-120.

[11] 马小玲. 2011. 大珠三角环境保护合作进展与区域环境管治分析[C]. 粤港澳区域合作与发展报告（2010—2011）.

[12] 毛仲荣. 2014. 美国旧金山湾环境立法的执行体制对我国的启示[J]. 经济师，(12)：95-97.

[13] 唐天均，谢林伸，彭溢，等. 2014. 东京湾水环境治理对深圳的启示[J]. 环境科学与管理，39（12）：

42-44.
[14] 日本国国土交通省关东地方整备局．2011．东京湾环境恢复与建设规划[M]．马明辉，关春江，洛昊，译．北京：海洋出版社：72.
[15] 日本海洋学会．2016．构筑未来之沿岸环境[M]．刘军，徐迎春，等译．上海：上海译文出版社：235-251.
[16] 王军，林晓红，史云娣．2011．海湾开发与生态环境保护对策探讨——日本东京湾发展历程对青岛的借鉴[J]．中国发展，14（4）：5-8.
[17] 王玉明．2016．大都市区可持续发展的“绿地方略”——纽约—新泽西—康涅狄格三州大都市区的探索[J]．郑州航空工业管理学院学报，34（3）：18-23.
[18] 王玉明，刘湘云．2010．美国环境治理中的政府协作及其借鉴[J]．经济论坛，（5）：113-118.
[19] 卫之奇．2008．美国加州等湖泊流域管理及蓝藻治理[J]．全球科技经济瞭望，23（3）：5-13.
[20] 武廷海，高元．2016．第四次纽约大都市地区规划及其启示[J]．国际城市规划，31（6）：96-103.
[21] 肖建华，邓集文．2007．多中心合作治理：环境公共管理的发展方向[J]．林业经济问题，（1）：49-53.
[22] 晏吕霞．2016．政府间环境合作协议研究——以珠三角为例[D]．广州：中共广东省委党校。
[23] 赵华林．2014-07-31．借鉴经验创新大气环境管理工作[N]．中国环境报.
[24] Kodama K，Horiguchi T. 2011. Effects of hypoxia on benthic organisms in Tokyo Bay，Japan：a review[J]. Marine Pollution Bulletin，63（5-12）：215-220.
[25] U.S. Environmental Protection Agency. 2014. The San Francisco Bay Water Quality Improvement Fund Six-Year Progress Report（2008-2014）[EB/OL]. https: //www.epa.gov/sites/production/files/2015-03/documents/sfbwqif-report-2008-2014. pdf [2020-11-24].

第 9 章

粤港澳大湾区绿色发展对策建议

9.1 加快完善顶层设计

建议加快研究制定《粤港澳大湾区生态环境保护规划》，从国家生态文明战略层面规划粤港澳大湾区的环境保护与生态建设，确立生态功能保障基线、环境质量安全底线、自然资源利用上线三大红线，制定湾区中长期环境保护战略路线图。在此基础上建议由中央相关部门牵头协调，粤港澳三地共同协商，制定粤港澳大湾区生态环境保护工作方案，共同推进湾区生态环境保护，保障经济社会和资源环境协调发展。

深化粤港澳三地生态环境领域共治共享。建议粤港澳三地以协同推进生态文明建设为主线，落实《2016—2020 年粤港环保合作协议》《2017—2020 年粤澳环保合作协议》，在“粤港持续发展与环保合作小组”和“粤澳环保合作专责小组”基础上，研究成立粤港澳大湾区持续发展与环保合作小组，系统优化湾区跨区域的生态环境协同保护和治理政策体系，创新完善污染联防联治工作机制、环境质量预报预警合作机制、排污权管理和交易制度、碳排放权交易制度、水权初始分配和交易机制、生态保护补偿机制、自然资源资产核算制度、生态保护基金制度等，进一步完善粤港澳大湾区空气监测网络体系、空气质量实时共享平台和预警应急体系、流域水质监测信息共享平台和预警应急体系、海洋环境管理信息共享平台和预警应急体系等，强化湾区环境执法协作、信息共享与应急联动，加快形成与湾区环境保护相适应的现代化治理能力与制度体系。

9.2 协同治理 $PM_{2.5}$ 和 O_3

全面完成现役 30 万 kW 及以上公用燃煤发电机组、10 万 kW 及以上自备燃煤发电机组超低排放改造，推动燃煤机组同步开展特殊大气污染物联合协同脱除治理；实施石化、电力、建材、纺织、造纸等重点行业企业大气污染治理设施提标改造。全面推进石油、化工、表面涂装、包装印刷、医药化工、塑料制品等行业的可挥发性、半挥发性有机物排放的综合治理，实施重点行业 VOCs 排污收费制度。探索开展农业源氨、废气重金属、持久性有机物等排放控制。加强移动源污染防控，加快推进老旧车船淘汰，率先实施国Ⅵ机动车排放标准，加强港口船舶污染治理，逐步实施机场和航空器污染防控。

9.3 切实保障优质水源

一是优化区域水源布局。以东江、西江、北江三江为核心水源，以新丰江水库、广州西江引水水源等服务人口 100 万人以上的城镇集中式饮用水水源为重点，将零散分布于流域内的水源地进行优化整合，逐步实现水源地间的联网互通；重构区域水资源供给格局，重点拓展西江水源，提高北江水源开发利用率，稳定东江水源。二是优化供排水格局。建立西江、北江三角洲“靠西取水、靠东退水”，东江片区通过各类水闸及控制枢纽调节的格局，逐步分离取排水河系，加强影响供水通道水质的支流和污染源监控，汇入供水通道的支流水质要求达到地表水环境质量标准Ⅲ类要求，依法关停涉重金属、持久性有机污染物的排污口。供水通道管控区范围内禁止建设化学制浆、印染、鞣革、重化工、电镀、有色、冶炼等重污染项目及排放有毒有害物质、重金属的工业项目。严格管控湖库型水源地集水区范围土地利用。三是加强优质水源保护。严格保护江河源头及水质达到或优于Ⅲ类的江河湖库，划定供水通道管护区，探索研究制定饮用水水源水质地方标准，率先实施更严格的饮用水水质标准，提高石马河、淡水河、茅洲河、广佛跨界河、深圳河等重污染流域氨氮排放标准。探索开展东江、西江等重点流域持久性有机污染物监测、湖库型水源藻毒素专项研究性监测等。四是加强饮用水水源环境风险应急防范。完成单一水源供水城市备用水源和应急水源建设，加快完成饮用水水源保护区内违法建筑和排污口清理，严格线性工程穿越饮用水水源保护区的环境风险管控，完善相关法律法规。

9.4 强化陆海统筹治理

一是率先补齐水环境短板。以水环境质量为约束，加快推进转型升级，切实加大治污力度，持续削减主要水污染物排放，加快推进重污染流域和城市建成区黑臭水体综合治理，消除劣Ⅴ类水体和黑臭水体，遏制并扭转珠江口富营养化恶化态势，完善流域水污染联防联控体系，持续改善和提升水环境质量。二是维护海陆生态安全。严守陆域和海洋生态红线，优化国土空间开发格局，打通珠江水网大循环体系，加强湿地资源保护，加快湿地生态系统重建和恢复，强化水网疏浚贯通，构建珠江三角洲绿色生态水网格局，修复受损严重的海湾、岸滩和滨海湿地等重要生境，提升河流和近岸海域生态功能。

9.5 实施生态保护修复

一是全面贯彻“山水林田湖是一个生命共同体”理念。实施山上山下、地上地下、陆地海洋以及流域上下游的整体保护、系统修复、综合治理，真正改变治山、治水、护田各自为政的工作格局。二是加强陆海生态红线的划定和管控。依据近海海域和沿岸陆域生态系统完整性和连通性的保护需求，划定陆域生态保护红线和海洋生态保护红线。强化生态保护红线刚性约束，加强自然保护区、风景名胜区、森林公园、湿地公园等重点生态功能区域的保护，加快推进违法违规行为清理整顿。严格管控岸线开发和利用，以海洋生态红线划定的自然岸线保有为基础严格管理，加强海滩、沙丘、沙坝、河口、基岩海岸等特殊性地形地貌及自然景观保护，探索建立自然岸线占补平衡制度。三是构筑“绿屏蓝带、廊道链接”的区域生态安全格局。构建环珠三角北部绿色生态屏障，重点做好由天露山、鼎湖山、南昆山、罗浮山、莲花山等外围连绵山体丘陵的生态保护；重点以南部近海水域、三大湾区（环珠江口湾区、环大亚湾区、大广海湾区）、海岸山地屏障和近海岛屿为主体打造南部蓝色海岸带；依托骨干江河水系形成链接蓝带绿屏的区域廊道网络，推动支流水系及其绿化缓冲带串联主要的生态休闲空间向城市连绵地区渗透。四是推进近岸海域生态修复。以珠江入海八大口门，以及大亚湾、大鹏湾和深圳湾为综合治理与生态修复重点区域，控制和削减河口和海湾的周边工业废水、城镇生活污水、农业面源污水和海域污染源的污染物排海总量，加强河口与海湾环境污染综合治理与生态修复，推进“美丽海湾”建设试点工作；推进重点港口和渔港环境污染治理，严格控制港口及渔港石油类污染排放，重点治理广州港、深圳港、珠海港、惠州港、江门港、东莞港等主要港区；加快红树林、珊瑚礁、海草床等近海岸受损生态系统修复。实施围填海总量控制和年度供给计划“双控”，严格限制高耗能、高污染、高耗水、高资源消耗型产业围填海及单纯以获取土地为目的的围填海项目。

9.6 加强环保设施统筹

一是统筹重大环保基础设施布局。以《粤港澳大湾区发展规划纲要》为基础，协调各部门，编制《粤港澳大湾区重大环保基础设施建设一体化规划》。《一体化规划》应充分考虑湾区内不同城市未来形成的错位发展、分工协作的发展格局，以及由此带来的对重大环保基础设施的不同需求。建立《一体化规划》实施的保障体系。二是建立健全沟通协调机制。在国家层面研究建立粤港澳大湾区沟通协调机制，成立粤港澳大湾区发展合作委员会，取代三地政府的一些职能，创新区域合作的体制机制。还应成立城市群层面的规划委员会，明确各城市的功能及地位，推进城市间的分工合作。建立粤港澳三方联席会议制度，统筹研究解决湾区合作发展重大问题，协调落实重大合作事项，通过行政手段切实减少三地互联互通中存在的壁垒。重大环保基础设施的建设可作为重大合作事项统筹研究解决。三是建立生态补偿和利益共享机制，按照“谁受益、谁补偿，谁受损、谁受偿”的原则，加快建立完善的“生活垃圾异地处理生态补偿机制”。

参考文献

[1] 常纪文．2018-12-13．制定粤港澳大湾区生态环保规划性文件的建议[N]．中国环境报.

[2] 龙颖贤，张玉环，卢加伟，等．2018．珠三角地区水环境质量变化趋势及成因[J]．环境影响评价，40（5）：30-33，42.

[3] 石海佳，许乃中，张玉环，等. 2019. 战略环境评价区域发展驱动力与压力分析——以珠三角地区为例[J]. 环境影响评价，41（3）：15-21.

[4] 万军，李新，关杨，等．2019．坚持共保共享绿色发展建设粤港澳美丽大湾区[J]．环境保护，47（7）：8-11.

[5] 许乃中，张玉环，石海佳，等．2018．珠三角地区战略环境评价研究[J]．环境影响评价，40（6）：25-29.

[6] 张玉环，余云军，龙颖贤，等．2015．珠三角城镇化发展重大资源环境约束探析[J]．环境影响评价，37（5）：14-17，23.

[7] 珠三角地区战略环境评价课题组．2017．珠三角地区战略环境评价报告[R].